CHRISTIA
NAE RELIGIONIS INSTI-
tutio, totam ferè pietatis summã, & quic
quid est in doctrina salutis cognitu necessarium, complectens: omnibus pietatis studiosis lectu dignissimum opus, ac re
cens edi-
tum.

PRAEFATIO AD CHRI
stianissimum REGEM FRANCIAE, *qua*
hic ei liber pro confessione fidei
offertur.

IOANNE CALVINO
Nouiodunensi autore.

BASILEAE,
M. D. XXXVI.

PRIMEIRA EDIÇÃO 1536

JOÃO CALVINO

INSTITUTAS DA RELIGIÃO CRISTÃ

FIEL Editora

TRADUZIDO POR
REV. VALTER GRACIANO MARTINS

C168i Calvin, Jean, 1509-1564
 Instituição da religião cristã / João Calvino ; traduzido por Rev. Valter Graciano Martins ; [apresentação: Franklin Ferreira]. – São José dos Campos, SP : Fiel, 2018.

 512 p.
 Tradução de: Institutio christianae religionis.
 "Primeira edição: 1536".
 ISBN 9788581324913

 1. Igrejas reformadas – Doutrinas. 2. Teologia dogmática. I. Martins, Valter Graciano. II. Título.

 CDD: 230.42

Catalogação na publicação: Mariana C. de Melo Pedrosa – CRB07/6477

INSTITUTAS DA RELIGIÃO CRISTÃ, envolvendo a soma de toda a piedade e tudo o mais que se deve saber sobre a doutrina da salvação: um livro digno de ser lido por todos que zelam pela piedade

por João Calvino

∎

Traduzido da edição em inglês de Henry Beveridge, de 1845.

Copyright © Fiel 2018

Primeira Edição em Português: 2018

Todos os direitos em língua portuguesa reservados por Editora Fiel da Missão Evangélica Literária

PROIBIDA A REPRODUÇÃO DESTE LIVRO POR QUAISQUER MEIOS, SEM A PERMISSÃO ESCRITA DOS EDITORES, SALVO EM BREVES CITAÇÕES, COM INDICAÇÃO DA FONTE.

∎

Diretor: Tiago J. Santos Filho
Editor: Tiago J. Santos Filho
Tradução: Valter Graciano Martins
Revisão: Shirley Lima – Papiro Soluções Textuais
Diagramação: Rubner Durais
Capa: Rubner Durais
ISBN: 978-85-8132-491-3

Caixa Postal 1601
CEP: 12230-971
São José dos Campos, SP
PABX: (12) 3919-9999
www.editorafiel.com.br

Dedicatória

Ao poderosíssimo e ilustríssimo Monarca Francisco,
Cristianíssimo Rei de França,
Seu estimado Príncipe e Senhor,
João Calvino,
Envia paz e saudações no Senhor.

SUMÁRIO

APRESENTAÇÃO À EDIÇÃO EM PORTUGUÊS 15

INTRODUÇÃO 23

    1. CIRCUNSTÂNCIAS EM QUE O LIVRO FOI ESCRITO 23
        Perseguições e calúnias 24

    2. SÚPLICA PELOS EVANGÉLICOS PERSEGUIDOS 25
        Julgue-se a doutrina pela Palavra de Deus
        Nossos adversários

    3. ACUSAÇÕES DE ANTAGONISTAS REFUTADAS 31
        Nossa doutrina é nova?
        Com que milagres ela é confirmada?

    4. FALSAS ALEGAÇÕES DE QUE OS PAIS SE OPÕEM
       AO ENSINO DA REFORMA 35
        Os Pais confirmam nossa doutrina

    5. APELO AO "COSTUME" CONTRA A VERDADE 39

    6. ERROS SOBRE A NATUREZA DA IGREJA 41
        Os bispos formam a Igreja?
        O Concílio de Basileia [1431–1437]

    7. ALEGA-SE QUE O ENSINO DA REFORMA RESULTA
       EM TUMULTO 45

    8. QUE O REI SE ACAUTELE DE AGIR SOB
       FALSAS ACUSAÇÕES: OS INOCENTES AGUARDAM
       A DEFESA DIVINA 49

CAPÍTULO I. DA LEI: CONTENDO UMA EXPLANAÇÃO DO DECÁLOGO........ 53

- A. DO CONHECIMENTO DE DEUS 53

- B. DO CONHECIMENTO DO HOMEM 54
  - Merecemos o juízo de morte eterna

- C. DA LEI 56

- D. DO AMOR DE DEUS EM CRISTO 58

- E. DA EXPOSIÇÃO DO DECÁLOGO 60
  - As imagens e a idolatria
  - Os juramentos
  - Cristo aboliu a lei judaica do sábado
  - A observância do domingo
  - Divisão dos mandamentos
  - Consequências práticas

- F. RESUMO DOS MANDAMENTOS 83
  - A espiritualidade da lei

- G. JUSTIFICAÇÃO 85
  - Ninguém pode cumprir a lei perfeitamente
  - Todo mérito humano é fictício
  - As satisfações humanas
  - Liberdade espiritual
  - Fé e obras
  - A misericórdia de Deus

- H. DO OFÍCIO E DOS USOS DA LEI 98

I. JUSTIFICAÇÃO (CONTINUAÇÃO) 101
   Cristo é o fundamento
   Por que boas obras?
   Remissão gratuita dos pecados
   Recompensa na vida eterna

CAPÍTULO II. FÉ: CONTENDO UMA EXPLANAÇÃO DO CREDO (CHAMADO APOSTÓLICO) 113

A. DA FÉ E DA FÉ NO DEUS ÚNICO 113
   Duas classes de fé
   A fé genuína
   O Pai, o Filho e o Espírito Santo constituem um único Deus
   Distinção de pessoas
   Críticas dirigidas à doutrina
   Como Deus opera nos réprobos
   Antigos erros trinitários

B. EXPOSIÇÃO DO CREDO 127
   As duas naturezas de Cristo
   Filho de Deus e Filho do Homem
   As duas naturezas nas Escrituras
   Jesus é Cristo, Rei, Sacerdote e Senhor
   Desceu ao inferno
   Ressuscitou dentre os mortos
   Sentou-se à destra do Pai
   Eleição e predestinação
   A excomunhão
   Como lidar com os excomungados
   Comunhão dos santos
   Perdão dos pecados
   Ressurreição da carne
   Vida eterna

C. DA FÉ, DA ESPERANÇA E DO AMOR 161
    Justificados pela fé e pelo amor?

CAPÍTULO III. A ORAÇÃO: COM UMA EXPOSIÇÃO DA ORAÇÃO DO SENHOR 167

A. DA ORAÇÃO EM GERAL 167
    Regras da oração
    Pedindo e recebendo
    Em nome de Cristo
    Invocação dos santos
    Petição e ação de graças
    Oração pública
    Oração como afeto interior
    O louvor
    Orações em outro idioma

B. DA EXPOSIÇÃO DA ORAÇÃO DO SENHOR 184
    A mercê de Deus Pai
    Oração pelos irmãos
    Resumo

C. DA PRÁTICA DA ORAÇÃO 202
    Oração-modelo
    Horas determinadas para a oração
    Sujeição à vontade divina
    Espera e confiança

CAPÍTULO IV. DOS SACRAMENTOS 209

A. DOS SACRAMENTOS EM GERAL 209
    O que sacramento significa
    Os sacramentos confirmam nossa fé
    Essa confirmação da fé nos faz falta?

Os sacramentos deixam lugar ao Espírito Santo?
Os sacramentos não ofuscam a glória de Deus
O nome "sacramento"
Os sacramentos não justificam nem conferem graça
Outros sinais de Deus
A circuncisão como sacramento judaico

B. O BATISMO 225
O batismo e os pecados posteriores
Batizados na morte de Cristo
O batismo de João e o de Cristo
O batismo e o pecado original
Frutos do pecado
O batismo como profissão pública de fé
Quem ministra o batismo?
O batismo das criancinhas

C. A CEIA DO SENHOR 242
Como Cristo se manifesta na Ceia?
Como Cristo está presente na Ceia?
O erro de Marcião
Adoração do corpo do Senhor no sacramento
A Ceia como confissão e exortação
Os que comem indignamente
A comunhão é somente para os perfeitos
O uso frequente da Ceia
A participação das duas espécies
O caráter sacrílego da missa
Cristo é desonrado na missa
Na missa, despreza-se a cruz de Cristo
A missa anula a morte de Cristo
A missa destrói o valor da Ceia
Duplo sacrifício e duplo sacerdócio
A Ceia do Senhor é um sacrifício de louvor

Sumário
Cabe somente a Deus instituir sacramentos

D. DA ADMINISTRAÇÃO DOS SACRAMENTOS............... 284

CAPÍTULO V. DEMONSTRA-SE QUE OS OUTROS CINCO, ENTÃO COMUMENTE CONSIDERADOS SACRAMENTOS, REALMENTE NÃO SÃO SACRAMENTOS. EM SEGUIDA, MOSTRA-SE A QUE GÊNERO PERTENCEM 289

INTRODUÇÃO... 289

A. DA CONFIRMAÇÃO... 290
Exemplo dos apóstolos
O batismo e a confirmação
Essa doutrina desdenha as Escrituras
Razões frívolas
O sacramento é antigo?

B. DA PENITÊNCIA... 302
O que significa penitência?
A penitência no evangelho
Refutação de erros sobre a penitência
O que se entende por contrição
Argumentos baseados nas Escrituras
A confissão na antiguidade
O ensino da Igreja sobre a confissão
Consequências deste ensino
Confissão sincera a Deus
Confissão auricular
O poder das chaves
Abuso do poder das chaves
Das indulgências

As indulgências se opõem às Escrituras
O tesouro da Igreja
A satisfação sacramental
Pecados mortais e veniais
Culpa e penalidade
Juízos da vingança e do castigo
As Escrituras não abonam a satisfação
Do purgatório
Não há sacramento na penitência

C. DA EXTREMA-UNÇÃO 362
Como a chamam
A extrema-unção não possui nenhuma virtude

D. DAS ORDENS ECLESIÁSTICAS 367
Origem das ordens
Comparações fúteis
A ordem sacerdotal
O presbiterato
A vocação para o presbiterato
A ordenação dos ministros
A cerimônia de ordenação
A imposição das mãos
O ofício dos diáconos

E. O MATRIMÔNIO 393
O matrimônio não é sacramento

CAPÍTULO VI. DA LIBERDADE CRISTÃ, DO PODER ECLESIÁSTICO E DA ADMINISTRAÇÃO POLÍTICA 399

A. DA LIBERDADE CRISTÃ 399
Quantas partes compõem a liberdade cristã
Obediência livre e espontânea

Em que sentido nossas obras agradam a Deus
Liberdade nas coisas diferentes
O mau uso dessa liberdade
Dos escândalos

B. DO PODER ECLESIÁSTICO 417
A que serve a autoridade eclesiástica
A autoridade dos apóstolos
A revelação definitiva em Cristo
Tirania espiritual
As tradições provêm de Deus?
A suprema norma da Igreja: a Palavra de Deus
Nosso apreço pela verdadeira Igreja
A Igreja pode estabelecer artigos de fé?
Devemos acatar os concílios?
As tradições não são apostólicas
Sumário
A dignidade da Igreja consiste na opulência?
As leis dos bispos são obrigatórias?
As ordenanças da Igreja são de fato legítimas?
Ordem na Igreja

C. DO GOVERNO CIVIL 467
A dignidade dos magistrados
O ofício dos magistrados na teoria
O ofício dos magistrados na prática
Ministros de Deus para castigo
Guerras legítimas
Os tributos
Leis cristãs
Motivos justos para um litígio
Respeito para com o magistrado
Obediência aos maus magistrados
A Deus devemos nossa suprema obediência

APRESENTAÇÃO À PRIMEIRA EDIÇÃO DAS INSTITUTAS DA RELIGIÃO CRISTÃ (1536) EM PORTUGUÊS

Após a sua conversão à fé evangélica em algum momento entre 1530 e 1533, João Calvino deixou Paris em virtude do "caso dos cartazes" (*affaire des placards*), quando cartazes foram espalhados na noite de 17 de outubro de 1534 por Paris, Blois, Rouen, Tours, Orléans e até mesmo na porta da câmara real de Francisco I, no castelo de Amboise, criticando a celebração da missa e rotulando-a como blasfema.[1] Com isso, o rei francês Francisco I ordenou uma perseguição aos evangélicos na França. Então, entre o fim de 1533 e o começo de 1534, Calvino estava no sul da França e passou um tempo na casa de Louis du Tillet, pároco em Claix e cônego da catedral

---

[1] João Calvino não diz quase nada sobre as circunstâncias de sua conversão. Há uma pequena passagem no prefácio de seu comentário sobre os Salmos em que ele escreve apenas: "Inicialmente, visto eu me achar tão obstinadamente devotado às superstições do papado, para que pudesse desvencilhar-me com facilidade de tão profundo abismo de lama, Deus, por um ato súbito de conversão, subjugou e trouxe minha mente a uma disposição suscetível, a qual era mais empedernida em tais matérias do que se poderia esperar de mim naquele primeiro período de minha vida. Tendo assim recebido alguma experiência e conhecimento da verdadeira piedade, imediatamente me senti inflamado de um desejo tão intenso de progredir nesse novo caminho que, embora não tivesse abandonado totalmente os outros estudos, me ocupei deles com menos ardor". João Calvino, *Salmos*, v. 1 (São José dos Campos: Fiel, 2009), p. 31.

de Angoulême. Nessa ocasião, ele usou a grande biblioteca de Tillet para, com tranquilidade, iniciar suas pesquisas para a primeira edição das *Institutas da Religião Cristã*.[2]

Calvino completou a primeira edição da obra em Basel, entre 1535 e 1536.[3] Seu título original era: *Institutas da Religião Cristã, envolvendo a soma de toda a piedade e tudo o mais que se deve saber sobre a doutrina da salvação: um livro digno de ser lido por todos os que zelam pela piedade* (*Christianae Religionis Institutio, totam fere pietatis summam, et quidquid est in doctrina salutis cognitu necessarium complectens; omnibus pietatis studiosis lectu dignissimum opus, ac recens editum*).

A obra foi publicada em latim, em Basel, por Thomas Platter e Balthasar Lasius, em março de 1536, e a primeira edição se esgotou em menos de um ano.[4] O latim foi o idioma escolhido para representar a fé dos evangélicos franceses a uma audiência internacional. A intencionada tradução francesa da primeira edição das *Institutas* nunca foi completada por Calvino. Antes, ele se dedicou a preparar uma nova edi-

---

[2] Para as fontes desta apresentação, cf. *The First Edition of the Institutes of the Christian Religion* (1536), Ford Lewis Battles, *Interpreting John Calvin* (Grand Rapids, MI: Baker Book, 1996), pp. 91-116; Wulfert de Greef, *The Writings of John Calvin: An Introdutory Guide* (Louisville, KY: Westminster John Knox, 2008), pp. 182-185; François Wendel, *Calvin: Origins and Development of His Religious Thought* (Grand Rapids: Baker, 1997), pp. 111-149; Marc Vial, *John Calvin: An Introduction to his Theological Thought* (Geneva: International Museum of the Reformation/Labor et Fides, 2009), pp. 16-24.

[3] Em 1535, ele preparou dois prefácios em latim e em francês para a tradução francesa da Bíblia, preparada por seu primo Pierre Robert Olivétan. Essa tradução foi publicada em Neuchâtel, por Pierre de Vingle.

[4] Cf. Emmanuel Le Roy Ladurie, *O mendigo e o professor: a saga da família Platter no século XVI* (Rio de Janeiro: Rocco, 1999), tomo I. Segundo Ladurie, o ponto mais alto da tipografia de Platter-Lasius foi a publicação da obra de Calvino (pp. 152-153, 166). E o trabalho tipográfico foi primoroso: "As páginas de sua *Instituição Cristã* (...), de 1536, não amarelaram passadas quinze gerações" (p. 156).

APRESENTAÇÃO

ção latina expandida das *Institutas*, a qual veio a ser publicada por Wendelin Rihel em Estrasburgo, em 1539.

A edição original das *Institutas*, "escrita em latim, dispunha de seis capítulos em apenas 520 páginas, com formato aproximado de 15 x 10 — um livro de bolso que facilitava seu transporte discreto; a última edição passou por algumas ampliações, revisões e reorganizações (1536, 1539, 1543 [sem alteração, 1545], 1550 [sem alterações: 1553 e 1554]), até atingir sua forma definitiva, publicada em Genebra (1559) na tipografia de Robert Estienne. Essa edição foi reimpressa duas vezes em 1561". Uma cópia dessa última edição, "editada em Genebra por Antonius Rebulins", tinha "980 páginas e mais 67 páginas de índice remissivo (formato: 18 x 11, tipo 8), dividida em oitenta capítulos".[5]

Calvino deixa claro, logo nas primeiras páginas das *Institutas*, uma das razões que o levaram a escrever esta obra, numa carta dirigida ao rei da França, Francisco I, datada de 23 de agosto de 1535:

> No princípio, quando me apliquei a escrever esta obra, nada mais distante estava de minha mente, mui glorioso

---

5 Cf. Hermisten Maia Pereira da Costa, "O Protestantismo e a palavra impressa: ensaios introdutórios", *Ciências da Religião: história e sociedade*, v. 6, n. 2, 2008, p. 135. "A tradução francesa (1541) — que não foi simplesmente uma tradução da edição de 1539, tendo muito material da edição de 1536 — foi impressa na tipografia de Jean Girard — 'uma das glórias da arte impressora do século XVI' (...) — (ou de Michel du Bois), em Genebra (1541) — essa edição tem um sabor especial, pois, ao que parece, foi traduzida inteiramente por Calvino, não apenas revisada, conforme, ao que parece, aconteceu com as demais traduções francesas —, seguindo-se outras: 1545, 1551 (sem alterações: 1553 e 1554), 1557 e a definitiva, 1560. Objetivando facilitar a difusão da obra de Calvino na França, parte da segunda edição latina (1539) circulou subscrita sob o pseudônimo de Alcuíno, um anagrama do seu próprio nome que possivelmente visava despistar seus inquisidores" (pp. 135-136).

Rei, do que escrever algo que, em seguida, fosse dedicado a Vossa Majestade. Meu propósito foi tão somente transmitir certos rudimentos com os quais aqueles que são tocados por algum zelo de religião fossem instruídos na verdadeira piedade. Assumi este trabalho especialmente em prol de nossos compatrícios franceses, entre os quais vi muitos sofrendo de fome e sede de Cristo, e vi bem poucos deles imbuídos de um leve conhecimento a seu respeito. O livro em si testifica que foi essa a minha intenção, adaptada, como é, a uma forma de ensino simples e, seria possível dizer, até mesmo elementar.

Ao dedicar seu livro ao rei da França, Calvino estava copiando o modelo iniciado por duas obras publicadas anteriormente, o *Summaire et briefve déclaration d'aucuns lieux fort necessaires à ung chascun chrestien pour mettre sa confiance en Dieu et ayder son prochain*, escrita por Guillaume Farel e publicada em Basel em 1525, e *Somme chrestienne*, de François Lambert de Avignon, de 1529 — ambas defesas da verdade da fé evangélica recém-descoberta, a primeira dirigida ao rei de França, e a segunda, a Carlos V, imperador do Sacro Império Romano-Germânico.

Na época em que a primeira edição das *Institutas* foi publicada, os evangélicos franceses estavam sendo caricaturados pelos católicos na França como nada diferentes dos radicais anabatistas. E tais caricaturas estavam sendo disseminadas quase ao mesmo tempo que, após um cerco de quase um ano, era esmagada a revolução anabatista em Münster por um exército católico comandado pelo príncipe-bispo do Sacro

Império Romano-Germânico, Franz von Waldeck, em junho de 1535. Com isso, chegou ao fim o experimento anabatista radical, a tentativa de implantar uma "Nova Jerusalém", um reino polígamo, milenarista e comunista.[6]

Ainda assim, o primeiro objetivo de Calvino era preparar um livro catequético para aqueles que estavam redescobrindo a fé evangélica. No século XVI, a palavra latina *institutio* significava "educar", "instruir", "treinar", expressando literalmente "instrução". E *summam* seria "sumário" ou "resumo". Assim, as *Institutas* seriam, originalmente, uma instrução resumida da fé cristã. Mas, desde a sua origem, as *Institutas* se tornaram uma apologia ao movimento protestante, que começou a chegar à França por volta de 1520. E, em meados de 1530, a situação estava tensa, pois a França católica negociava tratados com os príncipes evangélicos alemães, ao mesmo tempo que cerceava a liberdade e perseguia os evangélicos franceses.

Portanto, ainda que intentasse ser uma introdução à fé evangélica, a primeira edição das *Institutas* tornou-se uma defesa da causa reformada na França, um documento que testemunhava as diferenças desse movimento de Reforma para o radicalismo anabatista, ao mesmo tempo que deixava claro que essa fé não era uma novidade, uma invenção. Assim, Calvino começa sua obra com um apelo ao rei da França, apre-

---

6 Ralf Klötzer, "The Melchoirites and Münster", in: John Roth & James Stayer (eds.), *A Companion to Anabaptism and Spiritualism, 1521-1700* (Leiden, The Netherlands: Koninklijke Brill NV, 2007), pp. 217-256. Os principais líderes anabatistas, Jan van Leiden, Bernd Knipperdollinck e Bernd Krechtinck, foram capturados e aprisionados. Depois de torturados, foram executados diante do prédio da prefeitura de Münster. Seus corpos foram exibidos em gaiolas, que pendiam da torre da Igreja de St. Lambert. Mais tarde, os ossos foram removidos, mas as gaiolas ainda permanecem na torre da igreja.

sentando uma síntese da fé evangélica e bíblica como uma redescoberta na Reforma do século XVI, e suplicando ao rei para que cessassem as perseguições aos cristãos evangélicos.

A obra *Institutas* deve ser lida como uma rejeição ao catolicismo romano institucionalizado e ao seu extremo oposto, a espiritualidade revolucionária e sectária dos anabatistas. Assim, a primeira edição de *Institutas* apontou para o futuro teológico de Calvino: um caminho intermediário, baseado no estudo das Escrituras Sagradas a partir dos idiomas originais, em constante e criativo diálogo com os Pais da Igreja. Todo o desenvolvimento teológico posterior do reformador francês foi uma extensão desse início.

João Calvino inicia as *Institutas* afirmando que o resumo de toda doutrina cristã consiste em duas partes: "Quase toda a sã doutrina consiste nestas duas partes: o conhecimento de Deus e de nós mesmos". Todo o restante da obra é uma explicação dessas "duas partes". Os primeiros capítulos são "catequéticos", tratando da lei, da fé, da oração e dos sacramentos, seguindo a estrutura clássica do *Catecismo menor*, de Martinho Lutero, de 1529.[7] Os últimos capítulos são uma defesa da fé, rejeitando e refutando os falsos sacramentos associados à fé católica e tratando "da liberdade cristã, do poder eclesiástico e da administração política". Nesses dois capítulos, também percebe-se a forte influência das importantes obras de Martinho Lutero de 1520, *Do cativeiro babilônico da Igreja* e o *Tratado sobre a liberdade cristã*.[8]

---

[7] Martinho Lutero, "Catecismo menor", in: *Livro de concórdia* (Porto Alegre/São Leopoldo/Canoas: Concórdia/Sinodal/ULBRA, 2006), pp. 361-384.

[8] Martinho Lutero, "Do cativeiro babilônico da Igreja" e "Tratado de Martinho Lutero sobre a liberdade cristã", *Obras selecionadas* (São Leopoldo/Porto Alegre: Sinodal/

APRESENTAÇÃO

Calvino termina esta primeira edição de *Institutas* afirmando que somente Deus é o Rei dos reis e que, quando a obediência ao governante entra em confronto com as demandas desse único e soberano Rei, então a obediência última será devida a Deus somente — o que parece, com isso, concluir a carta dedicatória ao rei da França que serve como introdução às *Institutas*:

> Mas, naquela obediência que temos mostrado ser devida à autoridade dos governantes, estamos sempre fazendo a seguinte exceção que deve ser observada como primária: tal obediência nunca significa nos desviarmos da obediência a ele, a quem os desejos de todos os reis devem estar sujeitos, a cujos decretos suas ordens devem render-se, a cuja majestade seus cetros devem submeter-se. E quão absurdo seria que, ao satisfazer os homens, se incorresse em seu desprazer, por cuja causa se obedece aos próprios homens! Portanto, o Senhor é o Rei dos reis, o qual, quando abre sua santa boca, deve ser o único a ser ouvido, antes de todos e acima de todos os homens; depois dele, estamos sujeitos àqueles homens que se encontram com autoridade acima de nós, mas exclusivamente nele. Se ordenam algo contra o que ele mandou, que não façamos nenhum caso, seja quem for que o mande.

Ao considerar as sucessivas edições e ampliações pelas quais as *Institutas* passaram, deve-se enfatizar que a teologia

---

Concórdia, 1989), v. 2: *O programa da Reforma*, pp. 341-424, 435-460. Para outras fontes que influenciaram as *Institutas*, cf. François Wendel, *Calvin: Origins and Development of His Religious Thought*, pp. 122-144.

de Calvino não mudou. Antes, "as modificações [nas *Institutas*] refletem, na realidade, mais uma preocupação pedagógica do que metodológica e menos ainda teológica".[9]

Assim, podemos terminar citando François Wendel: "Não somente as *Institutas* ocupam o lugar central na produção literária de Calvino, tão abundante em outras direções; este é também um trabalho em que, durante toda a sua carreira como reformador, ele metodicamente registrou todos os problemas que foram apresentados à sua reflexão, ou que um aprofundamento de seu próprio pensamento levou-o a examiná-lo mais de perto. Qualquer que seja o interesse e o valor que possam ser atribuídos a seus outros escritos teológicos, as *Institutas* são o fiel resumo das ideias que ele expôs neles. Além disso, as *Institutas* — pelo menos em sua forma final — pretendem oferecer uma explicação completa do ensino cristão".[10]

Ad Majorem Dei Gloriam!

Franklin Ferreira
Diretor-executivo e professor de Teologia Sistemática e História da Igreja do Seminário Martin Bucer
Consultor acadêmico de Edições Vida Nova
Pastor da Igreja da Trindade, São José dos Campos, SP

---

9 Hermisten Maia Pereira da Costa, "O Protestantismo e a palavra impressa: ensaios introdutórios", p. 137.

10 François Wendel, *Calvin: Origins and Development of His Religious Thought*, p. 111.

INTRODUÇÃO

1. CIRCUNSTÂNCIAS EM QUE O LIVRO FOI ESCRITO

No princípio, quando me apliquei a escrever esta obra, nada mais distante estava de minha mente, mui glorioso Rei, do que escrever algo que, em seguida, fosse dedicado a Vossa Majestade. Meu propósito foi tão somente transmitir certos rudimentos com os quais aqueles que são tocados por algum zelo de religião fossem instruídos na verdadeira piedade. Assumi este trabalho especialmente em prol de nossos compatrícios franceses, entre os quais vi muitos sofrendo de fome e sede de Cristo, e vi bem poucos deles imbuídos de um leve conhecimento a seu respeito. O livro em si testifica que foi essa a minha intenção, adaptada, como é, a uma forma de ensino simples e, seria possível dizer, até mesmo elementar.

Percebi, porém, que em vosso reino o furor e a ojeriza de certas pessoas perversas de tal modo prevaleciam que não se deixou nele lugar algum à sã doutrina. Por conseguinte, pareceu-me que eu estaria fazendo algo mui digno se escrevesse um livro que servisse, concomitantemente, na mesma obra, de instrução para os que estão desejosos de religião e de confissão de fé perante Vossa Majestade. Disso, podereis aprender a natureza da doutrina contra a qual ardem em fúria tais dementes, pessoas que hoje perturbam vosso reino com espada e fogo. E não temerei confessar que aqui abarquei praticamente toda a suma dessa mesma doutrina contra a qual gritam para que seja punida com prisão, exílio, proscrição e fogo, e seja exterminada em terra e em mar. Aliás, eu bem sei com que notícias eles têm saturado vossos ouvidos e vossa mente, com o fim de tornar nossa causa tão odiosa quanto possível a vossos olhos. Mas, como convém à vossa clemência, que peseis bem este fato: se bastasse meramente fazer acusação, então nenhuma inocência permaneceria, quer em palavras, quer em atos.

PERSEGUIÇÕES E CALÚNIAS

Suponha-se que alguém, para suscitar ódio, pretenda que essa doutrina, da qual ora estou tentando dar-vos conta e razão, há muito já foi condenada pelo consenso comum de todos os estados, e que muitíssimas sentenças têm-se fixado contra ela pelos tribunais. Seguramente, isso seria o mesmo que dizer que ela, em parte, tem sido violentamente rejeitada pela conjuração e o poder de seus oponentes; e, em parte, insidiosa e fraudulentamente oprimida por meio de suas falsidades, sutilezas e calúnias. É simplesmente uma violência que sentenças sanguinárias sejam lançadas contra essa doutrina sem uma audiência; é fraudulento que ela seja imerecidamente acusada de traição e vilania. Para que ninguém pense que, equivocadamente, nos queixamos dessas coisas, ó nobilíssimo Rei, que pessoalmente sejais testemunha de quantas falsas calúnias ela é, a cada dia, infamada diante de vós. É como se essa doutrina visasse a nenhum outro fim senão subverter todas as ordens e governos civis, destroçar a paz, abolir todas as leis, espalhar todos os senhorios e possessões – em suma, converter tudo em ruína! No entanto, Vossa Majestade, ainda nem ouvistes a mínima parte da acusação, pois monstruosas notícias se têm difundido por toda parte entre o povo. Se elas fossem verídicas, com justa razão o mundo inteiro poderia julgar essa doutrina e seus autores dignos de mil fogueiras e cruzes.

Quem agora se admiraria de que o ódio público se tenha suscitado contra ela, quando se creem nessas acusações tão perversas? Eis por que todas as classes, de comum acordo, conspiram em condenar a nós, bem como à nossa doutrina. Os que se assentam em juízo, dominados por esse sentimento, pronunciam como sentenças os preconceitos que têm trazido dos lares. E creem que já se desincumbiram devidamente de seu ofício quando ordenam que alguém seja exposto à punição sem que seja convencido ou por sua própria confissão, ou por um testemunho seguro. Mas de que crime? Dessa doutrina condenada, dizem eles. Mas com que direito ela foi condenada? Ora, a própria fortaleza de sua defesa não visava desmentir essa mesma doutrina, mas sustentá-la como verídica. Aqui se elimina até mesmo o direito de cochichar.

2. SÚPLICA PELOS EVANGÉLICOS PERSEGUIDOS

Por essa razão, ó invencível Rei, não solicito de forma injusta que, pessoalmente, queirais tomar plena ciência de toda essa causa, a qual, até o momento, tem sido tratada à revelia, sem nenhuma ordem de direito, e com uma fúria impetuosa, em vez de gravidade judicial. E não penseis que aqui estou preparando minha própria defesa pessoal, para, com ela, voltar seguramente à minha terra natal. Ainda que eu considere minha pátria com aquele afeto natural que me vem, não sinto tanto pesar por estar excluído dela. Ao contrário, já abracei a causa comum de todos os piedosos, que é a do próprio Cristo e que, neste momento, se encontra em vosso reino tão menosprezada e pisoteada que parece já não ter mais remédio; e isso mais pela tirania de certos fariseus que por vossa aprovação.

Mas, como isso sucede, não me cabe dizê-lo aqui. Sem sombra de dúvida, nossa causa é grandemente afligida. Porquanto homens ímpios de tal modo têm prevalecido que a verdade de Cristo, se ainda não foi destruída nem dispersa, e ainda não morreu, ao menos se encontra escondida, sepultada e destituída de sua glória. E a pobrezinha Igreja, ou já foi devastada com mortandade cruel, ou banida para o exílio, ou de tal modo esmagada por ameaças e temores que nem mesmo ousa abrir a boca. Todavia, com tudo isso, com suas usuais fúria e demência, os ímpios insistem em torpedear um muro já socavado e, assim, completar a ruína para a qual tanto têm-se esforçado. No entanto, ninguém sai em defesa da Igreja e contra tais fúrias. Mas quem quer que deseje manifestar-se a fim de favorecer, de forma significativa, a verdade, dizem que se devem perdoar o erro e a imprudência dos homens ignorantes. Pois, assim falam, chamando de erro e imprudência àquilo que bem sabem ser a infalível verdade de Deus; e de idiotas àqueles a quem o Senhor outorgou os mistérios da sabedoria celestial! E, assim, todos se envergonham do evangelho!

Então, cabe a vós, ó sereníssimo Rei, não apartar nem vossos ouvidos nem vosso coração da defesa de uma causa tão

INTRODUÇÃO

justa; principalmente por ser um assunto de tanta importância: como a glória de Deus será mantida sobre a terra, como a verdade de Deus reterá seu lugar de honra, como o reino de Cristo permanecerá entre nós em bom estado de conservação. Isso, sem dúvida, é algo digno de vossa atenção, digno de vosso juízo, digno de vosso trono régio! Aliás, tal consideração faz um rei verdadeiro, a saber, reconhecer-se como genuíno ministro de Deus no governo de seu reino (Romanos 13.3 e seguintes); e, ao contrário, aquele que não reina com o fim de servir à glória de Deus, esse não governa regiamente, não passando de um salteador. Além do mais, engana-se todo aquele que espera grande prosperidade em um reino que não é regido com o cetro de Deus; quero dizer, com sua Santa Palavra. Porque o oráculo celestial não pode mentir, de modo que se proclama que o povo será disperso quando a profecia não se cumpre (Provérbios 29.18).

E o desprezo por nossa humildade não deve persuadir-vos desse comportamento. Aliás, temos plena consciência de que somos homens vis e de pouca importância; convém saber, diante de Deus, que somos míseros pecadores; e, aos olhos dos homens, bastante desprezíveis – se preferirdes, lixo e escória do mundo (cf. 1 Coríntios 4.13) e até mesmo as coisas mais vis que possamos nomear. De sorte que, diante de Deus, nada nos resta de que nos gloriarmos, salvo unicamente em sua misericórdia (cf. 2 Coríntios 10.17), por meio da qual, sem mérito nosso, temos sido salvos (Tito 3.5); e, diante dos homens, nada, exceto por nossa impotência (cf. 2 Coríntios 11.30; 12.5–9), a qual, até mesmo admiti-la ou confessá-la constitui a maior desonra entre os homens.

Nossa doutrina, porém, deve ser mantida invencível acima de toda a glória e acima de todo o poder do mundo, pois não é em nós que tem sua origem, e sim no Deus vivo e em seu Cristo, a quem o Pai constituiu Rei, para "governar de mar a mar, e desde os rios até os confins da terra" (Salmos 72.8; 71.7). E, para que de tal modo governe que, ferindo toda a terra com a vara de sua boca, ele a faça em pedaços, e com ela sua força e glória, como se fosse um vaso de barro, conforme o que os profetas profetizaram da magnificência de seu reino (Daniel 2.32–35; Isaías 11.4; Salmos 2.9). Aliás, nossos adversários gritam que falsamente tomamos a Palavra de Deus como pretexto nosso e impiamente a corrompemos. Ao lerdes nossa confissão, que Vossa Majestade julgueis, conforme vossa prudência, quão falsa é essa acusação e quão saturada é, não só de uma maliciosa calúnia, mas também de completo descaramento.

JULGUE-SE A DOUTRINA PELA PALAVRA DE DEUS
Todavia, aqui temos de dizer algo que vos abra uma via para lerdes nossa confissão. Quando o apóstolo Paulo quis que toda a profecia se conformasse à analogia da fé (Romanos 12.6), apresentou uma regra bastante clara para testar toda interpretação da Escritura. Ora, pois, se nossa interpretação for medida por essa regra de fé, a vitória estará em nossas mãos. Pois o que é mais consoante com a fé do que reconhecer que somos despidos de toda virtude, a fim de sermos vestidos por Deus? Que somos vazios de todo bem, a fim de nos enchermos dele? Que somos escravos do pecado, a fim de sermos libertados por ele? Cegos, a fim de sermos iluminados por

ele? Coxos, a fim de que ele nos faça andar eretos? Fracos, a fim de sermos sustentados por ele? A fim de removermos de nós toda ocasião de vanglória, a fim de que somente ele se exiba de modo glorioso, e nós nos gloriemos nele (cf. 1 Coríntios 1.31; 2 Coríntios 10.17)?

Quando dizemos essas coisas e outras afins, nossos adversários interrompem e se queixam de que, nesse caso, subverteríamos não sei que luz da natureza, preparações imaginárias, livre-arbítrio e méritos. Pois não podem suportar que todo o louvor e toda a glória da bondade, da virtude, da justiça e da sabedoria repousem tão somente em Deus. Nós, porém, não lemos de alguém ser culpado por beber da profunda fonte da água viva (João 4.14). Ao contrário, foram seriamente repreendidos aqueles que cavaram para si cisternas, sim, cisternas esburacadas que não podem reter nenhuma água (Jeremias 2.13). Além disso, o que se harmoniza mais com a fé do que Deus prometer ser um Pai propício, quando Cristo é reconhecido como irmão e propiciador? Do que buscar confiantemente todo o bem e toda a prosperidade em Deus, cujo indizível amor se estendeu a nós, o qual "não poupou a seu próprio Filho, mas, antes, o entregou por todos nós (Romanos 8.32)? Do que repousar sobre as infalíveis expectativas de salvação e vida eterna, quando consideramos que Cristo nos foi dado pelo Pai, em quem estão ocultos todos os tesouros?

Aqui se assenhoreiam de nós, gritando que tal certeza de confiança não está isenta de arrogância e presunção. Mas, como de nós mesmos nada devemos presumir, assim devemos atribuir a Deus todas as coisas; nem devemos despir-nos de vanglória por qualquer outra razão, senão para nos gloriarmos no Senhor (cf. 2 Coríntios 10.17; 1 Coríntios 1.31; Jeremias 9.23-24).

O que mais direi? Examinai sucintamente, poderosíssimo Rei, todas as partes de nossa causa; que nos considereis as pessoas mais malditas de quantas vivem hoje, a não ser que descubrais claramente que "somos oprimidos e injuriados por depositarmos nossa esperança no Deus vivo" (1 Timóteo 4.10), porque cremos ser "esta a vida eterna: conhecer o Deus verdadeiro e aquele a quem ele enviou, Jesus Cristo" (João 17.3). Por causa dessa esperança, alguns de nós somos encarcerados, outros açoitados, outros expostos ao escárnio, outros desterrados, alguns torturados com requinte de crueldade; alguns se veem forçados a fugir; todos nós somos oprimidos pela pobreza, amaldiçoados com medonhas execrações, feridos por calúnias e tratados de maneira extremamente vergonhosa.

NOSSOS ADVERSÁRIOS

Em contrapartida, que Vossa Majestade atenteis bem para nossos adversários (falo das ordens sacerdotais por cujos aceno e vontade todos os demais nos tratam com hostilidade) e noteis, juntamente comigo, o zelo que os move. Prontamente permitem a si e aos demais ignorar, negligenciar e menosprezar a verdadeira religião, a qual nos é transmitida nas Escrituras e deveria ter lugar reconhecido entre todos os homens. Pensam que não é de grande importância aquilo em que cada um crê que deva ou não manter sobre Deus e Cristo, contanto que simplesmente submeta sua mente, com fé implícita, ao juízo da Igreja. Profanaram a visão da glória de Deus com francas blasfêmias sem muita preocupação. Por que labutam com tamanhas ferocidade e amargura em prol da missa, do purgatório, das peregrinações e de outras parafernálias do gênero, negando que possa haver verdadeira piedade sem uma fé mais explícita (por assim dizer) em tais coisas, ainda que nelas nada se possa provar pela Palavra de Deus? Qual a razão, exceto porque "seu deus é o ventre" (Filipenses 3.19), e sua religião, a cozinha?! Se essas coisas forem tiradas, creem que não são cristãos, nem mesmo homens! Porque, mesmo que alguns deles se excedam em suntuosidade, enquanto outros vivem roendo as migalhas de pão seco, todos vivem de uma mesma panela, panela que, sem tal combustível, se tornaria não só fria, mas até mesmo viria a se congelar por completo. Por conseguinte, todos eles, quanto mais solícitos se mostram pelo ventre, mais zelosos e ferrenhos defensores se mostram de sua fé. Enfim, todos os homens se esforçam por alcançar este alvo: conservar ou sua regra intata ou seu ventre empanturrado. Nem ao menos um deles dá a mais leve indicação de zelo sincero.

3. ACUSAÇÕES DE ANTAGONISTAS REFUTADAS

A despeito disso, não cessam de assaltar nossa doutrina e de reprová-la e infamá-la com nomes que a tornam ainda mais odiosa ou suspeita. Eles a denominam de "nova" e "de origem recente". Acusam-na de "duvidosa e incerta". Inquirem se ela tem o direito de prevalecer contra a concordância de tantos pais e contra costumes antiquíssimos. Insistem em que reconheçamos que ela é cismática, porquanto faz guerra contra a Igreja, ou que a Igreja esteve morta por tantos séculos em que não se ouviu tal coisa. Finalmente, dizem que não há necessidade de tantos argumentos, porque, por meio de seus frutos, é possível conhecer o que ela é, já que tem produzido de si mesma tão grande aglomerado de seitas, tantas revoltas e tumultos e licenciosidade tão ferrenha. Na verdade, é-lhes muito fácil vilipendiar uma causa negligenciada diante de uma multidão crédula e ignorante. Mas, se também nos fosse dada a liberdade de falar, essa amargura que vomitam sobre nós com a boca cheia se dissiparia.

NOSSA DOUTRINA É NOVA?

Em primeiro lugar, ao denominá-la de "nova", fazem profunda injúria a Deus, cuja Sagrada Palavra não merece ser tratada como novidade. Aliás, de modo algum duvido tratar-se de algo novo para eles, uma vez que também lhes são novos o próprio Cristo e seu evangelho. Mas, para os que sabem ser antiga aquela pregação de Paulo, no sentido de que "Jesus Cristo foi morto por causa de nossas transgressões e ressuscitou por causa de nossa justificação" (Romanos 4.25), nada novo encontrarão entre nós.

Quanto a jazer desconhecida e sepultada por tanto tempo, a culpa está na impiedade do homem. Ora, quando ela nos for restaurada pela bondade de Deus, então deveria admitir-se a reivindicação de sua antiguidade, ao menos por direito de descoberta.

A mesma ignorância os leva a considerá-la duvidosa e incerta. Isso é precisamente aquilo de que o Senhor se queixa pela boca de seu profeta, a saber, que "o boi conhece seu possuidor, e o jumento, o dono de sua manjedoura, mas Israel não tem conhecimento, meu povo não entende" (Isaías 1.3). Mas, por mais que caçoem de sua incerteza, se tivessem de selar sua doutrina com seu próprio sangue, e com o risco de suas próprias vidas, então seria possível ver quanto ela significaria para eles. Outra coisa bem distinta é nossa certeza, a qual não teme os horrores da morte, nem mesmo o próprio tribunal de Deus.

COM QUE MILAGRES ELA É CONFIRMADA?

Ao demandarem de nós milagres, agem com extrema desonestidade. Pois não estamos forjando um novo evangelho; estamos retendo aquele mesmo evangelho cuja verdade todos os milagres que Jesus Cristo e seus discípulos operaram servem de confirmação. Mas, comparados conosco, eles possuem um estranho poder: até hoje, podem confirmar sua fé por milagres contínuos! Em vez de citarem milagres que podem incomodar uma mente de outro modo tranquila, os deles são por demais néscios e ridículos, bastante fúteis e falsos! Todavia, ainda que esses fossem prodígios maravilhosos, em momento algum deveriam pôr-se contra a verdade de Deus, pois é necessário que o nome de Deus seja sempre e em todo lugar santificado, quer por meio de milagres, quer por meio da ordem natural das coisas.

E podemos ainda oportunamente recordar que Satanás tem seus milagres, os quais, ainda que sejam truques enganosos, e não atos autênticos, são de tal natureza que podem até mesmo enganar os ingênuos e desavisados (cf. 2 Tessalonicenses 2.9–10). Os necromantes e encantadores sempre foram muito famosos por seus milagres. A idolatria tem sido fomentada por milagres prodigiosos, os quais, nem por isso, nos sancionam a superstição dos mágicos ou dos idólatras.

Com esse aríete, os donatistas de outrora destroçaram a simplicidade da multidão, dizendo que realizavam milagres poderosos. Portanto, agora respondemos aos nossos adversários da mesma forma que Agostinho fez noutro tempo aos donatistas: Que o Senhor nos advertiu contra estes operadores de milagres quando predisse "que surgirão falsos cristos e falsos profetas operando grandes sinais e prodígios para enganar, se possível, os próprios eleitos" (Mateus 24.24). E Paulo nos advertiu que "o aparecimento do iníquo é segundo a eficácia de Satanás, com todo poder, e sinais, e prodígios da mentira" (2 Tessalonicenses 2.9). Mas dirão que esses milagres não são feitos pelos ídolos, nem pelos mágicos, tampouco pelos falsos profetas, mas pelos santos. Como se não entendêssemos que a arte de Satanás é transfigurar-se em anjo de luz (2 Coríntios 11.14)! Os egípcios de outrora cultuaram o profeta Jeremias que estava sepultado em sua terra, oferecendo-lhe sacrifícios e honras divinas. Acaso não usaram mal o santo profeta de Deus com propósitos de idolatria? Todavia, com tal veneração de seu túmulo, encontram a cura da picada de serpente. O que diremos, senão que sempre foi assim, e sempre será, que a justa punição de Deus é "enviar àqueles que" não receberam o amor da verdade "uma forte ilusão para que creiam na mentira" (2 Tessalonicenses 2.11)?

Muito bem, não nos faltam inteiramente milagres, os quais são infalíveis e não são tema de zombaria. Ao contrário, os "milagres" que nossos adversários apontam em seu próprio apoio são meras ilusões de Satanás, com as quais afastam o povo do verdadeiro culto de Deus para a vaidade.

4. FALSAS ALEGAÇÕES DE QUE OS PAIS SE OPÕEM AO ENSINO DA REFORMA

Além disso, injustamente, eles põem contra nós os Pais (quero dizer os primeiros escritores da época mais excelente da Igreja), como se neles tivessem os apoiadores de sua própria impiedade. Se a contenda fosse determinada pela autoridade patrística, o troféu da vitória mudaria de lado. Ora, esses pais escreveram muitas coisas sábias e excelentes. Todavia, em alguns casos, o que comumente sucede aos homens recaiu também sobre eles. Pois esses assim chamados filhos pios, com toda a sua agudeza de entendimento, juízo e espírito, idolatram somente as falhas e os erros desses pais. As boas coisas que esses pais escreveram não as fazem nem as notam, mas as entendem mal ou as pervertem. Pode-se dizer que seu único cuidado é extrair esterco do ouro. Então, com terrível reboliço, esmagam-nos como desprezadores e adversários dos pais! Todavia, não desprezamos os pais; aliás, se esse fosse nosso presente propósito, eu poderia, sem dificuldade alguma, demonstrar que a maior parte do que estamos afirmando hoje está de acordo com o ensino deles.

Não obstante, somos tão versados em seus escritos que sempre nos lembramos de que todas as coisas são nossas (1 Coríntios 3.21-22), para nos servir, não para exercer domínio sobre nós (Lucas 22.24-25), e que tudo pertence ao único Cristo (1 Coríntios 3.23), a quem devemos obediência em todas as coisas, sem exceção (cf. Colossenses 3.20). Aquele que não observa essa distinção nada terá por indubitável na religião; embora esses santos varões fossem ignorantes de muitas coisas, frequentemente discordavam entre si e, algumas vezes, até mesmo se contradiziam. Não é sem razão, dizem, que Salomão nos acautela para que não ultrapassemos os limites antigos que nossos pais puseram (Provérbios 22.28). Mas a mesma regra não se aplica às fronteiras dos campos e à obediência da fé, que deve ser de tal modo distribuída que "se esquece de seu povo e da casa de seu pai" (Salmos 45.10). Mas, caso se deleitem tanto com alegorias, por que não aceitam por Pais os apóstolos (mais que quaisquer outros), cujos limites e termos não é lícito remover (Provérbios 22.28)?

OS PAIS CONFIRMAM NOSSA DOUTRINA

Foi assim que Jerônimo interpretou esse versículo, e eles têm escrito suas palavras em seus cânones. Mas, se nossos oponentes querem preservar os limites impostos pelos pais, em conformidade com a compreensão que tiveram deles, por que eles mesmos os transgridem tão espontaneamente que sempre os adaptam?

Um dos Pais foi quem disse que nosso Deus nem bebe nem come, e por isso não necessita nem de pratos nem de cálices; o outro, que os ritos sacros não demandam ouro, e que tais coisas não se compram com ouro, nem se deleitam com ouro. E, assim, transgridem esse limite quando, em suas cerimônias, deleitam-se tanto com ouro, prata, marfim, mármore, pedras preciosas, e creem que Deus não é adorado corretamente, a menos que tudo esteja envolto no excesso.

INTRODUÇÃO

Pai também foi aquele que disse que, livremente, comia carne quando os outros dela se abstinham, porquanto ele era cristão. Portanto, transgridem os limites quando execram qualquer pessoa que deguste carne na *Quaresma*.

Um dos pais disse que o monge que não trabalha com as próprias mãos deve ser considerado igual a um bandido; o segundo pai, que não é lícito aos monges viverem dos bens alheios, mesmo quando seja assíduo em contemplação, oração e estudo. Têm também transgredido esse limite quando põem os ventres preguiçosos dos monges nesses guisados e prostíbulos para que sejam saciados com a subsistência alheia.

Foi um pai que qualificou de terrível abominação ver uma imagem nas igrejas dos cristãos. Estão longe de permanecer dentro desses limites quando não deixam sequer um canto isento de imagens. Outro pai aconselhou que, depois de havermos exercido, em um sepultamento, o ofício de humanidade para com os mortos, que os deixemos em paz. Rompem esses limites quando fomentam perpétua solicitude para com os mortos. Foi um dos pais que disse que o corpo real não estava no sacramento da Ceia, mas somente o mistério do corpo, pois, assim, ele fala da palavra. Portanto, ultrapassam os limites quando fazem dele (um corpo) real e substancial.

Houve dois pais: um decretou que os que se contentam em participar de uma só espécie, porém se abstêm da outra, deveriam ser inteiramente excluídos da participação na Santa Ceia de Cristo; o outro defende veementemente que não se deve negar o sangue de seu Senhor ao povo cristão, o qual, ao confessá-lo, é concitado a derramar seu próprio sangue. Eles têm removido esses marcos quando ordenam, por uma lei inviolável, a própria coisa que o primeiro pai puniu com excomunhão e o segundo reprovou mediante uma razão válida.

Foi um pai que afirmou ser temerário quando, ajuizando-se alguma matéria obscura, assuma-se um lado ou o outro sem um claro e evidente testemunho da Escritura. Esqueceram esse limite quando estabeleceram tantas constituições, cânones e decisões doutrinais, sem qualquer palavra de Deus. Foi um pai que repreendeu Montanus por, entre outras heresias, ser o primeiro a impor as leis de jejum. Também foram além desses limites quando ordenaram jejuns mediante uma lei por demais rigorosa.

Foi um pai que negou que se proibisse o matrimônio aos ministros da Igreja, declarando que alguém é casto quando coabita com sua esposa. E outros pais concordaram com sua opinião. Ao imporem severamente o celibato a seus sacerdotes, foram muito além desse limite. Foi um pai que determinou que se ouça somente a Cristo, pois a Escritura afirma: "Ouvi-o" (Mateus 17.5); e que não devemos preocupar-nos com o que outros antes de nós disseram ou fizeram, mas somente com o que Cristo, que é o primeiro de todos, ordenou. Quando põem a si mesmos e a outros ministros no lugar de Cristo, não se obrigaram por esse limite, nem permitiram que outros o observassem.

Todos os pais, com um só coração, se aborreceram e com uma só voz detestaram o fato de que a Santa Palavra de Deus fosse contaminada pelas sutilezas dos sofistas e envolvida nas contendas dos dialéticos. Quando, em toda a sua vida, nada fazem senão encobrir e obscurecer a simplicidade da Escritura com contendas intermináveis e discursos sofisticados, porventura se mantêm dentro desses limites? Por que, se os pais fossem trazidos de volta à vida, e deparassem com tal arte de tagarelar, como essas pessoas chamam a teologia especulativa, nada há em que menos acreditariam que tais pessoas estivessem disputando sobre Deus! Meu discurso, porém, excederia o limite se eu decidisse rever quão audaciosamente rejeitam o jugo dos pais, cujos filhos obedientes desejam parecer. Aliás, meses e até mesmo anos não me seriam suficientes! Não obstante, são de um descaramento tão covarde e depravado que ousam repreender-nos por ultrapassarmos os antigos limites.

5. APELO AO "COSTUME" CONTRA A VERDADE

Mesmo em seu apelo ao "costume", nada conseguem. Constranger-nos a nos rendermos ao costume seria o mesmo que nos tratar com extrema injustiça. Aliás, se os critérios humanos fossem corretos, seria necessário buscar o costume de homens bons. Mas, com frequência, ocorre algo muito diferente: o que se vê ser realizado pela maioria tem obtido a função de costume; enquanto as atividades dos homens raramente têm sido tão bem reguladas que as coisas superiores têm aprazido a maioria. Portanto, algumas vezes, os vícios privados de muitos têm levado ao erro público, ou, melhor, a uma concordância geral com os vícios, os quais esses bons homens querem agora transformar em lei. Os que têm olhos podem perceber que não só um oceano de males tem inundado a terra, como também muitas pragas danosas a têm invadido e criado um caos. Daí, ou alguém se desespera por completo das atividades humanas, ou se aferra a esses grandes males – ou, ao contrário, violentamente os sufoca. E esse remédio é rejeitado por nenhuma outra razão salvo que temos por tanto tempo nos acostumado a tais males. Mas, dando ao erro público um lugar na sociedade dos homens, ainda no reino de Deus sua eterna verdade deve ser ouvida exclusivamente e observada, uma verdade que não pode ser ditada pela extensão de tempo, pelo costume há muito radicado ou pela conspiração dos homens. Dessa maneira, Isaías, nos velhos tempos, instruiu os eleitos de Deus a não "chamar conspiração tudo o que este povo chama conspiração", ou seja, não conspirar na conspiração do povo e em consenso com ela, "nem temer o que temem, nem ter isso por temível", mas, antes, "santificai o Senhor dos Exércitos; seja ele vosso temor, seja ele vosso espanto" (Isaías 8.12–13).

Ora, pois, deixe que nossos adversários nos apresentem tantos exemplos quantos queiram, desde as eras antigas até as atuais. Se santificarmos o Senhor dos Exércitos, não viveremos grandemente atemorizados. Mesmo que tantas eras tenham concordado com semelhante impiedade, o Senhor é forte para dar livre curso à vingança, até a terceira e a quarta gerações (Números 14.18; cf. Êxodo 20.4). Assim, ainda que o mundo inteiro conspire na mesma perversidade, ele nos tem ensinado pela experiência qual é o fim dos que pecam com a multidão. Ele fez isso quando destruiu toda a raça humana pelo dilúvio, porém conservou Noé com sua pequena família; e Noé, com sua fé, a fé de um só homem, condenou o mundo inteiro (Gênesis 7.1; Hebreus 11.7). Em suma, o mau costume nada é senão um tipo de peste pública em que os homens perecem não menos do que quando caem com a multidão.

INTRODUÇÃO

6. ERROS SOBRE A NATUREZA DA IGREJA

Com seu argumento poderoso, eles não nos impressionam de modo tão contundente que nos vemos forçados a admitir ou que a Igreja esteve morta por algum tempo, ou que agora estamos em conflito com ela. Seguramente, a Igreja de Cristo tem vivido e viverá enquanto Cristo reinar à destra de seu Pai. Ela é sustentada por sua mão; armada com sua proteção; e fortalecida por seu poder. Pois, certamente, ele concretizará o que uma vez prometeu: que ele estaria presente com os seus até o fim do mundo (Mateus 28.20). Contra essa Igreja, não temos agora nenhuma disputa. Porque, se alguém concorda com todo o povo crente, cultuamos e adoramos a um só Deus e a Cristo, o Senhor (1 Coríntios 8.6), como ele sempre foi adorado por todos os homens piedosos. Mas se extraviam, em grande medida, da verdade ao não reconhecerem a Igreja, a menos que a vejam com seus próprios olhos e tentem mantê-la dentro dos limites aos quais de modo algum ela pode estar confinada.

Nossa controvérsia gira em torno destas articulações: primeiro, contendem que a forma da Igreja é sempre aparente e observável. Segundo, eles põem essa forma na visão da Igreja romana e em sua hierarquia. Nós, ao contrário, afirmamos que a Igreja pode existir sem qualquer aparência visível, e que sua aparência não está contida nessa magnificência externa que nesciamente admiram. Ao contrário, ela tem outra marca completamente diferente, a saber, a pregação pura da Palavra de Deus e a legítima administração dos sacramentos. Eles se enfurecem se a Igreja nem sempre pode ser apontada com o dedo. Mas, entre o povo judeu, muitas vezesela esteve de tal modo deformada que não restou nenhuma semelhança dela! Que forma cremos nós ela exibiu quando Elias se queixou de ter ficado sozinho (1 Reis 19.10, ou 14)? E como, depois da vinda de Cristo, ela como que desapareceu sem qualquer forma? Com quanta frequência ela, desde esse tempo, foi oprimida por guerras e heresias, de modo que dela não se emitiu nenhum esplendor? Se tivessem vivido naquele tempo, teriam crido que alguma Igreja ainda existisse? No entanto, Elias ouviu que ainda restavam sete mil homens que não haviam dobrado seus joelhos diante de Baal. E não devemos nutrir dúvidas de que Cristo sempre reinou sobre a terra desde que ascendeu ao céu. Mas, se os crentes, então, buscassem alguma forma visível, acaso não teriam perdido de vez todo o ânimo? Visto que somente o Senhor "conhece os seus" (2 Timóteo 2.19), por isso deixemos com ele que algumas vezes remova dos olhos dos homens a noção externa de sua Igreja. Confesso que essa é uma terrível visitação de Deus à terra. Mas, se a impiedade dos homens merece tal coisa, por que nos empenharíamos em fazer oposição à justiça divina? Foi assim que o Senhor, outrora, puniu a ingratidão dos homens. Pois, visto que se recusaram a obedecer à sua verdade e extinguiram sua luz, ele permitiu que seus cegos sentidos fossem, respectivamente, iludidos e mergulhados em trevas profundas, de modo a não restar nenhuma forma da verdadeira Igreja. Entretanto, ele preservou seus próprios filhos, ainda que dispersos e ocultos em meio a esses erros e a essas trevas. E isso não causa surpresa, pois ele sabia como preservá-los na confusão de Babilônia e nas chamas da fornalha ardente (Daniel 3).

INTRODUÇÃO

OS BISPOS FORMAM A IGREJA?

Agora salientarei quão perigoso é seu desejo de ter as formas da Igreja julgadas por alguma sorte de pompa inútil. Esboçarei isso, em vez de explicar extensamente, para que não prolongue meu discurso interminavelmente. O papa romano, dizem, que ocupa a sé apostólica, bem como os demais bispos, representam a Igreja e devem ser tidos como a Igreja; portanto, eles não podem errar. Por que pensam assim? Porque, respondem, eles são os pastores da Igreja e foram consagrados pelo Senhor. Acaso Arão e os demais líderes do povo de Israel não foram também pastores? No entanto, Arão e seus filhos, ainda que designados sacerdotes, erraram quando fabricaram o bezerro (Êxodo 32.4). Por que, segundo esse raciocínio, aqueles quatrocentos profetas que enganaram Acabe (1 Reis 18.18) também não representavam a Igreja? E a Igreja estava do lado de Miqueias, um homem sozinho e desprezível, mas que falava a verdade. Porventura os profetas que se insurgiram contra Jeremias, vangloriando-se de que "a lei não podia perecer do sacerdote, nem o conselho do sábio, nem a palavra do profeta" (1 Jeremias 18.18; cf. 4.9), acaso não portavam o nome e a forma da Igreja? Porventura essa mesma pompa não foi exibida naquele concílio em que os sacerdotes, escribas e fariseus se reuniram para deliberar acerca da execução de Cristo (João 11.47ss.)? Ora, pois, vamos e nos apegamos a essa máscara externa, fazendo cismáticos Cristo e todos os profetas do Deus vivente; de modo inverso, os ministros de Satanás, os órgãos do Espírito Santo!

O CONCÍLIO DE BASILEIA [1431–1437]

Mas, se falam sinceramente, então que me respondam de boa-fé: em que região ou entre que povo se pensa que a Igreja residiu depois que Eugenio, por decreto do Concílio de Basileia, foi despojado do pontificado e substituído por Amadeus? Mesmo que se explodissem, não poderiam negar que o concílio era legítimo quanto aos arranjos externos, e foi convocado não só por um papa, mas por dois. Eugenio foi ali condenado por cisma, rebelião e obstinação, com todo o grupo de cardeais e bispos que tramaram a dissolução do concílio com ele. Não obstante, subsequentemente sustentado pelo favor dos príncipes, ele recuperou, ileso, seu ofício papal. Aquela eleição de Amadeus, devidamente solenizada pela autoridade de um concílio geral e santo, dissolveu-se como fumaça, exceto pelo fato de que o supracitado Amadeus foi apaziguado por um chapéu de cardeal, como um cão que ladra por um pedaço de osso. Desses rebeldes e obstinados hereges, entraram para a história todos os futuros papas, cardeais, bispos, abades e sacerdotes.

Aqui deveriam deter-se e se conter. Pois de que lado eles admitirão que se põe o nome de Igreja? Acaso negarão que o concílio foi geral, ao qual nada faltou de majestade externa, foi solenemente convocado por duas bulas, consagrado pelo presidente legado da sé romana e bem ordenado em todos os aspectos, preservando a mesma dignidade até o fim? Acaso admitirão que Eugenio e toda a sua companhia, por quem foram consagrados, eram cismáticos? Portanto, ou que definam a forma da Igreja em outros termos, ou os considerarão – por mais numerosos que sejam – como tendo sido, ciente e voluntariamente, ordenados por hereges, sendo cismáticos. Mas, se isso nunca fosse descoberto antes, que, sob esse eminente título "Igreja", por tanto tempo tem tão arrogantemente apregoado ao mundo, ainda que tenham sido pragas mortais na Igreja, pode munir-nos com abundante prova de que a Igreja não está atrelada a pompas externas. Não falo acerca de seus costumes e trágicos malfeitos, com os quais enxameiam toda a sua vida, já que falam de si mesmos como os fariseus, que devem ser ouvidos, porém não imitados (Mateus 23.3). Se você devotar um pouco de seu lazer à leitura de nossas palavras, então, inequivocamente, reconhecerá que essa mesmíssima doutrina por meio da qual reivindicam ser a Igreja, não passa de um açougue mortal das almas, um tição, uma ruína e a destruição da Igreja.

7. ALEGA-SE QUE O ENSINO DA REFORMA RESULTA EM TUMULTO

Por último, não agem com suficiente candura quando, invejosamente, recordam quantos distúrbios, tumultos e contendas o ensino de nossa doutrina tem arrastado consigo, e quais frutos ela produz entre muitos. A culpa desses males tem sido injustamente lançada contra ela, quando isso deveria ser imputado à malícia de Satanás. Temos aqui, por assim dizer, certa característica da divina Palavra: ela nunca se manifesta enquanto Satanás estiver em repouso e cochilando. Essa é a marca mais segura e mais digna para distingui-la das doutrinas subjacentes, as quais prontamente se apresentam, sendo recebidas por todos com ouvidos atentos, e ouvidas por um mundo que aplaude. Assim, por alguns séculos, durante os quais tudo permaneceu submerso em trevas profundas, os homens eram a diversão e a zombaria desse senhor do mundo, e, não diferente de algum Sardanapalus, Satanás se manteve ocioso e em sono profundo. Pois o que mais ele tinha a fazer senão zombar e se divertir, em tranquila e pacífica posse de seu reino?

Todavia, quando a luz brilha do alto, em certa medida dissipando suas trevas, quando "o homem mais forte" passou a perturbar e assaltar seu reino (cf. Lucas 11.22), então começou a abalar sua costumeira modorra e a empunhar suas armas. De fato, em primeiro lugar, ele incitou os homens à ação, para que, por esse meio, pudesse oprimir violentamente a verdade nascente. E, quando isso não lhe trouxe qualquer proveito, voltou-se aos estratagemas: incitou discordância e contendas dogmáticas através de seus catabatistas e outros chacais monstruosos, a fim de obscurecer e, por fim, extinguir a verdade. E agora ele persiste em sitiá-la com ambos os engenhos. Com as mãos violentas dos homens, ele tenta arrancar aquela verdadeira semente e busca (na medida em que estiver em seu poder) sufocá-la com suas ervas daninhas, a fim de impedi-la de crescer e frutificar. Mas tudo isso resulta ineficaz se atentarmos bem para o Senhor, nosso monitor, que há muito tem exposto as vilezas de Satanás diante de nós, para que não nos apanhe despercebidos; e nos armou com defesas bastante sólidas contra todos os seus intentos. Além do mais, quão grande malícia é a de atribuir à própria Palavra de Deus o ódio ou as sedições que os perversos e rebeldes incitam contra ela, ou as seitas que os impostores incrementam, tanto em oposição a ela como ao ensino dela!

INTRODUÇÃO

Todavia, esse não é um exemplo novo. A Elias, indagou-se se porventura não era ele quem perturbava Israel (1 Reis 18.17). Para os judeus, Cristo era sedicioso (Lucas 23.5; João 19.7ss.). A acusação de incitar o povo recaiu contra os apóstolos (Atos 24.5ss.). O que mais estão fazendo os que nos culpam hoje por todas as perturbações, tumultos e contendas que borbulham contra nós? Elias nos ensinou como devemos responder a tais acusações: não somos nós que difundimos erros por toda parte ou incitamos tumultos, mas aqueles que contendem contra o poder de Deus (1 Reis 18.18). Mas, ainda que só essa resposta seja suficiente para refrear sua temeridade, também, em contrapartida, pode socorrer a estultícia de outros que, com frequência, se deixam mover por tais escândalos e, assim perturbados, vacilar. Estes, pois, para que não desmaiem com essa perturbação, nem retrocedam, devem entender que as mesmas coisas que hoje nos ocorrem foram experimentadas pelos apóstolos em seu tempo.

Houve homens iletrados e instáveis que, para sua própria destruição, perverteram coisas que foram divinamente escritas por Paulo, no dizer de Pedro (2 Pedro 3.16). Havia desprezadores de Deus que, ouvindo que o pecado transbordara para que a graça superabundasse, prontamente concluíram: "Permaneceremos no pecado, para que a graça transborde ainda mais" (cf. Romanos 6.1). Ao ouvirem que os crentes já não estão mais debaixo da lei, prontamente gracejaram: "Pecaremos porque já não estamos debaixo da lei, mas debaixo da graça" (cf. Romanos 6.15). Houve pessoas que acusaram Paulo de ser um fomentador do mal (Romanos 3.8). Muitos falsos apóstolos se introduziram nas igrejas para destruí-las, as quais ele havia edificado (1 Coríntios 1.10–17; 2 Coríntios 11.3–15; Gálatas 1.6–11). "Alguns pregavam o evangelho movidos de inveja e porfia (Filipenses 1.15), "não sinceramente", até mesmo maliciosamente, "pensando com isso aumentar o peso de suas cadeias" (Filipenses 1.17). Em outros lugares, o evangelho fez pouco progresso. "Todos buscavam seus próprios interesses, não os de Jesus Cristo" (Filipenses 2.21). Outros retornavam, "como cães, ao seu vômito, e, como porcos, a revolver-se na lama" (2 Pedro 2.22). Muitos degradavam a liberdade do Espírito à licenciosidade da carne (2 Pedro 2.18–19). Muitos irmãos se introduziam ardilosamente, expondo, assim, os santos aos perigos (2 Coríntios 11.3-6). Entre esses mesmos irmãos, explodiam várias contendas (Atos 6; 11; 15). Nesse caso, o que os apóstolos deveriam fazer? Deveriam ter dissimulado por algum tempo, ou desistido totalmente do evangelho, abandonando-o, porque viam que era sempre semente de tantas disputas, fonte de tantos perigos, ocasião de tantos escândalos? Todavia, nas tribulações desse gênero, foram sustentados pelo pensamento de que Cristo é "rocha de escândalo e pedra de tropeço" (Romanos 9.33; cf. 1 Pedro 2.8; Isaías 8.14), "posto para a queda e o soerguimento de muitos... e por sinal aos que se contradizem" (Lucas 2.34). Armados com essa certeza, ousadamente avançaram em meio a todos os perigos de tumultos e escândalos. Convém que também nós sejamos sustentados pela mesma consideração, conquanto Paulo testifica em prol desta eterna qualidade do evangelho: que "ele é um aroma de morte para a morte" (2 Coríntios 2.15) para aqueles que perecem; para aqueles que já foram salvos, "ele é um aroma de vida para a vida" (2 Coríntios 2.16).

INTRODUÇÃO

8. QUE O REI SE ACAUTELE DE AGIR SOB FALSAS ACUSAÇÕES: OS INOCENTES AGUARDAM A DEFESA DIVINA

Eu, porém, volto a vos falar, ó mui generoso Rei. De modo algum vos deixeis mover por aquelas vãs acusações com que nossos adversários tentam inspirar-vos terror: de que, por esse novo evangelho (pois assim o chamam), os homens se esforçam e só buscam oportunidade para sedições e impunidade de todos os crimes. "Pois Deus não é o autor de divisão, e sim de paz" (1 Coríntios 14.33); e o Filho de Deus não é "o ministro do pecado" (Gálatas 2.17), porquanto ele veio "destruir as obras do diabo" (1 João 3.8).

E somos também injustamente acusados de uma espécie de intenção que jamais se permita suscitar a mínima suspeita. Nós estamos, suponho eu, envidando todos os esforços para a sublevação dos reinos – nós, de quem jamais se ouviu sequer uma palavra sediciosa; nós que, quando vivemos sob vosso (governo), sempre fomos reconhecidos como tranquilos e simples; nós, que não cessamos de orar pela plena prosperidade vossa e de vosso reino, embora hoje sejamos fugitivos da pátria! Presumo que somos caçados de um modo selvagem por vícios libertinos! Ainda que, em nossas ações morais, muitas coisas sejam dignas de censura, nada merece tão grande censura do que isso. E, pela bondade de Deus, não temos haurido tão pouco proveito do evangelho que nossa vida não seja para esses mentirosos um exemplo de castidade, generosidade, misericórdia, continência, modéstia e de todas as demais virtudes.

É perfeitamente evidente que temos e cultuamos a Deus; pois que, com nossa vida e com nossa morte, desejamos que seu nome seja santificado (cf. Filipenses 1.20) e nossos próprios adversários se veem constrangidos a dar testemunho da inocência e da justiça política de alguns de nossos homens, aos quais eles faziam morrer por aquilo que era digno de perpétua memória. Mas, se algumas pessoas suscitam tumulto sob o pretexto do evangelho – até aqui, nenhuma dessas pessoas tem sido encontrada em nosso ambiente –, se alguns adornam a licença de seus próprios vícios como a liberdade da graça de Deus – tenho conhecido muitos desse tipo –, há leis e penas legais pelas quais devem ser severamente refreados segundo seus méritos. Que o evangelho de Deus não seja blasfemado por causa da perversidade dos homens infames!

A perversa peçonha de nossos caluniadores tem sido, ó nobilíssimo Rei, em seus muitos detalhes, tão suficientemente desmascarada que não podeis inclinar um ouvido crédulo, além da medida, às suas calúnias. Temo, inclusive, que tantos detalhes sejam incluídos, visto que este prefácio já cresceu quase ao tamanho de toda a apologia. Nele, não tentei formular uma defesa, mas meramente dispor vossa mente a dar ouvidos à apresentação objetiva de nossa causa. Vossa mente está agora, de fato, desviada e alienada de nós, inclusive inflamada. E eu acrescentaria: até mesmo contra nós. Mas confiamos que possamos reconquistar vosso favor se, de um modo tranquilo, composto, quando lerdes esta nossa confissão, a qual desejamos que sirva de defesa diante de Vossa Majestade. Não obstante, suponhamos que os sussurros dos malevolentes de tal modo tapem vossos ouvidos que os acusados não tenham chance de falar em defesa própria, mas

INTRODUÇÃO

aquelas fúrias selvagens, enquanto concordardes com eles, sempre rugirão contra nós com prisões, açoites, flagelações, mutilações e fogueiras (cf. Hebreus 11.36-37). Então, seremos reduzidos ao extremo último justamente como ovelhas destinadas ao matadouro (Isaías 53.7-8; Atos 8.33). Mas isso só se dará se, "em nossa paciência, possuirmos nossas almas" (Lucas 21.19); e se esperarmos a forte mão do Senhor, a qual seguramente se manifestará em seu devido tempo, mostrando-se armada para livrar os pobres de sua aflição e também punir seus desprezadores.

Que o SENHOR, O REI DOS REIS, estabeleça vosso trono em retidão (cf. Provérbios 25.5), e vosso domínio, com equidade, poderosíssimo e eminentíssimo Rei.

De Basileia,
23 de agosto de 1535.

CAPÍTULO I

DA LEI: CONTENDO UMA EXPLANAÇÃO DO DECÁLOGO

A. DO CONHECIMENTO DE DEUS

1. Quase toda a sã doutrina consiste nestas duas partes: o conhecimento de Deus e de nós mesmos. O que a Deus se refere, temos de aprender no que diremos aqui.

Para mantermos uma fé sólida, em primeiro lugar temos de reter na mente que Deus é sabedoria, justiça, bondade, misericórdia, verdade, poder e vida infinitos (Baruque 3.12–14; Tiago 1.17). E todas essas coisas, onde quer que sejam notadas, procedem dele (Provérbios 16.4).

Em segundo lugar, todas as coisas, no céu e na terra, foram criadas para a glória dele (Salmos 148; Daniel 3.17). E isso, para servi-lo tão somente em razão de sua própria natureza, conservar sua regra, aceitar sua majestade e, em obediência, reconhecê-lo como Senhor e Rei (Romanos 1.21) – tudo isso se deve a ele por direito.

Em terceiro lugar, ele é, em si, Juiz justíssimo, de modo que castigará com severidade todos aqueles que se apartarem de seus preceitos, os que não querem ser submissos à sua vontade, os que pensam, dizem ou fazem aquelas coisas que não visam à glória dele (Salmos 7.9–17; Romanos 2.1–16).

Em quarto lugar, ele é misericordioso e manso, recebe benignamente os pobres e miseráveis que à sua clemência se refugiam e à sua fidelidade se arrimam; está preparado a perdoar e a se condoer de quantos lhe rogam por perdão, querendo sempre socorrer e ajudar o que implora seu auxílio e guardar os que nele depositam e lançam toda a sua confiança.

B. DO CONHECIMENTO DO HOMEM

2. A fim de chegarmos a um sólido conhecimento de nós mesmos, em primeiro lugar temos de lançar mão do fato de que Adão, o pai de todos nós, foi criado "à imagem e à semelhança de Deus" (Gênesis 1.26, 27). Equivale dizer que ele foi adornado com sabedoria, justiça e santidade, e foi de tal modo unido a Deus por esses dons da graça de Deus que poderia ter vivido eternamente nele, se houvesse permanecido inabalável na integridade que Deus lhe outorgara. Mas, quando Adão deslizou para o pecado, essa imagem e essa semelhança de Deus foram canceladas e obliteradas, ou seja, ele perdeu todos os benefícios da graça divina, pelos quais teria sido possível retomar o caminho da vida (Gênesis 3).

Além do mais, ele foi afastado para longe de Deus e veio a ser um completo estranho. Disso, segue-se que o homem foi despido e privado de toda sabedoria, retidão, poder, vida, os quais – como já se disse – só poderiam ser mantidos em Deus. Em consequência, nada lhe foi deixado, salvo a ignorância, a iniquidade, a impotência, a morte e o juízo (Romanos 5.12–21). Estes são deveras os "frutos do pecado" (Gálatas 5.19–21).

Essa calamidade recaiu não só sobre o próprio Adão, mas também vicejou em nós, que somos sua semente e progênie.

Consequentemente, todos nós que nascemos de Adão somos ignorantes e destituídos de Deus, perversos, corruptos e carentes de todo bem. Eis um coração especialmente inclinado a todas as sortes de mal, saturado de desejos depravados, afeito a eles e obstinado para com Deus (1 Jeremias 17.9). Mas, se exteriormente exibimos algo bom, a mente persiste em seu estado interior de perversidade imunda e tortuosa. A matéria-prima ou, melhor, a matéria no que diz respeito a tudo mais no juízo de Deus, que julga não segundo a aparência, nem estima excessivamente o esplendor externo, mas contempla os segredos do coração (1 Samuel 16.7; Jr 17.10). Portanto, por mais que o homem tenha em si deslumbrante aparência de santidade, isso nada é senão hipocrisia e até mesmo abominação aos olhos de Deus, já que os pensamentos da mente, sempre depravados e corrompidos, armam emboscada.

MERECEMOS O JUÍZO DE MORTE ETERNA

3. Ainda que tenhamos de tal modo nascido que nada nos é deixado a fazer que porventura seja aceitável a Deus, nem ficou em nosso poder agradar-lhe, não cessamos de possuir a própria coisa que não podemos proporcionar. Conquanto sejamos criaturas de Deus, devemos servir à sua honra e glória e obedecer aos seus mandamentos. E não devemos escusar-nos sob a alegação de que somos carentes de habilidade e, como devedores empobrecidos, não podemos quitar nossa dívida. Pois a culpa que nos obriga é nossa, oriunda de nosso próprio pecado, deixando-nos sem a vontade ou a capacidade de fazer o bem (João 8.34 –38; Romanos 7.15–25). Ora, visto que Deus justamente vinga os crimes, devemos reconhecer que

estamos sujeitos à maldição e merecemos o juízo de morte eterna. Aliás, entre nós, não há sequer um com vontade ou capacidade de cumprir com seu dever.

C. DA LEI

4. Por essa razão, a Escritura nos denomina "filhos da ira de Deus" e declara que somos precipitados na morte e na destruição (Efésios 2.1–3; Romanos 3.9–20). Ao homem, não se deixa nenhuma razão para que busque em si retidão, poder, vida e salvação; pois todos estes (atributos) se encontram somente em Deus; eliminado e separado dele pelo pecado (Oseias 13.4–9), o homem só achará em si infelicidade, fraqueza, perversidade, morte, em suma, o próprio inferno. Para guardar os homens de serem ignorantes a respeito dessas coisas, o Senhor gravou e, por assim dizer, estampou a lei no coração de todos (Romanos 2.1–16). Mas isso nada é senão a consciência, a qual nos testifica interiormente aquelas coisas que devemos a Deus; ela põe diante de nós o bem e o mal, e assim nos acusa e nos condena, cônscios como somos, em nosso íntimo, de que não temos cumprido com nosso dever, como nos convém.

Todavia, o homem se encontra inchado pela ignorância e a ambição, e cego de egoísmo. Por conseguinte, é incapaz de ver a si mesmo e, por assim dizer, descer em seu interior e confessar sua miséria. Ao ver nossa condição, o Senhor nos muniu com uma lei escrita, ensinando-nos qual é a perfeita justiça e como deve ser guardada, ou, seja, solidamente fixados em Deus, devemos voltar nossos olhos tão somente para ele e nele focalizar todo o nosso pensamento, aspiração, ato ou palavra. Esse ensino da justiça mostra nitidamente quanto nos temos afastado da vereda reta. Com esse fim, vemos também todas as promessas e maldições exibidas a nós na própria lei. Pois o Senhor promete que, se alguém cumprir perfeita e exatamente, por seu esforço, tudo que está ordenado, receberá o galardão da vida eterna (Levítico 18.5). Com isso, indubitavelmente, ele nos salienta que a perfeição da vida ensinada na lei é verdadeiramente justiça e, assim considerada por ele, seria digna de tal galardão, se entre os homens fosse possível encontrar um. Mas ele pronuncia uma maldição e anuncia o juízo de morte eterna sobre todos que não guardarem plenamente e sem exceção toda a justiça da lei (Deuteronômio 27.26; Gálatas 3.10).

Seguramente, por meio dessa punição, ele compreende todos os homens que já existiram, que existem ou existirão. Entre eles, não se pode apontar um que não seja transgressor da lei. A lei nos ensina a vontade de Deus, a qual somos constrangidos a cumprir e em relação à qual estamos em dívida; mostra-nos como somos aptos a efetuar exatamente nada do que Deus nos tem ordenado (Romanos 3.19; 7.7–25). Por conseguinte, evidentemente, ela nos serve como um espelho no qual podemos discernir e contemplar nosso pecado e maldição, justamente como costumamos mirar no espelho as cicatrizes e rugas de nosso rosto. Falando com propriedade, essa própria lei escrita é apenas testemunha da lei natural, uma testemunha que, com frequência, desperta nossa memória e instila em nós as coisas que não havíamos aprendido suficientemente bem, quando a lei natural foi ensinada interiormente.

Agora estamos prontos a compreender o que devemos aprender da lei. Deus é o Criador, nosso Senhor e Pai. Por essa razão, devemos a ele glória, honra e amor. Todavia, como nenhum de nós cumpre esses deveres, todos nós merecemos a maldição, o juízo, em suma, a morte eterna. Portanto, devemos buscar outra via de salvação para além da justiça de nossas próprias obras. Essa via é o perdão dos pecados. Então, visto que não se acha em nosso poder ou capacidade satisfazer o que devemos à lei, então cumpre que nos desesperemos de nós mesmos e busquemos e aguardemos socorro de outra fonte. Após descermos a essa humildade e submissão, o Senhor brilhará (seu rosto) sobre nós, e se nos mostrará clemente, benigno, manso e indulgente. Pois dele está escrito: "Ele resiste aos soberbos, mas dá graça aos humildes" (Tiago 4.6; 1 Pedro 5.5). E, antes de tudo, se orarmos a ele para que reverta sua ira, e rogarmos perdão, sem dúvida ele no-lo concederá. Tudo o que os nossos pecados mereciam, ele perdoa e nos receberá em sua graça.

D. DO AMOR DE DEUS EM CRISTO

5. Então, se implorarmos o socorro de sua mão, seguramente nos persuadiremos de que, equipados com sua proteção, seremos capazes de fazer todas as coisas. Ele nos concede, segundo seu beneplácito, um novo coração, a fim de querermos, e um novo poder com o qual sejamos capazes de cumprir seus mandamentos (Ezequiel 36.26). E nos exibe todas essas benesses por amor de Jesus Cristo, nosso Senhor, o qual – muito embora fosse um só Deus com o Pai (João 1.1–14) – se vestiu de nossa carne, fez aliança conosco e nos uniu intimamente

com ele (tão separados estávamos de Deus em virtude de nossos pecados) (Isaías 53.4-11).

Também, pelo mérito de sua morte, pagou nossas dívidas para com a justiça de Deus e apaziguou sua ira (Efésios 2.3-5). Ele nos redimiu da maldição e do juízo que nos aguilhoavam e, em seu corpo, a punição do pecado, de modo que nos absolveu dele (Colossenses 1.21-22). Descendo à terra, ele trouxe consigo todas as ricas benesses celestiais e, com uma dadivosa mão, ele no-las exibiu (João 1.14-16; 7.38; Romanos 8.14-17). Essas são dádivas do Espírito Santo. Através dele, renascemos, arrancados do poder e das cadeias do diabo; graciosamente nos adotou como filhos de Deus, santificados para toda boa obra. Também através dele – enquanto formos mantidos nesse corpo mortal –, vão morrendo em nós os desejos depravados, as propensões da carne e tudo o que demonstra a perversidade de nossa natureza tortuosa e corrupta. Por meio dele, somos renovados dia após dia (2 Coríntios 4.16), a fim de andarmos em novidade de vida (Romanos 6.4) e vivermos para a justiça.

6. Deus nos oferece e nos proporciona em Cristo, nosso Senhor, todas essas benesses, as quais inclui o gracioso perdão dos pecados, a paz e a reconciliação com Deus, os dons e as graças do Espírito Santo. São nossas se as abraçarmos e as recebermos com fé segura, confiando totalmente e, enquanto ela depender da bondade divina, não duvidando que a Palavra de Deus, que nos promete todas essas coisas, é poder e verdade (Romanos 3.21-26; 5.1-11).

Em suma, se participarmos de Cristo, nele possuiremos todos os tesouros e dons celestiais do Espírito Santo, os quais nos conduzem à vida e à salvação. E, a menos que possuamos uma fé genuína e viva, jamais apreenderemos isso. Com ela (a fé), reconheceremos que todo o nosso bem está nele, nós mesmos nada seríamos fora dele; manteremos como indubitável que nele nos tornamos filhos de Deus e herdeiros do reino celestial (João 1.12; Romanos 8.14–17). Em contrapartida, os que não têm parte em Cristo, toda a sua natureza, tudo o que fazem ou empreendem, redunda em ruína e confusão e no juízo de morte eterna; são proscritos de Deus e excluídos de toda a esperança de salvação (João 3.18–20; 1 João 5.12).

Esse conhecimento de nós mesmos e de nossa pobreza e ruína nos ensina a nos humilharmos e a nos lançarmos diante de Deus, bem como buscarmos sua mercê (1 Jeremias 31.18–20). Não procede de nós mesmos a fé que nos fornece prelibação da bondade e mercê divinas, que Deus, em seu Cristo, tem de produzir em nós. Ao contrário, é a Deus que devemos rogar que nos conduza impolutamente ao arrependimento e ao conhecimento de nós mesmos; que nos conduza, mediante uma fé segura, ao conhecimento de sua brandura e de sua doçura, as quais ele exibe em seu Cristo, a fim de que este, como nosso Guia, única via para alcançarmos o Pai, nos introduza na bem-aventurança eterna (Filipenses 1.6; João 14.6; Romanos 5.1–11).

E. DA EXPOSIÇÃO DO DECÁLOGO

7. Os dez mandamentos da lei foram divididos em duas tábuas (Êxodo 32.15; 34.1; Deuteronômio 10.1). A primeira tábua inclui os primeiros quatro mandamentos, os quais nos instruem sobre o que devemos a Deus: reconhecê-lo e professá-lo como o único Deus, amá-lo, honrá-lo e temê-lo acima e antes

de tudo o mais, depositar unicamente nele todas as nossas esperanças e necessidades, e sempre rogar seu auxílio.

A segunda tábua compreende os seis mandamentos restantes, os quais explicam o amor e os deveres de amor a serem praticados, por causa de Deus, para com nosso semelhante. Como os escritores do evangelho nos afirmam, nosso Senhor sumaria a lei sob dois tópicos: (1) devemos amar a Deus de todo o nosso coração, de toda a nossa alma e de toda a nossa força, e (2) ao nosso semelhante como a nós mesmos (Mateus 22.37, 39; Lucas 10.27). Ainda que toda a lei estivesse incluída nesses dois tópicos, nosso Senhor, a fim de nos privar de todo pretexto de escusa, quis proclamar mais profunda e explicitamente, por meio dos dez mandamentos, tudo o que pertence à honra, ao temor e ao amor para com ele, e tudo o que tem a ver com o amor que, por sua causa, ele nos impõe para com nossos semelhantes. Mas, antes de começar seus mandamentos, ele propicia o seguinte prefácio (Êxodo 20.2; Deuteronômio 5.6):

> Eu sou o SENHOR, teu Deus, que te tirei da terra do Egito, da casa da servidão.

8. Com essas palavras, informa-nos que ele é o Senhor que tem o direito de promulgar mandamentos e a quem devemos obediência. Além disso, ele evoca à mente quão gloriosamente manifestou sua força e seu poder, quando ajudou os israelitas a conseguir o livramento da servidão de Faraó e dos egípcios; como diariamente exibe o mesmo poder, quando retira seus escolhidos (os verdadeiros israelitas) da servidão do

pecado (figurada sob o nome "Egito"), quando lhes solta as cadeias do diabo, o Faraó espiritual, senhor dos egípcios (os que andam em suas próprias concupiscências). Então, ele agrega o primeiro mandamento, da seguinte forma:

PRIMEIRO MANDAMENTO:

Não terás outros deuses diante de mim (Êxodo 20.3).

9. Esse mandamento nos proíbe de depositar em outro nossa confiança, a qual deve estar posta totalmente nele; ou transferir para outro o crédito (devido tão somente a ele) por qualquer bem ou qualquer virtude (Isaías 30.1–5; 31.1; Jeremias 2.13, 32). Ao contrário, ele deve ser temido e amado por nós; além de tudo, devemos reconhecê-lo como nosso único Deus e fixar nele toda a nossa esperança e confiança (1 Timóteo 1.17; Deuteronômio 6.4–14; 10.12–13). Entretanto, devemos ponderar que toda coisa boa nos vem dele e nada permitir senão aquilo em que ele seja honrado e adorado (1 Coríntios 10.23-31).

Devemos fazer isso não apenas declarando, com a língua e os gestos corporais, e com toda indicação externa de que não amamos nenhum outro Deus, mas também com nossa mente inteira, nosso coração inteiro e nosso zelo inteiro, para nos mostrarmos como tais. Pois não só nossas palavras e obras externas se encontram abertas diante dele, mas também os recessos mais profundos de nosso coração e os pensamentos mais profundos de nossa mente lhe são mais bem e mais claramente revelados do que a nós mesmos (1 Crônicas 28.9).

SEGUNDO MANDAMENTO:

Não farás para ti imagem de escultura, nem semelhança alguma do que há em cima nos céus, nem embaixo na terra, nem nas águas debaixo da terra. Não as adorarás, nem lhes darás culto (Êxodo 20.4–5).

10. Isso significa: todo culto e toda adoração são devidos ao Deus único. Ele é incompreensível, incorpóreo, invisível e de tal modo contém todas as coisas que em parte alguma pode ser desvendado. Então, que oremos fervorosamente contra nossa imaginação de que ele pode ser expresso em alguma figura, ou representado em algum ídolo, não importa qual seja, como se fosse à semelhança de Deus. Ao contrário, devemos adorar a Deus, que é Espírito, em espírito e em verdade (Deuteronômio 6.13–16; 10.12–13; 1 Reis 8.22–27; 1 Timóteo 1.17; João 1.9–14; 4.24). O primeiro mandamento, portanto, ensina que há somente um Deus, à parte do qual nenhum outro deus se pode imaginar ou manter. Esse mandamento, por sua vez, ensina Deus mesmo como tal e deve ser honrado de tal maneira que não ousemos anexar-lhe nada que seja físico, ou sujeitá-lo aos nossos sentidos, como se ele pudesse ser compreendido por nossas obtusas cabeças ou ser representado de alguma forma.

AS IMAGENS E A IDOLATRIA

Aqueles que estão tentando, mediante mísera escusa, defender uma execrável idolatria que há muitos séculos têm mantido imersa e degradado a verdadeira religião deveriam atentar para isso. Asseveram que as imagens não devem ser tomadas por deuses. Nem mesmo os judeus, antes de fabricar o bezerro de ouro, foram tão longe em seu pensamento a ponto de não reconhecer Deus como quem, com mãos fortes, os havia tirado da servidão do Egito. Nem temos de crer que os gentios fossem tão estúpidos que não compreendessem que Deus fosse algo muito diferente da madeira ou das pedras. Costumavam trocar de imagens a seu bel-prazer, mas sempre mantendo em mente os mesmos deuses. E, ainda que consagrassem muitas imagens a um só deus, não formavam para si tantos deuses quantas imagens havia. Além disso, consagravam diariamente novas imagens, mas sem pensar que estavam fazendo novos deuses.

Então, o que dizer de tudo isso? Todos os idólatras, quer judeus, quer gentios, eram convictos de que Deus era simplesmente como suas mentes vazias o haviam concebido. A essa vacuidade, acrescentou-se a depravação: como interiormente haviam fantasiado, assim expressavam. Portanto, a mente concebia o ídolo, a mão o tornava concreto; não obstante, os judeus pensavam que, sob tais imagens, estavam adorando o Deus eterno, o único e verdadeiro Senhor do céu e terra; enquanto os gentios continuavam adorando seus próprios deuses, ainda que falsos, os quais imaginavam habitar no céu.

Além do mais, não criam que Deus estivesse presente com eles, a menos que ele se mostrasse fisicamente presente. Em obediência a essa cega aspiração, erguiam sinais, por meio dos quais criam que Deus era posto diante de seus olhos físicos. Já que pensavam que Deus se deixava ver nesses sinais, também o adoravam neles. Finalmente, todos os homens, tendo fixado suas mentes e seus olhos neles, começaram a ficar cada vez mais embrutecidos e se deixavam esmagar com admiração por eles, como se algo da divindade lhes fosse inerente.

Mentem descaradamente os que asseveram que outrora não se fazia isso e, em sua memória, ainda não está sendo feito. Ora, por que eles se prostram diante dessas coisas? Por que, quando se põem a orar, voltam-se para elas como que aos ouvidos de Deus? Por que empunham a espada em defesa dessas imagens como se fossem altares e lareiras, chegando a ponto de açougue e carnificina, de modo que prefeririam privar-se mais facilmente de um Deus único do que de seus ídolos?

Não obstante, ainda não enumero os crassos erros da multidão, os quais são quase infinitos e ocupam os corações de quase todos os homens; estou apenas assinalando o que professam quando especialmente desejam absolver-se da idolatria. Não os chamamos de "nossos deuses", dizem eles. Tampouco os judeus ou os pagãos falam assim a respeito deles, mas apenas como sinais e semelhança de Deus; no entanto, os profetas de todas as Escrituras não hesitaram em acusá-los de fornicação com a madeira e a pedra (1 Jeremias 2.27; Ezequiel 6.4-6; cf. Isaías 40.19-20; Habacuque 2.18-19; Deuteronômio 32.37) só para fazerem as mesmas coisas que são feitas diariamente por aqueles que desejam ser tidos como cristãos, a saber, que fisicamente veneravam a Deus na madeira e na pedra.

11. A última evasiva é que os denominam de "os livros dos analfabetos". Mesmo que admitíssemos tal coisa (o que é fútil, pois sabemos, com toda a certeza, que não se vendiam

entre eles tais ídolos senão para ser adorados), não consigo ver que benefício tais imagens podem prover aos analfabetos (especialmente àqueles que desejam descrever a Deus) exceto para convertê-los em antropomorfitas. As coisas que dedicam aos santos – o que são senão exemplos da mais celerada luxúria e obscenidade? Se alguém quisesse modelar-se para ficar parecido com eles, seria digno de chibata. Aliás, os prostíbulos exibem prostitutas vestidas mais virtuosa e modestamente do que as igrejas exibem aqueles objetos que desejam ser vistos como imagens de virgens. Portanto, que componham suas imagens ao menos com moderada decência, para que, com um pouco mais de modéstia, aleguem falsamente que essas são livros com algum vestígio de santidade!

Mas, então, responderemos também que esse não é o método de ensinar o povo de Deus a quem o Senhor quer que seja instruído com uma doutrina muito diferente desse entulho. Ele apresenta o ensino de sua Palavra como doutrina comum a todos. A que propósito serviria o fato de tantas cruzes – de madeira, de pedra e até de prata ou ouro – serem erigidas, se esse fato foi devida e fielmente ensinado: que Cristo foi oferecido por causa de nossos pecados a fim de tomar sobre si nossa maldição e purificar nossas transgressões? Disso, uma só palavra poderia ter ensinado mais do que mil cruzes, quer de madeira, quer de pedra. Pois pode ser que a cobiça fixe suas mentes e seus olhos mais tenazmente no ouro e na prata do que na palavra de Deus.

E a quem, indago, eles chamam de "analfabeto"? Na verdade, aqueles a quem o Senhor reconhece como "instruídos de Deus" (João 6.45). Eis o incomparável valor das imagens, além do preço! Mas ele declara com veemência quão seriamente execra toda infidelidade e idolatria, adicionando a esses dois mandamentos:

> Porque eu sou o SENHOR, teu Deus, Deus zeloso, que visito a iniquidade dos pais nos filhos até a terceira e quarta geração daqueles que me aborrecem e faço misericórdia até mil gerações daqueles que me amam e guardam os meus mandamentos (Êxodo 20.5-6).

Isso é como se ele dissesse: é a ele, exclusivamente, que devemos estar unidos, não se admitindo qualquer sócio. Também vindicará sua majestade e sua glória contra todo aquele que porventura a transfere para imagens esculpidas ou outras coisas. E isso não apenas uma vez, mas contra os pais, os filhos e os netos. Ou seja, durante todo o tempo e para sempre. Ao mesmo tempo, ele manifesta sua eterna mercê e benignidade para com os que o amam e guardam sua lei.

TERCEIRO MANDAMENTO:

> Não tomarás o nome do SENHOR, teu Deus, em vão (Êxodo 20.7).

•12. O significado disso é: que, na verdade, Deus deve ser temido e amado por nós de tal maneira que, por nenhuma razão, abusemos de seu santíssimo nome. Ao contrário, devemos engrandecê-lo acima de tudo o mais por sua santidade, dando-lhe glória em todas as coisas, sejam favoráveis ou adversas; busquemos nele, com integridade, todas as coisas como vindas de suas mãos, rendendo-lhe graças por isso. Em suma, abstemo-nos solicitamente de toda e qualquer afronta e blasfêmia, não o mencionando pelo uso de qualquer outro nome, nem falando dele nada que não seja para exaltar sua sublime majestade. Tampouco pronunciemos seu santíssimo nome para quaisquer outros usos além daqueles que ele mesmo quis que fossem empregados; isso equivaleria a profaná-lo e maculá-lo, pois tal é o que praticam todos os que o usam para as superstições da necromancia, os horrorosos anátemas, os exorcismos ilícitos e outros perversos encantamentos (Levítico 20; Deuteronômio 18.10–12).

OS JURAMENTOS

Quando se trata de promessas e juramentos, não devemos invocar seu santíssimo nome em nada que seja falso. Pois a eterna verdade não pode ser ofendida mais gravemente do que ao ser evocada para falsos testemunhos. Em suma, não devemos usar temerariamente nem mesmo um juramento verdadeiro, a menos que a glória de Deus ou a necessidade dos irmãos demandem isso como necessário. Salvo por essa causa, qualquer tipo de juramento é proibido. Como nos ensinam as palavras de Cristo, quando interpreta esse tópico da lei, isso significa que toda nossa palavra seja sim, sim; não, não; e o que ultrapassa isso testifica que procede do maligno (Mateus 5.37).

Nesse ponto, deve-se observar também isto: a todos, fica proibido o uso de qualquer juramento oriundo de sua própria temeridade privada. Mas aquele juramento que fazemos quando administrado e requerido pelo magistrado, isso de modo algum se opõe a esse mandamento, já que, em outra passagem, Deus deu ao magistrado o poder de administrar juramentos, quando se requeria o testemunho da verdade no julgamento (Êxodo 22.11; Hebreus 6.13-18). Mais ainda, todos os juramentos públicos são isentos dessa proibição. Desse número, são aqueles que Paulo usou ao asseverar a dignidade do evangelho (Romanos 1.9; 9.1). Pois os apóstolos, no cumprimento de seus deveres, não são homens privados, e sim ministros públicos de Deus. Desse número, também são aqueles juramentos que podem ser usados pelos príncipes para confirmar os tratados, ou por um povo que jura no nome de seu príncipe, e quaisquer outros que não procedem de avareza pessoal, mas para o bem público.

Recordemos, pois, em primeiro lugar, que o juramento era permitido não quando movido por cupidez ou desejo, mas nos casos de necessidade. Pois, da mesma maneira que não é lícito invocar o nome de Deus para confirmar nossa palavra, senão do modo que já dissemos, assim, todas as vezes que tivermos de usá-lo, não podemos apelar para outro nome, senão o dele. Pois pertence à sua honra e sua glória que ele seja e deve ser tido como a única testemunha da verdade, pois ele é a única e eterna verdade (Deuteronômio 6.13; 10.20; Isaías 45.23; 48.15-22). Finalmente, para recomendar com mais empenho o respeito que deveríamos manter para com a sublime majestade de seu santíssimo nome, o Senhor acrescentou ao terceiro mandamento as seguintes palavras:

Porque o SENHOR não terá por inocente o que tomar o seu santo nome em vão.

Com essas palavras, ele proclama uma maldição particular contra os que transgredirem esse mandamento.

QUARTO MANDAMENTO:

Lembra-te do dia de sábado, para o santificar. Seis dias trabalharás e farás toda a tua obra. Mas o sétimo dia é o sábado do SENHOR, teu Deus; não farás nenhum trabalho, nem tu, nem o teu filho, nem a tua filha, nem o teu servo, nem a tua serva, nem o teu animal, nem o forasteiro das tuas portas para dentro; porque, em seis dias, fez o SENHOR os céus e a terra, o mar e tudo o que neles há e, ao sétimo dia, descansou; por isso, o SENHOR abençoou o dia de sábado e o santificou (Êxodo 20.8-11).

A observância do sábado se relaciona, respectivamente, com a piedade e o culto de Deus, visto que ele foi incluído sob a primeira tábua, e é denominado de "a santificação do dia". Portanto, o Senhor nunca insistiu com algo mais severamente do que isso (Êxodo 31.13-17). E quando, nos profetas, propõe-se a significar que toda a religião fora subvertida, ele declara que seus sábados foram poluídos e profanados, violados, não guardados, não santificados – como se, ao omitir essa homenagem, nada mais restasse em que ele fosse honrado (Ezequiel 20.12–13; 22.8; 23.38; Jeremias 17.21, 22, 27; Isaías 56.2; Números 15.32–35).

CRISTO ABOLIU A LEI JUDAICA DO SÁBADO

Mas não há absolutamente dúvida alguma de que esse preceito fora uma prefiguração, sendo imposto sobre os judeus durante a era das cerimônias, com o fim de lhes representar, sob uma observância externa, o culto espiritual de Deus. Portanto, com a vinda de Cristo, que é a luz das sombras e a realidade das figuras, esse preceito foi abolido, como as sombras permanentes da lei mosaica, como Paulo testifica com toda a clareza (Gálatas 4.8–11; Colossenses 2.16–17). Mas, ainda que as cerimônias e o rito externo fossem abolidos, com os quais a fé dos judeus foi exercitada sob a pedagogia da lei, ainda retemos a veracidade do preceito que o Senhor quis que os judeus e nós tivéssemos perenemente em comum.

Esta, pois, é a verdade: conquanto devamos temer e amar a Deus, temos de buscar nele nosso repouso. O que acontece se abandonarmos publicamente nossos desejos perversos, os quais outra coisa não fazem senão fomentar, perturbar e agitar a consciência; e, se desistirmos de todas as obras impuras de nossa carne, ou seja, o que faz nascer a perversidade em nossa natureza, que promove nossa concupiscência – de todas as obras (numa palavra) que não procedem do Espírito de Deus, toda a aparência de sabedoria humana que porventura produzamos (Hebreus 3.7–19; 4.9; Isaías 35.5–8; 58.13–14). Todas as obras desse gênero são servis. Delas, a lei do sábado nos ordena abstenção, para que Deus habite em nós, efetue o que é bom e nos governe pela diretriz do Espírito Santo, cujo reino produz paz e tranquilidade à consciência.

Esse é o verdadeiro sábado, do qual o dos judeus era tipo e sombra. Por conseguinte, na Escritura foi assinalado ao sétimo dia um número que significava perfeição. Assim, fomos instruídos que Deus nos impôs um sábado eterno, ao qual não se põe nenhum limite. Em segundo lugar, sua santificação plena e própria nunca se concretizará até que venha o sétimo dia (Hebreus 4.1–11). Na verdade, esse sétimo dia é o último e eterno. Embora todos nós, os que cremos em parte, já tenhamos entrado nele, ainda não o alcançamos em plenitude. Pois agora, pela fé, já começamos nosso repouso em Deus, no qual ainda estamos diariamente fazendo progresso para que, por fim, ele seja completado quando aquele dito de Isaías se cumprir, quando se prometeu à Igreja de Deus um sábado do sábado (Isaías 66.23). Isso equivale a dizer: quando Deus for tudo em todos (1 Coríntios 15.28). Deus também nos exibiu isso na criação do mundo, a qual ele completou no sexto dia; somente no sétimo dia ele descansou de toda obra (Gênesis 2.1–3), de modo que, por seu exemplo, também nós devemos cessar de nossos trabalhos e, assim, buscar nele nosso repouso e aspirar ardentemente por esse sábado do sétimo dia.

A OBSERVÂNCIA DO DOMINGO

14. Isso se aplica ao Dia do Senhor que agora observamos: ele não nos foi estabelecido para o santificarmos antes de todos os outros, ou seja, para o termos na conta de mais santo. Pois essa prerrogativa pertence exclusivamente a Deus, que tem honrado todos os dias em pé de igualdade (Romanos 14.5). Mas ele foi estabelecido para que a Igreja se congregue para as orações e os louvores de Deus, para ouvir a Palavra, para o uso dos sacramentos (Gálatas 4.8-11; Colossenses 3.16). E, para que, mais desembaraçados e livres,

possamos dedicar-nos a essas tarefas, temos de interromper todo o trabalho mecânico e manual, bem como todos os divertimentos que têm a ver com a conduta desta vida. Da mesma forma, são solenes os outros dias, nos quais os mistérios de nossa salvação são evocados à mente. Mas, se bebermos essa Palavra, de todo o coração (como é próprio), e, através dela, mortificarmos as obras do velho homem, santificaremos o sábado não só em dias de festas, mas a cada dia, continuamente; e, porque aqui somos assim ordenados, começamos a celebrar um sábado após outro.

Em resumo: não é por meio da religião que distinguimos um dia do outro, mas em razão da ordem pública. Pois temos certos dias prescritos, não simplesmente para celebrar, como se, por nossa interrupção do trabalho, Deus fosse honrado e agradado, mas porque é necessário para a Igreja congregar-se em um dia determinado. Além do mais, é importante que haja um dia fixo e designado para que as demais coisas sejam feitas em conformidade com a ordem e sem perturbação (1 Coríntios 14.40).

Assim, vão dissipar-se as falácias dos sofistas, os quais infectaram o mundo com a noção judaica, a saber: que a parte cerimonial desse mandamento foi abolida (em sua fraseologia, chamam-no "a designação" do sétimo dia); mas que a parte moral permanece, a saber, a observância de um dia semanal. Todavia, isso nada é senão mudar o dia para enfurecer os judeus, enquanto, ao mesmo tempo, retém-se a observância do dia. E, realmente, vemos quanto eles se beneficiam com tal ensino. Todos que aderem às suas constituições ultrapassam os judeus três vezes mais em sua crassa e carnal superstição sabatista. Essa é a razão para as censuras que lemos em Isaías se aplicarem hoje a estes da mesma forma que faziam àqueles a quem o profeta censurou em seu tempo (Isaías 1.13-15; 58.13).

15. Os judeus tinham outra tarefa relativa ao sabatismo; não aquela que tem a ver com religião, mas que tem a ver com a conservação da equidade entre os homens. Na verdade, tem a ver com a remissão do trabalho dos servos e animais, para que os senhores desumanos, insistindo tenazmente, não os obrigassem além da medida. De fato, Moisés estava salientando a utilidade de algo que já era ensinado, e não ensinando algo de autoria pessoal (Êxodo 23; Deuteronômio 5). Nós também, hoje, temos de levar em conta a equidade, não movidos por alguma necessidade servil, mas em conformidade com os ditames do amor. Aqui, pois, estão os primeiros quatro mandamentos, os quais ensinam como devemos nos conduzir para com Deus; esses mandamentos concluem a primeira tábua.

DIVISÃO DOS MANDAMENTOS

16. Mas, além da forma comum aceita quase em toda parte, incluo quatro mandamentos sob a primeira tábua. Isso tem sido feito não sem razão, nem que seja uma bem leve. Pois certas autoridades os dividem de modo diferente, apagando o segundo mandamento do número, como já mencionado por nós, ao qual o Senhor, sem dúvida, atribuiu um lugar distinto como mandamento. Todavia, de modo absurdo, separaram em dois o décimo mandamento, de não cobiçar as posses do próximo, mandamento que tem um caráter singular.

Além disso, pode-se entender essa forma de divisão como desconhecida numa época mais pura, à luz do fato de que Orígenes, sem controvérsia, formula essa nossa divisão. Reconhecidamente, a outra foi encontrada no tempo de Agostinho, porém não foi aprovada por todos. Com certeza, agradou a Agostinho, por uma razão muito insuficiente, a saber, que no número "três" (se a primeira tábua consiste de três mandamentos) o mistério da Trindade resplandece com mais nitidez. Em outros aspectos, nossa divisão lhe pareceu mais apropriada. Não tenho dúvida de que, pela fraude do diabo, esse mandamento, no qual a idolatria é tão expressamente proibida, gradualmente foi escapando da mente dos homens. Esse ponto tinha de ser mencionado de passagem, para que ninguém se surpreenda nem ache graça de minha divisão como se fosse algo novo, recém-inventado. Então resta a segunda tábua.

QUINTO MANDAMENTO:

Honra a teu pai e tua mãe (Êxodo 20.12).

17. Visto que Deus deve ser amado e temido por nós, não devemos negligenciar nossos pais, nem ofendê-los de maneira alguma. Ao contrário, temos de mostrar grande deferência para com eles, reverenciá-los e honrá-los, obedecer a eles sob a vontade do Senhor; e nos empenharmos, e nos obrigarmos, e agradarmos àqueles a quem nosso esforço possa tornar-se útil nessas questões (Efésios 6.1–3; Mateus 15.4–6). Adiciona-se uma bênção: "para que se prolonguem os teus dias na terra

que o SENHOR, teu Deus, te dá". É como se, com isso, fizesse uma recomendação singular, declarando quão agradável a Deus é a observância desse mandamento e, ao mesmo tempo, despertando-nos da letargia, ao instar os filhos ingratos que porventura tenham negligenciado a reciprocidade e a demonstração de gratidão para com seus pais, no sentido de que podem esperar a mais certa maldição.

SEXTO MANDAMENTO:

Não matarás (Êxodo 20.13).

18. Uma vez que Deus deve ser temido e amado por nós, não devemos infligir a ninguém qualquer tipo de ofensa, não devemos tratar a ninguém injustamente, nem atacar alguém, nem praticar violência. Ao contrário: se há em nós algum temor e amor para com Deus, então tratemos bondosamente todos os homens, quer amigo, quer inimigo; que nos empenhemos em agradar a ambos, estender a ambos a mão benfazeja; se algum deles incorrer em algum perigo, que nos empenhemos em ser generosos para com ambos, amigo ou inimigo, tanto quanto estiver em nosso poder fazê-lo (Mateus 5.27–30).

SÉTIMO MANDAMENTO:

Não adulterarás (Êxodo 20.14).

19. Eis o refrão: uma vez que Deus deva ser temido e amado por nós, temos de regular toda a nossa vida, falar e

cumprir com todos os nossos deveres castamente e exercendo toda a continência. E, uma vez que a virgindade é um dom especial de Deus, que cada um de nós veja o que lhe foi dado (Mateus 5.43–48; Efésios 5.3–4; 1 Coríntios 6.13–20; Mateus 19.11–12; 1 Coríntios 7.1–40). Pois os que não assumem essa palavra têm um remédio para a impureza de sua carne, o qual lhes é oferecido pelo Senhor. A menos que o usem, estarão contendendo com Deus e resistindo à sua ordenação.

E não digam (como hoje muitos fazem) que, com o auxílio de Deus, podem fazer todas as coisas. Pois o auxílio de Deus só vem aos que andam em seus caminhos (Salmos 91.1–14), ou seja, em sua vocação, a partir da qual estes seguem tentando desviar-se da vontade de Deus. Nessa sua obstinação, não devem esperar pelo auxílio de Deus, mas, antes, que se lembrem de sua declaração: "Não tentarás o SENHOR, teu Deus" (Deuteronômio 6.16; Mateus 4.7). Tentar a Deus significa a tentativa de rejeitar seus dons atuais, ir de encontro à natureza com que ele nos dotou. E esses indivíduos não fazem somente isso. Na verdade, eles ousam denominar de "contaminação" até mesmo o próprio matrimônio divino, destinado a estabelecer, declarado honroso em todos, o matrimônio que Cristo, nosso Senhor, santificou com sua presença, dignando-se a agraciá-lo com seu primeiro milagre (Gênesis 2.18–24; Hebreus 13.4; João 2.1–11). Fazem isso tão somente para enaltecer, com louvores espalhafatosos, alguma sorte de celibato. Como se o celibato não fosse uma coisa; e outra, a virgindade! Eles o denominam de uma "vida angelical", fazendo, com isso, particular injustiça aos anjos de Deus, comparando a eles os que fornicam, os adúlteros e algo muito mais vil e imundo.

Obviamente, aqui não se faz absolutamente necessário apresentar provas, pois as próprias coisas que eles mesmos enfrentam constituem sua própria e clara refutação. Isso porque nós vemos como o Senhor, de tempo em tempo, vinga, com terríveis punições, essa sorte de arrogância e menosprezo de seus dons. Tampouco os esposos devem pensar que todas as coisas lhes são permitidas, mas cada um deve tratar sua esposa com sobriedade e modéstia, e cada esposa, a seu esposo. Assim se conduzindo, e não fazendo nada que seja contrário à honestidade do matrimônio, enfim podem pensar em si mesmos como casados no Senhor.

OITAVO MANDAMENTO:

Não furtarás (Êxodo 20.15).

20. O mandamento significa: uma vez que Deus deva ser temido e amado por nós, não devemos surrupiar por fraude nem assenhorear-nos por força física do que pertence a outrem. Não devemos subtrair dos incautos quer por meio de barganha, quer por meio de contratos, quer ainda vendendo por maior preço ou comprando-o por um preço inferior, como se fosse algo barato, daqueles que são ignorantes do preço das coisas; nem devemos, de modo algum, lançar mão da propriedade alheia, fazendo uso de alguma sorte de engodo.

Mas, se há em nós algum temor ou amor para com Deus, devemos envidar todos os esforços para ajudar seja o amigo, seja o inimigo, em tudo que estiver a nosso alcance fazê-lo, com conselho e socorro, a fim de que mantenham suas possessões; e, ao contrário, renunciemos às nossas, em vez de subtrair algo alheio. E não só isso; se são oprimidos pela escassez de recursos, devemos auxiliá-los em suas necessidades e remediar sua indigência de nossa abundância (Isaías 58.7–9; Romanos 12.20; 2 Coríntios 8.14; Efésios 4.28 etc.).

NONO MANDAMENTO:

Não dirás falso testemunho (Êxodo 20.16).

21. Isso significa: uma vez que Deus deva ser temido e amado por nós, não devemos oprimir ninguém com falsa acusação; não devemos macular a reputação de ninguém; não devemos dedicar nossa língua nem nossos ouvidos à maledicência ou ao chiste cáustico, nem suspeitar ou abrigar um pensamento sinistro sobre alguém. Mas, se há em nós algum temor ou amor para com Deus, tanto quanto estiver em nós, pensemos sinceramente e falemos honrosamente de todos, para que, como intérpretes equitativos de todos (tanto quanto nos for permitido), tomemos suas palavras no melhor sentido possível (Mateus 7.1–5; Romanos 13.8–10; 14.10). Esse mandamento se estende também ao ponto de que não devemos deleitar-nos em quaisquer mentiras, nem exibir certa polidez bajuladora, nem nos acomodar a certa espécie de loquacidade polida e ociosa (Salmos 5.6; Mateus 12.36–37; Efésios 4.25–28; 5.6–11).

DÉCIMO MANDAMENTO:

Não cobiçarás a casa de teu próximo. Não cobiçarás a mulher de teu próximo, nem seu servo, nem sua serva, nem seu boi, nem seu jumento, nem coisa alguma que pertença a teu próximo.

22. Com isso, o Senhor, a quem devemos temer e amar, proíbe todo e qualquer desejo pela esposa de alguém, por sua família, possessões ou qualquer outro bem. Dessa maneira, ele proíbe muito mais: não devemos engendrar nenhum estratagema, nenhuma fraude ou maquinação (ainda que com pretextos de um nome honesto) pela qual ou uma esposa se aparte da comunhão de seu marido, ou os servos escapem, ou outras possessões sejam extorquidas de sua mão. Não devemos, por bajulação, separar a esposa do esposo ou o servo de seu dono. Não devemos separar o próprio esposo de sua esposa, a fim de que ela, expulsa por ele, venha a ser nossa. Não devemos separar o senhor de seu servo, a fim de que, expulso, seja-nos transferido.

Enfim, não devemos usar de quaisquer truques desse gênero, aos quais estão acostumados os homens avaros, para que venham às nossas mãos a propriedade de alguém. Não há dúvida de que está terminantemente proibida a ação ou a obra em que se proíbem até a vontade e o pensamento de possuirmos o que não é nosso. Mas, se algum temor ou amor para com Deus se encontra em nós, devemos agir de tal modo que não só não desejemos a esposa e todas as possessões alheias para que permaneçam a salvo e incólumes, como também fortaleçamos o amor entre esposo e esposa. Insistamos com os escravos para que cumpram com seu dever. Em suma, preservemos, por todas as razões, o que cada um possui, na medida do que nos for possível.

CONSEQUÊNCIAS PRÁTICAS

23. A regra que nos proíbe de cobiçarmos as possessões alheias também deve aplicar-se dessa maneira a fim de que cada pessoa possa, segundo sua vocação, cumprir com seus próprios deveres e prestar a outrem o que pertence ao seu ofício (Efésios 4). E aquele que não produz, com o dom de sua própria vocação, aquilo que está obrigado em relação a outrem, tanto cobiça quanto guarda os pertences alheios. Por essa razão, uma pessoa deve ter em honra seus reis, príncipes, magistrados e outros revestidos de autoridade, suportando com paciência seu governo, obedecendo às suas leis e aos seus mandamentos, nada recusando que possa ser efetuado sob a vontade de Deus (Romanos 13.1–5; 1 Pedro 2.13–14; Tito 3.1).

Por sua vez, que os governantes cuidem bem de seu próprio povo comum, fazendo justiça, mantendo a paz e a tranquilidade públicas, protegendo os bons, punindo os maus (Efésios 4.1, 7, 16, 28); e que administrem todas as coisas como se tivessem de prestar contas de seus serviços a Deus, que é o Supremo Rei e Juiz (cf. Deuteronômio 17.19; 2 Crônicas 19.6–7; também Hebreus 13.17). Que os bispos e ministros das igrejas atendam fielmente ao ministério da Palavra, sem adulterar o ensino da salvação (cf. 2 Coríntios 2.17), entregando-o puro e impoluto ao povo de Deus. E que instruam o povo não só através do ensino, mas também por meio do exemplo de sua vida. Em suma, que exerçam autoridade como bons pastores sobre suas ovelhas (1 Timóteo 3.1-5; 2 Timóteo 2.15; 4.2, 5; Tito 1.6–9; 1 Pedro 5). Que o povo, por sua vez, os receba como mensageiros e apóstolos de Deus, prestando-lhes aquela honra da qual o Senhor os tem por dignos, e lhes deem aquelas coisas necessárias à sua manutenção (cf. Mateus 10.10–13; Romanos 10.15; 15; 1 Coríntios 9.1–4; Gálatas 6.6; 1 Tessalonicenses 5.12; 1 Timóteo 5.17–18).

Que os pais tudo façam para alimentar, instruir e governar os filhos que lhes foram confiados por Deus, não provocando suas mentes com desumanidade e crueldade, nem incitando-os contra os pais (Efésios 6.4; Colossenses 3.21); mas, acalentando e abraçando seus filhos com tamanhas mansidão e bondade que moldem seu caráter como o dos pais. E já dissemos que os filhos devem obediência a seus pais. Que os jovens reverenciem os idosos, como o Senhor sempre quis que os idosos fossem dignos de honra. Igualmente, que os idosos guiem a insuficiência dos jovens com sua própria sabedoria e experiência, as quais excedem as dos mais jovens, não os acossando com aspereza ou gritos, mas temperando sua severidade com mansidão e doçura.

Que os servos se mostrem diligentes e obedientes a seus senhores, não servindo à vista, mas de coração, justamente como estes rendem obediência a Deus. Da mesma forma, que os senhores não se conduzam com mau humor e de maneira intratável para com seus servos, oprimindo-os com indevido rigor, ou tratando-os de forma abusiva. Ao contrário, que os reconheçam como seus irmãos, conservos do mesmo Senhor, que está no céu, aos quais devem amar mutuamente e tratar com humanidade (cf. Efésios 6.5-9; Colossenses 3.22-25; Tito 2.9-10; 1 Pedro 2.18-20; Colossenses 4.1; Filemom 16).

Dessa maneira, que cada um considere o que, em sua posição e situação, deve a seus semelhantes, e pague o que deve.

F. RESUMO DOS MANDAMENTOS

24. Temos toda a lei, distribuída em dez mandamentos, pelos quais somos suficientemente instruídos nas coisas que Deus ou requer de nós, ou nos proíbe, tanto em relação a ele mesmo como em relação aos demais. É fácil estabelecer a diretriz de todas essas coisas, ou seja, ensinar o amor. A suma da primeira tábua, pela qual somos especialmente instruídos na piedade, consiste nestas coisas: temer, amar e honrar a Deus; confessá-lo; invocá-lo; orar e aguardar todas as coisas da parte dele; encontrar nele nossa proteção; repousar nele (Mateus 7.12). A suma da segunda tábua consiste em cultivar o amor para com os demais por amor a Deus, agindo em relação a todos como gostaríamos que agissem conosco, não precisamente para sermos amados.

Não lemos, em toda a lei, sequer uma sílaba que estabeleça ao homem uma regra sobre as coisas que ele pode ou não fazer em benefício próprio. E, obviamente, visto que os homens nascem em tal estado que são completamente inclinados ao egoísmo, não há necessidade de uma lei que, gratuitamente, lhes acenda mais ainda esse amor, já um tanto imoderado. Portanto, é muito claro que guardamos os mandamentos não por amor a nós mesmos, mas por amor a Deus e ao próximo; que ele tenha uma vida melhor e mais santa, que viva e se esforce em prol de si mesmo o mínimo possível;

e que ninguém viva de uma maneira pior ou inferior àquele que vive e se empenha somente por si próprio, e pensa e busca somente sua vantagem pessoal.

A ESPIRITUALIDADE DA LEI

25. Não devemos passar por alto, às pressas, o fato de que não só as obras externas, mas também os próprios pensamentos e os afetos íntimos do coração, são ordenados ou proibidos pela lei de Deus, para que ninguém julgue satisfeita a lei em que a mão meramente se refreia do ato.

Muitos há que compõem bem seus olhos, pés, mãos e todas as partes do corpo a alguma observância da lei. Entretanto, mantêm o coração totalmente alheio a toda obediência e acreditam que já se acham absolvidos, ocultando dos homens, meticulosamente, o que, no íntimo, fazem diante de Deus. Eles ouvem: "Não matarás, não adulterarás, não furtarás" (Êxodo 20.13–15). De fato, eles não empunham a espada para matar; não unem seus corpos às prostitutas; não deitam as mãos nos bens alheios. Até aí, tudo bem. Mas, no íntimo de seus corações, aspiram matar, ardem em concupiscência, olham os bens de todos com olhos invejosos e os devoram com cobiça. E, assim, falta a eles o ponto principal da lei. Contra eles, Paulo protesta de forma enérgica, afirmando que "a lei é espiritual" (Romanos 7.14). Com isso, afirma que ela demanda uma mente, uma alma e uma vontade totalmente obedientes.

Ao dizermos que esse é o significado da lei, não estamos introduzindo à força uma nova interpretação propriamente nossa, mas estamos seguindo Cristo, o melhor intérprete da lei. Os fariseus haviam infectado o povo com a perversa opinião de que aquele que nada cometesse contra a lei, por meio de atos externos, esse cumpre a lei. Cristo reprova esse erro perigoso e declara que uma simples olhadela impudica para uma mulher já é adultério (Mateus 5.28). Declara ainda que todo aquele que odeia um irmão é homicida (1 João 3.15). Pois ele torna "passíveis de juízo" aqueles que, inclusive, fomentam ira em seus corações; ele torna "passíveis de juízo" aqueles que, murmurando e vociferando, dão uma leve indicação de estar ofendidos; ele torna "passíveis do fogo do inferno" os que, com provocações e maldições, explodem em ira franca (Mateus 5.21-22; cf. Mateus 5.43-48). Os que não compreenderam esses ensinos se atreveram a dizer que Cristo era outro Moisés, o legislador da lei do evangelho, para suprir o que faltava na lei mosaica – uma noção muitíssimo falsa. Pois ali ele nada acrescentou à antiga lei; apenas declarou e repurificou a lei, obscurecida pelas mentiras dos fariseus e conspurcada com seu fermento.

G. JUSTIFICAÇÃO

26. Pela mesma ignorância ou má vontade, nossos oponentes têm convertido esses mandamentos, de não se vingar, de amar os inimigos – que uma vez foram entregues a todos os judeus e, então, a todos os cristãos em comum –, em "conselhos", aos quais somos livres para obedecer ou não obedecer. Além do mais, colocaram o requerimento de obedecer a esses mandamentos sob a responsabilidade dos monges, de modo que eles fossem ainda mais justos do que os cristãos simples nesse único aspecto, a saber, que, voluntariamente, se obriga-

vam a guardar esses "conselhos". E assinalam a razão para não recebê-los como leis: é que parecem demasiadamente enfadonhos e pesados, especialmente para os cristãos, que se acham sob a lei da graça.

Acaso ousam, desse modo, abolir a eterna lei de Deus de que devemos amar nosso próximo? Cristo não declarou, numa parábola bastante clara (Lucas 10.29–37), que nosso semelhante é aquele por quem nossas obras devem ser proveitosas, mesmo aqueles que estão longe de nós? Não se dão aqui e ali mandamentos que demandam de nós amarmos nossos inimigos: como quando somos ordenados a que alimentemos os que têm fome (Provérbios 25.21; Romanos 12.20), a encaminhar de volta à vereda os bois extraviados ou assisti-los quando caídos sob o peso de cargas (Êxodo 23.4–5)? Acaso não é eterna esta palavra do Senhor: "Minha é a vingança, eu retribuirei" (Hebreus 10.30; cf. Deuteronômio 32.35)?

E, pergunto, o que essas afirmações significam: "Eu, porém, vos digo: amai vossos inimigos e orai pelos que vos perseguem; para que vos torneis filhos de vosso Pai celeste, porque ele faz nascer seu sol sobre maus e bons e vir chuvas sobre justos e injustos" (Mateus 5.44–45)? Quem, pois, será filho do Pai celestial? Os monges? Aliás, bem iria conosco se somente os monges ousassem chamar Deus de "Pai"! Por essa razão, os que tão licenciosamente sacodem dos filhos de Deus o jugo comum na verdade traem a si mesmos como filhos de Satanás.

Mas quão estupidamente argumentam! Isso seria um fardo por demais pesado para os cristãos! Como se pudéssemos imaginar algo mais difícil do que amar a Deus de todo o coração, de toda a alma e de toda a força! Em comparação a essa lei, tudo o mais poderia ser considerado fácil – seja o requerimento de amarmos nosso próximo, seja o banimento de todo e qualquer desejo de vingança de nossos corações. Todos são deveras duros e difíceis para nossa debilidade, até mesmo o mínimo detalhe da lei (cf. Mateus 5.18; Lucas 16.17). É no Senhor que agimos virtuosamente. "Que ele dê o que ordena, e ordene o que quiser."

O fato de os cristãos estarem sob a lei da graça não significa que possam vaguear desabridamente sem lei, e sim ser enxertados em Cristo, por cuja graça estamos livres da maldição da lei, e por cujo Espírito temos a lei gravada em nossos corações (1 Jeremias 31.33). Paulo chamou "lei" essa graça, não no sentido estrito, mas aludindo à lei de Deus, com a qual ele a estava contrastando (Romanos 8.2). Sob o termo "lei", tais homens estão filosofando sobre nada!

NINGUÉM PODE CUMPRIR A LEI PERFEITAMENTE

27. Ora, já ouvimos previamente que o Senhor tem pronunciado uma sentença pesada e terrível contra todos os que têm, de sua parte, transgredido essa lei, e não a têm cumprido completamente, cujo cumprimento não está em nosso poder. Que todos nós, portanto, nos consideremos transgressores da lei! E as maldições que estão decretadas nela contra os pecadores se devem não apenas a alguns de nós, mas também a todos nós, e pendem sobre os pescoços de todos nós.

Portanto, se olharmos meramente para a lei, só conseguiremos nutrir desesperança, confusão e desespero mental, uma vez que nela todos nós estamos condenados e somos malditos (Gálatas 3.10). Ou seja, no dizer de Paulo, todos os que estão sob a lei são malditos. E a lei outra coisa não pode fazer senão acusar e culpar a cada um, convencê-los e, por assim dizer, apreendê-los; enfim, condená-los a comparecerem perante o juízo de Deus: Deus é o único que pode justificar, que toda carne se mantenha em silêncio diante dele (Romanos 3.19–20). Tampouco devemos tagarelar acerca do que muitos costumam hoje vangloriar-se. Depois de se sentirem compelidos a confessar que lhes é impossível satisfazer a justiça perfeita e final, pelos méritos das obras, uma vez que nunca cumprem a lei, deveras o confessam. Mas, para que não pareçam privados de toda glória, ou seja, ter-se rendido completamente a Deus, alegam que, em parte, têm guardado a lei e são justos no que diz respeito a essa parte. O que fica faltando, alegam que têm sido supridos e redimidos por satisfações e obras de supererrogação. Consideram isso, portanto, a compensação de seus defeitos. Esquecidos de sua própria natureza inata, menosprezam a justiça de Deus, e a ignorância de seu próprio pecado os imerge nesse erro.

Seguramente, excluem-se do conhecimento próprio os que se julgam diferentes da descrição que a Escritura faz de todos filhos de Adão. A Escritura adorna sua excelência com estes títulos: que são de coração perverso e inflexível (1 Jeremias 17.9); que toda a imaginação dos corações dos homens é má desde os seus primeiros anos (Gênesis 8.21); "que todos os seus pensamentos são vãos" (Salmos 94.11); que são "a luz da escuridão" (cf. Jó 10.22); que todos, como ovelhas, se extraviaram, cada um se apartou de sua vereda (Mateus 6.23); que não se encontra sequer um que faça o bem (Isaías 53.6); que nenhum deles entende ou busca a Deus (Salmos 14.2);

que não têm o temor de Deus diante de seus olhos (cf. Êxodo 20.20); em suma, que são carnais (Gênesis 6.3). Por essa palavra, subtendem-se todas aquelas obras que Paulo cataloga: "fornicação, impureza, imoderação, licenciosidade, culto aos ídolos, feitiçaria, espírito partidário, inveja, homicídio" e tudo o que é torpe ou abominável, que se pode imaginar (Gálatas 5.19–21). Aliás, imenso é o mérito segundo o qual nos orgulhamos de confiar em Deus! Pois é preciso manter isto como um princípio universal: quem se gloria em si mesmo se gloria contra Deus. Aliás, Paulo convoca o mundo a que se faça sujeito a Deus (cf. Romanos 3.19), enquanto os homens são completamente privados de qualquer ocasião de vanglória.

TODO MÉRITO HUMANO É FICTÍCIO

Um homem de reputação tão ruim, condenado por Deus, ousaria atribuir a si algum fragmento? Acaso ainda acredita ser alguma coisa? Acaso ainda não aprendeu que é abjeto e proscrito, e que deve tudo a Deus? Acaso ainda não aprendeu, em sua humildade, a exaltar a Deus? Pois, se alguém crê que algo lhe foi deixado, não chamo isso de humildade. E os que, até então, têm juntado estas duas coisas – que devemos sentir-nos humildes acerca de nós mesmos, diante de Deus, e saber que temos alguns méritos – têm aprendido uma hipocrisia perniciosa. Pois, se confessamos diante de Deus, contrariamente ao que sentimos, a ele mentimos. Pois, se verdadeira e solicitamente reconhecemos isso, não só toda confiança no mérito (humano) se desvanece, mas também a própria noção.

No homem, portanto, caso queira ajuizar-se segundo os dons naturais, nenhuma fagulha de bem se achará nele do alto da cabeça à planta de seus pés. Tudo o que nele há que mereça louvor é a graça de Deus. Mas nossa má intenção é sempre escusar-nos, inclusive de nossa torpeza, porém nos assenhoreamos dos dons de Deus para nosso próprio crédito.

28. Também se despreza a justiça de Deus onde ela não é reconhecida como tal, sendo tão perfeita que nada lhe é acrescentado por ele exceto o que é íntegro e perfeito, bem como isento de qualquer imundície. Mas, se tal é assim, todas as nossas obras, se julgadas por seu próprio valor, nada são senão corrupção e imundície. E, assim, nossa justiça equivale a iniquidade; nossa retidão, a poluição; nossa glória, a desonra. Pois o melhor que se pode apresentar de nós ainda está sempre manchado e corrompido com alguma impureza de nossa carne e tem em si, por assim dizer, algumas escórias misturadas.

Em seguida, mesmo que nos fosse possível ter algumas obras totalmente puras e justas, todavia, como diz o profeta, um pecado só basta para remover e extinguir toda a memória dessa justiça anterior (Ezequiel 18.24). Tiago concorda com ele: "Pois qualquer que guarda toda a lei, mas tropeça em um só ponto, se torna culpado de todos" (Tiago 2.10). Ora, mesmo essa vida mortal nunca é pura e destituída de pecado, não importa que justiça atinjamos (Provérbios 24.16; 1 João 1.8), quando ela é corrompida, oprimida e destruída pelos pecados que se seguem, a qual não poderia chegar à presença de Deus ou ser-nos imputada como justiça.

Em suma, segundo a lei de Deus, devemos ter respeito não pela obra, mas pelos mandamentos. Portanto, caso se busque a justiça da lei, não uma obra ou outra, mas a incessante obediência à lei, ninguém se achará justo. Além do mais, o pecado é algo totalmente execrável à vista de Deus e de tamanha gravidade que a justiça de todos os homens, amontoada numa só pilha, não poderia fazer compensação por um único pecado. Vemos, pois, que o homem, por um único pecado que cometeu, foi abandonado e deserdado por Deus (Gênesis 3.17), de tal maneira que perdeu, a um só tempo, todo e qualquer meio de recuperar a salvação perdida. Portanto, a capacidade de fazer satisfação foi removida.

AS SATISFAÇÕES HUMANAS

29. Os que se aferram à lei seguramente nunca satisfazem a Deus, para quem nada é agradável e aceito que proceda de seus inimigos. Mas inimigos de Deus são todos aqueles a quem ele imputa pecados. Portanto, nossos pecados têm de ser cobertos e perdoados antes que o Senhor reconheça qualquer obra propriamente nossa (Salmos 31.1; cf. Romanos 4.1). Disso, segue-se que o perdão dos pecados é gratuito, e os que confiam em suas satisfações obscurecem e blasfemam dele. Portanto, que sigamos o exemplo do apóstolo: "esquecendo-me das coisas que para trás ficam e avançando para as que diante de mim estão, prossigo para o alvo, para o prêmio da soberana vocação de Deus em Cristo Jesus" (Filipenses 3.13–14).

Como o ato de se vangloriar das obras de supererrogação[1] se harmonizaria com a injunção que nos é imposta, a saber, que, quando tivermos feito tudo o que se nos manda, qualifiquemo-nos de "servos inúteis" e digamos que "não temos feito mais do que deveríamos fazer" (Lucas 17.10)? Falar diante de

---

1 Ato ou processo de fazer mais do que é devido.

Deus não é simular nem mentir, mas considerar a verdade e, assim, sentir sinceramente. Portanto, o Senhor nos impõe que sinceramente determinemos e consideremos em nosso íntimo que não cumprimos com os deveres que ele requer de nós, mas que lhe prestamos nosso devido serviço. E isso se dá quando fizermos tudo o que nos foi ordenado, a saber, se todos os nossos pensamentos e todos os nossos membros se volverem aos deveres da lei ou como se a um só pertencessem todas as obras justas de todos os homens.

Muitos são aqueles que estão longe de fazer o que foi ordenado, mas ousam gloriar-se de ter acrescentado um montão à sua justa medida. Mas alguns estão prontos, ao primeiro sinal, para disputar essas questões sob a sombra dos assentos e cátedras. Mas, quando aquele supremo Juiz tomar assento em seu tribunal, toda boca terá de ficar fechada e toda vanglória terá desvanecido. Isto é o que havemos de buscar: qual confiança em nossa defesa poderíamos levar ao seu tribunal, e não o que podemos fofocar nas escolas e nas esquinas. Além disso, que sorte de supererrogações tais pessoas desejam vender a Deus? Tergiversam que Deus nunca mandou ou aprova, tampouco aceitará quando tiverem de prestar contas diante dele! Somente nesse sentido é que concordamos que existem obras de supererrogação – a saber, aquelas acerca das quais o profeta diz: "Quem requereu isto de vossas mãos?" (Isaías 1.12).

LIBERDADE ESPIRITUAL

30. Portanto, resta o fato de que, através da lei, se prova que toda a raça humana está sujeita à maldição e à ira de Deus; e, para que seja isenta destas, é necessário que se

aparte do poder da lei e, por assim dizer, escape de sua servidão rumo à liberdade. Essa não é uma liberdade carnal que nos afaste da observância da lei, que nos incite à licença em todas as coisas; e, ao permitir à concupiscência toda a sorte de lascívias, rompe as barreiras ou quebra as rédeas do temor; trata-se da liberdade espiritual que consolida e eleva a consciência abatida e consternada, mostrando-lhe que está livre da maldição e da condenação em que a lei a tinha como vencida e oprimida. Alcançamos essa liberdade quando, por meio da fé, aferramo-nos à mercê de Deus em Cristo e, por assim dizer, emancipamo-nos da sujeição à lei, pois é pela fé que nos asseguramos e nos certificamos do perdão dos pecados, havendo a lei fustigado e acicatado nossa consciência com o senso deles (1 Coríntios 15.56). Mas o Senhor não nos concedeu essa remissão dos pecados uma vez por todas, tendo obtido o perdão para nossa vida pretérita, a fim de continuarmos buscando a retidão na lei; isso só nos levaria a uma falsa esperança, rindo-se de nós e nos desdenhando. Pois, como nenhuma perfeição pode vir a nós enquanto estivermos vestidos desta carne, a lei, além de anunciar morte e juízo a todos os que não alcançam a justiça perfeita nas obras, sempre terá base para nos acusar e nos condenar, a menos que, antes, a mercê do Senhor lhe faça oposição, e, por meio do perdão contínuo dos pecados, nos absolva reiteradamente. Portanto, o que eu disse no início sempre resulta positivo: se formos julgados por nossa dignidade pessoal, a despeito de tudo o que planejamos ou empreendemos, com todos os nossos esforços e tentativas, ainda merecemos morte e confusão.

Por essa razão, as promessas que também nos são oferecidas na lei se mostram totalmente ineficazes e fúteis. Pois jamais se efetivará essa condição de que cumpramos a lei – da qual dependem as promessas e somente pela qual podem ser cumpridas.

FÉ E OBRAS

31. O apóstolo insiste ainda mais neste argumento: "Pois, se os da lei é que são os herdeiros, anula-se a fé e cancela-se a promessa" (Romanos 4.14). Daí ele infere duas coisas: primeira, que a fé se torna impotente e se cancela se a promessa visa aos méritos de nossas obras ou depende da observância da lei. Pois ninguém pode, em tempo algum, confiantemente, ter certeza ou repousar nela, visto que ninguém jamais se deixará realmente convencer, em sua própria mente, de que já satisfez a lei, como seguramente ninguém jamais a satisfaz plenamente por meio das obras. Para não buscar evidências disso longe demais, cada homem que quer olhar para si mesmo com um olho honesto pode ser sua própria testemunha. Pois a dúvida se apoderaria inicialmente das mentes de todos os homens e, a seguir, o desespero, enquanto cada um considerasse para si quão grande peso da dívida ainda o esmagava e quão longe ainda estava da condição que lhe foi imposta. Pode-se ver aí a fé já oprimida e extinta! Pois ter fé não equivale a oscilar, variar, ser arrojado de cima para baixo, hesitar, permanecer em suspense, finalmente, desesperar! Ao contrário, ter fé é fortalecer a mente com constante certeza e perfeita confiança, ter um lugar no qual repousar e apoiar seu pé (cf. 1 Coríntios 2.5; 2 Coríntios 13.4).

Disso, deduz-se outro ponto: também a própria promessa tem sido abolida e se desvanece. Aliás, ela não será cumprida por ninguém, exceto por aqueles que possuem uma persuasão sólida e invariável de que ela tem de ser cumprida por eles, ou (dito em uma palavra) pelos que têm fé. Quando, pois, a fé falha, a promessa não permanecerá em vigor.

Como consequência, para sustentar alguma esperança de salvação, novas promessas teriam de ser oferecidas que pudessem ser guardadas por nós. Além do mais, existem promessas evangélicas que nosso compassivo Senhor nos oferece graciosamente, não em virtude de alguma dignidade ou boa ação de nossa parte, mas que provêm de sua bondade paterna (Romanos 10.20), impondo-nos nenhuma outra condição além daquela de que abracemos de todo o coração o próprio e imenso dom de seu beneplácito. Eis o que Paulo acrescenta: por tal razão, é da fé que nos vem a herança de nossa salvação, para tornar a promessa sólida (Romanos 4.16). De fato, indubitável é a fé que repousa exclusivamente na mercê de Deus, sabendo como essa mercê e verdade se irmanam (Salmos 85.10); isso equivale a dizer que, quando Deus promete com base em sua misericórdia, ele o cumpre com base em sua fidelidade. À fé inabalável, segue-se a promessa indubitável, a qual só pode cumprir-se naqueles que creem.

A MISERICÓRDIA DE DEUS

32. Portanto, agora temos de reconhecer que nossa salvação consiste exclusivamente na mercê de Deus, e em nenhuma dignidade de nossa parte, ou em algo oriundo de nós. Por conseguinte, nessa mercê devemos estabelecer e, por

assim dizer, fixar profundamente toda a nossa esperança, sem levar em conta nossas obras e sem buscar nelas qualquer auxílio. Aliás, a natureza da fé é, sim, despertar os ouvidos, porém fechar os olhos; aguardar, sim, a promessa, porém afastar os pensamentos de toda dignidade ou mérito humano.

Pois nunca teremos confiança suficiente em Deus, a menos que nutramos profunda desconfiança de nós mesmos. Nunca elevaremos suficientemente nossos corações a ele, a menos que estes sejam previamente encurvados em nós. Nunca teremos nele consolação suficiente, a menos que em nós mesmos já tenhamos experimentado a desolação. Nunca nos gloriaremos suficientemente nele, a menos que destronemos de nós mesmos toda vanglória. Por conseguinte, quando toda a nossa confiança é totalmente abatida, ainda confiamos em sua bondade, apreendemos e obtemos a graça de Deus e, no dizer de Agostinho, ignorando nossos méritos, abraçamos os dons de Deus. É isso que significa ter fé genuína.

Mas ninguém pode atingir essa segurança, exceto através de Cristo; é tão somente por essa bênção que nos livramos da maldição proveniente da lei. A maldição foi decretada e declarada para todos nós, já que, por conta da fraqueza herdada de nosso pai Adão, não poderíamos cumprir a lei por nossas próprias obras, como foi requerido dos que desejavam obter justiça para si. Por isso, somos feitos justos pela justiça de Cristo e, seguramente, tornamo-nos cumpridores da lei. Nós vestimos essa justiça como se fosse propriamente nossa e, seguramente, Deus a aceita como nossa, considerando-nos santos, puros e inocentes. E assim se cumpre a afirmação de Paulo: "Mas vós sois dele, em Cristo Jesus, o qual se nos tornou da parte de Deus sabedoria, e justiça, e santificação, e redenção" (1 Coríntios 1.30).

Pois, de fato e antes de tudo, nosso misericordioso Senhor nos recebeu bondosamente na graça segundo sua própria bondade e vontade graciosamente outorgada, perdoando e se condoendo de nossos pecados, os quais mereciam ira e morte eterna (Romanos 5.11; 6.22). Então, por meio dos dons de seu Espírito Santo, ele habita e reina em nós e, através dele, as concupiscências de nossa carne são, dia após dia, cada vez mais mortificadas. Deveras somos santificados, ou seja, consagrados ao Senhor em completa pureza de vida, nossos corações moldados para a obediência à lei, de modo que nosso único desejo é fazer sua vontade e procurar por todos os meios sua glória, ao mesmo tempo odiando tudo aquilo que em nossa carne é mau e sórdido.

Então, finalmente, ainda que caminhemos pelas veredas do Senhor, pela diretriz do Espírito Santo, esquecendo-nos de nós mesmos e livrando-nos da soberba, alguma coisa imperfeita ainda permanece em nós, o que nos dá ocasião para a humildade, fechando toda boca diante de Deus e ensinando-nos a sempre transferir toda confiança de nós mesmos para Ele (Romanos 7.23). É por isso que necessitamos sempre do perdão dos pecados. Por conseguinte, também aquelas obras que são realizadas por nós enquanto percorremos a vereda do Senhor (como se fossem agradáveis a Deus, já que são feitas na fé), por si mesmas não podem tornar-nos aceitáveis e agradáveis a Deus.

Mas convém que a justiça de Cristo, como a única que pode suportar a presença de Deus, porquanto é a única perfeita, compareça perante o tribunal (divino) em nosso favor, e seja nossa fiadora em juízo (Hebreus 11.6; Romanos 8.34). Recebida da parte de Deus, essa justiça nos é trazida e imputada a nós, precisamente como se fosse nossa. E assim, na fé, obtemos, contínua e constantemente, o perdão dos pecados; não nos é imputado nada do que é imundo ou impuro em nossa imperfeição, mas é coberto por aquela pureza e por aquela perfeição de Cristo como se fosse sepultado, a fim de que não participemos do juízo de Deus, até que chegue a hora em que, sendo em nós morto o velho homem e abertamente destruído, a divina bondade nos receba na bendita paz com o novo Adão (que é Cristo). Que esperemos ali o Dia do Senhor, quando, havendo recebido corpos incorruptíveis, sejamos conduzidos à glória do reino celestial (cf. 1 Coríntios 15.45).

H. DO OFÍCIO E DOS USOS DA LEI

33. Dessas coisas, é possível deduzir quais são a função e o uso da lei. Ora, isso consiste de três partes.

(1) Primeiro, enquanto exibe a justiça de Deus, ou seja, o que Deus requer de nós, admoesta a cada um acerca de sua injustiça e o convence de seu pecado. Todos os homens, sem exceção, deixam-se inchar de insana confiança nos próprios poderes, a menos que o Senhor prove sua vaidade. Quando toda essa estúpida opinião de seu próprio poder for removida, é preciso que saibam que estão e são mantidos unicamente pela mão de Deus. Reiterando, visto que pela justiça de suas obras são precipitados contra a graça de Deus, é oportuno que essa arrogância seja abatida e confundida, para que, nus e de mãos vazias, busquem refúgio na mercê de Deus, repousem

nela, escondam-se nela e assenhoreiem-se unicamente dela para sua justiça e mérito. Pois a mercê de Deus se revela em Cristo a todos os que a buscam e a aguardam com fé genuína.

(2) Então, como a lei declara que Deus será o vingador, estabelece a punição para os transgressores, ameaça com morte e juízo, ao menos ela serve, pelo temor da punição, para restringir certos homens que, exceto quando compelidos, não se deixam tocar por nenhuma preocupação do que é justo e certo. Eles, porém, são restringidos não porque sua mente interior é estimulada ou afetada, mas porque, ao serem refreados, por assim dizer, guardam suas mãos de atividade externa e retêm a depravação, na qual, de outro modo, se refestelariam desabridamente. Em consequência, nem por isso são melhores ou mais justos diante de Deus. Mesmo quando coibidos pelo temor ou pela vergonha, não ousam executar o que conceberam em suas mentes, nem se enfurecem em conformidade com sua concupiscência. Todavia, eles não têm corações dispostos ao temor e à obediência de Deus. Aliás, quanto mais se restringem, mais se inflamam, queimam e borbulham por dentro, e estão sempre prontos a fazer qualquer coisa ou a se irromper por toda parte – mas esse medo da lei os refreia. Não só isso, mas de tal modo perversamente odeiam também a própria lei, e maldizem a Deus, o Legislador, que, se pudessem, certamente o aboliriam, pois não conseguem suportá-lo, seja quando lhes ordena a agir corretamente, seja quando toma vingança dos desprezadores de sua majestade. Mas essa justiça constrangida e forçada se faz necessária para a comunidade pública dos homens, para cuja tranquilidade

o Senhor assim se precaveu contra a confusão completa e violenta. Isso aconteceria se todas as coisas fossem permitidas a todos os homens.

(3) Finalmente, também aos crentes, em cujos corações o Espírito de Deus já vive e reina, ela não provê uso sem importância, advertindo-os para que façam, cada vez mais ardentemente, o que é certo e aprazível aos olhos do Senhor. Isso, mesmo que possuam a lei escrita e esculpida em seus corações pelo dedo de Deus (1 Jeremias 31.33; Hebreus 10.16), ou seja, de tal modo que tenham sido movidos e vivificados, que aspirem obedecer à vontade do Senhor, tirando da lei proveito máximo, visto que, com ela, aprendem, mais extensamente, a cada dia, qual é a vontade do Senhor. É como se um servo, já preparado com completa solicitude de coração a se dedicar ao seu senhor, examinasse e observasse os caminhos de seu senhor a fim de se conformar e se acomodar a eles. Além do mais, por mais que sejam inclinados pelo Espírito e ansiosos por obedecer a Deus, ainda são fracos na carne, e prefeririam servir ao pecado a servir a Deus. A lei é, para essa carne, como o chicote é para o asno ocioso e renitente, com vistas a estimulá-lo, instigá-lo e levantá-lo para o trabalho.

Em resumo, a lei é uma exortação para os crentes. Não é algo a obrigar suas consciências com maldição, e sim para abalar sua letargia, insistindo com eles reiteradamente e forçando-os a ter plena consciência de sua imperfeição. Portanto, muitas pessoas, desejando expressar esse livramento da maldição da lei, têm afirmado que, para os crentes, a lei já foi anulada. Não que a lei não mais obrigue os crentes a fazerem o que é certo, mas simplesmente pelo fato de que não é para eles o que anteriormente foi: já não pode mais condenar e destruir suas consciências, confundindo-as e atemorizando-as com a mensagem de morte. Ao contrário disso, justamente como as boas obras detraem da justificação, que não se deixe de praticar boas obras, ou que se negue que as obras sejam boas, mas para que não depositemos nelas nossa confiança, para que não nos vangloriemos delas, creditando-lhes nossa salvação. Pois esta é nossa segurança: que Cristo, o Filho de Deus, é nosso e já nos foi dado, de modo que nele também podemos ser filhos de Deus e herdeiros de seu reino celestial (Isaías 9.6; 1 Tessalonicenses 4.14-18). Chamados à esperança da vida eterna pela bondade de Deus, e não por nossa destreza. Além do mais, já fomos chamados, não à impureza e à iniquidade, mas para sermos puros e irrepreensíveis aos olhos de Deus, em amor (Efésios 1.4).

I. JUSTIFICAÇÃO (CONTINUAÇÃO)

CRISTO É O FUNDAMENTO

34. Se, em tempos pretéritos, essas questões houvessem sido tratadas e discutidas em sua ordem própria, jamais teriam surgido tantos tumultos e dissensões. Paulo disse que, no edifício do ensino cristão, temos de manter o fundamento que ele lançou (cf. 1 Coríntios 3.10), "além do qual nenhum outro (fundamento) pode ser posto, o qual é Jesus Cristo" (1 Coríntios 3.11). Que espécie de fundamento é este? Seria o fato de que Jesus Cristo foi o princípio de nossa salvação? Seria o fato de que ele abriu caminho, merecendo para nós ocasião de merecimento? Com certeza, não. Mas significa que

"nos escolheu nele" desde toda a eternidade, "antes da fundação do mundo", não por nosso próprio mérito, "mas segundo o propósito do beneplácito divino" (Efésios 1.4–5). Significa que, por sua morte, somos redimidos da condenação da morte e libertados da ruína (cf. Colossenses 1.14, 20). Significa que fomos adotados para ele, pelo Pai, como filhos e herdeiros (cf. Romanos 8.17; Gálatas 4.5–7). Significa que já fomos reconciliados com o Pai através de seu sangue (Romanos 5.9–10; 9.11). Significa que, dados pelo Pai à sua custódia, jamais pereceremos ou fracassaremos (João 10.28; 17.12). Significa que, assim enxertados nele (cf. Romanos 1.19), já somos, de certo modo, participantes da vida eterna, havendo entrado no reino de Deus através da esperança (João 1.12-13; Efésios 3.6–11; 1.7; 1.4–5; 2 Timóteo 1.9).

Isso ainda é pouco: experimentamos nele tal participação que, embora sejamos em nós mesmos ainda néscios, ele é a nossa sabedoria diante de Deus; enquanto formos pecadores, ele é a nossa justiça; enquanto formos impuros, ele é a nossa pureza; enquanto formos fracos, enquanto formos desarmados e expostos a Satanás, ainda é nosso aquele poder que lhe foi dado no céu e na terra (Mateus 28.18) para esmagar Satanás por nós e despedaçar os portões do inferno; enquanto levarmos ainda conosco o corpo de morte, ele continua a ser nossa vida (Romanos 8.34; Efésios 4.24; 2.1–5; 1 Coríntios 1.30; Colossenses 3.4). Abreviando, visto que todas as suas coisas são nossas, e nele temos todas as coisas, em nós nada existe. Sobre esse fundamento é que devemos edificar, se viermos a ser um templo santo ao Senhor (cf. Efésios 2.21).

Uma vez que o fundamento esteja lançado, construtores sábios edificam sobre ele. Pois, se houver necessidade de ensino e exortação, eles nos informam que "o Filho de Deus se manifestou a fim de destruir as obras do diabo"; para que os que são de Deus não vivam no pecado (1 João 3.8–9); para que o tempo pretérito seja suficiente para desarraigar os desejos dos gentios (1 Pedro 4.3); para que os eleitos de Deus sejam vasos de misericórdia, escolhidos para honra e purgados da impureza (2 Timóteo 2.20–21).

35. Mas todas essas coisas se acham compreendidas em uma só palavra, quando Cristo disse que quer discípulos que neguem a si mesmos, que tomem a sua cruz e o sigam (Mateus 16.24; Lucas 9.23). Aquele que nega a si mesmo tem cortada a raiz de todos os males a fim de não mais buscar as coisas que são propriamente suas. Aquele que já tomou sua cruz também já alcançou para si toda a paciência e toda a brandura. Mas o exemplo de Cristo abarca, respectivamente, esse e todos os demais deveres de piedade e santidade. Ele se apresentou ao Pai como obediente até a morte (Filipenses 2.8). Ele já levou as obras de Deus à sua plena concretização (cf. João 4.34; também Lucas 2.49; João 17.4). Ele já exauriu coração e alma para a glória do Pai (cf. João 8.50; 7.16–18). Ele já entregou sua vida pelos irmãos (João 10.15; cf. João 15.13). Ele fez o bem aos seus inimigos e orou por eles (cf. Lucas 6.27, 35; 23.34).

Mas, se houver proveito para a consolação, as seguintes passagens produzem uma bem maravilhosa: "Em tudo somos atribulados, porém não angustiados; perplexos, porém não desanimados; perseguidos, porém não desamparados; abatidos, porém não destruídos; levando sempre no corpo o morrer de Jesus, para que também sua vida se manifeste em nosso corpo" (2 Coríntios 4.8–10; cf. Filipenses 2.5–8). "Fiel é esta palavra: se já morremos com ele, também viveremos com ele; se perseverarmos, também com ele reinaremos; se o negarmos, ele, por sua vez, nos negará" (2 Timóteo 2.11–12); somos conformados aos seus sofrimentos (Filipenses 3.10–11), porque "aos que de antemão conheceu, também os predestinou para serem conformes à imagem de seu Filho, a fim de que ele seja o primogênito entre muitos irmãos" (Romanos 8.29). Portanto, "eu estou certo de que nem a morte, nem a vida, nem os anjos... nem qualquer outra criatura poderá separar-nos do amor de Deus, que está em Cristo Jesus, nosso Senhor" (Romanos 8.38–39). Note bem que não justificamos o homem pelas obras diante de Deus, mas todos nós que somos de Deus falamos como "renascidos" (cf. 1 Pedro 1.3), e como tornar-se "nova criação" (2 Coríntios 5.17), de modo que passam da esfera do pecado para a esfera da justiça; dizemos que, com esse testemunho, confirmam sua vocação (2 Pedro 1.10) e, como árvores, são julgados por seus frutos (Mateus 7.20; 12.33; Lucas 6.44).

POR QUE BOAS OBRAS?

36. Numa palavra, isso é suficiente para refutar o despudor de certas pessoas ímpias que, imbuídas de difamação, nos acusam de abolirmos as boas obras quando condenamos toda a ansiosa busca delas pelos homens; que pregamos um perdão dos pecados fácil demais, quando afirmamos que ele é gratuito, e, com essa espécie de encanto, induzimos os homens ao pecado, já que são tão inclinados a ele; e, por fim,

que os apartamos do cuidado e da diligência das boas obras sempre que ensinamos que não são justificados pelo bem que praticam nem merecem a salvação por isso.

Afirmo que essas falsas acusações são suficientemente refutadas por aquela afirmação tão simples. Todavia, responderei a cada uma delas de forma sucinta. Não negamos as boas obras, mas declaramos que aquelas que são boas procedem de Deus, e devem ser creditadas a ele, porque Paulo chama todas essas obras de "os frutos do Espírito de Deus" (Gálatas 5.22–23), para que aquele que se gloria, se glorie no Senhor. E não estamos dividindo o crédito das boas obras entre Deus e o homem, como eles fazem, mas preservando-o para o Senhor em sua inteireza e caráter indivisível. Ao homem, nas boas obras, assinalamos apenas isto: que ele polui e contamina, por sua impureza, aquelas mesmas coisas que eram boas. Pois nada procede de um homem, por mais perfeito que seja, que não seja, de alguma forma, maculado. Que o Senhor, pois, intime a juízo as melhores obras do homem, e não reconhecerá nelas sua própria justiça, mas tão somente a confusão do homem.

Por essa razão, condenamos os esforços dos homens, ou seja, declaramos maldito tudo o que o homem tem ou faz por si mesmo. Mas, por meio de nosso ensino, os corações dos crentes se enchem de ânimo e de notável consolação; com isso, eles são ensinados que essas boas obras lhes são dadas por Deus; e são deles porque foram dadas por Deus. Ao mesmo tempo, são instruídos que as obras são aceitáveis a Deus, e os crentes lhe são agradáveis nelas, não exatamente porque as tenham merecido, mas porque a divina bondade lhes estabeleceu, por assim dizer, tal valor. Mas nós, na verdade, requeremos que ninguém tente ou produza alguma obra sem fé, a menos que, com firme certeza mental, determine para si mesmo que agradará a Deus.

REMISSÃO GRATUITA DOS PECADOS

De fato, eles sempre têm em suas bocas as boas obras; entretanto, de tal modo instruem as consciências que nunca ousam nutrir confiança de que Deus se mostra bondoso e favorável às suas obras. Não estamos induzindo os homens a pecar quando afirmamos o perdão gracioso dos pecados, mas estamos dizendo que esse é de tão grande valor que não pode ser pago por qualquer obra nossa. Portanto, nunca pode ser obtido exceto como um dom gracioso. De fato, agora ele nos é gracioso, mas não foi assim para Cristo, o qual, prazerosamente, o trouxe ao custo de seu santíssimo sangue, além do qual não havia nenhum resgate de valor suficiente que satisfizesse a justiça de Cristo. Quando isso é ensinado aos homens, eles se tornam cientes de que seu santíssimo sangue é derramado sempre que pecam. Além disso, afirmamos que nossa torpeza é tal que nunca pode ser purificada exceto pela fonte desse puríssimo sangue. Os que ouvem tais coisas – se possuem algum senso de Deus –, como não se horrorizariam por se revolver na lama, quanto possam, enquanto conspurcam a pureza dessa fonte? "Já lavei os pés", diz a alma crente, no dizer de Salomão, "tornarei a sujá-los?" (Cantares 5.3).

37. Agora se faz claro quais pessoas preferem baratear o perdão dos pecados. Fazem crer que Deus é apaziguado por suas míseras satisfações, ou seja, com esterco (Filipenses 3.8). Afirmamos que a culpa do pecado é pesada demais para

ser expiada por ninharias tão frívolas; que é uma ofensa grande demais contra Deus para ser remitida por essas satisfações indignas, e que tal prerrogativa cabe exclusivamente ao sangue de Cristo.

Não apartamos os corações dos homens do desejo de fazer o bem quando lhes tiramos seu pretexto de mérito. Pois estão completamente errados quando dizem que os homens não cuidarão de regular suas vidas corretamente, a menos que lhes seja oferecida a esperança da recompensa. Pois, se é apenas uma questão de buscar recompensa quando servem a Deus, e alugam ou lhe vendem seu trabalho, isso seria de pouco proveito. Deus quer ser adorado espontaneamente, amado de bom grado. Ele aprova – digo – aquele adorador que não deixa de servi-lo e adorá-lo mesmo quando lhe seja eliminada toda e qualquer esperança de receber recompensa.

De fato, se os homens têm de ser incitados às boas obras, nada poderia acicatá-los mais ferinamente do que a admoestação de Paulo, quando diz: "Para que, como Cristo foi ressuscitado dentre os mortos pela glória do Pai, assim também andemos nós em novidade de vida" (Romanos 6.4; 1 Pedro 2.24); quando ele nos incita a oferecermos nossos corpos como sacrifício vivo, santo e agradável a Deus (Romanos 12.1; Efésios 4.15–16); quando ele nos incita, depois de sermos um só corpo com Cristo, a darmos testemunho por meio de nossas tarefas mútuas (1 Coríntios 12.25), de que somos membros do mesmo corpo (1 Coríntios 6.15, 17; 12.12); quando nos informa que nossos corpos são templos do Espírito Santo (cf. 2 Coríntios 6.16), que não existe harmonia entre Cristo e Belial (2 Coríntios 6.15), entre luz e trevas

(2 Coríntios 6.14); quando mostra que a vontade de Deus é nossa santificação (1 Tessalonicenses 4.3), a fim de que nos abstenhamos dos desejos ilícitos; quando prova que já fomos libertados da servidão do pecado, a fim de sermos obedientes à justiça (Romanos 6.18).

Acaso poderíamos ser incitados a amar por um argumento mais vívido do que o de João, para que "amemos uns aos outros, como Deus nos amou" (1 João 4.11; cf. João 13.34)? Que nisso os filhos de Deus diferem dos filhos do diabo, como filhos da luz diferem dos filhos das trevas, porque permanecem no amor (1 João 3.10; 2.10–11)? Acaso podemos ser incitados à santidade com mais veemência do que quando ouvimos do mesmo (apóstolo) que "a si mesmo se purifica todo o que nele tem esta esperança, assim como ele (Deus) é puro" (1 João 3.3)? Ou, reiterando, do que quando ouvimos o próprio Cristo apresentar-se como nosso padrão com o fim de seguirmos seus passos (1 Pedro 2.21; cf. João 15.1–10; 13.15)?

Na verdade, tenho apresentado como um mero teste essas poucas provas bíblicas. Pois, se meu propósito fosse examinar cada uma delas, teria de compilar um grande volume. Os apóstolos estão saturados de exortações, insistências, reprovações e consolações com as quais instruem o homem de Deus em toda boa obra (cf. 2 Timóteo 3.16–17), sem qualquer menção de mérito. E, seguramente, esta é uma razão que deveria ser suficiente: Deus deve ser glorificado em nós (Mateus 5.16). Mas, se alguém ainda não se acha convincentemente afetado em direção à glória de Deus, a lembrança dos benefícios de Deus, não obstante, deveria ser suficiente para incitar tais pessoas à prática do bem. Mas tais pessoas, ao colocarem a ênfase nos méritos (humanos), talvez arranquem algumas servis e forçadas observâncias da lei, dizem falsamente que não temos base para exortar os homens às boas obras porque não temos acesso à mesma estrada. Como se tal obediência fosse muitíssimo agradável a Deus, o qual declara que "ama a quem dá com alegria" e proíbe tudo o que é dado "com tristeza ou por necessidade" (2 Coríntios 9.7)!

RECOMPENSA NA VIDA ETERNA

38. Não obstante, a Escritura, sem omitir qualquer espécie de exortação, frequentemente nos lembra como "Deus retribuirá a cada um segundo as suas obras" (Romanos 2.6-7; Mateus 16.27; 1 Coríntios 3.8, 14-15; 2 Coríntios 5.10 etc.). Consequentemente, que ninguém arrazoe que nossas obras são a causa dessa retribuição. Aliás, o reino do céu não é o salário de servos, e sim a herança de filhos (Efésios 1.18), reino que somente os que têm sido adotados pelo Senhor como filhos obterão; e por nenhuma outra razão além dessa adoção.

Portanto, não pensemos que o Espírito Santo, com essa sorte de promessa, tenha em vista aprovar a dignidade de nossas obras, como se elas merecessem tal prêmio. Pois a Escritura não nos deixa razão alguma para sermos exaltados aos olhos de Deus. Ao contrário, toda a sua finalidade é restringir nosso orgulho, humilhar-nos, abater-nos e esmagar-nos totalmente. Nossa fraqueza, porém, a qual imediatamente entraria em colapso e se desvaneceria se não fosse sustentada e se confortasse com essa expectativa, é aliviada com isso.

Primeiro, que cada um reflita sobre quão difícil seria renunciar não só a todas as suas posses, mas também a si próprio. Todavia, é com essa primeira lição que Cristo inicia seus alunos (Mateus 16.24–26), ou, seja, todos os piedosos. Então, assim ele os instrui, por toda a vida, sob a disciplina da cruz, a não pôr o coração em seus desejos nem confiar em seus atuais benefícios. Em suma, em geral ele os trata de tal modo que, toda vez que volvem seus olhos, até onde este mundo se estende, se veem confrontados somente com desespero. Em consequência, Paulo diz: "Se nossa esperança em Cristo se limita apenas a esta vida, somos os mais infelizes de todos os homens" (1 Coríntios 15.19).

Para que não fracassem em meio a essas grandes tribulações, o Senhor está com eles, advertindo-os a levantar bem alto suas cabeças, a dirigirem seus olhos para bem longe, a fim de encontrar nele aquela bem-aventurança que não enxergam neste mundo. Ele chama essa bem-aventurança "prêmio", "galardão", "recompensa" (cf. Mateus 5.12; 6.1), sem levar em conta o mérito das obras, mas tão somente significando que essa é uma compensação por suas misérias, tribulações, difamações etc. Portanto, nada nos impede, com precedente bíblico (cf. 2 Coríntios 6.13; Hebreus 10.35; 11.26), de denominar essa "recompensa" de vida eterna, porque nela o Senhor recebe seu próprio povo, dos tumultos para o repouso, da aflição para a consolação, da tristeza para o júbilo, da desgraça para a glória. Em suma, ele muda para bens maiores todas as coisas ruins que eles tenham sofrido. Assim também, nada perderemos se considerarmos a santidade de vida um caminho, não que de fato nos conduza, mas por meio do qual os escolhidos por seu Deus são conduzidos à glória do reino celestial. Pois o beneplácito de Deus é glorificar aqueles a quem tem santificado (Romanos 8.30). Por essa razão, as observâncias dos mandamentos algumas vezes são chamadas "justiça" do Senhor; não aquela por meio da qual o Senhor justifica, ou seja, mantém e considera os justos; mas pela qual ele instrui os seus para que sejam justos, a quem ele previamente justificou por sua graça. Mas, se alguém atribui às obras até mesmo a mais leve porção, esse perverte e corrompe toda a Escritura, a qual atribui todo o crédito à divina bondade. Mas aquele que usa o termo "mérito" blasfema contra a graça de Deus, a qual não pode permanecer nele.

Seguramente, isso está saturado de arrogância e fúria contra Deus. Concordo que Deus promete galardão e paga. Mas nossa tarefa é agradecer a Deus por sua tão imensa bondade, por meio da qual reconhecemos que o que não nos é devido nos é dado; não para exaltarmos nosso coração e tomarmos posse de mais do que nos foi dado. Se uma pessoa recebeu o usufruto da porção de uma propriedade – por tal ingratidão não merece perder o usufruto que possuía? De igual modo, acaso o Senhor nos suportará impunemente quando somos ingratos para com sua tão rica graça?

CAPÍTULO II

FÉ: CONTENDO UMA EXPLANAÇÃO DO CREDO (CHAMADO APOSTÓLICO)

A. DA FÉ E DA FÉ NO DEUS ÚNICO

1. À luz da discussão que acabamos de concluir, podemos entender o que o Senhor prescreve para fazermos através da lei. Se fracassarmos em qualquer parte dela, ela decreta ira e terrível juízo de morte eterna. Em contrapartida, mostra não só quão difícil, mas também quão totalmente fora de nosso poder e além de toda a nossa capacidade, é satisfazer a lei como se requer. Portanto, se apenas nos desprezarmos e ponderarmos qual dignidade possuímos, não resta nenhuma boa esperança, senão morte, e fica para nós a mais indubitável confusão, abatidos como somos por Deus. Também se explicou que há um caminho para se evitar tamanha calamidade e restaurar-nos a uma condição mais excelente, a saber, a mercê do Senhor, a qual seguramente experimentaremos se a recebermos com fé perfeita e repousar nela com toda segurança.

Agora resta-nos aprender qual é a natureza desta fé – algo que prontamente podemos aprender do Credo (o qual é chamado "apostólico"), um breve compêndio e, por assim dizer, epítome da fé em conformidade com a Igreja universal.

DUAS CLASSES DE FÉ

2. Mas, antes de avançarmos, temos de nos pôr de sobreaviso que existem duas formas da fé. Uma delas é esta: se alguém crê que Deus existe, pensa que é verdadeira aquela história relatada sobre Cristo. Esse é o critério que mantemos sobre aquelas coisas que ou são narradas como ocorridas, ou nós mesmos já vimos em nosso tempo. Mas isso não tem importância; e, assim, ela não merece ser chamada "fé"; se alguém se vangloria dela, que compreenda que a possui em comum com os demônios (Tiago 2.19), para quem ela nada realiza senão torná-los mais amedrontados, trêmulos e arrasados.

A outra é a fé pela qual não só cremos que Deus e Cristo existem, como também cremos em Deus e Cristo; realmente o reconhecemos como nosso Deus, e Cristo, como nosso Salvador. Ora, isso não significa considerar verdadeiro tudo o que foi escrito ou dito sobre Deus e Cristo; porém, deposita toda a esperança e confiança em um só Deus e Cristo, e de tal modo somos fortalecidos por esse pensamento que não temos dúvida da boa vontade de Deus para conosco. Consequentemente, temos sido persuadidos de que, tudo aquilo de que necessitamos, seja para o proveito da alma ou do corpo, ele no-lo dará; aguardamos com segurança tudo o que as Escrituras prometem em relação a ele; não duvidamos de que Jesus é o nosso Cristo, ou seja, o Salvador. Mas, como é através dele que obtemos o perdão dos pecados e a santificação, assim também a salvação foi dada para que sejamos, finalmente, levados para o reino de Deus, o qual será revelado no último dia. E, de fato, isso é o principal e quase a soma de todas aquelas coisas que o Senhor, por sua santa Palavra, nos oferece e promete. Essa é a meta que nos foi posta em suas Escrituras; esse é o alvo que nos propõe.

A FÉ GENUÍNA

3. A Palavra de Deus, portanto, é o objeto e o alvo da fé rumo ao qual alguém deve correr; e a base sobre a qual firmá-la e sustentá-la; sem essa base, não se pode nem mesmo ficar de pé. E, assim, essa fé é genuína – a que ao menos se pode chamar "cristã" – e nada mais é que uma sólida convicção mental pela qual determinamos para nós mesmos que a verdade de Deus é tão certa que não é inapta para concretizar o que ela tem penhorado fazer por meio de sua Santa Palavra (Romanos 10.11). É isso que Paulo ensina em sua definição, chamando-a "a substância das coisas que se esperam e a prova de coisas que não se veem" (Hebreus 11.1). Por "substância" ou "hipóstase" (como traz o grego) (Hebreus 13.1), ele entende um apoio sobre o qual repousar e reclinar-se. É como se ele dissesse: a própria fé é uma possessão segura e certa daquelas coisas que Deus nos prometeu.

Em contrapartida, significa que as coisas relativas ao último dia (quando os livros forem abertos) (Daniel 7.10; cf. Apocalipse 20.12) são mais sublimes do que as que nosso senso possa perceber, ou nossos olhos possam ver, ou nossa mão possa tocar; por outro lado, só podemos possuir essas coisas se excedermos a capacidade total de nossa própria natureza, e exprimirmos a agudeza da visão para além de todas as coisas que estão no mundo; em suma, superarmos a nós mesmos.

Ele acrescentou que essa é a segurança de possuirmos as coisas que jazem na esfera da esperança e por isso não podem ser vistas. Assim (como escreve em outro lugar), a esperança que se vê não é esperança, pois como alguém espera o que não pode ver (Romanos 8.24)? Enquanto a chama indicação e prova (em grego, *elenchus*, demonstração) das coisas não aparentes, ele está falando como se afirmasse que a evidência das coisas não aparentes é a visão das coisas que não podem ser vistas, a percepção de coisas obscuras, a presença de coisas ausentes, a prova de coisas ocultas. Pois os mistérios de Deus pertinentes à nossa salvação são do tipo que em si mesmos, e por sua própria natureza (como se diz), não podem ser discernidos; mas só os visualizamos em sua Palavra. De tal modo devemos estar persuadidos de sua veracidade que devemos levar em conta sua própria expressão um fato já concretizado.

4. Essa espécie de fé é muito diferente da primeira. Quem quer que tenha esse tipo de fé não pode ser menos aceito por Deus; do contrário, sem ela, é impossível que alguém lhe seja agradável (Hebreus 11.6). Através dela, tudo o que desejamos e pedimos a Deus, obtemos, já que ele prevê que isso será conducente ao nosso bem maior. Mas isso não pode ter seu assento em um coração errante, pervertido ou falso, nem pode ter início ou ser sustentado, senão unicamente pela graça de Deus. É isso que Deus requer de nós no primeiro mandamento de sua lei. Tendo, em primeiro lugar, dito que ele é o único Senhor, nosso Deus, então acrescenta que não devemos ter outros deuses diante dele. Obviamente, isso significa que em nenhum outro, além dele, devemos depositar nossa esperança e confiança, pois estas se devem

exclusivamente a ele. Insinua também que, se nossa esperança e confiança contemplarem a alguém mais, então é porque temos outro deus.

Temos agora de empreender uma discussão dessa doutrina como sumariada no Credo. Esse é dividido em quatro partes, das quais as três primeiras foram devotadas às três Pessoas da Santa Trindade – Pai, Filho e Espírito Santo –, nosso único eterno e todo-poderoso Deus, em quem cremos. A quarta parte explica o que retorna a nós dessa fé em Deus, e o que havemos de esperar.

O PAI, O FILHO E O ESPÍRITO SANTO CONSTITUEM UM ÚNICO DEUS

5. Mas, quando certos ímpios, com o intuito de arrancar nossa fé pelas raízes, levantam um protesto sobre princípios básicos e nos ridicularizam por confessarmos um só Deus em três pessoas, essa passagem requeria que suas blasfêmias fossem reprimidas. Mas, visto que minha intenção, aqui, é conduzir pessoas dóceis pela mão, e não lutar braçalmente contra contenciosos e rebeldes, agora não os combaterei com tropas em ordem de batalha. Apenas indicarei, de modo sucinto, o que se deve seguir, o que se deve evitar nesta matéria, para que os que se prontificam e abrem seus ouvidos à verdade tenham um lugar firme no qual pousar seu pé. A Escritura nos ensina que há um só Deus, e não muitos. A Israel, ele diz: "Ouve, Israel, o SENHOR, nosso Deus, é o único SENHOR" (Deuteronômio 6.4). Ao afirmar que o Pai é Deus, o Filho é Deus e o Espírito Santo é Deus, a mesma Escritura não está fazendo afirmação obscura.

6. Apresentaremos somente uma prova, mas uma que vale por mil. Paulo assim conecta estes três – Deus, fé e batismo (Efésios 4.5), para que alguém arrazoe de um para o outro. Visto que há uma só fé, disso ele prova que há um só Deus; visto que há um só batismo, daí também ele mostra que há uma só fé. Pois, visto que a fé não deve ser procurada aqui e ali, ou direcionada para diversas coisas, mas deve contemplar o único Deus, estar unida a ele, aferrar-se a ele, conclui-se facilmente que, se existisse mais de uma fé, então haveria também muitos deuses. Em contrapartida, visto que o batismo é o sacramento da fé, ele nos confirma em sua unidade, em virtude do fato de que ele é uno. Todavia, ninguém pode professar fé, a não ser no Deus único. Portanto, como somos batizados em uma só fé, assim nossa fé crê em um só Deus. E o batismo é uno, e a fé é una, visto que ambos pertencem ao Deus único.

Segue-se também que, ao nos permitir ser batizados em um só Deus, é porque somos batizados na fé daquele em cujo nome somos batizados. Ora, visto que a Escritura quis que fôssemos batizados em nome do Pai e do Filho e do Espírito Santo (Mateus 28.19), ao mesmo tempo tencionava que todos cressem com uma só fé no Pai, no Filho e no Espírito Santo. O que outra coisa é isso senão uma clara atestação de que o Pai, o Filho e o Espírito Santo são um só Deus? Pois, se somos batizados em seu nome, somos batizados na fé que temos neles. Consequentemente, são um só Deus se são adorados com uma só fé. Existem ainda outros testemunhos que, em parte, asseveram uma só deidade nas três pessoas, e, em parte, uma distinção de pessoas. O nome que os judeus chamam de "inefável" está em Jeremias (1 Jeremias 23.6; 33.16), aplicando-se ao Filho.

DISTINÇÃO DE PESSOAS

7. Portanto, ele tem de ser o único Deus eterno, pois em outro lugar ele se recusa a dar sua glória a outrem (Isaías 48.11). Todavia, quando lemos que, "no princípio, ele estava com Deus" (João 1.1), e o "Pai fez o mundo por intermédio dele" (João 1.2), e quando se atesta que "ele era o próprio resplendor do Pai antes que o mundo fosse feito" (Hebreus 1.3, 10), exibe-se a distinção entre eles. Ainda mais explicitamente se afirma a partir do fato de que o Pai não veio nem assumiu nossa carne, mas o Filho veio da parte do Pai, desceu a nós e se fez homem (João 17.5; 16.28; 15.3, 5, 7, 10, 15, 17, 25–28). Uma e outra coisa estão claramente expressas em outro profeta, quando o Pai o chama "o homem que é o meu companheiro" (Zacarias 13.7). Mas ele não é parente nem companheiro de Deus, salvo no sentido de que ele é Deus. Reiterando, se ele é companheiro, então é distinto, já que não pode haver sociedade senão entre, no mínimo, dois. Em Atos, Pedro declara que o Espírito Santo é Deus (Atos 5.3–9). Em mais de dez passagens no Evangelho de João, declara-se que o Espírito Santo é diferente de Cristo (João 14.16, 25; 15.26). Paulo, porém, o mais explícito de todos, explicou todo esse mistério (Romanos 8.9–11) quando se referiu ao Espírito de Cristo, sem distinção, e ao Espírito daquele que ressuscitou Jesus dentre os mortos. Pois, se há um único Espírito do Pai e do Filho, o Pai e o Filho têm de ser uno. Ou seja, é apropriado que o próprio Espírito seja um só com o Pai e o Filho, já que ninguém é diferente de seu próprio espírito.

Certos homens objetam: ouvimos dizer que Deus é Espírito; por conseguinte, nada mais entendem por "Espírito" senão Deus, o Pai. Mas, como ouvem dizer que Deus é Espírito, assim também ouvem que o Espírito Santo é o Espírito de Deus. Portanto, não há discordância no fato de que toda a essência de Deus seja espiritual e que, nessa essência, subsistam Pai, Filho e Espírito.

Também não falta quem diga que algumas vezes Deus é chamado Pai, algumas vezes, Filho, e outras vezes, Espírito Santo, por nenhuma outra razão senão pelo fato de que ele é, respectivamente, forte, bom, glorioso e compassivo. Mas tais homens são também facilmente refutados, porquanto é aparente que são esses epítetos que evidenciam o que Deus é; são esses nomes que declaram quem realmente ele é. As pessoas que não são contenciosas ou obstinadas veem o Pai, o Filho e o Espírito Santo como um só Deus. Pois o Pai é Deus; o Filho é Deus; e o Espírito é Deus: e não pode haver senão um só Deus.

Em contrapartida, três são nomeados, três são descritos, três são distinguidos. Portanto, um e três: um Deus, uma essência. Por que três? Não três deuses; nem três essências. Para significar uma e outra coisa, os antigos pais ortodoxos diziam que houve uma só *ousia*, três *hipóstases*, ou seja, uma só substância, três subsistências em uma só substância. Os latinos, ainda que concordem com os gregos em significado, em cada aspecto, só lhe deram dois nomes, expressando algo diferente em cada nome. Pois diziam que havia uma só essência (um termo que corresponde à palavra grega), mas três pessoas, querendo, com isso, realçar certa relação.

CRÍTICAS DIRIGIDAS À DOUTRINA

8. Os hereges ladram que *ousia*, *hipóstase*, essência, pessoas são nomes inventados por decisão humana, em parte

alguma lidos ou vistos nas Escrituras. Visto, porém, que não podem abalar nossa convicção de que se fala de três, os quais são um só Deus, que impertinência é essa de reprovar palavras que nada mais explicam senão o que é atestado e selado pela Escritura?!

Seria mais que suficiente, dizem, confinar aos limites da Escritura não só nossos pensamentos, mas também nossas palavras, em vez de difundir termos estranhos, os quais se tornam sementeiras de dissensão e porfia. Dessa maneira, as contendas são por palavras, a verdade se perde com tais altercações e, assim, se destrói o amor.

Se eles chamam estranha uma palavra que não pode ser exibida, e não está escrita sílaba por sílaba na Escritura, deveras nos estão impondo uma lei injusta que condena todos os discursos por não estarem enfeixados na estrutura da Escritura. Mas, se é "estranho" aquilo que tem sido curiosamente inventado e supersticiosamente defendido, que conduz mais à contenda do que à edificação, do qual se faz uso ou do que é irracional ou do que é infrutífero, que, por sua aspereza, ofende os ouvidos pios, o qual denigre a simplicidade da Palavra de Deus, de bom grado abraço sua moderação. Pois não sinto que, no que diz respeito a Deus, devamos falar com menos consciência do que devemos pensar, visto que tudo o que de nós mesmos pensamos a respeito dele é tolice, e tudo o que falamos é absurdo. Todavia, é preciso preservar alguma medida: seguramente, devemos buscar na Escritura uma norma de pensar e falar. A essa regra, devem conformar-se todos os pensamentos da mente e todas as palavras da boca.

Mas o que nos impede de explanar com palavras mais claras aquelas questões na Escritura que causam perplexidade e obstruem nossa compreensão, contanto que sirvam fielmente à verdade da própria Escritura e cujo uso parca e modestamente não dá ocasião a erro? Muitos exemplos ocorrem diariamente. Os homens costumam debater sobre fé e justiça, porém poucos compreendem como chegamos a ser justos por intermédio da fé. Acrescentemos que essa é a justiça de Cristo, não a nossa; está radicada nele, e não em nós; mas se torna nossa mediante imputação, visto dizer-se que ela tem sido rejeitada por nós. E, assim, será uma questão clara e sem complicação o fato de que realmente não somos justos, senão por imputação; ou não somos justos, mas considerados justos mediante imputação, uma vez que possuímos a justiça de Cristo através da fé.

COMO DEUS OPERA NOS RÉPROBOS

Diz-se que Deus opera nos réprobos cujas obras têm sido condenadas – uma questão difícil e insolúvel. Acaso Deus é o autor do pecado? Acaso o mal deve ser imputado a Deus? A injustiça deve ser considerada obra sua? Evoquemos à mente que devemos discernir, no mesmo ato, a obra de um perverso e a de um Deus justo. Devemos ver que o homem depravado tem em si a raiz do mal bastante fixada, em si mesmo ele pensa o mal; em si mesmo, ele o quer; em si mesmo, atenta para ele; em si mesmo, concretiza-o. Por tal razão, devemos imputar-lhe todo o mal e a culpa que há em suas obras. Pois, intencionalmente, luta contra Deus, em sua vontade e em seus atos. Mas, em Deus, devemos ver a vontade decidida e o claro desígnio de mover o homem, quer reprimindo-o e moderando-o, quer dando-lhe êxitos e forças. Mas Deus faz todas as coisas justamente.

Por exemplo, Faraó, Nabucodonosor e Senaqueribe deflagraram guerra contra o Deus vivente, riram de seu poder; perseguiram – tanto quanto estava em seu poder – um povo que não merecia tal tratamento; com força máxima, sem qualquer direito, apoderavam-se da posse de propriedade alheia. Todavia, Deus despertou todos eles para executar todos esses atos (Êxodo 9.16; Jeremias 5.15). Ele os vergou para quererem o mal e pensarem o mal – ou melhor, volveu sua má vontade e sua má intenção contra Israel, e fez com que prevalecessem, algumas vezes para se vingar da impiedade de seu povo, outras vezes para encarecer seu livramento. Assim, a aflição de Jó foi a obra de Deus e do diabo; no entanto, é preciso distinguir a injustiça do diabo da justiça de Deus: o que o diabo tentava destruir, da parte de Deus servia de instrução (Jó 1.12; 2.6). E, assim, os assírios eram a vara da ira do Senhor (Isaías 10.5), e Senaqueribe, o machado de sua mão (Isaías 10.15); todos foram convocados por ele, despertados, impelidos por ele, em suma, eram seus ministros. Mas, por quê? Enquanto eles estavam obedecendo à sua própria desabrida concupiscência, estavam servindo, inconscientemente, à justiça de Deus (1 Jeremias 27.4–8). Veja bem! Eis aí Deus; eis aí os outros – autores da mesma obra! Mas, na mesma obra, resplandece a justiça de Deus e a iniquidade deles.

Com essa distinção, desata-se o intrincado nó; se alguém interrompe e rosna que, para ele, essas distinções nada provam, uma vez que os sofistas fomentam suas discussões com tergiversações mesquinhas, quem não odiará tamanha insolência? Se alguém procura falha na novidade de palavras, esse não merece ser tido como a conduzir a luz da verdade de forma indigna, já que está procurando falha no que torna a verdade explícita e clara?

Não obstante, a novidade de palavras dessa natureza (se assim deve ser chamada) torna-se especialmente útil quando a verdade tem de ser asseverada contra falsos acusadores, os quais se evadem a ela com seus ardis. Disso, hoje temos abundante experiência em nossos grandes esforços em desbaratar os inimigos da verdade. Com tal tortuoso e sinuoso desvio, essas serpentes deslizantes se movem furtivamente, a menos que sejam ousadamente perseguidas, apanhadas e esmagadas. E, assim, os homens de outrora, estimulados por várias lutas relativas a dogmas depravados, viram-se compelidos a apresentar com consumada clareza o que sentiam, a fim de não deixar aos ímpios subterfúgios divergentes, os quais mascaravam seus erros com o verniz da verbosidade.

9. Uma vez que não conseguiu fazer oposição às Escrituras evidentes, Ário confessou que Cristo era Deus e o Filho de Deus, e, como se ele estivesse fazendo o que era certo, sustentou alguma concordância com os outros homens. Todavia, nesse ínterim, ele não cessou de tagarelar que Cristo foi criado e teve princípio, como as demais criaturas. Com isso, os antigos desmascararam a astúcia sutil do homem e foram ainda mais longe, declarando que Cristo era o Filho eterno do Pai e consubstancial com ele. Aqui, a impiedade dos arianos transbordou, quando passaram a odiar e a amaldiçoar, com a máxima perversidade, a palavra *homoousios*. Mas, se, a prin-

cípio, tivessem sincera e integralmente confessado Cristo como Deus, não teriam negado que ele é consubstancial com o Pai. Quem ousaria invectivar aqueles homens probos como pessoas polêmicas e contenciosas, só porque se deixaram inflamar por discussão tão odiosa em virtude de uma pequena palavra, e perturbaram a paz da Igreja? Todavia, essa mera palavra marcou a distinção entre os cristãos de fé pura e os sacrílegos arianos.

Mais tarde, entrou em cena Sabélio, o qual argumentava que os nomes Pai, Filho e Espírito Santo eram fúteis, e que não havia qualquer motivo para a distinção, uma vez que eram atributos diversos de Deus, de cujo tipo existem muitos outros. Mas, caso se travasse uma discussão, ele costumava confessar que reconhecia o Pai como Deus, o Filho como Deus e o Espírito Santo como Deus; mas logo se esquivava, alegando que nada mais dissera senão afirmar que Deus é forte, justo e sábio. E assim ele fazia ressoar outro cântico antigo, dizendo que o Pai é o Filho; e o Espírito Santo, o Pai, sem posição, sem distinção. Aqueles que possuíam a verdadeira piedade no coração, ao contrário, para destroçar a perversidade do homem, declaravam em alto e bom som que era necessário reconhecer no Deus Uno três diferentes propriedades. E, para se fortalecer contra essa tortuosa astúcia com a verdade simples, realmente afirmavam que a trindade de pessoas subsiste no Deus único ou, o que equivalia a mesma coisa, subsiste na unidade de Deus.

Portanto, se esses termos não foram inventados de forma temerária, são repudiados temerariamente. Que esses termos fossem sepultados, contando que, entre todos os homens, apenas essa fé fosse abraçada: que Pai, Filho e Espírito Santo são um só Deus, muito embora o Filho não seja o Pai, nem o Espírito Santo, o Filho; mas que têm sido diferenciados por uma qualidade peculiar. Mas, onde alguém sentir a necessidade de resistir aos arianos, de um lado, e aos sabelianos, de outro, enquanto se sente indignado com o fato de que a oportunidade de se evadir da questão é eliminada de ambos, esses despertam alguma suspeita de que são discípulos ou de Ário ou de Sabélio.

ANTIGOS ERROS TRINITÁRIOS

Ário afirma que Cristo é Deus, porém sussurra que ele foi criado e teve origem. Afirma que Cristo é um com o Pai, porém sopra secretamente aos ouvidos de seus próprios parceiros que ele é unido ao Pai como os demais crentes o são, ainda que por um privilégio particular. Diga "consubstancial", e você arrancará a máscara desse vira-casaca, e, mesmo assim, nada acrescenta à Escritura. Sabélio afirma que Pai, Filho e Espírito Santo não significam distinções em Deus. Diga que são três, e ele gritará que você está denominando três deuses. Diga que, na essência una de Deus, há uma trindade de pessoas; em uma só palavra, você dirá o que a Escritura afirma, e interromperá abruptamente a loquacidade fútil. E, se eles não conseguem aturar esses nomes, então ao menos nos concedam o que não podem negar, ou seja, ainda que explodam, que, quando ouvimos "um", devemos entender unidade de substância; que, quando ouvimos "três", devemos distinguir, não obstante, nessa essência una, três propriedades. Aliás, a Escritura de tal modo distingue essas (propriedades) que atribui ao Pai o princípio de ação e a fonte e a origem de todas as coisas; designa ao Filho a sabedoria e o plano de ação; alude ao Espírito o poder e a operação eficiente da ação. Daí dizer-se também que o Filho é a "Palavra" do Pai, não como falam e pensam os homens, mas eterna e imutável, emanando do Pai de maneira inefável, justamente como o Espírito Santo é chamado, "Poder", "Dedo", "Potência". Ouçamos agora a simples confissão da verdade.

B. EXPOSIÇÃO DO CREDO

PRIMEIRA PARTE

Creio em Deus Pai Todo-Poderoso, Criador do céu e da terra.

10. Com isso, confessamos que temos toda a nossa confiança depositada em Deus, o Pai, a quem reconhecemos ser o Criador de nós mesmos e absolutamente de todas as coisas que têm sido criadas, as quais foram estabelecidas por sua Palavra, sua eterna Sabedoria (que é o Filho) e por seu Poder (que é o Espírito Santo) (Salmos 33.6; 104.24; Atos 17.24; Hebreus 1.2–10). E, como uma vez ele estabeleceu, assim agora sustenta, nutre, ativa, preserva, mediante sua bondade e seu poder, à parte dos quais todas as coisas entrariam imediatamente em colapso e se converteriam em nulidade.

Mas, quando o denominamos de onipotente e criador de todas as coisas, cabe-nos ponderar sobre aquela onipotência pela qual ele opera todas as coisas, e sobre aquela providência pela qual ele regula todas as coisas (1 Coríntios 12.6; Lamentações 3.37-38) – não aquela fantasiada pelos sofistas: fútil, insensata, ociosa. Pela fé, devemos deixar-nos persuadir que tudo o que nos sucede, ditoso ou doloroso, próspero ou adverso, quer pertença ao corpo ou à alma, nos vem dele (excetuando-se somente o pecado, o qual deve ser imputado à nossa própria perversidade); também por essa proteção somos guardados a salvo, defendidos e preservados de qualquer força inimiga que nos cause dano (Oseias 13.14). Em suma, nada procede dele destinado a nós (já que recebemos todas as coisas de sua mão) que não seja conducente ao nosso bem-estar, sejam quais forem as coisas que comumente pareçam a um tempo prósperas e a outro, adversas (Romanos 8.28).

Assim, todas essas coisas nos são feitas por ele, não por alguma dignidade propriamente nossa, nem por algum mérito ao qual ele deva esta graça, não porque possamos forçar sua beneficência para fazermos algum pagamento recíproco. Antes, é por sua paternal bondade e mercê que ele vem a ter conosco, cuja única causa é sua beneficência. Por tal razão, devemos cuidar em render graças por essa sua tão imensa bondade, ponderar sobre ela de todo o nosso coração, proclamá-la com nossa língua e render louvores tanto quanto nos cabe fazê-lo. Devemos reverenciar esse Pai com grata piedade e ardente amor, devotando-nos totalmente ao seu serviço e honrando-o em todas as coisas. Devemos ainda receber todas as coisas adversas com o coração sereno e pacífico, como que de sua mão, crendo que sua providência vela por nós e por nossa salvação, mesmo nos momentos em que nos aflige e nos oprime (Jó 2.10). Portanto, não importa o que finalmente aconteça, nunca devemos pôr em dúvida ou perder a fé que depositamos nele como um Pai propício e benevolente, e, igualmente, aguardar a salvação que procede dele. Pois é algo muitíssimo certo e verdadeiro que a fé em que cada um de nós é instruído a manter, nesta primeira parte do Credo, é a fé certíssima.

SEGUNDA PARTE

> E em Jesus Cristo, seu único Filho, nosso Senhor; que foi concebido do Espírito Santo, nasceu da Virgem Maria, padeceu sob Pôncio Pilatos, foi crucificado, morto e sepultado; desceu ao inferno; ao terceiro dia ressuscitou dentre os mortos; subiu ao céu, está sentado à destra do Pai; donde há de vir para julgar os vivos e os mortos.

11. Com isso, confessamos que cremos em Jesus Cristo, estando convencidos de que ele é o Filho unigênito de Deus, o Pai. Ele é o Filho, não como os crentes o são – tão somente por adoção e graça –, mas por natureza, gerado do Pai desde a eternidade. Ao denominá-lo como Filho "unigênito", estamos distinguindo-o de todos os demais. Conquanto seja Deus, ele é um só Deus com o Pai, da mesma natureza e da mesma substância ou essência, não outro diferente, distinto quanto à pessoa que ele possui propriamente Sua, distinta da do Pai (Salmos 100.3a). É certo que tudo o que há na sabedoria humana seja aqui submetido e, por assim dizer, mantido cativo. Não arguindo por mera curiosidade, tampouco hesitando, mas tão somente adorando esses mistérios, que suplantam em muito toda a capacidade de compreensão humana. E que

não concebamos com a mente ou a experiência, ou falemos algo a esse respeito além do que nos é ensinado pelas Escrituras, deixando-nos abalar pelos exemplos dos hereges, os quais se deixaram levar ao perigo extremo de quererem refestelar-se em seu próprio entendimento. Visto, pois, que Deus, o Filho, é um e o mesmo Deus com o Pai, sustentemos ser ele o verdadeiro Deus, o Criador do céu e da terra. E, precisamente como temos estabelecido toda a nossa confiança no Pai, assim também devemos estabelecê-la no Filho, uma vez que Deus é uno. Além do mais, o Pai é particularmente chamado Criador do céu e da terra (Hebreus 1.2, 10), em virtude (como dissemos previamente) da distinção de propriedades, por meio da qual o princípio de ação se aplica ao Pai, cuja obra se diz ser com justiça feita por ele, porém por intermédio da Palavra e de sua Sabedoria, ainda que em seu Poder. O fato de ter havido uma ação comum das três pessoas na criação do mundo se faz evidente por esta afirmação do Pai: "Façamos o homem à nossa imagem e semelhança" (Gênesis 1.26). Nessas palavras, ele não está tomando conselho com os anjos, nem falando a si mesmo, mas se dirigindo à sua Sabedoria e ao seu Poder.

AS DUAS NATUREZAS DE CRISTO

12. Além disso, confessamos que cremos em Cristo, enviado pelo Pai, movido pela divina bondade e mercê, descendo a nós, por amor a nós, para nos livrar da tirania do diabo, à qual fomos atados; dos grilhões do pecado, por meio dos quais fomos mantidos presos; da servidão da morte, quer do corpo, quer da alma, à qual fomos lançados; da eterna punição, à qual fomos entregues (uma vez que nossa capacidade

não era páreo para nos livrar e nos desenredar dela). Confessamos que ele, enviado pelo Pai, movido pela divina bondade e mercê, desceu a nós para assumir nossa carne, a qual ele uniu à sua divindade. Assim, foi em nosso benefício que aquele que se tornou nosso mediador era verdadeiro Deus e homem. Porque, como todas as coisas ficaram dispersas quando nosso pecado interpôs uma nuvem entre nós e nosso Deus, quem poderia alcançá-lo (Isaías 59.2)? O homem? No entanto, todos os homens, juntamente com seu pai Adão, sentiram-se apavorados na presença do Senhor. Um anjo (Gênesis 3.10–12)? No entanto, inclusive eles tinham necessidade de uma Cabeça na qual pudessem aferrar-se ao seu Deus (Colossenses 1.16–20; Efésios 1.21–23). E então? A questão era desesperadora se a própria majestade de Deus não descesse a nós, uma vez que não estava em nós subir a ele. E, assim, o Filho de Deus veio a ser para nós Emanuel, ou seja, Deus conosco (Isaías 7.14).

Mais uma vez, em face de nossa baixeza, em todos os aspectos, que difere tanto da majestade de Deus, quem teria mesmo ousado confiar suficientemente em que Deus estava perto dele, habitava com ele, estava presente com ele? Portanto, nem havia ainda proximidade suficientemente íntima, nem afinidade suficientemente consolidada, exceto que, como uniu sua divindade a nós, assim podia também unir nossa humanidade à sua divindade. Desse modo, Paulo, ao nos apresentá-lo como Mediador, o chama expressamente "Homem": "um só Mediador entre Deus e o homem, Jesus Cristo, o homem" (1 Timóteo 2.5). Ele poderia ter dito "Deus"; ou ao menos poderia ter omitido essa palavra, justamente como fez com a palavra "Deus", porém ele conhecia nossa fraqueza. Portanto, que ninguém se perturbe sobre onde buscar o Mediador, ou como podemos ir a ele, acrescentou imediatamente: "Ele é homem". É como se dissesse: "Ele está perto de vocês, sim, os toca, ele é sua carne". Obviamente, sua intenção, com isso, é designar o que explicou mais claramente em outro lugar: "Porque não temos sumo sacerdote que não possa compadecer-se das nossas fraquezas; antes, foi ele tentado em todas as coisas, à nossa semelhança, mas sem pecado" (Hebreus 4.15).

Não era algo comum a tarefa que o Mediador tinha a realizar: fazer dos filhos dos homens filhos de Deus; fazer dos herdeiros do Geena herdeiros do reino celestial. Quem poderia ter feito isso se o Filho de Deus não se tivesse tornado o Filho do homem, e se não tivesse, de tal modo, tomado o que era nosso que nos comunicou o que era seu, e se não tivesse feito com que o que era, por natureza, seu também nosso, por meio da graça? Portanto, esta é a nossa esperança: somos filhos de Deus; pois o Filho natural de Deus formou para si um corpo de nosso corpo, carne de nossa carne, ossos de nossos ossos, a fim de vir a ser um conosco (Gênesis 2.23–24; Efésios 5.29–31). O que era nosso, Ele quis que lhe pertencesse, para que o que era seu viesse a nos pertencer e, assim, ser, respectivamente, Filho de Deus e Filho do homem, em comum conosco. Esta é a nossa esperança: que a herança do reino celestial seja nossa, porque somente o Filho de Deus, cuja herança era perfeita, nos adotou como seus irmãos. "Ora, se somos filhos, somos também herdeiros, herdeiros de Deus e coerdeiros com Cristo" (Romanos 8.17).

Além do mais, foi em nosso benefício que aquele que se tornaria nosso Redentor fosse verdadeiro Deus e verdadeiro homem. Sua tarefa era destruir a morte. Quem, senão a Vida, poderia fazer isso? Sua tarefa era vencer o pecado. Quem, senão a própria Justiça, poderia fazer isso? Aliás, quem é a vida, ou a justiça, senão unicamente Deus? Portanto, nosso misericordioso Senhor, quando quis que fôssemos redimidos, fez-se nosso Redentor (cf. Romanos 5.8).

FILHO DE DEUS E FILHO DO HOMEM

Eis o outro artigo de nossa redenção: que o homem, o qual, por sua desobediência, se tornou perdido, pela obediência removeria sua confusão, satisfaria a justiça de Deus e pagaria as penalidades do pecado. Por conseguinte, nosso Senhor se manifestou como homem genuíno. Ele assumiu a pessoa de Adão, recebeu seu nome a fim de se mostrar obediente ao Pai em favor do homem, vestir-se de nossa carne como satisfação pela justiça de Deus, pagar em nossa carne a penalidade do pecado.

Os que despojam Cristo de sua divindade ou de sua humanidade blasfemam da majestade de Deus ou obscurecem sua bondade. E, ao mesmo tempo, enfraquecem e arruínam nossa fé, a qual de modo algum pode permanecer, exceto sobre esse fundamento.

Portanto, a Palavra se fez carne (João 1.14); Aquele que era Deus se fez igualmente homem, de modo que o homem e Deus são uma e a mesma coisa, não através da confusão de substância, mas através da unidade de pessoa.

13. Isso pode ser entendido mediante o exemplo do homem, a quem vemos constituído de duas partes. No entanto, nenhuma parte se mescla de tal modo com a outra que não

retenha a propriedade de sua natureza distintiva. Pois a alma não é o corpo, e o corpo não é a alma. Portanto, algumas coisas são ditas exclusivamente da alma, o que não pode, de modo algum, aplicar-se ao corpo; e, mais uma vez, coisas ditas do corpo de modo algum se aplicam à alma; e, do homem integral, afirmam-se coisas que não podem convir à alma ou ao corpo separadamente, senão de maneira inapropriada. Finalmente, algumas vezes as características da alma são transferidas para o corpo, e as do corpo, para a alma. Todavia, aquele que consiste dessas partes é um homem uno, não mais que um. Tais expressões significam, respectivamente, que, no homem, há uma só natureza, composta de dois elementos unidos, e que subjazem duas naturezas diversas que formam essa pessoa. Assim também as Escrituras falam de Cristo; algumas vezes, atribuem a ele o que se referia exclusivamente à sua humanidade; outras vezes, o que se refere particularmente à sua divindade; outras vezes ainda, o que abarca ambas as naturezas, mas que não se aplica somente a uma. Finalmente, através da "comunicação de propriedades", elas (as Escrituras) designam à sua divindade as coisas que pertenciam à sua humanidade, e à sua humanidade, aquelas que pertenciam à sua divindade.

AS DUAS NATUREZAS NAS ESCRITURAS

Nada disso, contudo, teria sentido para mim se não houvesse exemplos muito claros na Escritura. O que Cristo disse de si mesmo, "antes que Abraão viesse à existência, eu sou" (João 8.58), era muito diferente de sua humanidade. Pois ele não se fez homem senão até muitos séculos depois de

Abraão. Portanto, isso era peculiar à sua divindade. Que ele denominou a si mesmo "o servo do Pai" (Isaías 42.1 e outras passagens), que ele "crescia em idade e sabedoria... com Deus e os homens" (Lucas 2.52), que ele "não buscava sua própria glória" (João 8.50) – tudo isso se referia exclusivamente à sua humanidade. Aliás, conquanto seja Deus, ele é igual ao Pai, e de modo algum isso pode ser aumentado, e realiza todas as coisas por sua própria iniciativa (Filipenses 2.9–11). E peculiar, não à sua divindade, nem à sua humanidade, mas imediatamente a ambas, foi o fato de que ele recebeu do Pai o poder de perdoar os pecados, de ressuscitar os mortos, tendo sido designado juiz dos vivos e dos mortos (Lucas 5.20–24; João 6.40–54; Atos 10.42).

Pois o Filho de Deus foi dotado de privilégios quando se manifestou na carne. Ele, juntamente com o Pai (1 Pedro 1.20), mantinha esses privilégios antes da criação do mundo (Efésios 1.4), e não poderiam ter sido dados a um homem que nada fosse senão homem.

No Evangelho de João, há muitas outras passagens a esse respeito, as quais não se harmonizam bem nem com sua divindade, nem com sua humanidade, mas se aplicam melhor à pessoa de Cristo, na qual Deus e homem se manifestaram. Também nesse sentido, devemos entender o que lemos em Paulo: "E, então, virá o fim, quando ele entregar o reino ao Deus e Pai" (1 Coríntios 15.24). Pois o reino do Filho de Deus, que não teve começo, não terá fim. Mas, precisamente como após a sua humilhação, ele foi coroado com glória e honra, e posto acima de todos; assim como, após se haver esvaziado e se rendido ao Pai, obediente até a morte, também foi exaltado e recebeu o nome diante do qual todo joelho se dobrará (Filipenses 2.8–10) – assim, pois, ele sujeitará ao Pai, respectivamente, o próprio nome e tudo que houver recebido do Pai, para que Deus seja tudo em todos (1 Coríntios 15.24–28).

Mas a comunicação de características ou propriedades consiste no que Paulo diz: "para pastoreardes a Igreja de Deus, a qual ele comprou com seu próprio sangue" (Atos 20.28), e "o Senhor da glória foi crucificado" (1 Coríntios 2.8). Pois Deus, propriamente falando, não tem sangue, não sofre. Visto, porém, que Cristo, que era verdadeiro Deus e também verdadeiro homem, foi crucificado e derramou seu sangue por nós, as coisas que ele efetuou em sua natureza humana são transferidas para sua divindade. Mais uma vez, quando Cristo disse: "Ora, ninguém subiu ao céu, senão aquele que de lá desceu" (João 3.13), seguramente não estava no céu com o corpo que assumira para si. Mas, como, a um só tempo, ele era Deus e homem, em razão da unidade de ambas as naturezas, ele deu a uma o que pertencia à outra. Insisto nesse ponto com tanta ênfase em razão daquelas pessoas que não podem, por qualquer razão, convencer-se de que, na pessoa una de Cristo, observam-se as propriedades de ambas as naturezas. Por isso confessam que Cristo é Deus, homem e o Filho de Deus.

Todavia, se você olhar mais atentamente, observará que eles dizem "Deus" e o "Filho de Deus" apenas porque ele foi concebido no ventre da virgem por virtude do Espírito Santo. Os maniqueus de outrora imaginavam a mesma coisa: que o homem tem sua alma por derivação de Deus, porquanto leem que "Deus soprou nele o sopro de vida" (Gênesis 2.7).

FÉ: CONTENDO UMA EXPLANAÇÃO DO CREDO
(CHAMADO APOSTÓLICO)

E, em defesa de seu erro, aduzem com estardalhaço aquela passagem em que lemos que Deus não poupou seu próprio Filho (Romanos 8.32), aquele sobre quem o anjo ordenou que fosse chamado "o Filho do Altíssimo" (Lucas 1.32). Obviamente, não estamos formando dois Cristos, mas simplesmente confessando que ele, que era o eterno Filho de Deus, assumiu nossa carne. E, assim, ele é um e o mesmo Cristo, Deus e homem, mas com naturezas unidas, não confundidas. Mas, para que nesse ponto se guardem de se gloriar em sua fútil objeção (com que contendem contra nós) – que Cristo era o Filho de Deus somente em conformidade com sua humanidade, porque foi ele, e não outro, que, como homem, nasceu de uma virgem e sofreu, é chamado Filho de Deus –, que aprendam como a Escritura fala, acerca da passagem de um profeta, na qual o Senhor fala como segue: "E tu, Belém-Efrata, pequena demais para figurar como grupo de milhares de Judá, de ti me sairá o que há de reinar em Israel, e cujas origens são desde os tempos antigos, desde os dias da eternidade" (Miqueias 5.2 e Mateus 2.6, em combinação). Porventura não ouvem falar do mesmo Cristo, o qual nasce em Belém e que sua "origem era desde a eternidade"? Todavia, se atentarmos bem para a "eternidade dos dias", ele ainda não era Cristo. Mas a verdade redunda nisto: o Filho de Deus existia, o qual veio a ser depois o Cristo. Nesses termos, fala o autor da Carta aos Hebreus: "Nestes últimos dias nos falou pelo Filho, a quem constituiu herdeiro de todas as coisas, pelo qual também fez o universo" (Hebreus 1.2). Com certeza, ele tinha de ser Filho antes de vir a ser homem, se, através dele, os mundos foram feitos, por isso é preciso deduzir que a Palavra de Deus é o Filho de Deus.

Pois onde João diz que "todas as coisas foram feitas por intermédio da Palavra" (João 1.3), o apóstolo diz "por intermédio do Filho" (Hebreus 1.2). Paulo também distingue com toda clareza os dois títulos, "Filho de Deus" e "Filho do homem", de modo que repelir tal distinção seria prontamente uma marca não só de obstinação, mas também de cegueira.

Primeiro, ele diz que foi "separado para o evangelho de Deus, o qual foi por Deus, outrora, prometido por intermédio de seus profetas nas Sagradas Escrituras, no que diz respeito a Seu Filho, o qual, segundo a carne, veio da descendência de Davi e foi designado Filho de Deus com poder, segundo o espírito de santidade pela ressurreição dos mortos, a saber, Jesus Cristo, nosso Senhor" (Romanos 1.1–4). Por que Paulo o denomina distintamente de Filho de Davi segundo a carne, a menos que quisesse apontar para o Filho de Deus, não segundo a carne? Em outro lugar, ele diz: "deles são os patriarcas, e também deles descende o Cristo, segundo a carne, o qual é sobre todos, Deus bendito para todo o sempre. Amém" (Romanos 9.5). Que afirmação mais clara querem eles do que Cristo ser chamado "o descendente de Abraão segundo a carne", mas, além da carne, "Deus bendito para sempre"? Mais uma vez, gostaria que se atestasse que não negamos que o único Cristo seja verdadeiro Deus e homem, nem pretendemos que, com isso, se rasgue sua divindade de sua humanidade, mas que ambas sejam distinguidas. Essas afirmações se harmonizam belamente nas mãos de um sóbrio expositor que lida com tão grandes mistérios de forma tão dedicada quanto merecem. Mas não existe nada que esses espíritos dementes e frenéticos não incitem! Assenhoreiam-se dos atributos de sua humanidade para desfazer sua divindade; e, dos atributos de sua divindade, para desfazer sua humanidade; e os que são de ambas as naturezas, enquanto unidas, e, por si, não convêm a uma nem à outra, para desfazer ambas as naturezas. Mas que outra coisa é isso senão contender que Cristo não é homem só porque é Deus; que ele não é Deus só porque é homem; que ele não é homem nem Deus só porque é, ao mesmo tempo, homem e Deus? Portanto, Cristo, além de ser Deus, foi feito homem quando assumiu carne genuína.

JESUS É CRISTO, REI, SACERDOTE E SENHOR

14. Como foi chamado pela voz do Pai e por um oráculo celestial (Lucas 1.30–35; 2.21), assim cremos que Jesus é realmente ele, e que "nenhum outro nome há, dado entre os homens, pelo qual devamos ser salvos" (Atos 4.12). Cremos ainda que o próprio Cristo foi aspergido com todas as graças do Espírito Santo. Estas são chamadas "óleo" (Salmos 45.7; 89.20) porque, sem elas, definharíamos e viríamos a ser áridos e estéreis. E, como o Espírito repousou sobre ele e se derramou sobre ele em toda a plenitude, a fim de que todos nós recebêssemos dele toda essa plenitude (ou seja, para que todos nós fôssemos parceiros e participantes dele mediante a fé) (Isaías 11.1–5; 61.1–3; João 1.16), assim, em suma, cremos que, por meio dessa unção, ele foi designado Rei pelo Pai, a fim de sujeitar todo poder no céu e na terra (Salmos 2.1–6), para que nele sejamos reis, exercendo domínio sobre o diabo, o pecado, a morte e o inferno (1 Pedro 2.9; Atos 10.36). Então, cremos que ele foi designado sacerdote, mediante seu autossacrifício, para aplacar o Pai e nos reconciliar com ele, a fim de

que nele sejamos sacerdotes, tendo ele como nosso Intercessor e Mediador, oferecendo-lhe nossas orações, nossas ações de graça, a nós e tudo o que é nosso ao Pai (Apocalipse 1.6; Salmos 110.1–4; Hebreus 5.1–10; 13.15–16). Por isso também, como ele foi posto pelo Pai sobre nós, reconhecemo-lo como o único Senhor. Cremos que ele foi concebido homem para nós, pelo maravilhoso e inexprimível poder do Espírito Santo, no ventre da santa virgem (Lucas 1.26–38; 2.17). Nasceu dela homem mortal, a fim de realizar nossa salvação (razão pela qual ele veio), entregou seu corpo à mais miserável das mortes e derramou seu sangue como o preço da redenção (cf. Mateus 26.28; Efésios 1.7).

Além disso, ele sofreu sob Pôncio Pilatos, condenado pela sentença dos juízes, como criminoso e malfeitor, a fim de que pudéssemos, por meio de sua condenação, ser absolvidos diante do tribunal do Supremo Juiz. Ele foi crucificado, para que, na cruz, a qual fora amaldiçoada pela lei de Deus, levasse nossa maldição, a qual nossos pecados mereciam (Deuteronômio 21.22–23; Gálatas 3.10). Ele morreu para que, por sua morte, vencesse a morte que nos ameaçava, e a destruísse, pois essa morte se destinava a nos destruir (Oseias 13.14; 1 Coríntios 15.54). Foi sepultado para que, através de sua graça, fôssemos sepultados para o pecado, libertados do domínio do diabo e da morte (Hebreus 2.14–15; Romanos 6.4).

DESCEU AO INFERNO

15. Dizer que ele desceu ao inferno significa que foi afligido por Deus e sentiu o horror e a severidade do juízo divino (Salmos 21.9), a fim de interceder junto ao Deus irado e

fazer satisfação à sua justiça em nosso nome (Isaías 53.4, 11), pagando, assim, nossas dívidas e nos isentando de nossas penas, não por sua própria iniquidade (que nunca existiu), mas pela nossa.

Todavia, não se deve entender que o Pai se irasse para com ele. Pois como poderia irar-se contra seu Filho amado, "em quem tinha todo prazer" (Mateus 3.17)? Ou como poderia ele apaziguar o Pai com sua intercessão, se o Pai o considerasse inimigo? Todavia, afirma-se que ele suportou o rigor da severidade divina nesse sentido: ferido e afligido pela mão de Deus, experimentou todos os sinais que Deus exibe quando está irado e castiga, de tal sorte que, quando apertado pela crescente angústia, pôde exclamar: "Meu Pai, meu Pai, por que me abandonaste?" (Salmos 22.1; Mateus 27.46). Obviamente, lemos que "ele desceu ao inferno", porém não entra em determinado lugar (porquanto o termo "limbo" é de invenção humana), onde os pais que viveram sob o Antigo Testamento estavam, por assim dizer, aprisionados, aguardando ali seu livramento da servidão e do cativeiro, e impositivamente quebrou os portões daquele lugar, libertando-os dele. Pois essa fábula, embora reiterada por grandes autores e, ainda hoje, ardorosamente defendida por muitas pessoas como genuína, nada mais é senão uma fábula. Tampouco se deve tomar a passagem em Pedro nesse sentido – passagem que os que desejam preservar a fábula estão sempre lançando contra nós: "Cristo, vindo pelo Espírito, pregou àqueles espíritos que estavam em prisão" (1 Pedro 3.19). Com isso, Pedro apenas quis dizer que o poder da redenção comunicado através de Cristo se exibiu e claramente se manifestou aos espíritos dos que morreram antes daquele tempo. Pois os crentes que sempre aguardaram dele sua salvação naquele tempo perceberam claramente e face a face sua visitação. Em contrapartida, os réprobos, compreendendo tarde demais que Cristo era sua única salvação, da qual haviam sido excluídos, então mais claramente reconheceram que já não lhes restava esperança alguma.

Mas o fato de Pedro, sem distinção, dizer que os pios e os ímpios estavam juntos na prisão não deve ser compreendido como se os pios estivessem encerrados e presos em tais aperturas, mas que contemplavam Cristo a distância, obscuramente e envoltos em nuvens – ainda não manifestados. Fazendo uso de certa figura de linguagem, ele chama isso de espera ansiosa "em prisão". Mas a Escritura atesta que, então, estavam no seio de Abraão (Lucas 16.22-23; Apocalipse 6.9–11), como agora ainda estão, ou seja, em repouso e tranquilidade, o que, para eles, é o início da bem-aventurança. Pois compreendem que vivem em Deus e apegados a ele inseparavelmente. Nesse sentido, recebem conforto extraordinário, aguardando o dia da bendita ressurreição. Além do mais, embora essa porção da descida ao inferno tenha sido omitida por alguns, não é absolutamente supérflua, contendo, por assim dizer, os mais profundos mistérios das coisas mais incomensuráveis.

RESSUSCITOU DENTRE OS MORTOS

16. Além disso, cremos que, "ao terceiro dia, ele ressuscitou dentre os mortos", ou seja, da mesma morte que outros homens sofreram pela lei da natureza; e que ele ressuscitou para a vida, verdadeiro homem, contudo agora não mais mortal, porém incorruptível, glorificado, por receber corpo e

alma. E cremos que o poder de sua ressurreição é tal que, sendo justificados, através dela nos volvemos da morte do pecado para a novidade de vida e justiça (Romanos 6.4); e, igualmente, nos asseguramos de que todos os homens que têm passado pela mesma morte hão de ressuscitar ao mesmo tempo. Pois sua ressurreição dá à fé a máxima certeza e a substância da ressurreição do homem (1 Coríntios 15.13; Atos 1.22).

SENTOU-SE À DESTRA DO PAI

17. Cremos que "ele subiu para o céu". Por essa subida, ele abriu acesso ao reino do céu, o qual estava fechado a todos em Adão (João 14.1–3). Aliás, ele entrou no céu em nossa carne, como se fosse em nosso nome, para que, nele, possuamos o céu através da esperança e, mais tarde, nos assentemos, por assim dizer, entre os (bem-aventurados) celestiais (Hebreus 2.10, 13; Efésios 1.3; 2.6).

Cremos, de igual forma, que, precisamente como se manifestou na carne, "Ele se assenta ali à destra do Pai". Com isso, fica implícito que ele foi designado e declarado Rei, Juiz e Senhor sobre todos. Toda a criação, sem exceção, tornou-se sujeita ao seu domínio, a fim de que, por seu poder, ele nos enriqueça com seus dons espirituais (1 Coríntios 15.27; Hebreus 2.8; Efésios 4.8). Portanto, ele nos santifica, purifica a imundície de nossos pecados, governa-nos e guia-nos, até que o alcancemos, através da morte, a qual nos levará ao fim de nossa imperfeição, mas que será o início de nossa bem-aventurança – bem-aventurança que receberemos nele, para que seu reino e sua glória sejam nossa fortaleza, poder e exaltação contra o inferno.

E deveras é em nosso grande benefício que agora ele está na presença do Pai; a fim de nos prover acesso a ele, bem como para pavimentar o caminho, apresentar-nos a ele, implorar dele sua graça para nós, interceder junto a ele em nosso favor como o eterno Fiador e Mediador, fazer intercessão junto a ele em nosso favor, em razão de nossos pecados, e incessantemente reconciliar-nos com ele (Hebreus 7.24–25; 9.4–28; Romanos 8.26–27; 1 João 2.1). Portanto, muito embora elevado ao céu, ele afastou de nossa vista a presença de seu corpo, mas não se recusa a estar presente com seus crentes com socorro e força, e mostrar o manifesto poder de sua presença. Ele prometeu também isto: "Eis que estou convosco todos os dias até a consumação dos séculos" (Mateus 28.20).

18. Finalmente, cremos que "ele descerá" do céu na mesma forma visível, como foi visto subir (Atos 1.11; Mateus 24.27, 44), a saber, no último dia, quando se manifestar a todos, com a inefável majestade de seu reinado, para julgar os vivos e os mortos. Ou seja, respectivamente, os que naquele dia estiverem vivos e os que previamente foram levados pela morte (1 Tessalonicenses 4.14–17; Mateus 16.27–28). E ele recompensará a todos em conformidade com as obras deles, para que cada um, com suas obras, se prove fiel ou infiel.

19. Visto, pois, que vemos toda a soma de nossa salvação e também todas as partes compreendidas em Cristo, que nos acautelemos de não pensar que a mínima partícula de nossa salvação esteja alojada em outro lugar. Pois somente nele estão ocultos todos os tesouros celestiais. Por conseguinte, que aqueles que, com toda a sua expectativa, dependem somente dele, bebam à saciedade de todo bem que se possa buscar.

Aliás, se, sem dúvida, todas essas coisas (previamente mencionadas) nos emanam dele, todos nós que, com fé sólida, as aguardamos de sua Palavra, não podem faltar completamente de alguma parte de bem.

TERCEIRA PARTE

Creio no Espírito Santo

20. Aqui confessamos que cremos no Espírito Santo, mas que ele é, como o Pai e o Filho, a terceira pessoa da Santíssima Trindade, consubstancial e coeterno com o Pai e o Filho, onipotente e Criador de todas as coisas. Porquanto há três pessoas distintas, porém uma só essência, como já dito. Como esses são mistérios profundos e ocultos, devem antes ser adorados em vez de investigados, conquanto nem nossa inteligência, nem nossa língua – por natureza ou capacidade – devem ser capazes de abarcar esses mistérios. Portanto, como temos toda a nossa confiança repousando em Deus, o Pai, e em seu Filho unigênito, assim devemos depositar a mesma confiança no Espírito Santo. Aliás, ele é o nosso Deus, um com o Pai e com o Filho.

Estamos persuadidos de que, para nós, não há nenhum outro guia e líder para o Pai senão o Espírito Santo, justamente como não há outro caminho fora de Cristo; e que não há nenhuma graça de Deus, salvo através do Espírito Santo. Graça é o próprio poder e ação do Espírito: por meio da graça, Deus, o Pai, no Filho, realiza tudo que há de bom; através da graça, ele nos justifica, santifica e purifica, nos chama e nos atrai para si, a fim de obtermos a salvação (Romanos 8.11–17; Efésios 2.18; 1 Coríntios 12.1–3).

Portanto, o Espírito Santo, enquanto habita em nós dessa maneira, nos ilumina com sua luz, a fim de podermos aprender e claramente reconhecer que incomensurável riqueza da bondade divina possuímos em Cristo (1 Coríntios 2.10–16; 2 Coríntios 13). Ele acende nossos corações com a chama do amor, quer em relação a Deus, quer em relação ao próximo, e, dia após dia, reprime e queima os vícios de nosso desordenado desejo (Romanos 8.13), de modo que, se em nós houver algumas obras boas, estas são os frutos e os poderes de sua graça. Nossos dons, porém, à parte dele, são trevas da mente e perversidade do coração (Gálatas 5.19–21).

E todos esses dons dependem não de alguns deveres ou méritos propriamente nossos, mas são gratuitos, dados a nós livremente pela liberalidade divina. Portanto, cremos no Espírito Santo, reconhecendo-o, com o Pai e o Filho, como nosso único Deus, tendo como certo e firme que a obra e o poder são dele, porque temos ouvido a santa palavra do evangelho, porque o temos recebido pela fé, porque agora estamos firmes nessa fé. Sua obra, digo, é uma doação graciosa, para que nada seja creditado aos nossos méritos. Visto que essas coisas sucedem a todos os crentes igualmente, essa deve ser a fé de todos.

QUARTA PARTE

Creio na santa igreja universal, na comunhão dos santos, no perdão dos pecados, na ressurreição da carne, na vida eterna.

21. Primeiro, cremos na santa igreja universal – ou seja, no número total dos eleitos, sejam anjos, sejam homens (Efésios 1.9-10; Colossenses 1.16); de homens, quer mortos ou ainda vivos; dos vivos, em todas as regiões em que vivem, ou onde quer, entre as nações, que se achem espalhados, haja uma Igreja e sociedade e um povo de Deus. Dela, Cristo, nosso Senhor, é o Líder e Soberano e, por assim dizer, a Cabeça do único corpo, todos os que, através da bondade divina, foram escolhidos nele "antes da fundação do mundo" (Efésios 1.4), a fim de que todos possam ser congregados no reino de Deus.

Ora, essa sociedade é católica, ou seja, universal, porque não poderia haver duas ou três igrejas. Mas todos os eleitos de Deus se acham de tal modo unidos e associados em Cristo (cf. Efésios 1.22–23) que, visto que dependem da única Cabeça, também se irmanam em um só corpo, estando ajustados e consolidados (cf. Efésios 4.16) como estão os membros de um só corpo (Romanos 12.5; 1 Coríntios 10.17; 12.12, 27). Estes, na verdade, são feitos um, os quais vivem irmanados em uma só fé, esperança e amor, e no mesmo Espírito de Deus, chamados à herança da vida eterna.

Ela também é santa, porque todos aqueles que foram escolhidos pela eterna providência de Deus hão de ser adotados como membros da Igreja – todos os que são santificados pelo Senhor (João 17.17–19; Efésios 5.25–32).

22. E, de fato, Paulo descreve a seguinte ordem da mercê de Deus: "E, aos que predestinou, a esses também chamou; e, aos que chamou, a esses também justificou; e, aos que justificou, a esses também glorificou" (Romanos 8.30). Ele chama quando atrai a si os seus, mostrando-se ser reconhecido por eles como

seu Deus e Pai. Ele justifica quando os veste com a justiça de Cristo, com a qual, como sua perfeição, também os adorna e cobre sua própria imperfeição. E, em relação àqueles diariamente purificados da corrupção de sua carne, ele renova com as benesses de seu Santo Espírito, e renascem para a novidade de vida, até que se manifestem claramente santos e impolutos a seus olhos. E ele glorificará quando a majestade de seu reino se manifestar em todos e através de todas as coisas.

Por conseguinte, o Senhor, quando chama os seus, justifica e glorifica os seus, nada mais declara senão sua eterna eleição, pela qual ele os destinou a esse fim antes que nascessem. Portanto, ninguém jamais entrará na glória do reino celestial, senão os que foram chamados dessa maneira e justificados, visto que, sem qualquer exceção, o Senhor, assim, anuncia e manifesta sua eleição em todos os homens a quem ele escolheu.

Com frequência, a Escritura, ao se acomodar à nossa capacidade, só chama "eleição de Deus" àquela que já se manifestou por essa vocação e justificação. Eis a razão: com frequência, entre seu povo, Deus nomeia alguns em quem tem operado seus próprios poderes, muito embora não fossem eleitos. Em contrapartida, os que realmente foram escolhidos, ele não pode computar entre o povo de Deus, porquanto ainda não foram declarados como tais (Romanos 9.11, 25–26; 10.20; 11.7, 24, 28; Oseias 2.23). Pois aqui Paulo não está se referindo àquela una e imutável providência de Deus, mas está descrevendo os filhos de Deus de maneira tal que possam ser reconhecidos por nós, a saber, os que são movidos pelo Espírito de Deus (Romanos 8.1, 14).

ELEIÇÃO E PREDESTINAÇÃO

23. Além disso, como a Igreja é o povo eleito de Deus (João 10.28), não pode suceder que os que já são realmente seus membros finalmente pereçam (João 10.28) ou se percam com dano irreparável. Pois sua salvação repousa em um fundamento seguro e sólido; assim, mesmo que toda a estrutura do mundo viesse a desabar, ela (a salvação) em si não poderia tremer e cair. Primeiro, ela tem a ver com a eleição de Deus, não pode mudar nem falhar, a menos que a sabedoria eterna também fosse de roldão. Portanto, eles podem titubear e vacilar, e até mesmo podem cair; porém, não contenderão uns contra os outros, porque o Senhor sustentará sua mão; e é isto que Paulo diz: "pois os dons e a vocação de Deus são sem arrependimento" (Romanos 11.29).

Então, aqueles a quem o Senhor escolheu foram entregues ao cuidado e à guarda de Cristo, seu Filho, a fim de que "ele não perca nenhum deles, mas os vivifique no último dia" (João 6.39–40). Sob um vigia tão competente (cf. 2 Coríntios 4.9), eles podem vaguear e cair, mas seguramente não podem perder-se. Além disso, teria sido de tal modo decretado que não houve tempo, desde a criação do mundo, em que o Senhor não tivesse sua Igreja sobre a terra, também não haverá tempo algum, até o fim dos séculos, que não a tenha precisamente como ele prometeu (Joel 3.20; Salmos 89.27, 35–37; 132.12–18). Pois, ainda que, desde o princípio da raça humana, em virtude do pecado de Adão, essa fosse corrompida e viciada, dessa, por assim dizer, massa poluída, ele santifica alguns vasos para honra (Romanos 9.21); assim, não há época em que não se experimente sua mercê (2 Timóteo 2.20–21).

Finalmente, de tal sorte temos de crer na Igreja que, sustentados pela confiança na divina bondade, estamos certos de que fazemos parte dela e que, já justificados, em parte, com os demais eleitos de Deus, com os quais já fomos chamados, temos de confiar que seremos perfeitamente justificados e glorificados.

É verdade que não podemos compreender a insondável sabedoria de Deus, nem está em nosso poder investigá-la com o intuito de discernir quem foi escolhido por seu plano eterno e quem foi condenado (Romanos 11.1–36). Mas isso não é necessário para nossa fé, a qual se tornou solidamente segura por meio desta promessa: Deus reconhecerá como seus filhos os que têm recebido seu Filho unigênito (João 1.12). Existiria alguém com tão despudorada cobiça que, não contente em ser filho de Deus, busque algo além?

24. Quando, pois, encontramos somente em Cristo a boa vontade de Deus, o Pai, para conosco, a vida e a salvação, em suma, o próprio reino celestial, deveria bastar-nos esse bem tão incomensurável. Pois é indispensável que ponderemos o seguinte: que absolutamente nada nos estará faltando que nos conduza à nossa salvação e ao bem se ele for nosso; que ele e todas as coisas que são suas serão nossas, se aprendermos sobre ele com fé inabalável, se descansarmos nele, se repousarmos nele a salvação, a vida, em suma, todas as nossas possessões, se descansarmos certos de que ele nunca nos abandonará. Pois, com mãos diligentes, ele se dá a nós somente para que o recebamos com fé.

Mas os que, não contentes com Cristo, lutam por penetrar mais profundamente despertam a ira de Deus contra si e, porque violam as profundezas de sua majestade e de sua glória, não podem senão ser oprimidos (Provérbios 25.2-6). Pois visto que Cristo, nosso Senhor, é aquele em quem o Pai, desde a eternidade, escolheu quem ele quis que fossem dele, para que fossem introduzidos no rebanho de sua santa grei, temos um testemunho muito claro de que estamos entre os eleitos de Deus e da Igreja, se participarmos de Cristo. Então, como o mesmíssimo Cristo é a constante e imutável verdade do Pai, de modo algum deveríamos nutrir dúvida de que sua palavra realmente nos proclama a vontade do Pai como era desde o princípio e sempre será (João 1.1; 14.7-11).

Quando, pois, pela fé possuímos Cristo e tudo o que é seu, certamente se deve estabelecer que, como ele mesmo é o amado Filho do Pai e o herdeiro do reino celestial, assim também, através dele, fomos adotados como filhos de Deus e somos seus irmãos e companheiros, de tal modo que somos participantes da mesma herança; por essa conta, é-nos também assegurado que estamos entre aqueles a quem o Senhor escolheu desde a eternidade, a quem ele sempre protegerá e jamais permitirá que pereçam (Romanos 8.31-39).

25. Caso contrário, seria sem proveito e sem nenhum fruto se crêssemos que existe uma Igreja católica (universal), se cada um não tivesse a certeza de ser membro dela. Mas não nos cabe determinar com certeza se outros pertencem à Igreja, nem distinguir os eleitos dos réprobos. Pois é prerrogativa exclusiva de Deus saber quem lhe pertence, como Paulo atesta (2 Timóteo 2.19). E, para que a temeridade dos homens não vá além, somos advertidos, pelos eventos diários, sobre quanto os juízos de Deus suplantam nossa percepção. Pois aqueles

que parecem totalmente perdidos e, obviamente, entregues à desesperança são, por sua bondade, conduzidos à boa vereda; e os que pareciam estar acima dos demais frequentemente tropeçam. Somente os olhos de Deus podem ver quem perseverará até o fim (Mateus 24.13), porque ele é a única Cabeça da salvação (Hebreus 2.10).

Muito embora Cristo declarasse que aquelas coisas que os ministros de sua Palavra desatassem ou atassem sobre a terra seriam atadas ou desatadas no céu (Mateus 16.19), desse fato não se segue que podemos discernir quem pertença à Igreja e quem lhe seja estranho. Porque, com essa promessa, ele não quis dizer que nos dá algum critério externo para nos indicar claramente e pôr diante de nossos olhos os atados e os desatados, mas apenas para prometer isto: que os que ouvirem e receberem com fé a promessa evangélica pela qual Cristo é oferecido sobre a terra como redenção e libertação, ou seja, proclamado nesta vida pelo homem e para o homem – que eles, repito, realmente são liberados e livres no céu, ou seja, na presença de Deus e por seu juízo; mas os que o rejeitarem e o mantiverem com desprezo, para estes, há, com base nessa promessa, o testemunho de que, no céu e na presença de Deus, permanecem em suas cadeias e, portanto, em sua condenação.

26. Os eleitos não podem ser reconhecidos por nós com segurança de fé, mas a Escritura nos descreve certas marcas seguras, como se afirmou previamente, por meio das quais possamos distinguir os eleitos e filhos de Deus dos réprobos e alienados, conquanto ele queira que assim os reconheçamos. Por conseguinte, todos os que professam conosco o mesmo

Deus e o mesmo Cristo, mediante profissão de fé, exemplo de vida e participação nos sacramentos, devem, por alguma espécie de critério de amor, ser tidos como eleitos e membros da Igreja. E devem ser assim considerados mesmo quando alguma imperfeição resida em seus costumes (já que ninguém, aqui, se mostra perfeito), contanto que não se gloriem e se comprazam em demasia em seus vícios. E, no que diz respeito a eles, deve-se esperar que, pela benéfica diretriz de Deus, avancem cada vez mais, até que, despojados de toda a imperfeição, alcancem a eterna bem-aventurança dos eleitos. Porque, por essas marcas e por esses traços, a Escritura nos delineia os eleitos de Deus, os filhos de Deus, o povo de Deus, a Igreja de Deus, a fim de que sejam discernidos por nós. Mas aqueles que ou não concordam conosco sobre a mesma fé ou, ainda que tenham uma confissão em seus lábios, negam a Deus por suas ações, a quem confessam com sua boca (como aqueles a quem vemos perversos e perdidos por toda a vida, embriagados pelo desejo de pecar e completamente despreocupados com a própria perversidade) – todos estes se revelam, por seus traços, que, no presente, não são membros da Igreja.

A EXCOMUNHÃO

Para esse fim, têm-se instituído as excomunhões, a fim de que esses sejam repelidos e expulsos da congregação dos crentes, que, sustentando falsamente fé em Cristo, mediante a indignidade de vida e a desenfreada licença de pecar, nada mais são do que um escândalo para a Igreja e, portanto, indignos de se gloriar no nome de Cristo (1 Coríntios 5.1–5; Mateus 18.15–19; 1 Timóteo 1.20). Em primeiro lugar, para que não sejam nomeados entre os cristãos com exprobração a Deus, como se sua santa Igreja fosse uma conspiração de malfeitores e de homens publicamente perversos; em segundo lugar, para que, mediante frequente intercâmbio, não corrompam os demais pelo exemplo de uma vida perversa; finalmente, para que comecem a se arrepender, confusos pela vergonha, e, desse arrependimento, ao menos aprendam a "abrir os olhos".

27. Podemos considerar tais pessoas estranhas à Igreja, durante todo o tempo em que permanecem em seus pecados, na medida em que nos for dado compreender e de acordo com a regra daquele conhecimento que já mencionamos. Mas não devemos perder a esperança neles, como se já estivessem lançados fora da mão de Deus. E de modo algum se permita que alguém seja excluído do número dos eleitos, e perca a esperança de que tal indivíduo já esteja totalmente perdido, a não ser, talvez, que seja certíssimo que tais pessoas já foram condenadas pela Palavra de Deus. Incluso entre esses, está todo aquele que, com firme propósito e resoluto mal intento, ataque a verdade, persiga o evangelho, extinga o nome de Deus e resista ao Espírito Santo. Pois a boca do Senhor já os pronunciou como condenados, ao dizer que o pecado contra o Espírito Santo não é perdoado, seja neste século, seja no futuro (Mateus 12.32). Só raramente isso pode ser sentido por nós (se porventura for possível), de modo que seria um conselho mais discreto aguardar o dia da revelação, em vez de ir precipitadamente além do critério de Deus (Hebreus 6.6; 10.26; João 5.28–29; 1 Coríntios 4.3-5).

Não arroguemos para nós mesmos mais licença no julgar, a menos que queiramos limitar o poder de Deus e confinar sua mercê pela lei. Pois Deus, sempre que lhe apraz, transforma os piores homens nos melhores, enxerta na Igreja o alienado e adota o mais estranho. E ele faz isso para frustrar a opinião dos homens e restringir sua temeridade – os quais se aventuram a assumir para si um direito mais amplo de julgar do que lhes convém.

Ao contrário, devemos cuidar bem em tratar uns aos outros com candura mútua, até o máximo de nossa capacidade. Que cada um de nós aceite os atos executados em reciprocidade da melhor maneira; não os tomemos tortuosa e sinistramente, como costumam fazer as pessoas que se deleitam em suspeitar (Mateus 7.1-5; Romanos 12.9–10; 14.13, 19; 1 Tessalonicenses 5.15; Hebreus 12.14). Mas, se alguém for tão perverso que não permita que outros pensem bem dele, mesmo assim entreguemo-lo às mãos de Deus, encomendando-o à sua bondade, esperando para ele melhores coisas do que ora vemos. Pois assim sucederá que nos suportaremos mutuamente com equidade e paciência, fomentando a paz e o amor, sem nos intrometermos estupidamente nos juízos mais secretos de Deus, sob o risco de nos vermos emaranhados pelas trevas do erro. Expressando a questão numa palavra, não sentenciemos à morte a própria pessoa (a qual se encontra na mão e no juízo de Deus); mas simplesmente avaliemos as obras de cada um em conformidade com a lei de Deus, que é a regra do bem e do mal.

28. É nesse sentido que as excomunhões devem ser tomadas, não aquelas pelas quais as pessoas que têm (diante dos homens) se separado do rebanho da Igreja são destituídas da esperança da salvação; mas somente aquelas que são cas-

tigadas até se desviarem da vereda da imundície de sua vida pregressa. Como Paulo escreve, ele entregou um homem a Satanás, à morte física, a fim de que seu espírito fosse salvo no dia do Senhor (1 Coríntios 5.5; 2 Tessalonicenses 3.14–15). Ou seja (como interpreto), ele o consignou à condenação temporal, para que, na eternidade, continuasse salvo (2 Tessalonicenses 3.14–15).

COMO LIDAR COM OS EXCOMUNGADOS

Por conseguinte, muito embora a disciplina eclesiástica não nos permita viver de modo familial ou ter contato com as pessoas excomungadas, não obstante devemos empenhar-nos, de todas as formas possíveis, quer pela exortação e pelo ensino, quer com compaixão e mansidão, ou ainda com nossas próprias orações a Deus, para que retomem a uma vida mais virtuosa e retornem à sociedade e à unidade da Igreja. Não somente estes devem ser assim tratados, como também os turcos e sarracenos, além de outros inimigos da religião. Longe de nós aprovarmos aqueles métodos pelos quais muitos, até então, têm tentado impor-lhes nossa fé, quando os proíbem do uso de fogo e água, bem como dos elementos comuns, quando lhes negam todos os ofícios de humanidade, quando os perseguem com espada e (outras) armas.

29. Mesmo que, enquanto ainda estivermos incertos sobre o juízo de Deus, não nos for permitido distinguir individualmente os que pertencem ou não à Igreja, onde virmos a Palavra de Deus pregada e ouvida com pureza, onde virmos os sacramentos ministrados de acordo com a instituição de Cristo, sem a menor sombra de dúvida, ali existe a Igreja de Deus

(cf. Efésios 2.20). Pois sua promessa não pode falhar: "Onde estiver dois ou três reunidos em meu nome, ali estou no meio deles" (Mateus 18.20).

Realmente, não podemos ter na terra um conhecimento mais seguro concernente à Igreja de Deus, nem podemos de outro modo discernir quem lhe pertence ou não. Ao contrário, nada se sabe destes senão pela fé. É isso que temos em mente quando afirmamos "cremos na Igreja". Pois, pela fé, cremos em coisas que não podem ser vistas a olho nu. Com isso, fica claro que não é uma coisa física que se deve sujeitar à nossa percepção sensorial, ou confinada em um espaço definido, ou fixada em algum local.

COMUNHÃO DOS SANTOS

30. Da mesma forma, "cremos na comunhão dos santos". Ou seja, na Igreja católica (universal) todos os eleitos (que, com verdadeira fé, cultuam Deus juntos) mantêm comunhão recíproca e participação em todos os bens. Com isso, não se nega que os indivíduos tenham vários dons (como Paulo ensina que os dons do Espírito têm sido divididos e distribuídos de modo diverso) (1 Coríntios 12.4–11), porém não sem que cada um mantenha devidamente e em ordem seu próprio lugar na constituição e na ordem civil (como é necessário, sob os elementos deste mundo, pois aí se dividem as possessões entre os homens). Mas a comunhão dos crentes visa àquele fim que podem partilhar entre si, com bondade e devida caridade, de todos esses bens, quer do espírito, quer do corpo, conquanto seja justo e segundo as demandas do uso. E, obviamente, qualquer que seja o dom de Deus reservado a cada um, na verdade

todos realmente participam dele, ainda que, pela dispensação de Deus, ele tenha sido dado especialmente a um, e não a outros (Romanos 12.4-8; 1 Coríntios 12.12, 26). Justamente como os membros de um corpo partilham entre si mediante alguma sorte de comunidade, não obstante cada um tenha seu dom particular e ministério distinto; porque, como já dito, estão unidos e agrupados em um só corpo. Esta é a Igreja católica (universal): o corpo místico de Cristo (Efésios 1.22-23). Assim, sob o tópico seguinte, temos atestado que "cremos na Igreja". Na verdade, com isso, declaramos de que espécie cremos ser ela. Eu bem sei que alguns passam essa parte por alto, sendo, contudo, tomada por outros em sentido diferente; eu, no entanto, a tenho interpretado com a melhor fé que me é possível.

PERDÃO DOS PECADOS

31. "Cremos no perdão dos pecados." Ou seja, pela divina liberalidade, interposto o mérito de Cristo, o perdão de pecados e a graça vêm a nós que já fomos adotados e enxertados no corpo da Igreja; mas o perdão de pecados não é dado de outra fonte, nem por uma ou outra razão (Atos 10.43; 1 João 2.1-12; Isaías 33.24). Pois, fora dessa Igreja e dessa comunhão dos santos, não há salvação.

Ora, a própria Igreja repousa e consiste nesse perdão de pecados e é sustentada por ele como que por um fundamento (Oseias 2.18-23). Visto que o perdão de pecados é a via que conduz a Deus, e o meio pelo qual ele se reconcilia conosco, por essa razão o perdão de pecados é o único que nos abre acesso à Igreja (que é a cidade de Deus e o tabernáculo que o Altíssimo já santificou como sua habitação); e os guarda e protege aí (Salmos 46.4-5; 87.1-3; 1 Timóteo 3.15). Os crentes recebem esse perdão quando são oprimidos, afligidos e confundidos pela consciência de seus pecados pessoais; quando são abalados pelo senso do juízo divino, passam a sentir repugnância de si mesmos e, por assim dizer, gemem e se contorcem sob um fardo bastante pesado. E, por esse ódio ao pecado e por sua própria confusão, mortificam sua carne e tudo que deriva dela.

E, à medida que prosseguem persistentemente nesse arrependimento (pois esse é seu dever), enquanto habitam na prisão de seu corpo, assim, reiterada e persistentemente, obtêm esse arrependimento. Não porque seu arrependimento seja merecido, mas porque pareceu bem ao Senhor exibir-se nessa ordem aos homens que, após se haverem despido de toda arrogância mediante o reconhecimento de sua própria pobreza, humilharam-se por completo e se viram claramente indignos aos próprios olhos; e então, finalmente, começaram a degustar a suavidade da mercê que o Senhor lhes exibe em Cristo. Quando isso for percebido, recuperarão seu alento e retomarão seu ânimo, assegurando-se em Cristo tanto do perdão dos pecados como da bendita salvação. Em contrapartida, os que não apressam seus passos em direção a Deus jamais alcançarão esse perdão de pecados, o qual é o gonzo da salvação (Lucas 16.15, 26). Mesmo que sejam ricos na radiante magnificência das obras, chegando ao ponto de milagres, para Deus todos os seus ditos, feitos e pensamentos não passam de abominação. Quanto maior for a aparência de santidade, mais enganados são os homens por ela, pois, com frequência, seus olhos são ofuscados por esse fútil deslumbramento das obras.

RESSURREIÇÃO DA CARNE

32. "Cremos na ressurreição da carne." Ou seja, sucederá que todos os corpos humanos a um e ao mesmo tempo ressurgirão da corrupção para a incorrupção, da mortalidade para a imortalidade (1 Coríntios 15.20-56; 1 Tessalonicenses 4.13-17; Atos 23.6-9). E mesmo os que morreram previamente receberão sua carne – não importa se foram devorados por vermes, ou deteriorados na terra, ou reduzidos a cinzas, ou dispersos de alguma outra maneira (João 5.28-32). Mas os que ainda sobreviverem naquele tempo também se despirão da corrupção de sua carne. Todos, mediante súbita transformação, receberão uma natureza imortal: deveras, os pios para a glória da vida, os réprobos para a condenação da morte (Mateus 25.31-46).

VIDA ETERNA

33. Finalmente, "cremos na vida eterna". Ou seja, ocorrerá que, naquele tempo, o Senhor receberá seu próprio rebanho, glorificado no corpo e alma, para a bem-aventurança, uma bem-aventurança que durará pelas eras sem-fim, para além de toda chance de mudança ou corrupção. Esse será um verdadeiro e completo aperfeiçoamento para a vida, luz, retidão, quando estivermos apegados, inseparavelmente, ao Senhor, o qual, como fonte inexaurível, contém em si mesmo a plenitude destas (1 Coríntios 15.28-53). Essa bem-aventurança será o reino de Deus, saturada de todo esplendor, júbilo, poder, felicidade – coisas muito distantes agora do senso humano e que (no dizer de Paulo) nenhum ouvido jamais ouviu, nem olhos jamais viram, nem a mente humana percebeu (1 Coríntios 2.9).

Em contrapartida, os ímpios e réprobos, que ora não buscam nem reverenciam a Deus com fé pura, conquanto não tenham parte em Deus e em seu reino, serão lançados com os demônios na morte eterna. Assim, longe de todo júbilo, poder e dos demais bens do reino celestial, condenados às trevas eternas e ao castigo eterno (Mateus 8.12; 22.13), serão devorados por um verme imortal (Isaías 66.24; Marcos 9.44) e queimarão em um fogo inextinguível (Mateus 3.12; Marcos 9.43–48; Isaías 66.24).

34. Sem dúvida, devemos crer de tal modo na comunhão dos santos e no perdão dos pecados, respectivamente, e na ressurreição da carne e na vida eterna que, confiando na bondade do Senhor, estabeleçamos como indubitável que todas essas coisas nos sucederão juntamente com todos os santos.

E, a fim de significar quão certa e inabalável é a veracidade de todas essas coisas, e a fim de que todos se confirmem mediante essa fé, cada um estabelecendo para si que o Senhor é seu Deus, Cristo, seu Salvador, e aguardando a ressurreição de sua carne e a vida eterna, toda a confissão se conclui com a palavra "Amém", a marca da certeza provada.

C. DA FÉ, DA ESPERANÇA E DO AMOR

35. Ora, pois, onde quer que essa fé é viva, a qual previamente mostramos ser confiança no único Deus e em Cristo, certamente é uma questão não de pouca importância que tenha, ao mesmo tempo, como companheiros a esperança e o amor (1 Coríntios 13.13). Se os três estiverem totalmente ausentes, por mais que discutamos a fé com erudição e o máximo empenho, estaremos provando que não temos nenhum dos três.

Não porque a fé nos seja engendrada da esperança ou do amor, mas porque de modo algum pode suceder que a esperança e o amor sigam a fé para todo o sempre.

Em primeiro lugar, atestemos a natureza da esperança: se a fé (como temos ouvido) é uma segura persuasão da verdade de Deus, uma persuasão que não pode mentir para nós, nos enganar, nos perturbar, então os que têm apreendido essa segurança esperam, ao mesmo tempo, que Deus cumpra imediatamente suas promessas, visto que, segundo a opinião destes, elas não podem ser de outra natureza que não verdadeiras. Em suma, esperança nada mais é que a expectativa daquelas coisas em que a fé tem crido que realmente foram prometidas por Deus.

Assim, a fé crê que Deus é fiel; a esperança aguarda que ele exiba sua verdade no momento oportuno. A fé crê que Deus é o nosso Pai; a esperança aguarda que ele sempre aja dessa maneira para conosco. A fé crê que a vida eterna nos foi dada; a esperança aguarda que se revele em alguma ocasião. A fé é o fundamento sobre o qual a esperança repousa. A esperança nutre e sustenta a fé. Pois ninguém pode esperar algo da parte de Deus, a menos que previamente creia em suas promessas; e assim, em contrapartida, nossa débil fé deve esperar pacientemente e aguardar que seja sustentada e fortalecida, para que, exausta, não caia.

No que diz respeito ao amor, há uma evidência ainda mais clara. Porque, visto que a fé abraça Cristo como nos é oferecido pelo Pai (cf. João 6.29) – ou seja, ele é não só perdão, justiça, paz e reconciliação junto ao Pai, mas também santificação e fonte de água viva –, sem dúvida nele encontramos o amor, o qual é o dom e o fruto do Espírito Santo (Gálatas 5.22), e a obra de sua santificação (cf. Efésios 5.26). Veja bem como ambos, a esperança e o amor, nascem igualmente e fluem da fé, e se acham associados e anexados a ela por um vínculo indissolúvel. Não obstante, não devemos manter concernente ao amor o que acabamos de ensinar sobre a esperança, a saber, que, através dela, a fé é nutrida, preservada e firmada. Aliás, a fé pertence à esperança porque, enquanto esta aguarda o Senhor em silêncio e paciência, a esperança restringe a fé para que não a acelere demais, e a confirma para que não vacile ou titubeie em relação à fé nas promessas de Deus (Isaías 28.16). Muito diferente é o caráter do amor, o qual nada se assemelha a essas qualidades.

Alguns costumam lançar-nos em rosto as palavras de Paulo: "Ainda que eu tenha tamanha fé, a ponto de transportar montes, se não tiver amor, nada serei" (1 Coríntios 13.2). Com isso, desejam provar que há um tipo de fé à parte do amor (à qual chamam "fé informe"). Não levam em conta o que, nessa passagem, o apóstolo tem em mente por "fé". Pois, após discutir no capítulo precedente os vários dons do Espírito – entre os quais, ele incluiu poderes, diversos tipos de línguas e profecia (1 Coríntios 12.4-10) – e exortar os coríntios a "procurar, com zelo, os melhores dons", ou seja, transmitir à Igreja de Deus maiores benefícios, então acrescentou que mostraria "um caminho mais excelente" (1 Coríntios 12.30). Todos esses dons, por mais excelentes que sejam em si mesmos, ainda devem ser considerados como nada, a menos que sirvam ao amor. Pois foram dados para a edificação da Igreja; e, a menos que contribuam para isso, perdem a graça. Para provar isso, Paulo elabora, reiterando aqueles mesmos dons que foram previamente enumerados, porém sob outros nomes. Além disso, ele usa o termo "poderes" e "fé" para a mesma coisa, ou seja, para o dom de operar milagres. Visto que esse poder ou fé de milagres é um dom especial de Deus, o qual não pode ser usado de forma abusiva, justamente como o dom de línguas, profecia ou outras graças, é óbvio que isso está longe, muito longe, da verdadeira fé cristã. Alguém pode vê-los no caso de Judas, que os possuía, mas ele era tudo, menos crente (Lucas 10.17–20, 42).

JUSTIFICADOS PELA FÉ OU PELO AMOR?

Com base nessa mesma passagem, e em outra que segue no mesmo capítulo, argumentam que ele afirma que o amor é maior que a esperança e a fé, que somos justificados através do amor, e não mediante a fé, a saber, pelo poder (e, como dizem, por um poder mais forte). Essa sutileza pode ser dissipada sem qualquer problema. Pois mantemos que o que é dito na primeira passagem nada tem a ver com a verdadeira fé. Explicamos a segunda também em termos de fé verdadeira. Paulo diz que o amor é maior que a fé, não por ser mais meritório, mas porque é mais frutífero, porque sua extensão é maior, porque é mais serviçal, porque viceja para sempre, enquanto o uso da fé continua apenas por algum tempo (cf. 1 Coríntios 13.2, 3). Que homem de são juízo – que homem de cérebro totalmente saudável – arrazoaria que o amor é mais efetivo em justificar? O poder de justificar não reside na dignidade das obras. Nossa justificação repousa unicamente na mercê de Deus, e a fé, quando se apodera da justificação, diz que ela justifica. Mas, se, nesse ponto, algum impertinente interromper e indagar por que, em um espaço tão breve, entendo de modo diverso o termo "fé", não tenho uma razão superficial para essa interpretação. Pois, embora esses dons que Paulo enumera sejam, de certo modo, sumariados sob a fé e a esperança, porque têm a ver com o conhecimento de Deus, ele inclui todos, à maneira de recapitulação, sob os termos "fé" e "esperança". É como se dissesse: "A profecia e as línguas, o dom de interpretação e o conhecimento têm igualmente o propósito de nos levar a conhecer a Deus. Mas, nessa vida, só conhecemos Deus através da fé e da esperança. Quando, pois, menciono fé e esperança, ao mesmo tempo incluo todos estes". "Agora, pois, permanecem a fé, a esperança e o amor, esses três" (1 Coríntios 13.13a). Ou seja, por maior que seja a variedade de dons, todos estão referidos nisto: "o principal entre eles é o amor" (1 Coríntios 13.13b) etc.

Ora, temos de ponderar que, se a fé, a esperança e o amor são dons do Espírito Santo, nenhum deles pode começar ou permanecer firme exceto pela mercê de Deus (1 Coríntios 4.7). Portanto, aprendamos a pedir de Deus todos estes, a não buscá-los em nós mesmos; e, se discernirmos em nós algo ou de esperança, ou de amor, ou de fé, crediremos tudo isso como que recebido de Deus, com ações de graça, pedindo, de todo o coração e com a boca, mas especialmente com o coração, e com restrição, para que ele os proteja em nós e diariamente os aperfeiçoe. Pois necessitamos tê-los constantemente crescendo, enquanto estivermos nesta vida. Isso (enquanto estiver tudo bem conosco) nada mais é que progresso na jornada, até que, com toda a clareza, cheguemos a Deus, em quem repousa toda a nossa perfeição.

CAPÍTULO III

A ORAÇÃO: COM UMA EXPOSIÇÃO DA ORAÇÃO DO SENHOR

A. DA ORAÇÃO EM GERAL

1. Daquelas matérias discutidas até aqui, vemos claramente quão destituído e vazio de todas as coisas é o homem, e como lhe faltam todos os auxílios para a salvação. Portanto, se buscar recursos para socorrê-lo em sua necessidade, é preciso buscá-los fora dele, obtendo-os, portanto, em outra fonte. Anteriormente, foi-lhe explicado que o Senhor, de bom grado e livremente, se revela a nós em seu Cristo. Pois em Cristo ele oferece toda a felicidade no lugar de nossa miséria, toda a riqueza no lugar de nossa carência: nele, o Senhor nos abre os tesouros celestiais, para que toda a nossa fé contemple aquele seu Filho amado, toda a nossa expectativa depende dele e toda a nossa esperança adere a ele e nele repousa. Na verdade, trata-se daquela filosofia secreta e oculta que não pode ser apreendida por meio de silogismos. Mas aqueles cujos olhos Deus abriu seguramente aprendem com o coração que, em sua luz, podem visualizar a luz (Salmos 36.9). Mas, depois de havermos sido instruídos, mediante a fé, a reconhecer que tudo aquilo de que necessitamos e que nos falta está em Deus

e em nosso Senhor Jesus Cristo, em quem o Pai quis que residisse toda a plenitude de sua generosidade (Colossenses 1.19; João 1.16), de modo a podermos extrair tudo dali, como de uma fonte que jorra, resta-nos buscar nele e em oração rogar-lhe que nos dê o que temos aprendido estar nele. De outro modo, conhecer a Deus como o Senhor e outorgante de todas as coisas boas, convidando-nos a buscá-las nele, e, ainda assim, não irmos até ele para tudo buscar, isso seria de pouco proveito, tal como um homem negligenciar um tesouro, sepultado e escondido na terra, após o mesmo lhe ser indicado. Por isso devemos discutir mais plenamente esse último ponto, já que previamente só foi mencionado de passagem e, por assim dizer, superficialmente abordado.

REGRAS DA ORAÇÃO

2. Ora, que esta seja a primeira norma da oração correta: que abandonemos todo pensamento de nossa glória pessoal; que nos desvencilhemos de toda noção de nossa dignidade pessoal; que expulsemos toda a nossa autossegurança; que rendamos glória ao Senhor em nosso abjeto estado e em nossa profunda humildade; que nos deixemos admoestar pelo ensino profético: "não lançamos nossas súplicas perante a tua face fiados em nossas justiças, mas em tuas muitas misericórdias. Ó Senhor, ouve; ó Senhor, perdoa; ó Senhor, atende-nos e age; não te retardes, por amor de ti mesmo, ó Deus meu; porque a tua cidade e o teu povo são chamados pelo teu nome" (Daniel 9.18–19). Outros profetas escreveram: "mas é a alma em extremo aflita, que caminha encurvada e debilitada; é o olhar vacilante e a alma esfomeada que te darão glória e justi-

ça, ó Senhor! Por isso, não é apoiando-nos nas obras de justiça dos nossos pais e dos nossos reis que depomos nossa súplica diante da tua face, Senhor nosso Deus" (Baruque 2.18-19). "Escuta, Senhor, e tem compaixão, pois pecamos contra ti" (Baruque 3.2).

Que esta seja a segunda norma: sentir verdadeiramente nossa insuficiência pessoal e ponderar com sinceridade que necessitamos das coisas que buscamos em Deus para nós mesmos e para nosso benefício, e que as buscamos a fim de as obtermos dele. Pois, se tivéssemos outra intenção em mente, nossa oração seria forjada e impura. Se alguém fosse pedir a Deus o perdão dos pecados, sem se reconhecer seguro e ardorosamente como pecador, com sua pretensão nada mais estaria fazendo do que motejar de Deus. Então, busquemos com profundo, ardente e sincero desejo aquelas coisas que buscamos somente para a glória de Deus. Quando, por exemplo, oramos para que "seu nome seja santificado" (Mateus 6.9; Lucas 11.2), devemos, por assim dizer, ter profunda fome e sede por essa santificação. Se, pois, reconhecermos que somos premidos e sobrecarregados pelo peso dos pecados, se nos virmos vazios de todas as coisas que poderiam fazer-nos agradáveis diante de Deus, que tal sentimento não nos terrifique, mas, antes, recorramos a ele, visto que nos é necessário ponderar e sentir tais coisas quando nos aproximarmos dele (Lucas 17.7-10). Pois a oração não foi ordenada para nos estufarmos arrogantemente diante de Deus, ou estimarmos excessivamente tudo o que é nosso, mas, com isso, devemos confessar nossas calamidades e prantear por elas diante dele, como filhos que intimamente levam seus pesados problemas a seus pais. Ao contrário, esse senso de pecado deveria ser para nós como um acicate ou aguilhão a nos despertar ainda mais à oração.

PEDINDO E RECEBENDO

3. E nosso boníssimo Pai acrescenta a essa consciência de nossa necessidade duas coisas com as quais ele nos impele com extrema veemência para que recorramos intensamente à oração: um mandamento que nos impele a orar; uma promessa que nos assegura que receberemos tudo o que pedirmos. Temos esse mandamento reiterado com muita frequência: "Buscai", "vinde a mim", "pedi-me", "voltai para mim", "invocai-me no dia da necessidade". E isso é expresso com frequência em outro lugar, como também se dá no terceiro capítulo da lei, o qual nos proíbe de tomar em vão o nome do Senhor (Lucas 11.9-13; João 16.23-29; Mateus 7.7; 11.28; Zacarias 1.3; Salmos 50.15; Êxodo 20.7). Pois, ao sermos proibidos de tomar seu nome em vão, ao mesmo tempo somos instados a que o tenhamos em glória, deferindo-lhe todo crédito pela virtude, pelo bem, pelo auxílio e pela proteção, enquanto rogamos e aguardamos da parte dele essas mesmas coisas.

Portanto, a menos que fujamos para ele quando alguma necessidade nos pressiona, a menos que o busquemos e supliquemos seu auxílio, seguramente evocamos sua ira sobre nós, justamente como se estivéssemos engendrando deuses para nós ou fabricando ídolos. Na verdade, ao menosprezarmos todos os seus mandamentos, estamos precisamente desprezando sua vontade. Em contrapartida, os que o invocam, que o buscam e que lhe rendem louvor também desfrutam de grande conforto, porque bem sabem que assim estão rendendo-lhe algo aceitável e servindo à sua vontade. A promessa é "buscai e achareis" (Mateus 7.7; cf. Jeremias 29.13-14); "e será assim convosco" (Marcos 11.24); "eu vos responderei" (Isaías 65.24); "eu te livrarei" (Salmos 5.15; 91); "eu vos aliviarei" (Mateus 11.28); "eu mesmo apascentarei minhas ovelhas, as farei repousar" (Ezequiel 34.14–16); "não sereis envergonhados" (Isaías 45.17).

4. Todas essas coisas, como nos foram prometidas por Deus, sem dúvida se cumprirão, se as aguardarmos com fé inabalável. Pois a oração não tem nenhum mérito ou dignidade para obter o que é solicitado, mas toda a esperança da oração repousa nessas promessas e depende delas. Portanto, em nossas orações, devemos crer que teremos a resposta, precisamente como Pedro ou Paulo, ou qualquer outro santo, foram atendidos (como se estivessem equipados com maior santidade de vida do que nós), contanto que invoquemos a Deus com a mesma fé igualmente sólida. Quando formos equipados e armados com a mesma ordem de orar e com a mesma promessa de que a oração terá resposta, Deus julga o valor da oração não pela dignidade pessoal, mas unicamente pela fé, na qual os homens obedecem ao seu mandamento e confiam em sua promessa, respectivamente. Em contrapartida, os que não estão seguros da promessa de Deus e põem sua verdade em xeque, duvidando se realmente serão atendidos, invocam o mesmo Deus e nada recebem (no dizer de Tiago). Então, visto que o Senhor afirma que sucederá a cada um em conformidade com sua fé, segue-se que nada pode suceder-nos à parte da fé (Mateus 8.13; 9.29; Marcos 11.24). Uma vez que ninguém é digno de se apresentar a Deus e chegar-se à

sua presença, o próprio Pai celestial, a fim de nos livrar dessa confusão (a qual lançaria o coração de todos nós em desespero), nos deu seu Filho, Jesus Cristo, nosso Senhor, para ser nosso Advogado (1 João 2.1) e Mediador junto a ele (1 Timóteo 2.5; cf. Hebreus 8.6 e 9.15). Mediante sua diretriz, podemos achegar-nos a ele com confiança e, com esse Intercessor, confiar que nada do que pedirmos em seu nome nos será negado, como nada poderá ser-lhe negado pelo Pai. Da mesma forma, o trono de Deus não é apenas um trono de majestade, mas também de graça, diante do qual, em seu nome, ousamos comparecer com toda a confiança, receber mercê e encontrar graça no tempo oportuno (Hebreus 4.16).

EM NOME DE CRISTO

5. E, como foi estabelecida uma norma para se invocar a Deus, e dada uma promessa de que todos os que o invocam serão ouvidos, assim também somos particularmente instados a invocá-lo em nome de Cristo, e temos sua promessa de que obteremos o que pedirmos em seu nome (João 14.13; 16.24). Assim, é incontroversa a clareza de que os que invocam a Deus em outro nome, que não seja o de Cristo, zombam obstinadamente de seus mandamentos e reputam sua vontade como nada – de fato, não possuem nenhuma promessa de que receberão algo. Aliás, como Paulo diz, "todas as promessas de Deus encontram em Cristo seu sim e o amém" (2 Coríntios 1.20). Ou seja, são confirmadas e cumpridas. Ora, uma vez que ele é o único caminho, e o único acesso pelo qual nos é concedido ir a Deus (cf. João 14.6), aos que se desviam dessa rota e abandonam esse acesso, então já não resta nenhum caminho

e nenhum acesso rumo a Deus; nada lhes resta em seu trono senão ira, juízo e terror. Além do mais, uma vez que o Pai o designou (cf. João 6.27) como nossa Cabeça (Mateus 2.6) e Líder (1 Coríntios 11.3; Efésios 1.22; 4.15; 5.23), os que, de algum modo, se desvencilham ou se desviam dele estão tentando apagar e desfigurar a marca impressa por Deus.

INVOCAÇÃO DOS SANTOS

6. No que se refere aos santos que, havendo morrido, vivem em Cristo, não sonhemos que tenham algum outro modo de rogar a Deus além de Cristo, que é o único caminho (João 14.6), ou que sejam aceitos por Deus em outro nome. Por conseguinte, depois que a Escritura nos desvia de todas essas coisas e nos remete exclusivamente para Cristo, depois que nosso Pai celestial deseja que todas as coisas sejam congregadas nele (Colossenses 1.20; Efésios 1.10), constitui um erro desejar encontrar para nós um acesso a Deus por meio dos santos, os quais não podem fazer provisão nem mesmo para si.

De igual modo, uma vez que os santos firmam todos os seus desejos exclusivamente na vontade de Deus, contemplam-na e permanecem nela, se alguém lhes atribui outra oração além daquela pela qual se ora pela vinda do reino de Deus, é o mesmo que considerá-los estúpida e carnalmente, inclusive com o máximo desdém. Mas seu reino se cumprirá, seja na confusão dos réprobos, seja na salvação dos santos. Portanto, não devemos esperar ser ajudados por nenhuma oração dos santos (seja o que for que possam fazer), a menos que tenhamos parte em Cristo e sejamos parte de seu reino.

Também, por outro lado, quando participamos de Cristo, então nos convencemos, de uma vez por todas, que tudo o que for feito por nossos esforços procede de Deus, e que toda a Igreja, da qual esses santos são membros, ora por nós enquanto segue orando para que venha o reino de Deus.

Então, ainda que vivessem orando por nós dessa maneira, mesmo assim não se deve invocá-los. E que assim se deve fazer (1 Timóteo 2.1-7; Tiago 5.15-18) segue-se, sem controvérsia, do fato de que os homens que habitam a terra podem reciprocamente encomendar uns aos outros com orações. Essa função serve para fomentar amor neles, enquanto, por assim dizer, partilham e mutuamente suportam as necessidades uns dos outros. Essa prática não se aplica aos mortos, a quem o Senhor tem subtraído de nossa companhia. Ainda que seu amor em relação a nós esteja sempre crescendo, como têm sido unidos a nós pela única fé em Cristo, não existe entre nós nenhum intercâmbio vocal ou auditivo (1 Coríntios 13.10-11).

Dito de outro modo – o que é isso senão querer (através de um sonho de nosso cérebro) penetrar e sondar os juízos ocultos de Deus à parte de sua Palavra e pisotear a Escritura? Esta, com frequência, declara que a prudência de nossa carne é inimiga da sabedoria de Deus (Romanos 8.6-7); ela condena totalmente a vaidade de nossa mente; encurvando toda nossa razão, incita-nos a mirar unicamente a vontade de Deus (Deuteronômio 12.32). A Escritura nos oferece somente Cristo, nos envia a ele e nos estabelece nele. No dizer de Ambrósio, "ele é nossa boca, através da qual falamos ao Pai; é nossos olhos, através dos quais vemos o Pai; é nossa destra, através da qual nos oferecemos ao Pai. A menos que ele interceda, não existe intercurso com Deus, seja por nós, seja por todos os santos".

7. Os que adotam e escolhem para si padroeiros particulares entre os santos, na esperança de serem ajudados por alguma recomendação especial da parte deles, não são menos insolentes para com eles. Pois os afastam daquela única vontade, a qual (como já dissemos) deve estar fixada e inamovível em Deus, para que seu reino venha, enquanto forjam para os santos algum afeto físico, fazendo-os, assim, mais favoráveis a um ou a outro adorador. Mas tomam os santos como seus mediadores, como se Cristo fracassasse ou fosse demasiadamente severo para com eles. Desonram-no e o despem do título de único Mediador, o qual, como lhe foi dado pelo Pai como privilégio singular, não deve ser transferido para outrem.

Também com esse mesmo ato, obscurecem a glória de seu nascimento e tornam fútil a cruz; em suma, despem e defraudam de seu justo louvor tudo aquilo que ele fez ou sofreu em prol de nossa salvação! Pois todas essas coisas levam à conclusão de que somente ele é e assim deve ser considerado o Mediador. Ao mesmo tempo, repelem a bondade de Deus, que se manifestou a eles na qualidade de Pai. Pois ele não lhes é Pai, a menos que reconheçam ser Cristo seu Irmão (cf. Hebreus 2.11). Negam isso com todas as letras, a menos ponderem que ele nutre afeto fraternal para com eles, nada existindo que seja mais amável. Mas, obviamente, alguns há que se deixam influenciar pelo fato de que, com frequência, leem orações feitas aos santos sendo ouvidas. Por quê? Porque naturalmente oraram. "Em ti confiaram", diz o profeta, "e foram salvos... clamaram... e não foram confundidos" (Salmos 22.4-5; cf. 21.5-6). Portanto, oremos também, conforme seu exemplo, para que sejamos ouvidos. Nossos oponentes, porém, inconveniente e absurdamente, arrazoam que somente os que foram uma vez ouvidos serão ouvidos. Quão melhor faz Tiago ao dizer: "Elias era homem semelhante a nós, sujeito aos mesmos sentimentos, e orou fervorosamente para que não chovesse sobre a terra, e, por três anos e seis meses, não choveu. E orou de novo, e o céu deu chuva, e a terra fez germinar seus frutos" (Tiago 5.17-18). Com isso, ele não infere de Elias algum privilégio, porém ensina o poder da oração a fim de nos exortar a orar de igual maneira.

PETIÇÃO E AÇÃO DE GRAÇAS

8. Na oração, há duas partes (como agora entendemos esse termo): petição e ação de graças. Pela petição, depositamos os desejos de nosso coração diante de Deus, buscando sua bondade, antes de tudo, somente o que serve à sua glória; segundo, o que também é conducente ao nosso uso (1 Timóteo 2.1). Pela ação de graças, reconhecemos seus benefícios para conosco e os confessamos com louvor, referindo à sua bondade todas as boas coisas, quaisquer que sejam. Uma e outra estão compreendidas em um versículo de Davi, quando, na pessoa de Deus, escreve assim: "invoca-me no dia da angústia; eu te livrarei, e tu me glorificarás" (Salmos 50.15). Devemos fazer uso constante de ambas (cf. Lucas 18.1; 21.36; Efésios 5.20), pois nossa indigência é tão grande, e as grandes ansiedades nos compelem e nos comprimem tanto de todos

os lados, que isso será motivo para todos, até mesmo para os mais santos, gemerem e suspirarem continuamente diante de Deus, e de implorar como súplices.

Em suma, somos quase esmagados por tão grande e generoso eflúvio das benesses de Deus, por seus incontáveis e poderosos milagres, tanto que, para onde olhamos, deparamos com elas; assim, jamais deixemos de ter motivo e matéria de louvores e ações de graças. E expliquemos essas coisas um tanto mais claramente, uma vez que (como já se provou sobejamente) toda a nossa esperança e toda a nossa riqueza de tal modo residem em Deus que nem nós nem todas as nossas possessões podem prosperar, a não ser pela intervenção de sua bênção; devemos confiar constantemente a nós e tudo o temos a ele (cf. Tiago 4.14–15). Então, tudo o que determinarmos, falarmos e fizermos, determinemos, falemos e façamos sob sua mão e vontade – numa palavra, sob a esperança de seu auxílio. Pois, pela boca de Deus, são declarados malditos todos os que, depositando confiança em si mesmos ou em algum outro, concebem e realizam seus planos e empreendem ou tentam começar algo à parte de sua vontade e sem invocá--lo (cf. 30.1; 31.1).

Visto, porém, que foi dito que ele deve ser reconhecido como o Autor de todas as benesses, segue-se que devemos de tal modo receber todas as coisas de sua mão que as acompanhemos com contínua ação de graças; e que não há maneira própria de fazermos uso de suas benesses, as quais fluem e nos vêm incessantemente de sua generosidade, senão reconhecendo-as com louvor e por elas rendendo constantes ações de graças. Porquanto Paulo, quando testifica que essas benesses "são santificadas pela palavra... e a oração" (1 Timóteo 4.5), ao mesmo tempo sugere que, sem a palavra e a oração, de modo algum são santificadas. (Evidentemente, ele subentende "palavra", pelo uso de metonímia, como "fé".)

ORAÇÃO PÚBLICA

9. A razão pela qual Paulo, em outro lugar, nos incita a orar sem cessar (1 Tessalonicenses 5.17-18; cf. 1 Timóteo 2.1, 8) é que ele quer que todos os homens elevem a Deus seus desejos, em todo o tempo, em todos os lugares e em todos os afazeres; que esperem dele todas as coisas e lhe rendam louvor por todas as coisas, visto que ele nos oferece razões inexauríveis para louvar e orar.

Essa constância na oração se ocupa daquelas orações que alguém faz privativamente, mas que nada tem a ver com as orações públicas da Igreja. Estas não podem ser constantes, nem devem ser feitas de qualquer outra maneira senão em conformidade com a determinação e o consenso de todos. Por essa razão, devem-se determinar e designar certas horas, indiferentes para Deus, porém necessárias para a conveniência dos homens, buscando a acomodação de todos e para que tudo seja feito na Igreja "com decência e ordem", em conformidade com a declaração de Paulo (1 Coríntios 14.40).

Essa é a razão pela qual se designaram lugares aos quais chamamos "templos", não porque em virtude de algum santo segredo as orações sejam mais santificadas ou mais adequadas para serem ouvidas por Deus, mas porque a congregação dos fiéis tem mais comodidade quando se congrega em harmonia para orar, para ouvir a pregação da Palavra e para receber os sacramentos. Em contrapartida (no dizer de Paulo), nós somos os verdadeiros templos de Deus (1 Coríntios 3.16; 6.19; 2 Coríntios 6.16). Aqueles dentre nós que porventura desejam orar no templo de Deus, que orem em seu íntimo. Mas os que presumem que é no templo que o ouvido de Deus se achega bem mais perto deles, ou consideram sua oração mais santa pela santidade do lugar, dessa maneira estão agindo com a mesma estupidez dos judeus e gentios. Ao adorarem a Deus fisicamente, vão contra o que está determinado, a saber, que, sem qualquer consideração de lugar, adoramos a Deus em espírito e em verdade (João 4.23).

ORAÇÃO COMO AFETO INTERIOR

10. Mas, até onde essa meta da oração já foi delineada – a saber, que os corações devem ser despertados e conduzidos a Deus, tanto para louvá-lo como para suplicar seu auxílio –, entendamos que a essência da oração está posta na mente e no coração; ou melhor, que a oração em si é propriamente uma emoção interior do coração, a qual é derramada e depositada diante de Deus, aquele que sonda os corações (cf. Romanos 8.27).

Por conseguinte, Cristo, nosso Senhor, quando quis estabelecer uma melhor regra para a oração, mandou-nos entrar em nosso quarto e ali, a portas fechadas, orar ao nosso Pai em secreto, para que o Pai, que está em secreto, nos ouça (Mateus 6.6). Pois, quando nos apartou do exemplo dos hipócritas, que buscam assenhorear-se do favor dos homens com vãs e ostensivas orações, ao mesmo tempo ele acresce algo superior: entrarmos em nosso quarto e ali, a portas fechadas, orarmos.

Com essas palavras, como as entendo, ele nos ensinou a descer e adentrar nosso coração com toda a nossa reflexão. Ele promete que Deus, cujos templos devem ser nossos corpos, estará junto a nós, nos afetos de nossos corações (cf. 2 Coríntios 6.16). Pois ele não pretendia negar ser próprio orar em outros lugares, mas mostra que a oração é algo secreto, que está principalmente alojado no coração e que requer tranquilidade, longe de todas as nossas numerosas preocupações.

Além disso, é evidente que, a menos que a voz e o canto, uma vez interpostos na oração, fluam do sentimento mais recôndito do coração, não têm o mínimo valor ou proveito junto a Deus. Mas eles incitam sua ira contra nós caso fluam apenas do exterior dos lábios e da garganta, uma vez que isso seria abusar de seu santíssimo nome e manter sua majestade em desdém, como declara através do profeta: "Visto que esse povo se aproxima de mim e, com sua boca e com seus lábios, me honra, mas seu coração está longe de mim, e seu temor para comigo consiste só em mandamentos de homens, que maquinalmente aprendeu, continuarei a fazer obra maravilhosa no meio deste povo; sim, obra maravilhosa e um portento; de maneira que a sabedoria de seus sábios perecerá, e a prudência de seus prudentes se esconderá" (Isaías 29.13–14; cf. Mateus 15.8–9).

O LOUVOR

11. Todavia, aqui não condenamos o falar e o cantar, contanto que sejam associados ao afeto do coração e sirvam a ele. Pois assim exercitam a mente em ponderar sobre Deus e mantê-la atenta, a qual (em razão de ser insegura)

facilmente relaxa e se desvia em direções distintas. Além do mais, visto que a glória de Deus deve, em certa medida, brilhar nas diversas partes de nossos corpos, é especialmente oportuno que a língua seja designada e destinada a essa tarefa, seja através do cantar, seja através do falar. Pois ela foi expressamente criada para transmitir e proclamar o louvor de Deus. Mas o principal uso da língua é nas orações públicas, as quais são oferecidas na assembleia dos crentes, por meio da qual se concretiza isso a uma só voz e, por assim dizer, com a mesma boca, para que todos nós glorifiquemos a Deus juntos, adorando-o com um só espírito e a mesma fé. E fazemos isso abertamente, para que todos os homens, de forma alternada, recebam cada qual de seu irmão a confissão de sua fé e sejam impelidos por seu exemplo.

ORAÇÕES EM OUTRO IDIOMA

12. Disso, também transparece claramente que as orações públicas devem ser pronunciadas não em grego entre os latinos, nem em latim entre os franceses e ingleses (como, até então, tem sido o costume), mas no idioma do povo, para que, em geral, seja entendida por toda a assembleia. Pois isso deve ser feito para a edificação de toda a Igreja, a qual não recebe nenhum benefício de um som não discernido. Os que não levam em conta o amor devem ao menos deixar-se sensibilizar pela autoridade de Paulo, cujas palavras são perfeitamente claras. "E, se tu bendisseres apenas em espírito, como dirá o indouto o amém depois de tua ação de graças? Visto que não entende o que dizes; porque tu, de fato, dás bem as graças, mas o outro não é edificado" (1 Coríntios 14.16–17). Na oração, seja pública, seja

em privado – como devemos manter explicitamente –, a língua sem o coração é inaceitável a Deus. Além do mais, o que a mente pondera deve ser de tamanha magnitude e tamanho ardor que a expressão exceda em muito aquilo que a língua pode expressar. Finalmente, a língua nem mesmo é necessária para a oração privativa: o sentimento íntimo deveria bastar para se incitar, de modo que, algumas vezes, as melhores orações são as silenciosas. Como exemplo, é possível ver isso nas orações de Moisés (Êxodo 14) e de Ana (1 Samuel 1.13).

13. Ora, devemos aprender não só um método mais definido de oração, mas também a própria forma: ou seja, aquilo que o Pai celestial nos tem ensinado através de seu amado Filho (Mateus 6.9; Lucas 11.2), no qual podemos reconhecer a ilimitada bondade e clemência. Pois ele nos adverte e nos insta a buscá-lo em cada uma de nossas necessidades (como filhos que costumam buscar refúgio na proteção dos pais). Além disso, uma vez que ele viu que nem percebemos suficientemente a que aperturas nossa pobreza conduz, o que era justo pedir e também o que nos era proveitoso, fez também provisão para essa ignorância de nossa parte; e o que estava faltando à nossa capacidade, ele mesmo supriu e fez de si o que nos era suficiente. Pois ele compôs para nós uma forma em que apresenta como num sumário tudo o que nos permite buscar da parte dele, tudo o que nos é benéfico, tudo o que necessitamos pedir. Dessa sua bondade, recebemos um grande fruto de consolação: que saibamos que não estamos pedindo nenhum absurdo, nada estranho ou inconveniente – em suma, nada que ele não aceite –, uma vez que estamos pedindo quase em suas próprias palavras.

Essa forma ou regra de oração consiste de seis petições. A razão pela qual não concordo com os que distinguem sete tópicos é que, em Lucas 11.2-4, são lidas somente seis; obviamente, ele não teria deixado a oração numa forma defectiva, de modo que o que foi adicionado em sétimo lugar em Mateus deve ser referido, exegeticamente, à sexta posição. Mas, ainda que em todas essas (petições), deva-se conferir à glória de Deus o principal lugar, e, em contrapartida, mesmo que todas elas visem ao nosso bem, e é conveniente que se apresentem como pedimos, as três primeiras petições foram destinadas particularmente à glória de Deus. E é justamente isso que devemos buscar nelas, sem levar em conta nosso próprio proveito, como se costuma dizer. As outras três dizem respeito ao cuidado de nós mesmos, e são especialmente destinadas àquelas coisas que devemos pedir em nosso próprio proveito. Assim, quando pedimos que o nome de Deus seja santificado, não devemos levar em conta nosso proveito pessoal, mas tão somente pôr diante de nós sua glória, olhar atentamente para essa única coisa. E, em petições desse tipo, devemos deixar-nos afetar precisamente da mesma maneira.

E, sem dúvida, isso resulta em grande vantagem para nós, porque, quando seu nome é santificado como pedimos, também se efetua nossa própria santificação. Mas nossos olhos devem, por assim dizer, estar cegos para esse tipo de vantagem, para que, removida toda esperança de nosso bem privado, essa santificação do nome de Deus, e outras coisas que pertencem à sua glória, não deixem de ser desejadas e pedidas em nossas orações, como se vê nos exemplos de Moisés e de Paulo (Êxodo 32.32; Romanos 9.3), os quais, afastando de si suas mentes e seus olhos, com zelo ardente e intenso, estavam dispostos a buscar sua própria destruição, a fim de que, a despeito de sua própria perda, a glória e o reino de Deus fossem promovidos. Em contrapartida, quando pedimos que nos seja dado o pão diário, ainda que desejemos o que visa à nossa própria vantagem, aqui também devemos buscar a glória de Deus, para que nada peçamos senão o que redunde nessa glória.

B. DA EXPOSIÇÃO DA ORAÇÃO DO SENHOR

"PAI NOSSO QUE ESTÁS NO CÉU."

14. Em primeiro lugar, alguém encontra na própria abertura o que já mencionamos: toda oração deve ser oferecida por nós em nome de Cristo, uma vez que nenhuma oração pode ser-lhe encomendada em outro nome. Pois, ao chamarmos Deus de "Pai", certamente apresentamos o nome de Cristo. Se não fôssemos adotados em Cristo como filhos da graça, com que garantia alguém se dirigiria a Deus na qualidade de Pai? Quem se teria aventurado a tamanha temeridade a ponto de se apropriar da honra de um filho de Deus? Cristo, o verdadeiro Filho, nos foi dado por ele como nosso irmão para que o que lhe pertence por natureza se torne nosso por benefício e adoção, contanto que abracemos com fé inabalável essa grande bênção. No dizer de João, foi dado poder aos que creem no nome do unigênito Filho de Deus, para que venham a ser também filhos de Deus (João 1.12). Por conseguinte, ele se denomina Pai nosso e quer ser assim chamado por nós. Por essa grande doçura de seu nome, ele nos livra da incre-

dulidade, já que não se pode encontrar em outro lugar maior sentimento de amor senão no Pai. Mas seu amor para conosco é tão maior e mais excelente que todo o amor de nossos pais, pois ele excede a todos os homens em bondade e mercê. Assim, se todos os pais que há na terra, despidos de todo senso da piedade paterna, abandonassem seus filhos, ele jamais falharia para conosco (Salmos 27.10; Isaías 63.16), já que ele não pode negar a si mesmo (2 Timóteo 2.13). Pois nós temos a sua promessa: "Ora, se vós, que sois maus, sabeis dar boas dádivas aos vossos filhos, quanto mais vosso Pai, que está nos céus, dará boas coisas aos que lhe pedirem?" (Mateus 7.11). Mas um filho não pode entregar-se à guarda de um estranho e desconhecido sem ao mesmo tempo se queixar ou da crueldade do pai ou da falta dos meios de sobrevivência. Assim, se somos seus filhos, não podemos buscar ajuda em qualquer outro lugar senão nele, sem censurá-lo por indigência, ou falta de meios, crueldade ou rigor excessivo. E não aleguemos que a consciência de nossos pecados justifica nossa timidez, os quais têm causado desprazer em nosso Pai, muito embora seja bondoso e dócil.

Entre os homens, um filho não pode ter melhor advogado para a defesa de sua causa diante de seu pai, não pode ter melhor intermediário a granjear seu favor perdido, do que se ele próprio, súplice e humilde, reconhecendo sua culpa, implorar a mercê de seu pai. Então, seu pai, incapaz de ocultar sua compaixão, não deixará de se comover diante de tais súplicas. Então, como aquele que é o Pai das misericórdias e Deus de todo conforto deixaria de responder (cf. 2 Coríntios 1.3)? Acaso ele não atentará para as lágrimas e os gemidos de seus filhos que lhe suplicam em seu próprio favor (visto que, particularmente, nos convida e nos exorta a isso), em vez de qualquer defesa de outros advogados, a cujo socorro hajam recorrido, nutrindo dúvida da compaixão e da bondade de seu pai? Ele nos descreve e representa numa parábola (Lucas 15.11–32) essa profusão de compaixão paterna: um filho se alienara de seu pai, gastara dissolutamente sua subsistência (v. 13) e o ofendera gravemente (v. 18); mas o pai o recebe de braços abertos e nem mesmo espera que ele lhe peça perdão, mas o antecipa, reconhece que ele volta de longe, de bom grado corre ao seu encontro (v. 20), conforta-o e recebe-o em seu favor (vv. 22-24). Pois, ao apresentar esse exemplo de profunda compaixão visto naquele homem, seu intuito era ensinar-nos quão ricamente devemos esperar dele seu favor. Pois ele não só é pai, mas o melhor e mais bondoso de todos os pais, contanto que nos lancemos em sua mercê, ainda que sejamos filhos ingratos, rebeldes e obstinados.

A MERCÊ DE DEUS PAI

15. E, para tornar mais forte nossa certeza de que ele é essa espécie de Pai para conosco (se somos cristãos), ele quis que o chamássemos não só de "Pai", mas explicitamente "*nosso* Pai". É como se nos dirigíssemos a ele assim: "Ó Pai, tu que és rico em cordialidade para com teus filhos, e de grande prontidão em perdoar, nós, teus filhos, te invocamos e fazemos nossa oração, certos e plenamente persuadidos de que exibes unicamente para conosco o afeto de Pai, embora sejamos indignos de tal Pai". Não obstante, não somos instruídos de modo que cada um de nós, indivi-

dualmente, o invoque como *Pai meu*, mas, ao contrário, que todos nós, em comum, o invoquemos como *Pai nosso*. Desse fato, somos advertidos sobre quão grande sentimento de amor fraterno deve haver entre nós, que somos os filhos comuns desse Pai. Pois, se todos nós temos um pai comum (Mateus 23.9) e toda coisa boa só nos pode advir da parte dele, cabe-nos que, entre nós, não haja nenhuma divisão; antes, devemos estar preparados com grande solicitude de coração a partilhar uns com os outros, segundo a necessidade assim o exija.

Ora, pois, se assim desejamos, como é justo, estender nossa mão e ajudar uns aos outros, nada há em que mais possamos beneficiar nossos irmãos do que os encomendando ao cuidado providente do melhor Pai de todos; pois, se ele é bom e favorável, nada mais, absolutamente, se pode desejar que isso. Aliás, devemos ao nosso Pai justamente isso. Precisamente como alguém que, verdadeira e profundamente, ama um pai de família, ao mesmo tempo esse abraça toda a sua prole com amor e boa vontade; assim também, em igual medida, convém-nos mostrar ao seu povo, à sua família e, finalmente, à sua herança o mesmo zelo e afeto que temos para com esse Pai celestial. Pois, de tal modo ele honrou esses filhos que os chamou à plenitude de seu Filho unigênito (Efésios 1.23). Assim, a oração do cristão deve conformar-se a essa regra, a fim de ser comum (a todos) e abarcar todos os que são seus irmãos em Cristo, não só aqueles a quem no presente ele vê e reconhece como tais, mas a todos os homens que habitam sobre a terra. Pois o que o Senhor determinou em relação a eles está além de nosso conhecimento, exceto que devamos desejar e esperar o melhor para eles. Todavia, devemos deixar-nos atrair, com especial afeto, por aqueles, acima dos demais, que pertencem à família da fé, os quais o apóstolo encomendou particularmente a nós em tudo (Gálatas 6.10).

ORAÇÃO PELOS IRMÃOS

Sumariando, todas as orações devem ser feitas de tal modo que vise à comunidade que nosso Senhor estabeleceu em seu reino e sua casa. Não obstante, isso não nos impede de orar especialmente por nós mesmos e pelos outros, contanto que nossas mentes não desviem sua atenção dessa comunidade, nem deixe de olhar para ela, mas direcionando-lhe todas as coisas. Pois, embora as orações sejam elaboradas individualmente, já que são dirigidas a esse fim, não cessam de ser comuns. Tudo isso pode ser entendido facilmente pelo uso de uma comparação.

Há uma ordem geral da parte de Deus para que se alivie a necessidade de todos os pobres. Todavia, obedece a essa ordem quem, para esse fim, socorre a indigência daqueles a quem conhece ou vê em sofrimento, ainda que passem por alto a muitos que são oprimidos por necessidades não mais leves, seja porque ou não podem conhecer a todos ou não podem oferecer provisão a todos. Do mesmo modo, tampouco se opõem à vontade de Deus aqueles que, vendo e ponderando sobre essa comunidade comum da Igreja, fazem orações particulares desse gênero, pelas quais encomendam a Deus publicamente, seja a si mesmos, seja a outros em particular, cujas obras bem conhecem de um modo especial.

Todavia, nem todos os aspectos da oração e da esmola se assemelham. Pois a liberalidade de doar só pode ser praticada para com aqueles cuja pobreza é visível a todos. Mas nós estamos livres para ajudar, por meio da oração, até mesmo as pessoas completamente estranhas e desconhecidas, por maior que seja a distância que as separa de nós. Isso se faz também através daquela forma geral de oração em que todos os filhos de Deus estão inclusos, entre os quais eles também.

16. Adiciona-se que ele está no céu (Mateus 6.9). Disso, não devemos tirar a conclusão de que ele esteja confinado, encerrado e circunscrito pela circunferência do céu, como que barrado por uma cancela. Aliás, Salomão confessa que "o céu dos céus não podem contê-lo" (1 Reis 8.27). E ele mesmo diz, através do profeta, que o céu é seu trono, e a terra, o escabelo de seus pés (Isaías 66.1; Atos 7.49; cf. Atos 17.24). Obviamente, com isso, ele tem em mente que (Deus) não está confinado a alguma região particular, mas é difuso através de todas as coisas. Nossas mentes, porém, tão obtusas quanto são, não poderiam ter concebido de outro modo sua glória inexprimível. Por conseguinte, tem-nos assinalado essa glória pelo (termo) "céu", pois nada podemos visualizar mais sublime ou majestoso do que isso. Portanto, é como se fosse dito que ele é poderoso, sublime, incompreensível. Mas, enquanto ouvimos isso, nosso pensamento deve elevar-se mais alto quando se faz menção Deus, para que não sonhemos para ele algo terreno ou físico, para que não o meçamos por nossa tacanha medida, ou moldemos sua vontade às nossas emoções.

PRIMEIRA PETIÇÃO

"Santificado seja o Teu nome." (Mateus 6.9b)

17. Pelo nome de Deus, indica-se o seu poder, o qual compreende todas as suas excelências: por exemplo, seu poder, sabedoria, justiça, mercê, verdade. Pois Deus é grande e maravilhoso, porque é poderoso, porque é sábio, porque é compassivo, porque é poderoso, porque é veraz etc. Portanto, pedimos que essa majestade seja santificada em excelências como estas, não em Deus mesmo, cuja presença nada se pode acrescentar, nada tirar: mas que ela seja por todos mantida santa, seja realmente reconhecida e magnificada. E tudo que Deus faz, que todas as suas obras se manifestem gloriosas, como realmente são. Se ele pune, que seja proclamado justo; se perdoa, misericordioso; se leva a bom termo o que prometeu, veraz. Em suma, que nenhuma coisa exista em que sua manifesta glória não resplandeça; e, assim, que seus louvores ressoem em todos os corações e por todas as línguas.

Finalmente, que toda impiedade – a qual mancha e profana seu santo nome (ou seja, que obscurece e diminui esse santificar) – pereça e seja confundida. Mas, mesmo em tal confusão, a majestade de Deus resplandece mais e mais. E assim, nessa petição, anexa-se também ação de graças. Pois, enquanto estamos orando para que o nome de Deus seja santificado por toda parte, rendemos-lhe louvor por todas as coisas boas, declaramos que todas as coisas são recebidas da parte dele e reconhecemos suas benesses para conosco.

SEGUNDA PETIÇÃO

"Venha o Teu reino." (Mateus 6.10a)

18. O reino de Deus significa: conduzir e governar seu próprio povo pelo Espírito Santo, a fim de fazer as riquezas de sua bondade e mercê conspícuas em todas as suas obras. Em contrapartida, significa arruinar e abater os réprobos, aqueles que reconhecem a Deus como seu Deus e Senhor, que não querem sujeitar-se ao seu governo; bem como destruir e deitar abaixo sua sacrílega arrogância, a fim de deixar claro que não há poder que possa resistir ao seu poder. Mas essas coisas surgem diariamente diante de nossos olhos, enquanto sua Santa Palavra se eleva como um cetro; mesmo sob a cruz e o desdém e a desgraça do mundo, ela cresce, reina, prospera e produz ricos frutos. Vê-se claramente que um reino desse tipo também viceja neste mundo, ainda que não seja deste mundo (1 Coríntios 1.21; João 17.14; 18.36; Romanos 14.17): primeiro, porque, sendo espiritual, ele consiste de coisas espirituais; segundo, porque ele é incorruptível e eterno (Lucas 1.33; Daniel 7.14).

19. Por conseguinte, oramos para que o "reino de Deus venha"; ou seja, para que o Senhor, dia após dia, acrescente novos crentes ao seu povo, a fim de que celebrem sua glória de todas as formas; (também) para que ele derrame sempre e amplamente sobre eles suas ricas graças, através das quais ele viva e reine neles diária e continuamente, até que cumpra plenamente sua perfeita união consigo mesmo. Ao mesmo tempo, oramos para que ele faça sua luz e verdade brilharem

sempre com nova intensidade, pelas quais as trevas e falsidades de Satanás e seu reino se desvaneçam, sejam expulsos, extintos e pereçam. Enquanto oramos nesses termos, para que "o reino de Deus venha", ao mesmo tempo desejamos que, por fim, seja aperfeiçoado e cumprido, ou seja, na revelação de seu juízo. Naquele dia, somente ele será exaltado e será tudo em todos, quando seu próprio rebanho se congregar e for recebido na glória, mas o reino de Satanás for completamente destruído e deitado abaixo (1 Coríntios 15.28).

TERCEIRA PETIÇÃO

"Seja feita a Tua vontade, assim na terra, como no céu."
(Mateus 6.10b)

20. Por meio dessa petição, pedimos a ele – seja no céu ou na terra, a saber, por toda parte – que ordene e componha todas as coisas em conformidade com a sua vontade, governe o resultado de todas as coisas, use todas as suas criaturas segundo a sua decisão, sujeite a si todas as vontades de todos os seres. Pedimos que igualmente obedeçam à vontade dele: alguns por consentimento (seu próprio rebanho); outros, indisposta e relutantemente (o diabo e os réprobos, que se recusam e se evadem de seu governo e tentam furtar-se da obediência a ele). De fato, quando pedimos isso, estamos renunciando a todos os nossos desejos, resignando-nos e rendendo ao Senhor quaisquer afetos que porventura jazam em nós, e pedindo que Deus responda à nossa oração, não como desejamos, mas como ele anteci-

pou e decretou. Mas não pedimos simplesmente que Deus esvazie e invalide nossos afetos que guerreiam contra a sua vontade, mas, ao contrário, que ele crie em nós novas mentes e novos corações, após haver extinto os nossos (velhos) (Ezequiel 36.26). Pedimos que em nós não haja nenhum impulso de desejo, senão um que seja puro e condizente com a sua vontade. Em suma, não pedimos o que queremos para nós mesmos, e sim o que o Espírito queira em nós. Enquanto o Espírito nos ensina interiormente, aprendamos a amar aquelas coisas que lhe aprazam, porém a odiar ou aborrecer tudo que lhe desagrade.

21. Temos aqui as três primeiras seções da oração. Ao fazermos esses pedidos, estamos mantendo a glória de Deus diante de nossos olhos, enquanto nos deixamos fora de consideração e não visamos a qualquer vantagem egoísta; mesmo quando recebemos da oração ampla vantagem, não devemos buscá-la ali. Mas, mesmo que todas essas coisas venham, não obstante, a se concretizar em seu tempo, sem qualquer pensamento ou desejo ou petição de nossa parte, ainda devemos desejá-las e pedi-las. E não nos é de pouco valor fazer isso. Assim, podemos testificar e professar que somos servos e filhos de Deus. Portanto, aqueles que, com semelhantes esforço e afeto, não se empenham em promover a glória de Deus, para que o nome de Deus seja santificado, para que seu reino venha, para que em tudo se faça sua santíssima vontade, a esses tais não se deve considerar a condição de filhos e servos de Deus; e, como todas essas coisas haverão de se concretizar mesmo contra o consentimento dos homens, o resultado será sua confusão e seu juízo.

QUARTA PETIÇÃO

22. Esta é a primeira das três petições restantes, pelas quais pedimos, especificamente, que Deus nos dê as coisas que nos dizem respeito em nossas atividades, e nos ajude em nossa carência.

"O pão nosso de cada dia dá-nos hoje." (Mateus 6.11)

23. Por meio dessa petição, pedimos a Deus todas as coisas, em geral, que porventura nossos corpos necessitem usar sob os elementos deste mundo (Gálatas 4.3), não só pelo alimento e pelas vestes, mas também por tudo o que Deus perceba ser-nos benéficos, a fim de que comamos nosso pão em paz. Resumindo, com isso, entregamo-nos aos seus cuidados, e nos confiamos à sua providência, para que ele nos alimente, nos fortaleça e nos preserve. Pois nosso gracioso Pai não desdenha de tomar até mesmo nossos corpos sob sua segurança e guarda a fim de exercitar nossa fé nessas pequenas coisas, enquanto esperamos tudo dele, inclusive um naco de pão e uma gota de água. Pois, visto que sucede de um modo ou de outro, por nossa perversidade, que nos deixemos afetar e atormentar pela preocupação mais pelo corpo do que pela alma, muitos que se aventuram a confiar sua alma a Deus ainda são atormentados pela carne, ainda nutrem dúvida sobre o que comerão, com o que se vestirão; e, a menos que tenham na mão abundância de vinho, trigo e azeite, deixam-se consumir pela apreensão.

Para muitos de nós, a sombra desta vida fugaz significa mais para nós do que a imortalidade eterna! Os que, confiando em Deus, lançaram de si, de uma vez por todas, a ansiosa preocupação da carne imediatamente esperam da parte dele coisas maiores; sim, a salvação e a vida eterna. Portanto, para nós, não é um leve exercício de fé esperar de Deus aquelas coisas que, de outro modo, nos causariam tal ansiedade. E somos grandemente beneficiados quando nos despimos dessa infidelidade, a qual finca seus dentes até os próprios ossos de quase todos os homens (Mateus 6.25-33).

24. Portanto, pedimos a nosso Pai que nos dê nosso pão. Ora, como dizemos "de cada dia" e "hoje", somos ensinados a não aspirarmos com imoderado desejo por essas coisas evanescentes, as quais costumamos esbanjar nos prazeres sensuais, na ostentação ou outros luxos; mas devemos pedir somente quanto seja suficiente para nossas necessidades e, por assim dizer, para hoje. Mas temos de fazer isso com esta segura certeza: que, como nosso Pai celestial nos nutre hoje, não falhará conosco amanhã.

Por conseguinte, por mais fartamente que nos fluam os bens, mesmo quando nossas despensas estejam abarrotadas e nossos celeiros, cheios, sempre nos convém rogar por nosso pão diário, reputando por nada todas as possessões, exceto na medida em que o Senhor, havendo derramado sua bênção, as torna prósperas e plenas de fruto. E não é nosso nem mesmo o que está em nossa mão, exceto na medida em que ele nos outorgue cada pequena porção de hora em hora e nos permita fazer uso dela.

Todavia, aqueles que, não contentes com o pão diário, apressam-se, ofegantes, após incontáveis coisas, com desabrida ânsia, ou se deixam saturar com sua abundância, ou se mostram despreocupados com suas riquezas cumuladas, mesmo assim apresentam a Deus essa oração, outra coisa não fazem senão zombar dele. Pois os primeiros lhe rogam pelo que não desejam receber; aliás, o que abominam totalmente – a saber, o mero pão diário –, e, tanto quanto possível, dissimulam diante de Deus sua propensão à avareza, quando a verdadeira oração é que se derrame diante dele tudo o que está na própria mente e tudo o que está oculto no íntimo. Mas outros lhe pedem aquilo que de modo algum esperam dele, a saber, o que creem já estar em sua posse.

Ao chamarmos "nosso" o pão, a generosidade de Deus se sobressai ainda mais, pois ela faz nosso aquilo que de modo algum nos era devido (Deuteronômio 8.18). O fato de pedirmos que ele nos seja dado significa que é uma simples e graciosa dádiva de Deus, que nos venha de onde vier, mesmo quando aparentemente obtido com nossa própria habilidade e diligência e suprido por nossas próprias mãos.

QUINTA PETIÇÃO

"Perdoa-nos as nossas dívidas, assim como nós temos perdoado aos nossos devedores." (Mateus 6.12)

25. Com essa petição, rogamos que nos seja concedido o perdão dos pecados, necessário a todos os homens, sem exceção. Denominamos os pecados de "dívidas" porque devemos a Deus a penalidade ou o pagamento por elas, e de modo algum poderíamos satisfazê-lo, a menos que sejamos liberados por esse perdão (Romanos 3.23–24). Esse perdão gratuito

emana de sua mercê, quando ele mesmo, generosamente, apaga essas dívidas e nos livra delas, sem exigir de nossa parte qualquer quitação por elas, mas ele mesmo fazendo, por sua mercê, satisfação em Cristo, o qual, uma vez para sempre, se deu em resgate ao Pai (cf. Romanos 3.24).

Portanto, os que confiam que Deus está satisfeito com seus próprios méritos, ou de outros, e que por meio de tal satisfação o perdão dos pecados é pago e adquirido, de modo algum participam dessa dádiva graciosa. E, enquanto invocam a Deus em conformidade com essa forma, nada fazem senão subscrever à sua própria acusação e selar sua condenação mediante seu próprio testemunho. Pois confessam que são devedores, a menos que sejam liberados pelo benefício do perdão, o qual, não obstante, não aceitam, mas, ao contrário, tratam-no com desdém, enquanto impõem a Deus seus méritos e satisfações. Porque, desse modo, não imploram sua mercê, mas evocam sua justiça.

26. Finalmente, pedimos que nos venha o perdão, "assim como perdoamos aos nossos devedores" (Mateus 6.12): a saber, como poupamos e perdoamos os que, de alguma maneira, nos prejudicaram, ou nos têm tratado injustamente com ação ou nos insultado com palavra. Não que esteja em nós perdoar-lhes a culpa da transgressão ou da ofensa, pois isso pertence exclusivamente a Deus (cf. Isaías 43.25)! Ao contrário, este é o nosso perdão: de bom grado, expulsar da mente a ira, o ódio, o desejo de vingança e relegar voluntariamente ao esquecimento a lembrança da injustiça.

Por essa razão, não devemos buscar o perdão dos pecados da parte de Deus, a menos que nós mesmos também perdoemos as ofensas praticadas contra nós por todos que nos fazem ou nos têm feito mal. Se retivermos o sentimento de ódio em nossos corações, se tramarmos vingança e nos valermos de alguma ocasião para causar dano, inclusive se não tentarmos reaver de nossos inimigos as boas graças, merecendo, por toda sorte de boa ação, o bem da parte deles, e nos encomendarmos a eles, por meio desta oração, rogamos a Deus que não nos perdoe os pecados. Porquanto rogamos que nos seja feito o que devemos fazer a outrem (Mateus 7.12). Aliás, isso equivale a lhe pedir que não nos perdoe, a menos que nós mesmos perdoemos. O que lucra com sua petição esse tipo de pessoa senão um juízo mais pesado?

Finalmente, devemos notar que essa condição – que ele "nos perdoe como perdoamos aos nossos devedores" (Mateus 6.12) – não é anexada porque, pelo perdão que concedemos a outros, merecemos seu perdão. Antes, com essa palavra, o Senhor tencionava apenas confortar a fraqueza de nossa fé. Pois ele anexou isso como um sinal para nos assegurar que tem perdoado os nossos pecados assim como, com certeza, nós temos a consciência de haver perdoado os de outrem, contanto que nossos corações estejam esvaziados e purgados de todo ódio, inveja e vingança.

Além do mais, é por essa marca, por assim dizer, que o Senhor tem excluído do rol de seus filhos aquelas pessoas que, sendo solícitas à vingança e morosas em perdoar, praticam persistente inimizade e fomentam contra outros a mesma indignação que oram que lhes seja revertida em Deus. O Senhor faz com que tais homens não ousem invocá-lo como Pai.

SEXTA PETIÇÃO

"Não nos deixes cair em tentação, mas livra-nos de todo o mal." (Mateus 6.13a)

27. As formas de tentação são muitas e variadas. Pois são tentações as perversas concepções do coração, provocando-nos à transgressão da lei, as quais ou nos sugere nosso próprio desejo desordenado, ou as inspira o diabo. Essas coisas não são más em sua própria natureza, mas se convertem em tentações através das artes do diabo, quando são de tal modo lançadas diante de nossos olhos que, por sua aparência, somos distraídos ou afastados de Deus (Tiago 1.2, 14; cf. Mateus 4.1, 3; 1 Tessalonicenses 3.5).

E estas tentações nos vêm ou da direita ou da esquerda (cf. Provérbios 4.27). As da direita são, por exemplo, riquezas, poder, honras, as quais, com frequência, com seu fulgor ou falso esplendor, e com a espécie de bem com que aparecem adornadas, ofuscam a agudeza da vista dos homens e os seduzem com seus afagos, de modo que, cativados por tais truques e inebriados com tamanha doçura, os homens se esquecem de seu Deus. As da esquerda são, por exemplo, a pobreza, a desgraça, o desprezo, as aflições e coisas afins.

Frustrados pela rudeza e a dificuldade dessas coisas, o desânimo se apodera da mente, eles perdem a certeza e a esperança e, por fim, tornam-se completamente alienados de Deus. Oramos a Deus, nosso Pai, para que não permita que cedamos a essas tentações, que, ou suscitadas em nós por nosso desordenado desejo, ou propostas pela astúcia do diabo, guerreiam contra nós. Antes, oramos para que ele nos sustente com sua mão e nos encoraje, para que, fortalecidos pelo seu poder, sejamos aptos a permanecer firmes contra todos os assaltos de nosso maligno inimigo, sejam quais forem os pensamentos que ele introduza em nossas mentes. E oramos para que o que quer que nos seja apresentado, em um ou outro sentido, possamos reverter para o bem – a saber, que não sejamos ensoberbecidos na prosperidade nem abatidos na adversidade.

Aqui, porém, não pedimos que não sintamos nenhuma tentação, pois, ao contrário, necessitamos muitíssimo ser despertados, incitados, aguilhoados por elas, a fim de que, dominados pela inatividade, tornemo-nos excessivamente embotados (Tiago 1.2). Pois não era fora de propósito que Davi desejasse ser tentado (cf. Salmos 26.2), nem é desprovido de forte razão que o Senhor teste diariamente seus eleitos (Gênesis 22.1; Deuteronômio 8.2; 13.3), castigando-os com desonra, pobreza, tribulação e outros tipos de aflição. Mas Deus tenta de uma maneira; Satanás, de outra. Satanás tenta com o fim de destruir, condenar, confundir, envergonhar. Deus, porém, tenta para provar e exercitar seus próprios filhos, a fim de mortificar, purificar e cauterizar sua carne, a qual, se não fosse assim forçada por essa restrição, seria excessivamente concupiscente e se vangloriaria além da medida. Além disso, Satanás ataca os que estão desarmados e despreparados, com o fim de esmagar os incautos. Deus, juntamente com a tentação, provê uma via de escape, para que os seus sejam aptos a suportar pacientemente tudo o que ele lhes impõe (1 Coríntios 10.13; 2 Pedro 2.9).

28. Esta, pois, é nossa súplica: que não sejamos vencidos ou esmagados por quaisquer tentações, mas que, pelo poder do

Senhor, permaneçamos firmes contra todos os poderes hostis que nos assaltam. Isso não equivale a ceder às tentações. Nossa súplica é que, recebidos em seu cuidado e guarda, e seguros em sua proteção, possamos permanecer invencíveis sobre o pecado, a morte, os portões do inferno (Mateus 16.28) e todo o reino do diabo. Isso equivale a ser livre do maligno. Aqui devemos notar cuidadosamente que não está em nosso poder nos engajarmos em combate com aquele grande inimigo, o diabo, ou suportar sua força e investida. De outro modo, seria fora de propósito ou uma zombaria pedir de Deus o que já temos em nós mesmos. Obviamente, os que se preparam para tal combate confiando em si mesmos não entendem suficientemente bem que feroz e bem equipado inimigo temos de enfrentar. Aqui buscamos ser isentados de seu poder, como das garras de um leão cruel e feroz (1 Pedro 5.8); se o Senhor não nos arrebatasse do meio da morte, não poderíamos evitar sermos imediatamente dilacerados por suas unhas e presas, inclusive de descer à sua garganta. Não obstante, sabemos que, se o Senhor está conosco, e peleja por nós enquanto dormimos, "Em Deus faremos proezas, porque ele mesmo calca aos pés nossos adversários" (Salmos 60.12; cf. 107.14). Confiem-se outros, como queiram, em seu livre-arbítrio e naqueles poderes que pensam possuir em si mesmos. Quanto a nós, basta-nos que nos apoiemos e sejamos fortes unicamente no poder de Deus.

RESUMO

29. Essas três petições, nas quais encomendamos especialmente a Deus, nós mesmos e nossas possessões, mostram claramente o que já dissemos antes: que as orações dos cris-

tãos devem ser públicas e visar à edificação pública da Igreja e ao avanço da comunhão dos crentes. Pois cada homem não ora para que lhe seja dado algo privativamente, mas todos nós, em comum, pedimos nosso pão, o perdão dos pecados, que sejamos poupados da tentação e livrados do maligno. Além do mais, ali se acresce a razão pela qual devemos ser tão ousados em pedir e tão confiantes de que receberemos.

> "Porque teu é o reino, o poder e a glória, para sempre." (Mateus 6.13b)

30. Esse é o sólido e tranquilo repouso de nossa fé. Pois, se nossas orações fossem encomendadas a Deus em razão de nossa dignidade, quem se atreveria, na presença de Deus, a sussurrar sequer uma palavra? Ora, por mais miseráveis que sejamos, ainda que os mais indignos de todos, por mais destituídos de toda recomendação, nunca nos faltará uma razão para orarmos; nunca seremos privados de segurança, uma vez que jamais se podem arrebatar de nosso Pai seu reino, seu poder e sua glória.

No fim, anexa-se o "Amém" (Mateus 6.13). Com ele, expressa-se o desejo ardente de obtermos o que temos suplicado a Deus. E fortalece-se nossa esperança de que todas as coisas desse gênero já foram conseguidas e, seguramente, nos serão concedidas, visto que já foram prometidas por Deus, aquele que não pode mentir.

C. DA PRÁTICA DA ORAÇÃO

31. Tudo o que deveríamos ter, ou somos aptos a buscar da parte de Deus, apresenta-se dessa forma e, por assim dizer,

essa é a regra para a oração transmitida por nosso supremo Mestre, Cristo, a quem o Pai designou Professor e o único a quem ele quer que ouçamos e atentemos bem (Mateus 17.5). Pois ele sempre tem sido a eterna Sabedoria de Deus (Isaías 11.2) e, uma vez feito homem, foi dado aos homens, o Anjo do grande conselho (Isaías 9.6; cf. 28.29 e Jeremias 32.19).

ORAÇÃO-MODELO

E essa oração é, em todos os aspectos, tão perfeita que tudo de estranho e alheio que lhe for acrescido, que não lhe possa ser relacionado, é ímpio e indigno de ter sido prescrito por Deus. Porque, neste sumário, ele apresentou o que é digno dele, aceitável a ele, necessário para nós – com efeito, o que ele concedeu espontaneamente.

Por essa razão, os que ousam ir além e pedem algo a Deus à parte disso desejam, antes de tudo, adicionar à sabedoria de Deus algo de sua própria invenção – algo que não pode ocorrer sem insana blasfêmia; segundo, não se confinam na vontade de Deus, mas, tendo-a em desprezo, extraviam-se grandemente em seu descontrolado desejo; finalmente, nunca obtêm nada, visto que oram sem fé. Mas, indubitavelmente, todas as orações desse gênero são articuladas separadamente da fé, pois nelas a Palavra de Deus está ausente, na qual, se não se pode contar sempre com a fé, de modo algum pode subsistir. Mas tais pessoas não só carecem da Palavra de Deus, como também contendem contra ela com todas as suas forças.

Não gostaríamos que se entendesse que estamos tão limitados por essa forma de oração que não nos seja permitido mudá-la sequer numa palavra ou sílaba. Pois, na Escritura, aqui e ali, é possível ler muitas orações com palavras muito diferentes dessa forma, mas compostas pelo mesmo Espírito, cujo uso nos é bastante proveitoso. Ao ensinarmos assim, queremos dizer apenas isto: que ninguém deve pedir, esperar ou exigir absolutamente nada que não esteja incluso, à maneira de sumário, nesta oração; e, ainda que as palavras sejam totalmente diferentes, o sentido não pode discrepar. Dessa maneira, é indubitável que todas as orações contidas na Escritura dizem respeito apenas a ela.

De fato, jamais se pode achar outra que seja igual a essa em perfeição, muito menos excedê-la. Aqui, nada é deixado fora que se deva imaginar em louvor a Deus, nada que deva penetrar a mente humana, que vise a seu próprio proveito. E, sem dúvida, sua composição é tão exata que se remove de todos os homens a esperança de tentar algo superior. Em suma, recordemos bem que esse é o ensino da sabedoria divina, no qual ele ensinou o que quis, e quis o que era necessário.

HORAS DETERMINADAS PARA A ORAÇÃO

32. Mas, embora já fosse afirmado previamente que, ao elevarmos nossos corações, devemos aspirar sempre a Deus e orar sem cessar (1 Tessalonicenses 5.17), como nossa fraqueza é tal que tem de ser sustentada com muitos auxílios, e nossa indolência tal que necessita ser acicatada, convém que cada um de nós reserve certas horas para esse exercício. Essas horas não devem passar sem oração e, durante esse tempo, toda a devoção do coração deve engajar-se nela por completo.

Por exemplo, quando nos levantamos pela manhã, antes de começarmos o trabalho diário, quando nos assentamos para a refeição, quando, pela bênção divina, terminamos a refeição, quando nos preparamos para o repouso. Todavia, não devemos fazer isso como uma observância supersticiosa das horas, como se nelas estivéssemos pagando ao Senhor uma dívida, com isso nos autorizando a ficar ociosos nas horas restantes. Ao contrário, deve ser como uma disciplina de nossa fraqueza, a qual deve ser assim exercitada e reiteradamente estimulada. É preciso cuidarmos para que, sempre que nos vemos afligidos, ou que notamos a aflição de outros em razão de alguma adversidade, recorramos a Deus, não com pés velozes, mas com corações solícitos. Então, que não deixemos de notar nossa prosperidade ou a de outrem sem testificar que, com louvor e ação de graças, reconhecemos aí a mão de Deus!

SUJEIÇÃO À VONTADE DIVINA

33. Finalmente, devemos, em toda oração, observar cuidadosamente que nossa intenção não seja obrigar a Deus a circunstâncias particulares, ou prescrever em que tempo, em que lugar ou de que modo algo há de ser feito. Por conseguinte, nesta oração somos instruídos que não lhe façamos alguma lei, nem lhe imponhamos alguma condição, mas que deixemos à sua decisão fazer o que ele está para fazer, de que maneira, em que tempo e em que lugar lhe parecer bom. Entretanto, antes de concebermos para nós mesmos alguma oração, oremos para que sua vontade seja feita (Mateus 6.10). Com essas palavras, sujeitamos nossa vontade à sua a fim de que, restringidos como que por um freio, não presumamos controlar Deus, e sim tomá-lo como o árbitro e diretor de todas as súplicas que ela contém.

Se, com corações dispostos a essa obediência, deixarmo-nos ser governados pelas leis da divina providência, prontamente aprenderemos a perseverar em oração e, com os desejos suspensos, aguardaremos pacientemente pelo Senhor. Então, estaremos seguros de que, mesmo quando não apareça, ele está sempre presente conosco e, em seu próprio tempo, declarará que jamais foi surdo às orações que, aos olhos dos homens, parecia ter negligenciado.

Esta, pois, será uma consolação sempre presente: que, se Deus não responder aos nossos primeiros pedidos, não desmaiemos nem entremos em desespero. Esse é o costume dos que, arrebatados por seu próprio ardor, de tal modo invocam a Deus que, a menos que ele atenda ao seu primeiro ato de oração e lhes traga auxílio imediato, imaginam-no irado e hostil para com eles e, abandonando toda a esperança de serem ouvidos, cessam de invocá-lo.

Da mesma forma, não tentemos a Deus e, cansando-o com nossa depravação, provoquemo-lo contra nós mesmos. Isso se dá frequentemente com muitos que se comprometem a Deus somente em certas condições, e, como se ele fosse o servo de seus próprios apetites, obrigam-no às leis de sua própria estipulação. Se ele não lhes obedece imediatamente, ficam indignados, se queixam, protestam, murmuram e se iram contra ele. Portanto, a esses tais, ele costuma atender com ira e fúria o que, em sua mercê, nega àqueles aos quais usa de misericórdia. Os filhos de Israel fornecem prova disso, pois a eles teria sido muito melhor não serem ouvidos pelo Senhor do que deglutir sua ira (misturada) com sua carne (Números 11.18, 33).

ESPERA E CONFIANÇA

Mas, se finalmente, mesmo depois de longa espera, nossos sentidos não podem apreender o benefício recebido da oração, ou perceber qualquer fruto dela, nossa fé nos fará certos do que não se pode perceber pelo sentido: que temos obtido o que nos convinha. E, assim, ele fará com que tenhamos abundância na pobreza e conforto na aflição. Pois, ainda que todas as coisas nos falhem, Deus jamais nos esquecerá, pois não pode frustrar a expectativa e a paciência de seu povo (Habacuque 3.17–19).

Somente ele será para nós o substituto de todas as coisas, uma vez que todas as boas coisas estão contidas nele e ele no-las revelará no Dia do Juízo, quando seu reino se manifestar com toda a clareza. Mas os crentes necessitam ser sustentados por essa paciência, visto que não permaneceriam por muito tempo de pé, a menos que permaneçam firmados nela. Pois o Senhor prova seu povo não com provações leves, nem os exercita com brandura, mas costuma conduzi-los a extremos, deixando-os em dúvida por muito tempo e em aflição antes de fazê-los degustar a doçura de sua proteção. E, no dizer de Ana, "O Senhor é o que tira a vida e a dá; faz descer à sepultura e faz subir" (1 Samuel 2.6). O que essas coisas poderiam fazer aqui senão desencorajar e precipitar ao desespero, se não fossem – quando aflitos, desolados e já semimortos – revitalizados pelo pensamento de que Deus atenta para eles e os conduzirá ao fim de seus presentes infortúnios?

CAPÍTULO IV

DOS SACRAMENTOS

A. DOS SACRAMENTOS EM GERAL

1. No tocante à natureza dos sacramentos, é muito importante que nos seja ensinada alguma doutrina definida, para, assim, aprendermos dela tanto o propósito para o qual foi instituída como o que diz respeito ao seu uso atual.

O QUE SACRAMENTO SIGNIFICA

Em primeiro lugar, o que é um sacramento? É um sinal externo pelo qual o Senhor representa e atesta a nós sua boa vontade para conosco, com o fim de sustentar a debilidade de nossa fé. Outra definição seria: é o testemunho da graça de Deus, declarado a nós por um sinal externo. Disso, entendemos ainda que, em um sacramento, nunca está ausente uma promessa precedente, mas, ao contrário, se junta a ele como se fosse um apêndice, para confirmar e selar a própria promessa e então torná-la, por assim dizer, mais evidente a nós. E assim Deus faz provisão para a ignorância de nossa mente e para a debilidade de nossa carne.

Todavia, ela é necessária não tanto para confirmar a verdade de Deus quanto para nos estabelecer nela. Pois em si mesma ela é bastante sólida e segura, e não pode receber melhor confirmação de qualquer outra fonte senão de si mesma.

Mas, como nossa fé é leviana e débil, a não ser que seja escorada de todos os lados e sustentada por muitos meios, ela treme, vacila, titubeia. E aqui nosso compassivo Senhor de tal modo se acomoda à nossa capacidade que (visto sermos criaturas que sempre se arrastam na terra, se apegam à carne e não pensam e nem mesmo concebem o que é espiritual) nos conduz a si inclusive por meio desses elementos terrenos e, na carne, nos faz contemplar as coisas que são de seu Espírito. Não porque os dons tenham sido dotados com as naturezas das coisas que nos são apresentadas nos sacramentos, mas porque são selados por Deus a essa significação.

Não devemos dar crédito aos que argumentam com objeções como esta. Sabemos, ou não sabemos, dizem, que a Palavra de Deus, que precede o sacramento, constitui sua genuína vontade? Se o sabemos, nada de novo aprendemos do sacramento que vem a seguir; se não o sabemos, o sacramento (cujas força e energia plenas repousam na Palavra) também não o ensinará. A esses, apresentamos aqui uma resposta breve: os selos anexados aos documentos governamentais e outros atos públicos tomados em si mesmos nada são, pois seriam anexados com nenhum propósito se nada houvesse escrito no pergaminho. Todavia, acrescido à escritura, nem por isso deixam de confirmar e selar o que está escrito. E nossos adversários não podem gabar-se de que essa comparação foi recentemente inventada por nós, uma vez que o próprio Paulo a usou, denominando a circuncisão de "selo" (Romanos 4.11).

Visto que o Senhor denomina suas promessas de "alianças" (Gênesis 6.18; 9.9; 17.2), e seus sacramentos, de "emblemas" das alianças, das alianças humanas é possível extrair um símile. O que pode realizar a morte de uma porca, a não ser que o ato seja acompanhado de palavras, aliás, que o precedam? Pois às vezes se matam porcas à parte de qualquer mistério mais secreto ou mais elevado. De que vale dar a destra quando é costume unir as mãos em batalha? Todavia, quando as palavras precedem, as leis das alianças são, por tais sinais, obviamente ratificadas, embora tenham sido previamente concebidas, estabelecidas e decretadas pelo uso de palavras.

OS SACRAMENTOS CONFIRMAM NOSSA FÉ

2. Portanto, os sacramentos são exercícios que nos tornam mais seguros da confiabilidade da Palavra de Deus. E, como somos carne, eles nos são exibidos sob coisas da carne, para nos instruir segundo nossa obtusa capacidade e guiar-nos pela mão como tutores que conduzem crianças. Agostinho denomina sacramento como "uma palavra visível", em virtude de representar as promessas de Deus como se pintadas em um quadro, colocando-as diante de nossos olhos, graficamente delineadas e na forma de imagens.

De igual modo, é possível aduzir outras comparações para designar os sacramentos com mais nitidez; e assim podemos chamá-los "os pilares de nossa fé". Pois, como um edifício se firma e repousa sobre seu próprio fundamento, mas é estabelecido com mais solidez por meio de colunas colocadas embaixo, assim a fé repousa na Palavra de Deus como sobre um fundamento; mas, quando se acrescem os sacramentos, ela repousa com mais solidez sobre eles como que sobre colunas. Ou podemos chamá-los espelhos nos quais podemos contemplar as riquezas da graça de Deus, com as quais ele se nos mostra generoso. Pois, por meio deles, ele se manifesta (como já foi dito) a nós até onde é dado à nossa obtusidade perceber e atesta em relação a nós seu beneplácito.

Nem raciocinam com a devida atenção os que argumentam que os sacramentos não são testemunhos da graça de Deus, porquanto são também oferecidos aos ímpios, os quais, não obstante, de modo algum acham Deus mais favorável para com eles; mas, ao contrário, incorrem em condenação mais pesada. Pois, se esse argumento valesse, pelo mesmo diríamos que tampouco o evangelho seria testemunho da graça de Deus, já que muitos o ouvem e o desprezam; nem mesmo o próprio Cristo seria prova da misericórdia de Deus, porquanto muitos o conheceram e o viram, mas, desses, poucos o receberam. Portanto, é indubitável que o Senhor nos oferece a mercê e a graça de seu beneplácito, quer em Sua Palavra, quer em seus sacramentos. Mas isso só é entendido pelos que tomam a Palavra e os sacramentos com fé sólida, precisamente como Cristo foi oferecido e apresentado pelo Pai a todos para sua salvação; todavia, nem todos o reconheceram e o receberam. Em certa passagem, Agostinho, pretendendo comunicar isso, disse que, no sacramento, a eficácia da Palavra é trazida à luz, não por ser falada, mas por ser crida. Portanto, já determinamos que os sacramentos foram apresentados por Deus com o fim de servir à nossa fé, a saber, nutri-la, exercitá-la e aumentá-la.

ESSA CONFIRMAÇÃO DA FÉ NOS FAZ FALTA?

3. As razões que alguns costumam apresentar contra essa opinião são por demais frágeis e triviais. Há quem diga que nossa fé não pode tornar-se melhor se já é boa, pois não é fé

a menos que se mostre inabalável, sólida e radicada na mercê de Deus. Teria sido melhor que orassem com os apóstolos para que o Senhor aumentasse sua fé (Lucas 17.5) do que pretender renitentemente tamanha perfeição da fé quando nenhum dos filhos dos homens jamais a atingiu ou jamais atingirá nesta vida. Que respondam qual espécie de fé creem que tinha aquele que disse: "Eu creio, Senhor; ajuda minha incredulidade" (Marcos 9.24). Pois aquela fé, embora ainda incompleta, era boa e poderia ser ainda melhor quando a incredulidade fosse removida. Mas serão refutados por nenhum argumento mais seguro do que sua própria consciência. Pois, se confessam-se pecadores (o que, querendo ou não, não podem negar), que atribuam isso à imperfeição de sua própria fé.

No entanto, afirmam que Filipe responde ao eunuco que o batismo lhe seria permitido se cresse de todo o seu coração (Atos 8.37). Que lugar tem aqui a confirmação do batismo, quando a fé enche todo o coração? Em contrapartida, indago deles se não sentiriam vazia de fé uma boa porção de seu coração se não reconhecessem diariamente novos acréscimos. Um homem eminente se gabava de que chegara à velhice ainda aprendendo. Por isso somos cristãos três vezes miseráveis quando envelhecemos sem progresso, pois nossa fé deve progredir através de três estágios de nossa vida, até chegar à plena maturidade (Efésios 4.13).

Por conseguinte, esta passagem, "crer de todo o coração", não equivale a aderir a Cristo com perfeição, mas apenas abraçá-lo de coração e com a mente sincera; não significa estar saturado dele, mas desejá-lo com afeto ardente, ter sede dele e suspirar por ele. Na Escritura, costuma-se falar de algo como feito "de todo o coração"; significa "sincera e profundamente". Dessa mesma classe, são as seguintes (passagens): "De todo o meu coração te busquei" (Salmos 119.10); também: "Eu te confessarei de todo o meu coração"; e outras afins (Salmos 111.1; 138.1).

OS SACRAMENTOS DEIXAM LUGAR AO ESPÍRITO SANTO?

4. Outros escrevem que, se a fé pode aumentar pelo uso dos sacramentos, então o Espírito Santo foi dado fora de qualquer propósito, cujos poder e obra devem iniciar, sustentar e consumar a fé. Por certo admito que a fé é obra peculiar e inteira do Espírito Santo, por quem, iluminados, reconhecemos Deus e os tesouros de sua benignidade; sem a luz do Espírito Santo, nossa mente é de tal modo cega que nada pode ver; tão entorpecida que nada pode sentir em relação às coisas espirituais. Mas, para a bênção de Deus que proclamam, reconhecemos três. Na primeira, o Senhor nos ensina e nos instrui por meio de sua Palavra. Na segunda, ele a confirma por meio dos sacramentos. E, por fim, ele ilumina nossas mentes pela luz de seu Espírito Santo e abre nossos corações para que a Palavra e os sacramentos entrem neles, os quais, de outro modo, apenas feririam nossos ouvidos e apareceriam diante de nossos olhos, porém de modo algum nos afetariam interiormente.

Além disso, tanto os sacramentos são confirmações de nossa fé que, algumas vezes, o Senhor, quando tem de remover a confiança nas mesmas coisas que são prometidas nos sacramentos, suprime-os. Ao privar Adão do dom da imortalidade, subtraindo-o dele, ele diz: "para que não estenda a mão e tome também da árvore da vida, e coma, e viva eternamente" (Gênesis 3.22). O que ouvimos? Que o fruto poderia restaurar Adão de sua incorrupção, na qual ele já caíra? Absolutamente, não! Mas é exatamente como se o Senhor dissesse: "Para que ele não desfrute de vã confiança, aderindo ao símbolo de minha promessa, foi-lhe removido aquilo que poderia trazer-lhe alguma esperança na imortalidade". Por essa razão, ao instar os efésios a que se lembrassem de que haviam sido "estranhos às alianças, separados da comunidade de Israel, sem Deus e sem Cristo" (Efésios 2.12), o apóstolo disse que não foram participantes da circuncisão. Nisso, ele quer dizer que, fazendo uso de metonímia, os que não haviam recebido o emblema da promessa foram excluídos da própria promessa.

OS SACRAMENTOS NÃO OFUSCAM A GLÓRIA DE DEUS

Às suas outras objeções – de que a glória de Deus desceu às criaturas, e tanto poder lhes é atribuído que sua glória em algum grau é diminuída –, nossa resposta é pronta: não colocamos nenhum poder nas criaturas. Digo apenas isto: Deus usa meios e instrumentos que ele mesmo considera convenientes, a fim de que todas as coisas sirvam à sua glória, uma vez que ele é o Senhor e Juiz de todos. Portanto, ele alimenta nossos corpos através do pão e de outros alimentos; ilumina o mundo através do sol e o aquece através do calor; todavia, nem o pão, nem o sol, nem o fogo são alguma coisa salvo na medida em que ele distribui suas bênçãos entre nós por meio desses instrumentos. De igual modo, ele nutre espiritualmente a fé por meio dos sacramentos, cuja única função é pôr as promessas de Deus diante de nossos olhos, para que sejam valorizadas. E é nosso dever não depositar nossa confiança noutras criaturas que foram destinadas ao nosso uso pelo beneplácito divino, as quais, por meio de seu ministério, ele derrama sobre nós os dons de sua generosidade; não para serem admiradas e proclamadas como as causas de nosso bem. Da mesma maneira, tampouco nossa confiança deve ser inseparável dos sacramentos, nem a glória de Deus deve ser transferida para eles. Ao contrário, deixando de lado todas as coisas, nossa fé e nossa confissão, respectivamente, devem elevar-se a ele, o Autor dos sacramentos e de todas as coisas.

O NOME "SACRAMENTO"

5. Há quem busque no próprio termo "sacramento" um pretexto para seu erro, porém tais pessoas fazem isso sem sabedoria alguma. (O termo) sacramento, dizem, muito embora tenha muitos significados entre os autores de boa reputação, tem somente um que se harmoniza com "sinais". Em outras palavras, significa o juramento solene que o soldado presta ao seu comandante ao entrar para o serviço militar. Pois, assim como os recrutas se obrigam a ser leais ao seu comandante, por meio desse juramento militar, e fazem profissão do serviço militar, por meio de nossos sinais, professamos Cristo como nosso comandante e testificamos que servimos a ele sob sua bandeira. Adicionam-se comparações que tornam a matéria mais clara. Como os romanos foram distinguidos, por suas togas, dos gregos com seus mantos longos, como em Roma as ordens eram diferenciadas umas das outras por sua

insígnia (a classe senatorial da cavalaria pela púrpura e pelos calçados na forma de meia-lua, e os cavaleiros, por seu turno, da plebe mediante um anel), assim também usamos nossos símbolos para nos distinguir dos homens profanos. Todavia, declaro prontamente que os pais que aplicaram o título "sacramento" aos sinais não prestaram nenhuma atenção ao uso que os escritores latinos faziam dessa palavra, mas inventaram esse novo significado para sua conveniência pessoal, simplesmente para designar, com isso, os sinais sagrados.

6. Mas, se quisermos investigar mais profundamente, eles podem ser vistos como tendo transferido o termo para o significado ora em uso, pela mesma analogia, como aquilo que aparece no uso da palavra "fé". Pois, embora fé seja a veracidade em levar a bom-termo as promessas, o termo tem sido entendido como certeza ou persuasão inabalável que alguém possui da própria verdade. Dessa maneira, enquanto "sacramento" era o ato do soldado de se devotar ao seu comandante, fazem do termo o ato do comandante de receber os soldados nas fileiras. Pois, mediante os sacramentos, o Senhor promete que "será o nosso Deus e nós seremos o seu povo" (2 Coríntios 6.16; Ezequiel 37.27). Nós, porém, passamos por alto de tais sutilezas, uma vez que eu posso realmente mostrar com muitos argumentos bastante claros que, ao usarem a palavra "sacramento", os pais não tiveram outra intenção além de significar que são sinais das coisas santas e espirituais. Aceitamos as comparações que nossos adversários apresentam, porém não toleramos que o que é secundário nos sacramentos seja tido por eles como o primeiro e até mesmo o único ponto. Ora, o primeiro ponto é que os sacramentos devem ser-

vir à nossa fé diante de Deus; em seguida, que devem atestar nossa confissão diante dos homens. Quando aplicados a essa última consideração, tais comparações têm validade.

OS SACRAMENTOS NÃO JUSTIFICAM NEM CONFEREM GRAÇA

7. Ao contrário, devemos ter em mente que, como esses homens enfraqueceram a força dos sacramentos e subverteram por completo seu uso, assim, do lado oposto, existem aqueles que anexam aos sacramentos alguma espécie de poder secreto com o qual em parte alguma se lê que Deus os houvesse dotado. Com esse erro, os simples e incultos são perigosamente enganados, enquanto, respectivamente, são ensinados a buscar nos dons de Deus onde nada podem encontrar, sendo gradualmente afastados de Deus e seguindo sua própria vaidade. Os que propagam tal ensino são de dois tipos: o primeiro tem ensinado que os sacramentos da nova lei (aqueles ora usados na Igreja cristã) justificam e conferem graça, contanto que não estabeleçamos uma barreira de pecado mortal. É impossível expressar quão mortífera e pestilenta é essa noção – e mais ainda porque, por muitos séculos, ela conseguiu progresso em uma boa parte do mundo para a grande perda da Igreja. Com toda a certeza, essa doutrina é diabólica. Pois, ao prometer uma justiça divorciada da fé, ela lança de ponta-cabeça na confusão e no juízo.

Além do mais, aqueles imoderados louvores dos sacramentos que são lidos nos antigos escritores os têm enganado. Eis a afirmação de Agostinho: "Os sacramentos da antiga lei só prometiam salvação; os nossos, porém, a dão". Falhando em notar que essas e outras figuras de linguagem similares foram exageradas, também publicaram seus próprios paradoxos exagerados, porém em um sentido totalmente discrepante dos escritos dos antigos. Pois, nesse caso, Agostinho só tinha em mente a mesma coisa que escreve em outro lugar: "Os sacramentos da lei mosaica preanunciaram Cristo, mas os nossos o apresentam". É como se ele dissesse: "Aqueles o representavam quando ainda era aguardado; os nossos, porém, exibem-no como presente, o qual já foi dado". O que se pode considerar com mais facilidade, seja pela própria aparência da passagem, seja por uma homília definida, em que, abertamente, se confessa que os sacramentos dos judeus eram diferentes em seus sinais, porém iguais na coisa significada; diferentes na aparência visível, porém idênticos no poder espiritual. Portanto, que se considere um princípio estabelecido que os sacramentos têm a mesma função que a Palavra de Deus: oferecer e apresentar-nos Cristo e, nele, os tesouros da graça celestial. Mas esses nada valem e de nada aproveitam aos homens, a menos que sejam recebidos por eles com fé.

Outros não erram tão perniciosamente. Todavia, erram. Pois eles mesmos creem que um poder secreto está jungido e aderido aos sacramentos, sendo distribuídos neles as graças do Espírito Santo, justamente como o vinho é servido em um cálice. Na verdade, seu único ofício é atestar e confirmar a nós o beneplácito de Deus para conosco. E não têm benefício adicional, a menos que o Espírito Santo os acompanhe. Pois é ele quem abre nossas mentes e corações, tornando-nos receptivos a esse testemunho. Aí também aparecem com fulgor as variadas e distintas graças de Deus. Pois os sacramentos são mensageiros, e não trazem, mas anunciam e exibem aquelas coisas que nos são dadas pela liberalidade divina. O Espírito Santo (o qual os sacramentos não trazem, indiscriminadamente, a todos os homens, mas que o Senhor outorga exclusivamente ao seu povo peculiar) é quem traz consigo as graças de Deus, dando entre nós um lugar aos sacramentos, a fim de torná-los frutíferos.

OUTROS SINAIS DE DEUS

8. O termo "sacramento", cuja natureza já discutimos até aqui, em geral abarca todos aqueles sinais que Deus sempre assinalou aos homens com o fim de lhes comunicar, com mais certeza e confiança, a veracidade de suas promessas. Algumas vezes, ele quis apresentar esses sinais nas coisas naturais; em outras ocasiões, contudo, apresentou-os em milagres.

Aqui estão alguns exemplos da primeira categoria. Um deles foi quando ele deu a Adão e Eva a árvore da vida como garantia da imortalidade, para que se assegurassem dela enquanto comessem de seu fruto (Gênesis 2.9; 3.22). Outro, quando pôs diante de Noé e seus descendentes o arco-íris, como um lembrete de que doravante não mais destruiria a terra com dilúvio (Gênesis 9.13-16). Adão e Noé os consideraram sacramentos. Não que a árvore pudesse prover os outros com uma imortalidade que, de si mesma, não podia conferir; nem que o arco-íris (que é apenas um reflexo dos raios solares sobre as nuvens opostas) pudesse mostrar-se efetivo em reter as águas, mas porque tinham em si uma marca gravada pela Palavra de Deus, de modo que eram provas e selos de suas alianças. E certamente, antes disso, a árvore não passava de uma árvore, e o arco-íris, de um arco-íris. Depois que foram gravados pela Palavra de Deus, uma nova forma lhes foi impressa, de modo que começaram a ser o que anteriormente não eram. Para que ninguém conclua que essas coisas são ditas em vão, ainda hoje o arco-íris nos serve de testemunha daquela aliança que o Senhor fez com Noé. Sempre que olhamos para ele, lemos nele essa promessa de Deus, de que a terra nunca mais voltaria a ser destruída por um dilúvio. Portanto, se alguém filosofar, desdenhando da simplicidade de nossa fé, no sentido de que tal variedade de cores provém naturalmente dos raios refletidos do lado oposto de uma nuvem, concordamos com ele, porém rindo de sua estupidez em não reconhecer Deus como o Senhor da natureza, pois, segundo a sua vontade, usa todos os elementos para que sirvam à sua glória. Se ele houvesse imprimido tais lembretes no sol, nas estrelas, na terra, nas pedras, em todos esses elementos, eles nos serviriam como sacramentos. Por que a prata não é do mesmo valor quando está em seu estado bruto e quando está cunhada, muito embora seja exatamente o mesmo metal? Em primeiro lugar, ela está em seu estado natural; estampada com uma marca oficial, ela se torna uma moeda e recebe um novo valor. E acaso Deus não pode marcar com sua Palavra as coisas que criou, para que, o que previamente não passava de meros elementos agora se tornem sacramentos?

Agora, temos exemplos da segunda categoria: quando, ao prometer vitória a Gideão, ele umedeceu uma porção de lã com orvalho enquanto a terra permaneceu seca; e, inversamente, umedeceu a terra, deixando a lã intocada (Juízes 6.37–38); quando retrocedeu em dez graus a sombra do relógio, ele fez isso para prometer segurança a Ezequias (2 Reis 20.9-11; Isaías 38.7). Como essas coisas foram feitas para sustentar e confirmar sua débil fé, vieram a ser também sacramentos.

A CIRCUNCISÃO COMO SACRAMENTO JUDAICO

9. Aqui, nossa intenção é especificamente discutir aqueles sacramentos que o Senhor quis que fossem ordinários em sua Igreja com o fim de nutrir os seus com uma só fé e a confissão de uma só fé. Além disso, eles consistem não só de sinais, mas também de cerimônias. Ou (caso se prefira) os sinais aqui dados são cerimônias. Daí é possível definir sacramentos dessa classe como cerimônias por meio das quais o Senhor quer exercitar e confirmar a fé de seu povo. Os próprios sacramentos eram também diversos, segundo a variada dispensação dos tempos, com o Senhor revelando-se aos homens de uma ou de outra maneira. Pois, a Abraão e aos seus descendentes, prescreveu-se a circuncisão (Gênesis 17.10). A esta, mais tarde, anexaram-se purificações (Levítico 11 a 15) e sacrifícios (Levítico 1 a 10) da lei de Moisés. Esses foram os sacramentos dos judeus até a vinda de Cristo. Quando, em sua vinda, foram cancelados, instituíram-se dois sacramentos que a Igreja cristã usa agora: o Batismo e a Ceia do Senhor (Mateus 28.19; 26.26-28).

Não obstante, esses sacramentos antigos visavam ao mesmo propósito que, agora, os nossos têm em vista: dirigir e conduzir os homens a Cristo quase pela mão; ou melhor, como imagens a representá-lo e apresentá-lo, a fim de que seja conhecido. Já ensinamos que eles são selos pelos quais as promessas de Deus são seladas; além disso, fica bem claro que nenhuma promessa jamais foi oferecida aos homens exceto em Cristo (2 Coríntios 1.20). Desse modo, a fim de nos ensinar sobre qualquer promessa de Deus, é necessário que nos exibam Cristo. Só há uma diferença: os primeiros prefiguravam Cristo prometido enquanto ainda era aguardado; os últimos o atestam como já dado e revelado. Quando essas coisas são explanadas umas após as outras, tornam-se muito mais claras. Para os judeus, a circuncisão era o símbolo que os advertia para o fato de que tudo o que promana da semente do homem, ou seja, da natureza humana, tem sido corrompido e requer supressão. Além disso, a circuncisão era um emblema e um lembrete a confirmá-los na promessa dada a Abraão em relação à semente bendita na qual todas as nações da terra haveriam de ser abençoadas (Gênesis 22.18), da qual eles haveriam também de aguardar sua própria bênção. Ora, essa semente salvífica (como somos instruídos por Paulo) era Cristo (Gálatas 3.16), o único em quem confiavam e que haveria de recuperar o que haviam perdido em Adão. Por conseguinte, a circuncisão, como preceitua Paulo, era para eles a mesma coisa que foi para Abraão, a saber, um sinal da justiça da fé (Romanos 4.11); em outras palavras, um selo mediante o qual certamente haveriam de ser mais assegurados de que a sua fé, pela qual aguardavam aquela semente, lhes é imputada por Deus como justiça.

Os batismos e as purificações lhes punham a descoberto sua imundície, torpeza e poluição com que foram contaminados em sua própria natureza; mas esses ritos prometiam outra purificação para remover e lavar toda a sua mazela (Hebreus

9.10, 14). E essa purificação era Cristo. Lavados por seu sangue (1 João 1.7; Apocalipse 1.5), temos sido selados por suas chagas (Isaías 53.5; 1 Pedro 2.24). Os sacrifícios os tornavam cônscios de sua injustiça e, ao mesmo tempo, lhes ensinavam que alguma satisfação deveria ser paga à justiça de Deus. Portanto, foram ensinados de que haveria um sumo sacerdote, um mediador entre Deus e os homens, o qual faria satisfação à justiça de Deus mediante o derramamento de sangue e, mediante a oferta de um sacrifício, seriam recebidos pelo perdão dos pecados. Esse sumo sacerdote era Cristo (Hebreus 4.14; 5.5; 9.11); Ele derramou seu próprio sangue; ele mesmo era a vítima sacrificial; ele ofereceu a si mesmo em obediência ao Pai até a morte (Filipenses 2.8). Com sua obediência, ele cancelou a desobediência do homem (Romanos 5.19), a qual suscitara a ira de Deus.

10. No tocante aos nossos sacramentos, quanto mais abertamente Cristo foi revelado aos homens, mais claramente os sacramentos no-lo apresentam desde o tempo em que ele foi verdadeiramente revelado pelo Pai como aquele que fora prometido. Pois o Batismo nos atesta que já fomos purificados e lavados; a Santa Eucaristia, de que já fomos redimidos. Na água, representa-se a lavagem; no sangue, a satisfação. Esses sacramentos se encontram em Cristo, que, no dizer de João, "veio com água e com sangue" (1 João 5.6), ou seja, para lavar e redimir. O Espírito de Deus é também testemunha disso. Aliás, "há três que testificam na terra: o Espírito, a água e o sangue" (1 João 5.8). Na água e no sangue, temos o testemunho da purificação e da redenção. Mas o Espírito, a testemunha básica, torna-nos seguros desse testemunho. Esse

mistério sublime nos foi mostrado admiravelmente na cruz de Cristo, quando, ao seu santo lado, fluíram água e sangue (João 19.34). Por tal razão, Agostinho o chamou a nascente de nossos sacramentos. Todavia, teremos de discutir essas coisas com maior amplitude.

B. O BATISMO

11. O batismo nos foi dado por Deus: primeiro, para servir à nossa fé diante dele; segundo, para servir à nossa confissão diante dos homens. Trataremos, em ordem, da razão para ambos os aspectos de sua instituição. O batismo traz à nossa fé três fatores que devem ser tratados individualmente.

12. A primeira coisa que o Senhor põe diante de nós é que o batismo seria um símbolo e uma prova de nossa purificação; ou (para explicá-lo mais adequadamente) é como um mensageiro enviado para nos confirmar que todos os nossos pecados são de tal modo abolidos, remitidos e obliterados que jamais podem chegar diante dele, ser evocados ou lançar acusação contra nós. Pois ele quer que todos os que creem sejam batizados para a remissão de pecados (Mateus 28.19; Atos 2.38).

13. Por conseguinte, os que ousam escrever que o batismo nada mais é que um emblema e uma marca mediante os quais confessamos nossa religião diante dos homens, como soldados que portam a bandeira de seu comandante como marca de sua profissão, esses não avaliam qual é a finalidade primordial do batismo. Significa que temos de receber o batismo com a seguinte promessa: "Aquele que crer e for batizado será salvo" (Marcos 16.16). É nesse sentido que devemos entender

o que Paulo escreveu: que a Igreja "foi santificada" por Cristo, o noivo, e "purificada com a lavagem de água pela Palavra de vida" (Efésios 5.26). E em outra passagem: "não por obras de justiça praticadas por nós, mas segundo sua misericórdia, ele nos salvou mediante o lavar regenerador e renovador do Espírito Santo" (Tito 3.5). E a outra passagem de Pedro: "figurando o batismo, agora também nos salva" (1 Pedro 3.21). Pois Paulo não pretendia afirmar que nossa purificação e nossa salvação são efetuadas por intermédio da água, ou que a água seja em si mesma o instrumento de purificação, regeneração e renovação; tampouco que temos aqui a causa da salvação, mas simplesmente que, nesse sacramento, recebem-se o conhecimento e a certeza de tais dons. As próprias palavras explicam isso com toda a clareza. Pois Paulo enfeixa a Palavra de vida e o batismo com água, como se dissesse: "Através do evangelho, é-nos trazida a mensagem de nossa purificação e santificação; através desse batismo, sela-se a mensagem". E imediatamente Pedro anexa que esse batismo não é a renovação da imundície da carne, e sim a boa consciência diante de Deus (1 Pedro 3.21), que provém da fé.

O BATISMO E OS PECADOS POSTERIORES

14. Tampouco devemos pensar que o batismo só nos foi conferido com vistas ao tempo pretérito, de modo que, ao cometermos novos pecados, nos quais incorremos após o batismo, devamos buscar novos remédios. Em épocas passadas, esse erro levou alguns a recusar a iniciação através do batismo, a não ser em perigo extremo de vida e em seu último suspiro, a fim de que, assim, pudessem obter o perdão para

toda a vida. Devemos, pois, compreender que, no momento em que somos batizados, somos uma vez para sempre lavados e purgados para toda a nossa vida. Portanto, sempre que fracassarmos, devemos evocar a memória de nosso batismo e fortificar nosso coração com essa lembrança, para que sempre estejamos seguros e confiantes do perdão dos pecados. Porque, ainda que o batismo, administrado somente uma vez, pareça ter passado, não é destruído pelos pecados subsequentes. Pois nele a pureza de Cristo nos tem sido oferecida; sua pureza sempre viceja; nunca é maculada por qualquer mancha, mas abole e purifica todas as nossas mazelas.

Ora, com base nesse fato, não devemos tomar a liberdade de pecar no futuro, como se nos fosse ensinado aqui o uso de tamanha ousadia. Ao contrário, essa doutrina é dada somente aos pecadores que gemem, fatigados e abandonados sob seus pecados pessoais, a fim de que tenham como erguer-se e alentar-se, de modo que não se vejam imersos em confusão e desespero. Paulo fala assim: "a quem Deus propôs, em Seu sangue, como propiciação, mediante a fé, para manifestar sua justiça, por ter Deus, em sua tolerância, deixado impunes os pecados anteriormente cometidos" (Romanos 3.25). Com isso, Paulo não está negando que em Cristo obtemos o contínuo e incessante perdão dos pecados até a morte; porém aponta para o fato de que ele foi dado pelo Pai somente aos míseros pecadores, que, feridos pelo acicate da consciência, suspiram pelo médico. A esses, oferece-se a mercê de Deus. Àqueles que, valendo-se da impunidade, saem em busca de ocasião e licença de pecar, outra coisa não provocam senão a ira e o juízo de Deus.

BATIZADOS NA MORTE DE CRISTO

15. O batismo traz ainda outro conforto, pois exibe nossa mortificação em Cristo e a nova vida nele. De fato (no dizer do apóstolo), "fomos batizados com Ele em sua morte", "sepultados com Ele na morte... para que andemos em novidade de vida" (Romanos 6.3–4). Com essas palavras, ele não só nos exorta a seguir a Cristo, como se dissesse que, através do batismo e do exemplo da morte de Cristo, somos admoestados a morrer para nossos desejos; e, pelo exemplo de sua ressurreição, a ser despertados para a justiça; ele também recorre a algo mais elevado, ou seja, que, através do batismo, Cristo nos faz participantes em sua morte, para que sejamos enxertados nela (Romanos 6.5). E, precisamente assim como o ramo extrai substância e nutrição da raiz na qual encontra enxertado, os que recebem o batismo com a devida fé realmente sentem a operação eficaz da morte de Cristo na mortificação de sua carne, juntamente com a operação de sua ressurreição na vivificação do Espírito (Romanos 6.8). À luz desse fato, Paulo aproveita a ocasião para exortação: se somos cristãos, devemos estar mortos para o pecado e vivos para a justiça (Romanos 6.11). Ele usa esse mesmo argumento em outro lugar: fomos circuncidados e despidos do velho homem após sermos sepultados em Cristo através do batismo (Colossenses 2.11–12). E, nesse sentido, na passagem que acabo de citar, ele o chamou de lavagem de regeneração e de renovação (Tito 3.5). E, assim, João começou batizando, mais tarde os apóstolos, "com o batismo de arrependimento para o perdão dos pecados" (Mateus 3.6, 11; Lucas 3.16; João 3.23; 4.1; Atos 2.38, 41) – o que significa, pela palavra "arrependimento", essa regeneração; e, por "perdão dos pecados", a purificação.

O BATISMO DE JOÃO E O DE CRISTO

Com isso, estamos também plenamente certos de que o ministério de João era exatamente o mesmo que mais tarde foi confiado aos apóstolos. Pois as diferentes mãos que ministram o batismo não o tornam diferente, mas a mesma doutrina mostra que ele é o mesmo batismo. João e os apóstolos concordam em uma só doutrina: ambos batizavam para arrependimento, ambos para o perdão dos pecados, ambos em nome de Cristo, de quem vieram o arrependimento e o perdão dos pecados.

João disse que Cristo era o Cordeiro de Deus, por intermédio de quem os pecados do mundo seriam tirados (João 1.29). Nisso, ele fez também ao Pai um sacrifício aceitável, e é ele o mesmo que propicia e salva. O que os apóstolos poderiam agregar a essa confissão? Qual, pois, é o significado da afirmação de João de que ele batiza com água, mas Cristo viria para batizar no Espírito Santo e no fogo (Mateus 3.11; Lucas 3.16)? Pode-se explicar isso em poucas palavras. João não pretendia distinguir um tipo de batismo do outro, mas comparava sua pessoa com a de Cristo, ou seja, ele era ministro da água, mas Cristo era o doador do Espírito Santo; e que esse poder seria declarado mediante um milagre visível no dia em que ele enviasse aos apóstolos o Espírito Santo sob línguas de fogo (Atos 2.3). Do que os apóstolos poderiam se gabar além disso? E os que batizam hoje? Pois eles não passam de ministros do sinal externo; Cristo, porém, é o Autor da graça interior.

As coisas que já dissemos sobre a mortificação e a lavagem foram prefiguradas no povo de Israel, razão pela qual o apóstolo disse que eles foram "batizados na nuvem e no mar"

(1 Coríntios 10.2). A mortificação foi simbolizada quando o Senhor, resgatando seu povo das garras e da cruel servidão de Faraó, fez para eles um caminho através do Mar Vermelho (Êxodo 14.2) e nele afogou tanto o próprio Faraó como o exército egípcio, os quais perseguiam o povo de Deus com furor e quase já em sua retaguarda (Êxodo 14.26–28). Pois, da mesma maneira, ele também nos promete no batismo e nos mostra, por meio de um sinal, que, por seu poder, já fomos retirados e libertados da servidão do Egito, ou seja, da escravidão do pecado; que nosso Faraó, a saber, o diabo, já foi submerso, embora ainda não cesse de nos acossar e nos fatigar. Não obstante, os egípcios não foram lançados nas profundezas do mar, mas deixados mortos na praia, e ainda aterrorizavam os israelitas com seu aspecto terrível, mas não podiam feri-los (Êxodo 14.30–31); igualmente, esse inimigo ainda nos ameaça, brande suas armas, é sentido, porém não pode vencer.

Havia na nuvem (Números 9.15; Êxodo 13.21) um símbolo de purificação. Pois, assim como o Senhor os cobria com uma nuvem e lhes dava refrigério, para que não se debilitassem e desfalecessem sob o calor do sol inclemente, nós reconhecemos que, no batismo, somos cobertos e protegidos pelo sangue de Cristo, para que a severidade de Deus, a qual realmente é uma chama insuportável, não recaia sobre nós.

O BATISMO E O PECADO ORIGINAL

16. Ora, é muito óbvio quão falso é o ensino propagado por alguns, no sentido de que, através do batismo, somos libertados e isentos do pecado original, bem como daquela corrupção que descendeu de Adão a toda a sua posteridade;

e somos restaurados naquela mesma justiça e naquela mesma pureza que Adão teria obtido se houvesse permanecido íntegro como no momento em que foi inicialmente criado. Pois mestres desse tipo nunca entenderam o que era pecado original, justiça original ou graça do batismo. Pecado original é a depravação e a corrupção de nossa natureza, que, no princípio, tornou-nos passíveis à ira de Deus; e também origina em nós o que a Escritura chama "obras da carne" (Gálatas 5.19). E é isso que as Escrituras chamam propriamente "pecado". E, nesse sentido, as obras que emanam daí – como adultérios, fornicações, furtos, ódios, contendas, homicídios, intemperanças – devem ser chamadas frutos do pecado, muito embora, na Escritura, sejam com frequência chamadas pecados.

17. Portanto, devemos notar cuidadosamente estes dois pontos: primeiro, como somos viciados e corrompidos em todas as partes de nossa natureza, já estamos justamente condenados em virtude tão somente de tal corrupção e convencidos diante de Deus, perante o qual nada é aceitável senão a justiça, a inocência e a pureza. Inclusive as criancinhas portam em si sua condenação desde o ventre materno (Salmos 51.5); muito embora ainda não tenham produzido os frutos de sua iniquidade pessoal, trazem a semente velada em seu íntimo. Aliás, toda a sua natureza é uma semente do pecado; assim, ela não pode senão ser odiosa e abominável a Deus. Através do batismo, os crentes são afiançados de que essa condenação já foi removida e subtraída deles, visto que (como se diz) o Senhor nos promete, por meio desse sinal, que já foi feita plena e completa remissão, quer da culpa que nos teria sido

imputada, quer da punição que deveríamos ter suportado por causa da culpa. Também apreendem a justiça, mas somente aquela que o povo de Deus pode obter nesta vida, ou seja, unicamente por imputação, visto que o Senhor, por sua própria mercê, considera-os justos e inocentes.

FRUTOS DO PECADO

Em segundo lugar, essa perversidade nunca cessa em nós, mas continuamente gera novos frutos (Romanos 7) – o que previamente já descrevemos como "obras da carne" (Gálatas 5.19) –, precisamente como uma fornalha ardente emite, de modo contínuo, chama e chispas, ou uma nascente da qual emana água sem cessar. Assim, os que têm definido pecado original como "ausência de justiça original" ainda não expressam com bastante eficácia seu poder e sua energia. Pois nossa natureza é não só destituída e vazia de bem, como também de tal modo fértil e frutífera do próprio mal que não pode ficar ociosa. Os que têm dito que o pecado original é "concupiscência" têm usado uma palavra não tão estranha, se ao menos acrescentassem – coisa que não admitirão de modo algum – que tudo o que está no homem, desde o entendimento até a vontade, desde a alma até a carne, sim, tudo foi maculado e saturado com essa concupiscência. Ou, dito de forma mais sucinta, o homem por inteiro, em si mesmo, nada mais é senão concupiscência. Pois a luxúria dessa natureza realmente nunca morre ou se extingue dos homens até que, pela morte, libertos do corpo, sejam completamente despidos de si mesmos. De fato, o batismo promete-nos o afogamento de nosso Faraó (Êxodo 14.28) e a mortificação de nosso pecado, mas não de um modo que já não exista ou não nos cause problema, mas somente para que já não nos vença mais. Pois, enquanto vivermos na prisão de nosso corpo, ainda persistirão em nós os vestígios do pecado; mas, se fielmente nos assenhorearmos da promessa dada por Deus no batismo, estes não mais dominarão ou reinarão.

18. Mas que ninguém se engane, ninguém se glorie em sua pecaminosidade, quando ouve que o pecado sempre habita em nós. Não dizemos essas coisas para que os pecadores adormeçam tranquilamente em seus pecados, mas somente para que os que se sentem perturbados, agitados e acicatados por sua própria carne não desmaiem nem percam o ânimo. Ao contrário, ponderem que ainda se encontram na estrada e creiam que já fizeram um bom progresso, quando sentirem que, de sua concupiscência, remove-se um pouquinho a cada dia, até que cheguem, incólumes, a seu destino, ou seja, a morte final de sua carne, o que será concluído no extremo desta vida mortal. Portanto, devemos crer assim: somos batizados para a mortificação de nossa carne, a qual começa com nosso batismo e continua dia após dia, e a qual, por fim, será concluída quando passarmos desta vida para o Senhor.

19. Finalmente, nossa fé recebe do batismo a consolação de seu testemunho seguro, de que somos não só enxertados na morte e na vida de Cristo, mas também de tal modo unidos ao próprio Cristo que nos tornamos participantes em todas as suas benesses. Pois ele dedicou e santificou o batismo em seu próprio corpo (Mateus 3.13), a fim de que o tivesse em comum conosco como o mais sólido vínculo de união e comunhão que se dignou a con-

solidar conosco. Essa a razão para Paulo provar que somos filhos de Deus à luz do fato de que no batismo nos vestimos de Cristo (Gálatas 3.26–27).

O BATISMO COMO PROFISSÃO PÚBLICA DE FÉ

20. Além disso, o batismo serve como nossa confissão diante dos homens. Aliás, ele é a marca por meio da qual professamos publicamente que desejamos ser reconhecidos como o povo de Deus; por meio da qual testificamos que concordamos em cultuar ao mesmo Deus, em uma só religião, com todos os cristãos; por meio da qual, finalmente, afirmamos abertamente nossa fé. Assim, não só nossos corações aspiram louvar a Deus, mas nossas línguas também, e todos os membros de nosso corpo fazem ressoar o louvor em todas as formas que cantam. Pois assim, como é conveniente, todas as nossas faculdades são empregadas no sentido de servir a glória de Deus, não devendo faltar nada para isso; assim, por meio de nossos exemplos, outros serão incitados aos mesmos esforços. Paulo tinha isso em mente quando indagou dos coríntios se não haviam sido batizados em nome de Cristo (1 Coríntios 1.13). Com isso, ele quis dizer que, ao serem batizados em nome de Cristo, também se haviam devotado a ele, jurando compromisso ao seu nome e empenhando sua lealdade a ele diante dos homens. Como resultado, eles não mais podiam confessar a nenhum outro senão a Cristo somente, a menos que decidissem renunciar à confissão que haviam feito em seu batismo.

21. Agora que já explanamos o propósito de nosso Senhor em ordenar o batismo, será fácil ajuizarmos como devemos

usá-lo e recebê-lo. Porque, embora ele seja dado para consolar e confirmar nossa fé, também deve ser recebido como que da mão de Deus. Devemos julgar como certo e provado que é Deus quem nos fala através do sinal; que é ele quem purifica, lava e apaga a lembrança dos pecados; que é ele quem nos faz participantes da morte de seu Filho, que debilita o poder de Satanás e de nossa concupiscência; aliás, é ele quem nos reveste de seu Filho. Essas coisas, repito, ele faz no recôndito de nossa alma tão verdadeira, e certamente vemos nosso corpo exteriormente purificado, submerso e cercado de água. Pois esta analogia ou similitude é a mais segura regra dos sacramentos: que, nas coisas físicas, devemos ver e ponderar sobre as espirituais. Pois ao Senhor aprouve representá-las por meio de tais figuras – não porque tais graças estejam atadas e fechadas no sacramento ou porque o sacramento seja um órgão e um instrumento a no-las conferir, mas somente porque o Senhor, por meio desse emblema, atesta sua vontade para conosco, ou seja, aprouve-lhe conceder-nos prodigamente todas essas coisas.

Tomemos como prova disso Cornélio, o centurião, que, já havendo recebido o perdão de pecados e as graças visíveis do Espírito Santo, foi batizado (Atos 10.48). Ele não buscava no batismo um perdão de pecados mais amplo, mas um exercício mais seguro da fé. Talvez alguém objete: por que, pois, Ananias disse a Paulo que lavasse seus pecados através do batismo (Atos 22.16; cf. 9.17–18), se os pecados não são lavados pelo batismo? Respondo: somos informados de que recebemos, obtemos e adquirimos o que cremos ser-nos dado por Deus, se, antes de tudo, o reconhecemos ou nos tornamos mais certos dele como anteriormente reconhecido. Ananias tinha em vista apenas isto: "Paulo, para assegurar-te de que teus pecados são perdoados, recebe o batismo. Pois no batismo o Senhor promete o perdão dos pecados; recebe-o e te sentirás seguro". Desse sacramento, porém, só obtemos aquilo que recebemos pela fé. Caso nos falte fé, isso será uma evidência de que somos acusados diante de Deus, por não termos crido na promessa dada nele. Mas, na medida em que ele é um símbolo de nossa confissão, devemos, por meio dele, testificar que nossa confiança está na mercê de Deus, e nossa pureza, no perdão dos pecados, o que se dá através de Jesus Cristo; e que ingressamos na Igreja de Deus a fim de viver em harmonia com todos os crentes, em completa concordância de fé e amor. Era isso que Paulo tinha em mente quando disse: "Todos nós fomos batizados em um só Espírito a fim de sermos um só corpo" (1 Coríntios 12.13).

QUEM MINISTRA O BATISMO?

22. Ora, suponha-se ser verdadeiro o que determinamos – que não se deve tomar um sacramento da mão daquele por quem é ministrado, mas, por assim dizer, da própria mão de Deus, da parte de quem, sem dúvida, ele é enviado. Portanto, podemos inferir que nada lhe é acrescido ou nada dele é tirado pela dignidade daquele por cuja mão é ministrado. Por exemplo, entre os homens, se uma carta é enviada – contanto que a lavratura e o selo sejam suficientemente reconhecidos –, não faz diferença quem ou de que classe é o carteiro. De igual modo, deveria ser-nos suficiente reconhecer em seus sacramentos a mão e o selo de nosso Senhor, não importando

qual seja o ministro por meio de quem chegam a nós. Esse argumento quase refuta o erro dos donatistas, que aferem a força e o valor do sacramento pela dignidade do ministro. Assim também são, hoje, nossos catabatistas, os quais negam que fomos devidamente batizados por termos sido batizados por homens ímpios e idólatras sob o governo papal. E por isso instam acaloradamente com o rebatismo.

Estaremos armados contra suas tolices, munindo-nos com um argumento bastante forte, se pensarmos em nós mesmos como iniciados pelo batismo não em nome de qualquer homem, mas em nome do Pai e do Filho e do Espírito Santo (Mateus 28.19); e se, portanto, o batismo não procede do homem, mas de Deus, não importa quem o ministre. Por mais ignorantes e desprezadores de Deus foram os que nos batizaram, não nos batizaram na comunhão ou de sua ignorância ou sacrilégio, mas na fé em Jesus Cristo, pois não invocaram seu próprio nome, e sim o de Deus, e não nos batizaram em outro nome. Mas, se o batismo era de Deus, seguramente ele tinha a promessa de perdão dos pecados, a mortificação da carne, a vivificação espiritual e a participação de Cristo.

Ora, nossos oponentes nos perguntam qual fé nos veio alguns anos após o nosso batismo. Eles fazem isso para tentar provar a nulidade de nosso batismo, uma vez que não nos é santificado, exceto quando a palavra da promessa é aceita pela fé. A essa questão, replicamos que, sendo cegos e incrédulos, por muito tempo não apreendemos a promessa que nos foi dada no batismo; mas aquela promessa, uma vez que procedeu de Deus, sempre permaneceu fixa, firme e fidedigna. Ainda que todos os homens fossem mentirosos e infiéis, Deus não cessaria de ser fidedigno (Romanos 3.3). Ainda que todos os homens fossem perdidos, Cristo manteria a salvação. Por isso confessamos que, por esse tempo, o batismo não nos trouxe benefício algum, conquanto a promessa que nos é oferecida nele – sem a qual o batismo de nada vale – permanece negligenciada. Agora, quando pela graça de Deus começamos a nos arrepender, acusamos nossa cegueira e dureza de coração – nós, que por muito tempo, fomos ingratos para com sua imensa bondade. Mas cremos que a própria promessa não se desvaneceu. Antes, consideramos que Deus, através do batismo, promete-nos o perdão dos pecados; e, sem dúvida, ele cumprirá sua promessa para com todos os crentes. Essa promessa nos foi oferecida no batismo; portanto, abracemo-la pela fé. Aliás, em razão de nossa infidelidade, por muito tempo ela ficou para nós como que sepultada; agora, pois, devemos recebê-la pela fé.

Mas, para alguns, é como se nos lançassem um verdadeiro dardo de fogo quando alegam que Paulo mandou que fossem rebatizados aqueles que, uma vez, haviam sido batizados com o batismo de João (Atos 19.2-7). Pois presumem, mediante a nossa confissão, que o batismo de João e aquele que ora praticamos são um e o mesmo. Então, como aquelas pessoas que foram erroneamente instruídas, depois que foram ensinadas na fé genuína, nela foram rebatizadas, aquele batismo que foi feito sem a doutrina genuína deve ser considerado nulo e devemos ser rebatizados integralmente na verdadeira religião que ora temos degustado pela primeira vez.

Admito que aquele batismo anterior era o verdadeiro batismo de João e um e o mesmo batismo de Cristo, porém nego que tenham sido rebatizados. O que as palavras "foram batizados em o nome de Jesus" (Atos 19.5) significam? Há quem as interprete no sentido de que só foram instruídos por Paulo na doutrina genuína; mas eu prefiro entendê-las simplesmente como o batismo do Espírito Santo, ou seja, as graças visíveis do Espírito dadas pela imposição das mãos. Não há nada de novo significar essas graças pela palavra "batismo".

E o que a seguir se adiciona não traz conflito: "Quando ele lhes impôs as mãos, o Espírito Santo desceu sobre eles" (Atos 19.6). Pois Lucas não está afirmando duas coisas diferentes; apenas está seguindo a forma de narração familiar aos hebreus, os quais primeiro apresentam um sumário da matéria e, após, explicam-na mais detalhadamente. Alguém pode observar isso à luz do próprio contexto. Pois aí lemos: "... quando ouviram estas coisas, foram batizados em nome de Jesus. E, quando Paulo lhes impôs as mãos, o Espírito Santo desceu sobre eles" (Atos 19.5–6). Esta última expressão descreve a natureza do batismo.

O BATISMO DAS CRIANCINHAS

23. Mas, à luz disso, tem-se afirmado que há duas partes para o uso do sacramento: primeiro, para nos instruir nas promessas do Senhor; segundo, para confessarmos nossa fé entre os homens. Então, seria possível lançar dúvida sobre a razão pela qual os filhos dos cristãos são batizados enquanto ainda infantes, os quais não parecem aptos à instrução sobre algo que conta com tão numerosas provas, nem parecem ter interiormente concebido uma fé da qual possam dar testemunho exterior. Com poucas palavras, explicaremos a razão para se batizar uma criancinha.

Dentre aqueles a quem o Senhor chama desta vida mortal ainda na infância, ele toma alguns como herdeiros diretos do reino celestial. Ora, a bem-aventurança espiritual consiste no conhecimento de Deus. Por que, pois, ele não poderia, aqui e agora, propiciar algum sabor e os primeiros frutos daquele bem àqueles que um dia haverão de desfrutá-los plenamente? Por que ele não poderia ser visto num espelho por aqueles a quem um dia será visto face a face (1 Coríntios 13.12)? Se não podemos compreendê-lo, ponderemos sobre quão maravilhosas são todas as suas obras e quão insondáveis são seus conselhos às nossas mentes.

Além do mais, se confessarmos (algo que certamente é necessário confessar) que ainda, desde essa idade, o Senhor escolheu vasos de misericórdia (Romanos 5.1), não podemos negar que a fé seja a única vereda para a salvação (Habacuque 2.4). Pois, se vivemos em Cristo através da fé, quando nos afastamos dessa fé, nada podemos fazer senão morrer em Adão (Romanos 1.17). Pois o testemunho é óbvio: "Aquele que crer e for batizado será salvo; aquele que não crê já está condenado (Marcos 16.16). Algumas pessoas, a partir da posição dessa passagem, contendem que tal afirmação só pode ser referida àqueles que tinham idade suficiente para prestar atenção à pregação do evangelho, porque, nessa passagem, os apóstolos são enviados para pregar o evangelho; então segue: "Aquele que crê... será salvo". Dizem que isso significa "aquele a quem o evangelho for pregado", mas prega-se somente a adultos. Eu, porém, afirmo o contrário: que essa é uma afirmação geral, sempre que é inculcada e reiterada nas Escrituras, de modo que não pode ser evadida por uma solução tão superficial. Não se estabelece nenhuma idade quando lemos: "E a vida eterna é esta: que conheçam a ti, o único Deus verdadeiro, e a Jesus Cristo, a quem enviaste" (João 17.3); quando lemos: "o que, todavia, se mantém rebelde contra o Filho não verá a vida, mas sobre ele permanece a ira de Deus" (João 3.36); "se não comerdes a carne do Filho do homem e não beberdes seu sangue, não tendes vida em vós mesmos" (João 6.53) e outras passagens afins. Portanto, a opinião permanece firme: ninguém é salvo a não ser pela fé, sejam crianças ou adultos. Por tal razão, o batismo se aplica corretamente também às criancinhas, as quais possuem fé em comum com os adultos. Assim, não se deve tomar isso no sentido que estou afirmando, de que a fé sempre começa no ventre materno, pois, algumas vezes, o Senhor chama até mesmo os adultos mais tarde; outras vezes, mais cedo. Digo apenas que todos os eleitos de Deus tomam posse da vida eterna através da fé, em qualquer idade, sendo libertos dessa masmorra da corrupção.

Mas, se, porventura, essa razão nos falhasse, ainda teríamos farta prova de que, ao batizarmos as criancinhas, estamos obedecendo à vontade do Senhor, que quis admitir que elas fossem a ele (Mateus 19.14). Aqueles a quem ele proíbe que sejam impedidos, ao mesmo tempo ordena que sejam ajudados. E, como ele disse "deles é o reino do céu", não estamos fazendo nada além de subscrever sua afirmação e selar sua veracidade quando lhes comunicamos o sinal do perdão dos pecados, sem o qual o reino do céu estaria fechado e barrado a todos. Mas o preceito estabelecido pelo Senhor sobre circuncidar os filhos dos judeus (Gênesis 17.10–14) deve ser para nós como um mandamento, já que nosso batismo substituiu a circuncisão. Pois, na circuncisão, o Senhor prometeu aos judeus exatamente a mesma coisa: que ele seria por Deus para eles e para sua descendência, e eles e sua descendência lhe seriam por povo (cf. Levítico 26.12). Hoje, ele promete aos cristãos no batismo: não só aos adultos, mas igualmente às criancinhas, a quem, por essa razão, Paulo chama de "santos" (1 Coríntios 7.14), exatamente como as criancinhas dos judeus de outrora foram chamadas "santas", quando comparadas com os gentios imundos e profanos.

C. A CEIA DO SENHOR

24. O outro sacramento instituído para a Igreja cristã é o pão santificado no corpo de Cristo e o vinho santificado em seu sangue. Além disso, nós o chamamos de Ceia do Senhor ou Eucaristia porque nele somos, respectivamente, alimentados pela bondade do Senhor e lhe rendemos graças por sua benignidade. A promessa que lhe é anexada assevera claramente por qual propósito ela foi instituída e o alvo que tem em vista, ou seja, confirmar para nós que o corpo do Senhor nos foi entregue uma vez para sempre, para que seja nosso agora e para que seja também no futuro; que Seu sangue foi derramado em nosso favor, uma vez para sempre, como sempre haverá de ser nosso. Com isso, em contrapartida, refuta-se o erro dos que têm ousado negar que os sacramentos são exercícios da fé, dados para protegê-la, instigá-la e aumentá-la. Pois suas palavras são: "Este cálice é o Novo Testamento em meu sangue" (Lucas 22.30; 1 Coríntios 11.25). Isso é prova e testemunho da promessa. Mas, onde quer que haja uma promessa, a fé tem arrimo para apoiar-se, confortar-se e fortalecer-se.

Grande é o fruto da doçura e do conforto que nossas almas podem colher desse sacramento: reconhecemos que Cristo foi de tal modo enxertado em nós – como nós temos sido, por nosso turno, enxertados nele – que tudo o que é seu nos é permitido chamar nosso, tudo o que é nosso é reputado como dele. Em consequência, podemos ter a ousadia de afirmar que a vida eterna é nossa; que o reino do céu já não pode mais ser tirado de nós, assim como não pode ser o próprio Cristo; ao contrário, que não podemos ser mais condenados por nossos pecados, como também ele não pode, porque eles agora não são nossos, mas dele. Não que alguma culpa possa ser-lhe imputada corretamente, mas que ele se apresentou como devedor deles e se apresenta como o pagador. Esta é a permuta que ele fez conosco em sua incomensurável bondade: recebendo em si nossa pobreza, transferiu para nós sua riqueza; tomando sobre si nossa debilidade, deu-nos sua imortalidade; descendo à terra, ele preparou para nós uma ascensão ao céu; e tornando-se o Filho do homem conosco, fez-nos também filhos de Deus.

COMO CRISTO SE MANIFESTA NA CEIA?

25. Todas essas coisas são tão perfeitamente prometidas nesse sacramento, que certamente devemos considerar verdadeiramente exibido a nós, precisamente como se Cristo mesmo, presente, fosse posto diante de nossos olhos e tocado por nossas mãos. Pois estas palavras não podem enganar-nos ou mentir-nos: "Tomai e comei; isto é o meu corpo... isto é o meu sangue, o sangue da (nova) aliança, derramado em favor de muitos, para a remissão de pecados" (Mateus 26.26–28; 1

Coríntios 11.24; cf. Marcos 14.22-24; Lucas 22.19-20). Ao instar conosco a tomarmos, está enfatizando que ele é nosso. Ao instar conosco a comermos, está enfatizando que ele se torna uma só substância conosco. Ao dizer: "Isto é o meu corpo dado por vós", "Isto é o meu sangue derramado por vós", ele está ensinando que esses são não tanto dele quanto nosso, os quais ele tomou e estendeu, não em seu benefício pessoal, mas em nosso favor e benefício.

E, sem dúvida, devemos observar cuidadosamente que toda a força do sacramento jaz nas seguintes palavras: "que é dado por vós"; "que é derramado por vós". A presente distribuição do corpo e do sangue do Senhor não nos beneficiaria grandemente, a menos que, de uma vez por todas, fossem dados para nossa redenção e salvação. Portanto, são representados sob o pão e o vinho para que aprendamos não só que são nossos, mas também que nos são vida e alimento.

E, assim como já declaramos, das coisas físicas apresentadas nos sacramentos devemos ser guiados por uma espécie de analogia para as coisas espirituais. Assim, quando vemos o pão sendo-nos apresentado como um sinal do corpo de Cristo, devemos lançar mão imediatamente da seguinte comparação: da mesma forma que o pão nutre, sustenta e conserva a vida de nosso corpo, o corpo de Cristo é o alimento e a proteção de nossa vida espiritual. Quando vemos o vinho apresentado como um símbolo do sangue, devemos refletir sobre os benefícios que comunica ao corpo e, então, compreender que, ao mesmo tempo, esses benefícios nos são espiritualmente comunicados pelo sangue de Cristo. Esses benefícios visam fortalecer, renovar e alegrar. Pois, se considerarmos qual benefício temos recebido da doação desse santíssimo corpo, qual benefício do derramamento desse sangue, perceberemos, de forma clara, que essas qualidades de pão e vinho são, de acordo com essa analogia, adaptadas, à perfeição, para expressar essas coisas.

26. Portanto, a principal função do sacramento não é simplesmente exibir-nos o corpo de Cristo. Antes, repito, é selar e confirmar aquela promessa pela qual ele testifica que sua carne é verdadeiro alimento e seu sangue é verdadeira bebida (João 6.56), nutrindo-nos para a vida eterna (João 6.55), pelo que ele se declara ser o pão da vida, o qual aquele que come viverá para sempre (João 6.48, 50). E, ao fazer isso, o sacramento nos remete à cruz de Cristo, onde essa promessa se realizou e em todos os aspectos se cumpriu. Ao chamar a si mesmo "o pão da vida", ele não tomou por empréstimo do sacramento esse título, como alguns, equivocadamente, interpretam. Antes, ele nos foi dado como tal pelo Pai e se exibiu como tal quando, sendo feito participante de nossa mortalidade humana, tornou-nos participantes de sua imortalidade divina; quando, ao se oferecer como sacrifício, levou em si nossa maldição para nos imbuir com sua bênção; quando, por sua morte, ele tragou e aniquilou a morte (cf. 1 Pedro 3.22; 1 Coríntios 15.54); e, em sua ressurreição, ele converteu em glória e incorrupção nossa carne corruptível, que de nós havia tomado (cf. 1 Coríntios 15.53-54). Portanto, o sacramento não faz Cristo ser o pão da vida; visto, porém, que ele nos lembra que foi feito o pão que comemos continuamente, isso nos dá a prelibação e o sabor desse pão. Em suma, isso nos assegura que todas as coisas que Cristo fez ou sofreu foram feitas e

sofridas para nos vivificar; e, reiterando, que essa vivificação é eterna, sendo nós incessantemente nutridos, sustentados e preservados por ele ao longo da vida. Pois, se Cristo não nos tivesse sido o pão da vida, e se não tivesse ressuscitado por nós, então, agora, ele de modo algum seria para nós o pão da vida, se de modo algum agora não viesse a ser estas coisas, se a operação efetiva e o fruto de seu nascimento, morte e ressurreição não fossem uma coisa eterna e imortal.

COMO CRISTO ESTÁ PRESENTE NA CEIA?

27. Se essa função do sacramento fosse examinada e pesada como bem merece, teria havido muito para nos satisfazer, e essas terríveis contendas não teriam surgido em tempos tão remotos, e nem mesmo em nossa memória a Igreja teria sido tão miseravelmente perturbada, quando os homens, em sua curiosidade, se empenharam em definir como o corpo de Cristo é apresentado no pão. Certos homens, para se provar sutis, acrescentaram à simplicidade da Escritura o seguintes: que ele está "real" e "substancialmente" presente. Entretanto, outros foram ainda mais longe: diziam que ele mantém as mesmas dimensões nas quais pendeu da cruz. Outros inventaram uma prodigiosa transubstanciação. Outros diziam que o próprio pão era o corpo. Outros, que ele estava sob o pão. Outros, que eram apresentados apenas um sinal e uma figura do corpo. Na verdade, essa é uma matéria importante, sobre a qual têm surgido grandes disputas de palavras e opiniões. De fato, é assim que comumente se estabeleceu; mas os que se sentem assim não prestam atenção, em primeiro lugar, na necessidade de se investigar como o corpo de Cris-

to, do modo como nos foi dado, veio a ser nosso; como seu sangue, como foi derramado em nosso favor, veio a ser nosso. Mas isso significa possuir o Cristo crucificado por inteiro e tornar-se participante de todos os seus benefícios. Agora, passando por alto dessas questões muitíssimo importantes, de fato negligenciando-as e quase sepultando-as, nossos oponentes labutam sobre esta única e espinhosa questão: como devemos comer o corpo?

28. Todavia, como, em tão grande e variada quantidade de opiniões, poderemos reter com firmeza a única e infalível verdade de Deus? Primeiro, ponderemos sobre que espécie de coisa espiritual é o sacramento, com o qual o Senhor quis alimentar, não os nossos ventres, mas as nossas almas, e busquemos Cristo nela, não para o nosso corpo, nem como ele pode ser entendido pelos sentidos de nossa carne; mas de uma maneira tal que a alma o reconheça, por assim dizer, presente e desnudo. Em suma, que nos seja suficiente obtê-lo espiritualmente, pois, assim, vamos obtê-lo como vida, pois receber alguns frutos do sacramento equivale a tê-lo recebido. Em seguida, quando alguém apreende profundamente esse pensamento e medita sobre ele, entenderá prontamente como o corpo de Cristo nos é oferecido no sacramento, ou seja, de modo verdadeiro e eficaz. E não se sentirá ansioso acerca da natureza do corpo. Assim, como tais questões são menos familiares (poucas pessoas têm conseguido uma explicação satisfatória!), talvez seja necessário explicá-las com mais detalhes.

Portanto, mantenhamos o seguinte à maneira de sumário. Cristo, quando tomou nossa verdadeira carne ao nascer da virgem, sofreu em nossa verdadeira carne; quando fez satisfação por nós, assim também, ao ressuscitar, recebeu a mesma verdadeira carne e a levou para o céu. Pois temos esta esperança em nossa ressurreição e em nossa ascensão ao céu: que Cristo ressuscitou e ascendeu. Mas quão fraca e frágil seria essa esperança se essa mesma carne nossa não houvesse entrado no reino do céu! Mas essa é a natureza imutavelmente verdadeira de um corpo que está contido em um lugar, com suas próprias dimensões e com sua própria forma.

O ERRO DE MARCIÃO

Bem sei que certos indivíduos obstinados tergiversam em defesa de um erro levianamente recebido: que as únicas dimensões que a carne de Cristo sempre possuiu se estendem tão amplamente quanto o céu e a terra. Que ele nasceu do ventre como uma criança, cresceu, foi estendido na cruz e encerrado no túmulo – isso aconteceu em virtude de certa dispensação, a fim de que ele pudesse desempenhar o ofício de nascimento, morte e os demais ofícios dos homens. Que, após a sua ressurreição, ele foi visto em sua costumeira forma física (Atos 1.3; cf. 1 Coríntios 15.5), e então foi elevado ao céu (Atos 1.9; Lucas 24.51; Marcos 16.19); que, finalmente, também após a sua ascensão, ele foi visto por Estêvão (Atos 7.55) e Paulo (Atos 9.3) – isso aconteceu mediante a mesma dispensação, asseveram, a fim de ficar claro, à vista dos homens, que ele foi feito rei celestial. O que é isso senão fazer Marcião ressurgir do inferno? Pois quem poria em dúvida que, se o corpo de Cristo existiu nesse estado, então não passou de um fantasma?

Alegam que o próprio Cristo disse: "Ninguém subiu ao céu senão aquele que de lá desceu" (João 3.13). Mas seriam tão insensíveis que não conseguissem ver que isso foi dito mediante a "comunicação de propriedades"? Seguramente, quando Paulo afirma que o Senhor da glória foi crucificado (1 Coríntios 2.8), isso não significa que ele tenha sofrido segundo sua divindade, mas porque Cristo, que foi humilhado, desprezado e sofreu na carne, era o próprio Deus e Senhor da glória. Dessa maneira, ele era também o Filho do homem no céu (João 3.13), pois o mesmíssimo Cristo, que, segundo a carne, como Filho do homem, habitou na terra, era Deus no céu. Dessa maneira, lemos que ele desceu àquele lugar em conformidade com sua divindade, não porque a divindade deixasse o céu para se ocultar na masmorra do corpo, mas porque, ainda que enchesse todas as coisas, na própria humanidade de Cristo, aquela habitou corporalmente (Colossenses 2.9), ou seja, por natureza, de certa maneira inefável.

29. Há quem use uma evasiva ligeiramente mais sutil: esse corpo apresentado no sacramento é glorioso e imortal; portanto, não existe nenhum absurdo se, sob o sacramento, ele estiver contido em diversos lugares, em nenhum lugar ou em nenhuma forma.

Mas eu pergunto: que sorte de corpo o Senhor deu aos discípulos no dia anterior ao seu sofrimento? Acaso as palavras não testificam que ele lhes deu aquele mesmo corpo mortal, que imediatamente haveria de ser entregue? Esses homens afirmam que ele apresentou previamente sua glória, que seria vista por três de seus discípulos no Monte Tabor (Mateus 17.2). Realmente isso procede, mas, por meio daquele esplendor, ele lhes propiciou, naquela hora, apenas uma prelibação de sua imortalidade. Mas, quando distribuiu seu corpo na Última Ceia, já se aproximava a hora em que, ferido e humilhado por Deus (Isaías 53.4), ele haveria de ser desfigurado como um leproso (cf. Isaías 53.2) – tão longe estava então de manifestar sua glória! E aqui seria aberta uma ampla janela a Marcião se, nessa passagem, o corpo de Cristo tivesse aparecido mortal e humilhado e, na outra, imortal e glorificado?

Mas eu passo por alto de um absurdo tão grande. Apenas me respondam acerca de seu glorioso corpo: Acaso não se tratava de um corpo genuíno? Sim, afirmam, mas sem um lugar, em diversos lugares, sem forma, sem dimensão. Na verdade, isso equivale a denominá-lo (o corpo) de espírito, certamente não apenas com uma palavra, mas por meio de circunlocução. Ou negamos francamente a ressurreição da carne, ou confessamos que, quando ressuscitou, ele (o corpo) ainda seria carne, o que difere de espírito no seguintes aspecto: que ele está circunscrito pelo espaço de uma localidade, o qual é visto e tocado. E não encontram um mínimo de apoio quando objetam repetidas vezes que Cristo entrou no lugar em que se encontravam seus discípulos, estando as portas fechadas (João 20.19). Seguramente, ele entrou mediante um modo prodigioso de entrada, pois irrompeu não pela força, nem aguardou até que fossem abertas pela mão de um homem, mas por seu poder, fazendo com que o obstáculo fosse removido. Além disso, uma vez lá dentro, ele provou aos seus discípulos a realidade de seu corpo. Diz ele: "Vede as minhas mãos e os meus pés, que sou eu mesmo; apalpai-me e verificai, porque um espírito não tem carne nem ossos, como vedes que eu tenho" (Lucas 24.39). Vede! Fica provado que o glorioso corpo de Cristo é um corpo genuíno, pois pode ser apalpado e visto. Removam-se essas coisas e, então, cessará de ser um corpo genuíno.

Aqui, para nos exibirem sua má vontade, eles nos acusam de falarmos maliciosamente do poder do Deus Onipotente. Mas, ou estão estupidamente equivocados, ou mentem de forma vil, pois aqui a questão não é o que Deus poderia fazer, mas o que quis fazer. Ora, afirmamos que ele fez o que lhe aprouve fazer. Mas aprouve-lhe que Cristo viesse a ser seu irmão em todas as coisas, exceto no pecado (Hebreus 4.15; cf. 2.17). Qual é a natureza de nossa carne? Acaso não é algo que tem sua própria dimensão fixa, que está contido em um lugar, algo que é tocado e visto? E por que (dizem) Deus não pode fazer com que a mesma carne ocupe muitos e diversos lugares, que não esteja contida em lugar algum ou que careça de medida e forma? Homem demente, por que você demanda do poder de Deus que faça com que a carne seja e não seja carne ao mesmo tempo?! É como se você insistisse para que ele fizesse com que a luz fosse, respectivamente, luz e trevas a um só tempo! Mas ele quer que a luz seja luz; trevas, trevas; e carne, carne. Aliás, quando lhe apraz, ele converte as trevas em luz, e a luz, em trevas; mas, quando você exige que luz e trevas sejam iguais, que outra coisa está fazendo senão pervertendo a ordem da sabedoria de Deus? Portanto, carne deve continuar sendo carne; espírito, espírito – cada coisa no estado e na condição em que foi criada. Mas a condição da carne é tal que deve subsistir em um lugar definido, com seu próprio tamanho e sua própria forma. Com essa condição, Cristo assumiu a carne, dando-lhe incorrupção e glória, e não removendo dela a natureza e a verdade.

Mas há na Escritura um franco e claro testemunho de que ele ascendeu ao céu e assim voltará da maneira como foi visto ascender (Atos 1.9, 11). E não há razão para esses renitentes oponentes replicarem que ele ascendeu e voltará visivelmente, mas que, por enquanto, ele habita conosco de forma invisível. É verdade que nosso Senhor testifica que possui carne e ossos, os quais poderiam ser apalpados e vistos (João 20.27). Igualmente, "partir" e "subir" não significam dar a aparência de alguém que sobe e parte, mas simplesmente fazer o que as palavras declaram. Mas, ainda que ele tenha tomado de nós sua carne, e no corpo tenha subido ao céu, acha-se sentado à destra do Pai – ou seja, ele reina no poder, na majestade e na glória do Pai. Esse reino não é circunscrito por nenhum local no espaço, nem por quaisquer limites. E assim não circunscrito, Cristo pode exercer seu poder sempre que lhe apraza, seja no céu, seja na terra; ele pode exibir sua presença em poder e força, sempre apto a estar entre seu próprio povo, para viver neles, sustentá-los, fortalecê-los, vivificá-los e guardá-los como se estivesse presente no corpo.

30. Dessa maneira, o corpo e o sangue de Cristo nos são exibidos no sacramento; porém, de modo algum da maneira anterior.

A título de ensinamento, afirmamos que ele se manifesta na verdade e na operação efetiva, porém não na natureza. Obviamente, com isso, queremos dizer que a própria substância de seu corpo, ou o corpo verdadeiro e natural de Cristo, não é dado ali; e sim todos aqueles benefícios com os quais Cristo nos supriu em seu corpo.

Esta é a presença do corpo que a natureza do sacramento requer: dizemos que, aqui, uma se manifesta com uma eficácia tão grande que não só traz aos nossos corações a certeza inabalável da vida eterna, como também nos garante a imortalidade de nossa carne. Aliás, ela agora é vivificada por sua carne imortal e, em certo sentido, participamos de sua imortalidade. Os que são levados para além disso por seus próprios exageros nada fazem senão obscurecer, com tais movimentos, a verdade simples e clara.

31. Mas, se uma pessoa intransigente lançar contra nós controvérsia sobre as palavras de Cristo, uma vez que ele disse que isso é o seu corpo, isto é o seu sangue, gostaria de que aqui tal pessoa ponderasse um pouco comigo, pois estamos discutindo a totalidade de um sacramento que deve ser referido à fé. Mas já declaramos que, com essa participação do corpo, nutrimos a fé tão faustosa e copiosamente quanto aqueles que desejam tirar do céu o próprio Cristo.

Mas, se nos aferrarmos tão tenazmente às palavras, essas também nos endossam de forma esplêndida. Mateus e Marcos declaram que o Senhor denominou o cálice de "o sangue do Novo Testamento"; Lucas e Paulo o chamam de "o testamento no sangue". E, ainda que o leitor grite que isso é corpo e sangue, em contrapartida sustentarei que isso é o testamento no corpo e no sangue. Paulo requer que a interpretação da Escritura seja feita em conformidade com a analogia da fé (Romanos 12.3, 6). Sem dúvida, nesse caso, ele me endossa de forma notável. Veja você mesmo a que padrão de fé ele está se conformando. Aquele que não confessa que Jesus Cristo veio na carne não é de Deus (1 João 4.3). Você, mesmo que o dissimule, está privando-o de sua verdadeira carne.

ADORAÇÃO DO CORPO DO SENHOR NO SACRAMENTO

32. Esse conhecimento facilmente nos afastará também da adoração física, a qual certas pessoas, com pervertida temeridade, têm introduzido no sacramento, pois arrazoaram nos seguintes termos: se é o corpo, então ambas, alma e divindade, estão jungidas ao corpo e não podem separar-se dele: por conseguinte, temos de adorar Cristo ali. Vê-se o produto de nossa excelência, desde que nos permitamos vaguear pelos sonhos de nossos próprios cérebros! Mas, se os autores de tais raciocínios guardassem todos esses pensamentos de seu intelecto sob a guarda da Palavra de Deus, com conveniente humildade, certamente teriam ouvido o que ele diz: "Tomai, comei, bebei" (Mateus 26.26–27), então teriam obedecido a esse mandamento, pelo qual ele nos insta a recebermos o sacramento, e não o adorarmos. Portanto, os que recebem o sacramento como o Senhor ordenou, sem adoração, confiam em que não estão suprimindo o mandamento de Deus. E não pode sobrevir maior consolo do que essa certeza de que cumprimos com algum dever.

Eles têm o exemplo dos apóstolos, que, como lemos, não o adoraram prostrados, mas o receberam e o comeram enquanto estavam reclinados. Eles têm a prática da Igreja apostólica, a qual, como Lucas informa, não tomava a comunhão com adoração, mas com o partir do pão (Atos 2.42). Eles têm a doutrina apostólica, com a qual Paulo introduziu a Igreja dos coríntios, professando que ele recebia do Senhor o que entregava (1 Coríntios 11.23). Mas os que adoram o sacramento, confiando apenas em conjecturas e em alguma espécie de argumentos nascidos de si mesmos, não podem reivindicar sequer uma sílaba da Palavra de Deus. Pois, por mais que salientem as palavras "corpo" e "sangue", que homem íntegro e sóbrio pode convencer-se de que o corpo de Cristo é Cristo? Aliás, a seus olhos, é como se provassem isso elegantemente com seus silogismos. Mas, se ocorre que suas consciências se sintam conturbadas por algum sentimento mais grave, facilmente, em conjunto com seus silogismos, serão subvertidos, dissolvidos e derretidos. É isso que acontece quando se veem privados da infalível Palavra de Deus, pois, somente nela, nossas almas se firmam quando são chamadas ao acerto de contas; e, sem ela, desmaiarão no exato instante em que lhes forem suprimidos o ensinamento e os exemplos dos apóstolos, e se puserem contra eles, pois eles mesmos são as únicas autoridades que possuem. A tais impulsos, acrescentam-se outros estímulos agudos. Por quê? Seria uma questão de pouca importância adorar a Deus dessa forma, como se nada nos fosse prescrito? Acaso deveriam ter compreendido tão superficialmente o que nenhuma palavra em parte alguma foi afirmada, quando se tratava do culto e da glória de Deus?

Ademais, quando a Escritura relata criteriosamente a ascensão de Cristo, por meio da qual ele subtraiu de nossa vista e de nossa companhia a presença de seu corpo, a fim de arrancar de nós todo pensamento carnal a seu respeito – e, assim, sempre que nos lembrarmos de Cristo, nossa mente ser advertidas a se erguer e buscá-lo no céu, assentado à destra do Pai (Colossenses 3.1-2) –, então que o adoremos espiritualmente na glória celestial, em vez de inventarmos algum arriscado tipo de adoração, saturado de uma carnal e crassa concepção de Deus e de Cristo. Portanto, os que têm engendrado a adoração do sacramento têm sonhado em si mesmos, à parte da Escritura, na qual não se pode mostrar nenhuma menção a essa adoração – algo que, obviamente, não teria escapado se fosse aceitável a Deus.

E, assim, têm desprezado a Deus, o qual não proíbe apenas que se adicione algo à Escritura, mas também que se subtraia dela a menor partícula (Deuteronômio 13.1). Enquanto têm forjado para si um deus segundo a decisão de seu desejo pessoal, ao mesmo tempo abandonam o Deus vivo. Aliás, eles têm adorado os dons no lugar do Doador. Nisso reside uma dupla transgressão: eles têm subtraído a honra de Deus, transferindo-a para a criatura (Romanos 1.25); e também ele mesmo tem sido desonrado na conspurcação e na profanação de seu dom, quando, do sacramento de seu corpo, é feito um ídolo execrável. Nós, porém, por outro lado, devemos evitar cair no mesmo abismo, fixando nossos ouvidos, corações, mentes e línguas plenamente no santo ensinamento de Deus. Pois essa é a escola do melhor professor, o Espírito Santo; nela, progredimos de tal modo que nada resta para adquirirmos em outra fonte, senão que, de bom grado, sejamos ignorantes do que nela não se ensina.

A CEIA COMO CONFISSÃO E EXORTAÇÃO

33. Já discutimos previamente como nossa fé deve servir diante de Deus. Nesse sacramento, porém, o Senhor evoca à nossa memória, como já explanamos, a abundância de sua generosidade, e nos insta a reconhecê-la. Ao mesmo tempo, adverte-nos para que não sejamos ingratos em relação a uma benignidade tão generosa, mas, antes, proclamemo-la com louvores apropriados e celebremo-la com ação de graças. Portanto, quando ele transferiu a instituição do próprio sacramento aos apóstolos, ensinava-os a fazer isso em memória dele (Lucas 22.19). Paulo interpretou isso como uma "declaração da morte do Senhor" (1 Coríntios 11.26), ou seja, publicamente, e todos a uma só voz, confessando abertamente diante dos homens que, para nós, toda a certeza da vida e da salvação repousa na morte do Senhor, para que o glorifiquemos por meio de nossa confissão e, por meio de nosso exemplo, outros lhe rendam glória. Aqui, reiterando, fica bem claro o propósito do sacramento, a saber, exercitarmo-nos na lembrança da morte de Cristo. Pois o mandamento é para que "declaremos a morte do Senhor até que ele venha" (1 Coríntios 11.26), e isso nada mais significa senão que, pela confissão de nossa boca, declaremos o que nossa fé reconhece no sacramento: que a morte de Cristo é nossa vida. Esse é o segundo uso do sacramento, o qual pertence à confissão externa.

34. Terceiro, é também intenção do Senhor na Ceia que ela nos seja um tipo de exortação, e não existe nenhum outro meio mais eficaz para nos vivificar e nos inspirar ao amor, à paz e à concórdia. Pois o Senhor de tal modo nos comunica seu corpo ali que se fez completamente um conosco

e nós com ele. Ora, como ele só possui um corpo, do qual nos tornou participantes, é necessário que, por tal participação, todos nós também sejamos feitos um só corpo. O pão exibido como sacramento representa essa unidade. Como ele é feito de muitos grãos de tal modo misturados e amalgamados que um não pode ser distinguido do outro, é conveniente que, dessa maneira, sejamos unidos e combinados por tão imensa concordância de corações que não se introduza nenhuma espécie de discordância ou divisão. Prefiro explicar isso com as palavras de Paulo: "O cálice da bênção que abençoamos é a comunhão do sangue de Cristo; e o pão da bênção que partimos é a comunhão do corpo de Cristo. (...) Portanto... somos todos um só corpo, pois participamos de um só pão" (1 Coríntios 10.16–17).

Extrairemos grande benefício do sacramento se o seguinte pensamento for impresso e gravado em nossas mentes: nenhum dos irmãos pode ser prejudicado, injuriado, motejado, desprezado ou ofendido por nós de qualquer outra maneira sem que, ao mesmo tempo, estejamos prejudicando, injuriando, motejando e desprezando o próprio Cristo; assim, não podemos discordar de nossos irmãos sem que, ao mesmo tempo, estejamos discordando de Cristo; não podemos amar a Cristo sem amá-lo nos irmãos; devemos tomar o mesmo cuidado como os corpos de nossos irmãos que tomamos com os nossos próprios, pois eles são membros de nosso corpo; e, como nenhuma parte de nosso corpo é tocada de algum sentimento de dor que não seja difuso entre todo o resto, não devemos permitir que um irmão seja afetado por qualquer mal sem nos tocarmos de compaixão por ele.

Por conseguinte, com boa dose de razão, frequentemente Agostinho denomina esse sacramento de "o vínculo do amor". Pois que acicate mais agudo poderia haver para incitar o amor mútuo entre nós do que quando Cristo, ao se doar por nós, não só nos impele com seu próprio exemplo a nos empenharmos e a nos doarmos reciprocamente, mas, uma vez que ele se faz comum a todos nós, também faz com que todos nós sejamos um nele?

OS QUE COMEM INDIGNAMENTE

35. Vemos que esse santo pão da Ceia do Senhor é alimento espiritual, doce e delicado àqueles a quem Cristo se exibiu como sua vida, a quem inspirou à gratidão e a quem exortou ao amor mútuo entre si. Em contrapartida, converte-se em peçonha mortífera para aqueles cuja fé nada ensina e em quem não incita à ação de graças e ao amor. "Por isso", no dizer de Paulo, "aquele que comer o pão e beber o cálice do Senhor, indignamente, será réu do corpo e do sangue do Senhor. Pois quem come e bebe sem discernir o corpo come e bebe juízo para si" (1 Coríntios 11.27 e 29 combinados).

É preciso atentarmos para o fato de que "não discernir o corpo e o sangue do Senhor" e "recebê-los indignamente" são expressões tomadas no mesmo sentido. Homens dessa estirpe, sem qualquer fagulha de fé, sem qualquer zelo pelo amor, precipitam-se como suínos a tomar a Ceia do Senhor sem discernir sequer minimamente o corpo do Senhor. Pois, ainda que não creiam que aquele corpo é sua vida, desonram-no, despindo-o de toda a sua dignidade; e, finalmente, ao recebê-lo, profanam-no e o poluem. E, como são estranhos e destituídos da comunhão com seus irmãos, e ousam mesclar o símbolo sagrado do corpo de Cristo com suas dissidências, nem assim se importam com o fato de que o corpo de Cristo seja dilacerado e desmembrado. Portanto, são merecidamente tidos como culpados do corpo e do sangue do Senhor, os quais, de um modo tão torpe, maculam com sacrílega impiedade. Portanto, com esse comer indigno, trazem condenação sobre si mesmos. Pois, embora não tenham fé fixada em Cristo, ao receberem o sacramento, professam que sua salvação não se encontra em parte alguma senão nele e abjuram toda a sua segurança. Por isso, são seus próprios acusadores, testificam contra si mesmos e selam sua própria condenação. Então, embora sejam divididos e separados de seus irmãos pelo ódio e a má vontade, ou seja, dos membros de Cristo, e assim não têm parte em Cristo, testificam que sua única salvação é participar de Cristo e viver unidos a ele. Entretanto, devemos notar, de passagem, que inutilmente apresentam essa passagem, repetidas vezes, em defesa da real presença do corpo. Admito que Paulo está falando do verdadeiro corpo de Cristo, mas, seja qual for o sentido, que já não haja mais necessidade de apresentar escusas.

36. Por isso, Paulo ordena que o homem examine a si mesmo antes de comer desse pão ou beber desse cálice (1 Coríntios 11.28). Com isso (tal como interpreto), ele tinha em mente que cada um penetre em si mesmo e pondere consigo mesmo se reconhece com certeza de coração que Cristo é o seu Salvador; se o reconhece pela confissão da boca; se, segundo o exemplo de Cristo, ele está preparado para se doar aos seus irmãos e para comungar com aqueles nos quais ele

vê Cristo em comum; caso se considere membro de Cristo, então, por sua vez, que tenha todos os seus irmãos como membros de seu corpo; caso deseje nutrir, proteger e ajudar seus irmãos como seus próprios membros. No entanto, isso não significa que tais deveres de fé e amor já estejam perfeitos em nós agora, mas tão somente que devemos empenhar-nos e aspirar, de todo o nosso coração, a esse alvo, a fim de que, dia após dia, nossa fé aumente como começou e nosso frágil amor se fortaleça.

A COMUNHÃO É SOMENTE PARA OS PERFEITOS?

37. Certos autores, quando pretendem preparar os homens para comerem dignamente, têm torturado e açambarcado as míseras consciências de maneira inclemente; contudo, não apresentam sequer uma partícula de qual seria o propósito isso. Afirmaram que os que se encontravam em estado de graça comeriam de forma digna. Interpretaram "em estado de graça" no sentido de que estavam puros e purgados de todo pecado. Tal dogma barraria todos os homens que já existiram e agora existem sobre a terra do uso desse sacramento. Pois, se fosse uma questão de pessoalmente buscarmos nossa dignidade, estaríamos perdidos; só nos restam ruína e confusão. Ainda que tentemos com todas as nossas forças, não conseguiremos nada exceto nos convencermos de que somos totalmente indignos e que continuaremos a sê-lo, a despeito de nosso esforço para a obtenção de dignidade.

A fim de curar essa chaga, inventaram um modo de adquirir dignidade: que, examinando-nos com o máximo de nossa habilidade, e exigindo de nós conta de todos os nossos atos, expiemos nossa indignidade com contrição, confissão e satisfação. Mais adiante, haverá lugar mais apropriado para explicar a natureza dessa expiação. Até onde se aplica à presente tarefa, digo que tais remédios são demasiadamente ineficazes e fugazes para as consciências consternadas, descoroçoadas e feridas pelo horror de seu próprio pecado. Pois, se nosso Senhor, mediante sua proibição, não admite a ninguém participar de Sua Ceia, a não ser que seja justo e inocente, então faz-se necessário ter cautela para que alguém se certifique de sua própria justiça, assim que ouve que Deus a requer. Em que base somos confirmados na certeza de que os que têm feito seu melhor estão cumprindo com seu dever diante de Deus? Mas, mesmo que isso fosse assim, quando sucederá que alguém ouse ter certeza de que fez seu melhor? Portanto, como nunca poderemos afiançar a nós mesmos alguma certeza de nossa dignidade, o acesso sempre permaneceria fechado, em razão daquela terrível proibição, a qual decreta que os que comerem e beberem indignamente comem e bebem juízo para si (1 Coríntios 11.29).

Ora, é fácil ajuizar-se da natureza daquela doutrina e em qual autor teve origem. Pois ela priva e despoja totalmente os míseros pecadores da consolação desse sacramento; no entanto, nela todos os deleites do evangelho foram postos diante de nós. Seguramente, o diabo não poderia encontrar meio mais rápido para destruir os homens do que exasperando-os dessa maneira, ou seja, privando-os de degustar e provar esse alimento com o qual seu gracioso Pai celestial quis que fossem nutridos.

38. Portanto, para que não sejamos precipitados de ponta-cabeça nessa confusão e ruína, lembremo-nos bem de que essa santa festa é medicina para os doentes, refrigério para os pecadores, esmola para os pobres; porém, não haveria benefício algum aos sãos, justos e ricos se fosse possível encontrá-los. Porque, como neles Cristo nos é dado como alimento, entendemos que, sem ele, iríamos desfalecer, morrer de fome e fracassar. Então, como ele nos é dado para a vida, entendemos que, sem ele, evidentemente estaríamos mortos. Portanto, nisto consistirá a única e superior dignidade que podemos oferecer ao Senhor: que lhe ofereçamos nossa vileza e, por assim dizer, nossa indignidade, para que, por sua mercê, ele nos faça dignos dele; que percamos totalmente a esperança, para que nele possamos ser confortados; que nos rebaixemos ao máximo, para que por ele sejamos exaltados; que sejamos nossos próprios acusadores, para que sejamos por ele justificados; além disso, devemos aspirar por aquela unidade que ele nos recomenda em sua Ceia; e, como, de todos nós, ele faz um em si mesmo, desejemos que todos nós sejamos uma só alma, um só coração, uma só língua. Se pesarmos e considerarmos bem essas coisas, tais pensamentos jamais nos perturbarão, ou seja, como poderemos comer dignamente o corpo do Senhor, sendo nós necessitados e destituídos de todo bem, infeccionados com pecados, já quase mortos? Ao contrário, vamos pensar que, sendo pobres, achegamo-nos a um Doador boníssimo; sendo doentes, a um Médico; sendo pecadores, a um Salvador; que a dignidade, recomendada por Deus, consiste, acima de tudo, na fé, que em Deus repousam todas as coisas – em nós, porém, absolutamente nada; segun-

do, no amor – e que oferecemos a Deus nosso próprio amor, ainda que muito imperfeito, para que ele o aumente e faça dele algo melhor e mais perfeito.

39. Outros, concordando conosco que a própria dignidade consiste na fé e no amor, ainda incorrem em grande erro sobre o próprio padrão de dignidade, requerendo, como fazem, uma perfeição de fé que não pode ser alcançada de modo algum e um amor igual àquele com o qual Cristo nos tem tratado. Mas, ao agirem assim, igualam-se àqueles supramencionados, afastando todos os homens que se aproximam dessa santíssima Ceia. Se seu conceito fosse válido, ninguém a receberia exceto indignamente, visto que todos como um só homem seriam tidos como culpados e convencidos de sua própria imperfeição. E, obviamente, seria uma estupidez excessiva – para não mencionar loucura – requerer tal perfeição na recepção do sacramento, o que ainda tornaria o sacramento vazio e supérfluo. Pois esse é um sacramento ordenado não para os perfeitos, mas para os fracos e débeis, a fim de despertar, incitar, estimular e exercitar a carência de fé e amor.

O USO FREQUENTE DA CEIA

40. O que até aqui dissemos do sacramento demonstra abundantemente que ele não foi ordenado para ser recebido somente uma vez ao ano, e isso também descuidadamente, como agora é o costume público. Ao contrário, ele foi ordenado para ser usado com frequência entre todos os cristãos, a fim de que retenham na memória perenemente a Paixão de Cristo e de que, por meio de tal lembrança, sustenham e fortaleçam sua fé, instando a si mesmos a cantar as ações de

graças e a proclamar sua bondade; finalmente, por meio dele, que nutram amor mútuo e, entre si, testifiquem desse amor e possam discernir seu vínculo na unidade do corpo de Cristo. Pois, com frequência, participamos do símbolo do corpo do Senhor como um emblema dado e recebido, obrigando-nos reciprocamente a todos os deveres do amor, a fim de que a nenhum de nós se permita algo que venha a prejudicar nosso irmão ou ignorar algo que venha a ajudá-lo quando a necessidade assim o demandar.

Lucas relata em Atos (dos Apóstolos) que essa era a prática da Igreja apostólica, ao afirmar que os crentes "... persistiam no ensino dos apóstolos e na comunhão, no partir do pão e nas orações" (Atos 2.42). E assim se tornou a regra invariável que nenhuma reunião da Igreja deveria ocorrer sem a Palavra, as orações, a participação na Ceia e a prática de esmola. Essa era a ordem estabelecida também entre os coríntios, o que podemos inferir de Paulo (cf. 1 Coríntios 11.20).

Evidentemente, o costume que nos impõe tomar a comunhão uma vez ao ano é uma insofismável invenção do diabo, quem quer que tenha sido o responsável por sua introdução. Dizem que Zeferino foi o autor desse decreto, embora eu não me sinta persuadido de que ele estava na forma como hoje o temos. É possível que ele, com tal ordenança, não fizesse uma provisão tão ruim para a Igreja, como frequentemente ocorria, pois não dúvida de que, naquele tempo, a Santa Ceia era posta diante dos crentes toda vez que se reuniam; e que a maioria tomava a comunhão; visto, porém, que raramente ocorria que todos tomassem a comunhão de uma só vez, e como era necessário que os que viviam misturados com os profanos e idólatras atestassem sua fé mediante algum sinal externo, o santo homem, por causa da ordem e da política, designou aquele dia em que todo o povo cristão, ao participar da Ceia do Senhor, faria confissão de sua fé.

Em razão disso, deixavam de tomar a comunhão com muita frequência, já que, não muito antes, Anacleto estabelecera que todos os cristãos tomassem a comunhão diariamente. Mas a posteridade distorceu impiamente a tão boa ordenança de Zeferino quando uma lei definida foi instituída para que a comunhão fosse tomada uma vez ao ano. Com isso, ocorreu que quase todos, tendo uma vez participado da comunhão, como se maravilhosamente tivessem cumprido com seu dever para o resto do ano, passavam a viver de forma despreocupada. Conviria que tivessem agido de outra maneira: a Mesa do Senhor teria sido posta ao menos uma vez por semana para a reunião dos cristãos, e as promessas teriam sido declaradas para nos nutrir espiritualmente. Aliás, a ninguém se deve obrigar – todos, em contrapartida, devem ser exortados e estimulados; também a inércia dos indolentes teria sido repreendida. Todos, como pessoas famintas, se teriam reunido para um lauto repasto. Portanto, não creio que fui injusto ao me queixar, no início, que esse costume foi introduzido pelo artifício do diabo, o qual, ao prescrever um dia ao ano, no resto dele deixa os homens por conta de sua negligência.

A PARTICIPAÇÃO DAS DUAS ESPÉCIES

41. Da mesma oficina, veio outra regulamentação, a qual extorquiu ou suprimiu a metade da Ceia da maior parte do povo de Deus. O símbolo do sangue, negado às pessoas lei-

gas e profanas (esses são os títulos aplicados à herança de Deus (1 Pedro 5.3)), foi dado como propriedade especial a uns poucos homens tonsurados e ungidos. O decreto do Deus eterno é para que todos bebam (Mateus 26.27); o homem ousa substituí-lo e anulá-lo por uma lei nova e oposta, decretando que nem todos bebam. E, para que tais legisladores não contendam irracionalmente contra seu Deus, sustentam que poderiam ocorrer perigos se esse santo cálice fosse oferecido a todos em comum, como se tais perigos não fossem previstos e considerados pela eterna sabedoria de Deus! Na verdade, arrazoam com sutileza que um só (elemento) é suficiente pelos dois. "Pois, se ele é o corpo (dizem), então ele é o Cristo por inteiro, o qual não pode separar-se de seu corpo. Portanto, o corpo contém também o sangue". Vejamos bem que nossa percepção tem de estar em consonância com Deus, senão, com rédeas soltas, ela vai até um pouco além do libertino e do selvagem! O Senhor nos exibe o pão e diz que ele é seu corpo; ele exibe o cálice e o chama seu sangue. A razão humana impudentemente contradiz essa afirmação: "O pão é sangue, o vinho é corpo". É como se o Senhor, sem propósito algum, distinguisse seu corpo de seu sangue com palavras e com sinais, e as pessoas em nenhum momento ouvissem dizer que o corpo de Cristo, ou o sangue, é chamado Deus e homem. Obviamente, se sua intenção fosse significar seu ego inteiro, poderia ter dito: "Eu sou", segundo o costume de falar nas Escrituras (Mateus 14.27; João 18.5; Lucas 24.39), mas não teria dito "Isto é o meu corpo; isto é o meu sangue". Eu bem sei que os ministros de Satanás (já que é seu costume zombar das Escrituras) ridicularizam e se divertem com isso, dizendo que os apóstolos, aos quais ele já havia escolhido e arrolado na ordem de "sacrificadores", foram admitidos por Cristo à participação dessa Ceia.

O CARÁTER SACRÍLEGO DA MISSA

Mas eu gostaria que me respondessem a cinco perguntas, das quais não podem escapar sem que sejam facilmente refutados por suas mentiras.

Primeira: que oráculo lhes revelou essa solução tão alheia à Palavra de Deus? A Escritura apresenta os doze que se reclinaram com Jesus (cf. Mateus 26.20), porém não obscurece tanto a dignidade de Cristo a ponto de chamá-los "sacrificadores". (Mais adiante, trataremos desse termo em lugar próprio.) Mesmo que então ele a desse aos Doze, proibiu-lhes de fazer o mesmo, ou seja, distribuí-la entre eles mesmos.

Segunda: por que, naquela melhor época, até cerca de mil anos depois dos apóstolos, todos os fiéis, sem exceção, participavam de ambos os símbolos? A Igreja antiga não sabia a quem Cristo admitira como convidados à Sua Ceia? Seria uma impudência intolerável deter-se aqui e esquivar-se dessa pergunta! Aí estão as histórias eclesiásticas, aí estão os livros de escritores antigos, os quais trouxeram clara evidência desse fato.

Terceira: por que Cristo fala simplesmente do pão, que o comessem, mas, do cálice, que *todos* o bebessem (Marcos 14.22–23; Mateus 26.26–27)? É como se, deliberadamente, ele quisesse opor-se à astúcia de Satanás.

Quarta: se o Senhor (como gostariam que assim fosse) considerou dignos de sua Ceia somente os "sacrificadores", que homem teria ousado convocar os estranhos que foram excluídos pelo Senhor de participar dela? E ainda de participar daquele dom cujo poder não estava em sua posse, sem a ordem daquele único que poderia dá-lo? Aliás, com que certeza eles presumem hoje distribuir ao rebanho comum o símbolo do corpo de Cristo, se não têm nem ordem nem exemplo da parte do Senhor?

Quinta: Paulo mentia quando disse aos coríntios que ele recebera do Senhor o que lhes entregava (1 Coríntios 11.23)? Pois, mais adiante, ele declara a coisa a ser entregue: que todos participassem, indiscriminadamente, de ambos os símbolos (1 Coríntios 11.26). Pois, se Paulo recebeu do Senhor a prática de que todos fossem admitidos sem distinção, que os que suprimem quase todo o povo de Deus vejam bem de quem receberam sua prática, uma vez que agora não podem argumentar que seu Autor é Deus, da parte de quem não pode haver, ao mesmo tempo, Sim e Não (2 Coríntios 1.19).

E ainda dissimularíamos tais abominações sob o nome de Igreja e as defenderíamos sob tal pretexto? É como se esses anticristos, que tão prontamente tripudiam, dispersam e abolem o ensino e ordenanças de Cristo, fossem a Igreja; ou como se a Igreja apostólica, na qual a religião vicejou em pleno fulgor, não fosse a Igreja! Com esses e similares inventos, Satanás tem tentado, com densas trevas, obscurecer e macular a Santa Ceia de Cristo – no mínimo, com o fim de impedir que sua pureza seja preservada na Igreja.

CRISTO É DESONRADO NA MISSA

•42. Mas o ápice de tão horrível abominação foi quando o diabo suscitou um sinal por meio do qual a Ceia fosse não só obscurecida e pervertida, mas também – sendo completamente apagada e anulada –desvanecida e erradicada da memória humana. Isso ocorreu quando ele cegou quase o mundo inteiro com um erro extremamente pestilento: a crença de que a missa é um sacrifício e uma oferenda para a obtenção do perdão dos pecados. Estou ciente de quão profundamente essa praga lançou raízes, quanto se insinuou sob a máscara de bem, a qual exibe o nome de Cristo, e quantas pessoas creem que, na única palavra "missa", abarcam toda a suma da fé.

Mas, quando se prova, com toda a clareza, pela Palavra de Deus, que essa missa, por mais que seja adornada em esplendor, lança sobre Cristo magistral desonra, sepulta e oprime sua cruz, consigna sua morte ao olvido, remove o benefício que nos veio dela e debilita e destrói o sacramento pelo qual a memória de sua morte nos foi legada, terá ela raízes tão profundas que não possam ser arrancadas por esse poderosíssimo machado (quero dizer, a Palavra de Deus)? Haverá alguma envoltura tão fascinante que essa luz não consiga desvendar o mal emboscado que lhe subjaz?

43. Portanto, mostremos o que foi apresentado em primeiro lugar: que, nela (a missa), lança-se contra Cristo intoleráveis blasfêmia e desonra, pois ele foi consagrado por seu Pai, Sacerdote e Pontífice, não por um tempo determinado, à maneira como lemos dos sacerdotes que são designados no Antigo Testamento. Seu sacerdócio não podia ser imortal, uma vez que sua vida era mortal. Por conseguinte, era necessário que houvesse sucessores de tempo em tempos para substituir os que morriam. Cristo, porém, por ser imortal, não necessita de vigário para substituí-lo. Por isso o Pai o designou

"sacerdote para sempre, segundo a ordem de Melquisedeque", a fim de cumprir sacerdócio eterno (Hebreus 5.6, 10; 7.17, 21; 9.11; 10.21; Salmos 110.4; Gênesis 14.18). Esse mistério fora prefigurado em Melquisedeque muito tempo antes; quando a Escritura o introduziu como sacerdote do Deus vivente, em parte alguma volta a mencioná-lo depois, o que significa que sua vida não teve fim. À luz dessa similaridade, Cristo foi chamado sacerdote segundo sua ordem.

Agora, porém, requer-se dos que sacrificam diariamente que designem, para suas oblações, outros sacerdotes, os quais substituam Cristo como sucessores e vigários. Com essa substituição, não só privam Cristo de sua honra, usurpando dele a prerrogativa do sacerdócio eterno, como também tentam destroná-lo da destra de seu Pai, onde ele não pode sentar-se imortal sem que, ao mesmo tempo, permaneça como sacerdote eterno. E que eles não aleguem que seus sacerdotes não são substitutos de Cristo, como se ele estivesse morto, mas que são apenas sufragâneos de seu sacerdócio eterno, o qual nem por isso deixa de subsistir. Pois são tão fortemente constrangidos pelas palavras do apóstolo que não podem escapar; ou seja, ele diz que havia muitos sacerdotes porque a morte os impedia de continuar em seu ofício (Hebreus 7.23). Portanto, Cristo, que não é impedido pela morte, é único e não carece de parceiros.

NA MISSA, DESPREZA-SE A CRUZ DE CRISTO

44. Foi apresentado outro poder da missa, a saber, que ela sepulta e suprime a cruz e a Paixão de Cristo. Isso está certíssimo. Pois, se Cristo se ofereceu na cruz em sacrifício a

fim de nos santificar para sempre e buscar para nós redenção eterna (Hebreus 9.12), sem dúvida a força e a eficácia desse sacrifício continuam para sempre. De outro modo, não sentiríamos mais reverência para com Cristo do que para com bois e novilhos que se costumavam sacrificar sob a lei, cujos sacrifícios se provam ineficazes e fracos, pelo fato de serem repetidos sem cessar (cf. Hebreus 10.1). Portanto, teremos de confessar ou que o sacrifício de Cristo, o qual ele ofereceu na cruz, não tinha nenhum poder de purificar eternamente, ou que Cristo efetuou um sacrifício, uma vez para sempre, para todas as eras. Eis a palavra do apóstolo: que esse Sumo Sacerdote, Cristo, "se manifestou uma vez por todas para aniquilar, pelo sacrifício de si mesmo, o pecado" (Hebreus 9.26).

Reiterando: "Nessa vontade é que temos sido santificados, mediante a oferta do corpo de Jesus Cristo, uma vez por todas" (Hebreus 10.10). Outra vez: "Porque, com uma única oferta, aperfeiçoou para sempre quantos estão sendo santificados" (Hebreus 10.14). Cristo também significou isso em suas últimas palavras, declarando-o em seu último fôlego, ao dizer: "Está consumado!" (João 19.30). E comumente consideramos as últimas palavras do moribundo verdadeiros oráculos. Cristo, morrendo, testifica que, por seu sacrifício, tudo o que era pertinente à nossa salvação se consumou e se cumpriu. Cosemos diariamente inumeráveis retalhos em tal sacrifício, como se fosse imperfeito, quando ele enalteceu, com toda a clareza, sua perfeição. Quando a Palavra de Deus não só afirma, mas também clama e contende que esse sacrifício foi realizado de uma vez por todas, e todo o seu vigor permanece para sempre, porventura os que o acusam de imperfeição e fraqueza não demandam outro sacrifício (cf. Hebreus 7.28; 9.26; 10.18)?

Mas que propósito tem a missa, a qual foi estabelecida sob a seguinte condição: que centenas de milhares de sacrifícios sejam realizados a cada dia, exceto para sepultar e submergir a Paixão de Cristo, pela qual ele se ofereceu ao Pai como único sacrifício? Quem, exceto se for cego, não consegue ver que foi a cegueira de Satanás que se assenhoreou de uma verdade tão franca e clara? Tampouco ignoro as astúcias pelas quais o pai da mentira costuma disfarçar sua fraude: que não são muitos e diferentes sacrifícios, mas tão somente que sempre se repete o mesmo. Mas não há como dissipar tais nuvens de fumaça. Pois, em toda a discussão, o apóstolo contende não só que não há outros sacrifícios, como também que esse único foi oferecido uma vez por todas e jamais será repetido.

45. Então, passo à terceira função da missa, em que me ponho a explicar como ela apaga a verdadeira e única morte de Cristo, varrendo-a da memória dos homens. Pois, como entre os homens a confirmação de um testamento depende da morte do testador, assim também nosso Senhor confirmou, por meio de sua morte, o testamento pelo qual nos deu o perdão dos pecados e a justiça eterna (Hebreus 9.15–17). Aqueles que ousam alterar ou adicionar algo novo a esse testamento negam a sua morte, considerando-a sem importância.

O que é a missa senão um testamento novo e totalmente distinto? Como assim? Acaso as missas individuais não prometem um novo perdão de pecados e uma nova aquisição de justiça, de modo que agora existam tantos testamentos quantas missas há? Portanto, que Cristo venha outra vez e ratifique esse testamento com outra morte; ou melhor, com incontáveis mortes, inumeráveis testamentos de missa. Acaso eu não disse a verdade no início, ou seja, que a única e verdadeira morte de Cristo é obliterada pelas missas? O que dizer diante do fato de que a missa leva diretamente à meta de – como se tal fosse possível – matar Cristo outra vez? Pois, onde há um testamento (diz o apóstolo), aí deve ocorrer a morte do testador (Hebreus 9.16). A missa exibe um novo testamento de Cristo; portanto, ela requer a sua morte. Além disso, é necessário que a vítima oferecida seja cruelmente morta em milhares de lugares e a cada instante. Esse argumento não é meu, e sim do apóstolo: se Cristo tivesse de se oferecer com frequência, então teria de ser oferecido reiteradamente, desde o princípio do mundo (Hebreus 9.25–26).

A MISSA ANULA A MORTE DE CRISTO

46. Agora, passo a discutir a quarta função da missa, a saber, que ela nos esbulha do benefício que nos haveria de vir com a morte de Cristo, enquanto que nos impede de reconhecê-lo ou de ponderar sobre ele. Pois quem pode imaginar-se redimido pela morte de Cristo e, ao mesmo tempo, ver na missa uma nova redenção? Quem pode confiar que seus pecados serão perdoados enquanto divisa um novo perdão? E de nada adiantará dizer que na missa obtemos o perdão dos pecados unicamente porque esse perdão já foi adquirido pela morte de Cristo. Isso equivale a nada mais do que nos gloriarmos de que já fomos redimidos por Cristo sob a condição de que nós mesmos nos redimamos; este, pois, é o tipo de doutrina difundida pelos ministros de Satanás, hoje defendida com

gritos, espada e fogo, a saber, que, quando, na missa, oferecemos Cristo ao Pai, com esse ato de oblação obtemos o perdão dos pecados e nos tornamos participantes da Paixão de Cristo. O que agora permanece da Paixão de Cristo, senão que se trata de um exemplo de redenção por meio do qual aprendemos que somos nossos próprios redentores?

A MISSA DESTRÓI O VALOR DA CEIA

47. Agora, chegamos ao final, ou seja, que a Santa Ceia (na qual o Senhor deixou gravada e inscrita a memória de sua Paixão) foi removida, destruída e abolida pelo surgimento da missa. Aliás, a própria Ceia é um dom de Deus, o qual deveria ser recebido com ação de graças. O sacrifício da missa é representado como se fosse para pagar a Deus um preço que ele deve receber a título de satisfação. Tanta diferença há entre esse sacrifício e o sacramento quanto há entre dar e receber. E esta é a miserável ingratidão do homem: onde deveria ter reconhecido e dado graças pela abundância da liberalidade de Deus, toma Deus como seu devedor! O sacramento prometeu que, pela morte de Cristo, não somos meramente restaurados à vida uma vez; somos continuamente revitalizados, pois todas as partes de nossa salvação já foram cumpridas. O sacrifício da missa canta em outro tom muito diferente, ou seja, que Cristo deve ser sacrificado diariamente, para que nos seja de algum benefício.

48. A Ceia se destinava a ser distribuída na assembleia pública da Igreja com o fim de nos instruir na comunhão, por meio da qual todos nós aderimos a Jesus Cristo. O sacrifício da missa dissolve e dilacera essa comunidade. Depois de prevale-

cer o erro de que deve haver sacerdotes para realizar sacrifício em favor do povo, como se a Ceia visasse somente a eles, ela deixou de ser comungada pela Igreja dos fiéis segundo o mandamento do Senhor. Fez-se uma abertura para as missas privadas, as quais pareceriam sugerir uma excomunhão no lugar daquela comunidade estabelecida pelo Senhor. Pois o mísero sacrificador, com o fim de devorar sua vítima por conta própria, separa-se de todo o rebanho fiel. Eu a chamo de missa privada (para que ninguém se equivoque), quer seja celebrada a todo pulmão e aos gritos, quer seja apenas entre murmúrios e cochichos, uma vez que ambos os modos removem a participação na Ceia por parte da Igreja.

49. Mas, antes de concluir meu discurso, pergunto aos doutores da missa – uma vez que bem sabem que a obediência a Deus é mais forte do que as vítimas sacrificiais e que, antes de tudo, ele demanda que os homens atentem mais para sua voz do que para os sacrifícios (1 Samuel 15.22): como podem crer que Deus se apraza com esse método de sacrificar, para o qual não temos nenhum mandamento e o qual eles não encontram como prova sequer uma sílaba na Escritura? Além disso, quando ouvem o apóstolo dizer que ninguém deve usurpar para si o nome e a honra do sacerdócio, exceto aquele para o qual foi chamado (como foi Arão) – aliás, que Cristo mesmo não se lançou a ele, mas tão somente obedeceu ao chamado de Seu Pai (Hebreus 5.4–5) –, ou terão de manifestar necessariamente que Deus é o autor e instituidor de seu sacerdócio, ou terão de confessar que tal honra não procede de Deus, para a qual, sem serem chamados, prorrompem com perversa temeridade. Mas não podem lançar mão sequer de

um til para apoiar seu sacerdócio. Até que ponto, pois, seus sacrifícios não se desvanecerão, uma vez que não podem ser oferecidos sem um sacerdote?

O que resta, senão que o cego veja, o surdo ouça e até mesmo as criancinhas entendam essa abominação da missa? Oferecida em um cálice de ouro, ela tem inebriado todos os reis e povos da terra, do superior ao inferior, ferindo-os, assim, com entorpecimento e vertigem, os quais, mais estúpidos que as bestas brutas, têm conduzido todo o barco de sua salvação rumo a essa mortal voragem. Seguramente, Satanás nunca preparou uma máquina mais poderosa para o cerco e a captura do reino de Cristo. Essa é outra Helena por quem os inimigos da verdade hoje batalham com tanta raiva, fúria e crueldade – deveras uma Helena com quem cometem tal fornicação espiritual, a mais abominável de todas.

Aqui não toco, nem mesmo com meu dedo mínimo, aqueles grosseiros abusos que poderiam oferecer como escusa para a profanação da pureza de sua santa missa, a saber, o comércio vil que praticam e os imundos proveitos que obtêm com suas missas e a desregrada avidez com que satisfazem a sua cobiça. Apenas indico – e, mesmo assim, com um mínimo de palavras – qual seria a própria santidade da missa, pela qual mereceu ser admirada e tida com tamanha veneração ao longo de tantos séculos. Pois seria uma tarefa grande demais apresentar esses grandes mistérios em conformidade com a dignidade deles. E não me disponho a lhes misturar aquelas torpes corrupções que se exibem diante dos olhos e rostos de todos os homens, a fim de que todos possam compreender que a missa, tomada em suas partes mais elevadas e na integridade em que pode ser mais louvada, sem levar em conta seus apêndices, ou coisas acidentais, basta dizer que ela está saturada de todo o gênero de impiedade, blasfêmia, idolatria e sacrilégio.

DUPLO SACRIFÍCIO E DUPLO SACERDÓCIO

50. Ora, para que nenhum tagarela batalhe contra nós no tocante às palavras "sacrifício" e "sacerdote", também explicarei, porém em termos breves, o que em toda a discussão quero dizer com "sacrifício" e "sacerdote". Geralmente como é entendido, o termo "sacrifício" inclui absolutamente tudo o que se oferece a Deus. Devemos, pois, estabelecer uma distinção e, com o propósito de ensinar, chamaremos a um "sacrifício de ações de graças ou louvor"; e, ao outro, "sacrifício de propiciação ou de expiação".

Ora, o sacrifício de expiação é aquele que se propõe a apaziguar a ira de Deus, satisfazer sua justiça, lavar os pecados e implorar graça e salvação. Um sacrifício desse gênero só foi realizado por Cristo porque ninguém mais poderia realizá-lo. E só foi feito uma vez, porque a eficácia e o vigor desse único sacrifício realizado por Cristo são eternos, como ele testificou de viva-voz quando disse que foi realizado e consumado (João 19.30); ou seja, tudo que era necessário para recuperar o favor do Pai, para obter o perdão dos pecados, justiça e salvação – tudo isso foi realizado e completado por seu sacrifício singular. E tão perfeito foi que não se deixou nenhum lugar para qualquer outra vítima sacrificial posterior.

Portanto, concluo que é uma perversíssima infâmia e uma intolerável blasfêmia, contra Cristo mesmo e contra o sacrifício, o qual ele ofereceu por nós através de sua morte na cruz, alguém presumir que, pela repetição da oblação, ele obtém o perdão dos pecados, apazigua Deus e adquire justiça. E que outra coisa se faz rezando missa senão fazer-nos participantes da Paixão de Cristo em virtude do mérito de uma nova oblação? E, para que não houvesse limite em seu frenesi, não se contentaram em dizer que seu sacrifício é oferecido igualmente a toda a Igreja, mas acrescentaram que lhes cabia decidir aplicá-lo particularmente a este ou àquele homem, como bem lhes aprouvesse; ou melhor, todo aquele que quisesse poderia comprar tal mercadoria. Ora, ainda que não pudessem atingir o preço de Judas, para que em algum aspecto pudessem assemelhar-se ao seu autor, conservaram a semelhança do número. Judas o vendeu por trinta peças de prata (Mateus 26.15); estes o vendem por trinta peças de cobre; Judas, uma vez; estes, tantas vezes quantas encontrarem um comprador.

Negamos também que sejam sacerdotes no sentido de que, por tal oblação, intercedem diante de Deus pelo povo e, tendo apaziguado a Deus, obtêm expiação pelos pecados. Pois Cristo é o único Pontífice e Sacerdote do Novo Testamento (cf. Hebreus 9) para quem se transferiram todos os sacerdócios e em quem foram encerrados e terminados. E, ainda que a Escritura nada mencione acerca do eterno sacerdócio de Cristo, visto que Deus cancelou todos os antigos sacerdócios e não instituiu outros novos, o argumento do apóstolo permanece invencível, ou seja, "Ninguém, pois, toma esta honra para si mesmo, senão quando chamado por Deus" (Hebreus 5.4). Com que impudência, pois, essas pessoas sacrílegas, que se gabam de ser açougueiros de Cristo, ousam denominar-se sacerdotes do Deus vivo?

A CEIA DO SENHOR É UM SACRIFÍCIO DE LOUVOR

51. Sob a segunda classe de sacrifício, à qual já denominamos "ação de graças", incluem-se todas as nossas orações, louvores, ações de graças e tudo que fazemos para o culto de Deus, já que nós e tudo que é nosso devem ser consagrados e dedicados a ele, de modo que tudo o que está em nós sirva à sua glória e manifeste a sua magnificência.

Esse modo de sacrifício nada tem a ver com o apaziguamento da ira de Deus, nada a ver com a obtenção do perdão dos pecados, nada a ver com o merecimento da justiça; ao contrário, ocupa-se exclusivamente de magnificar e exaltar a Deus. Aliás, não pode ser realizado senão por aqueles que, depois de já haverem recebido o perdão dos pecados, foram reconciliados com Deus e justificados. Além disso, ele é tão necessário para a Igreja que não pode estar ausente dela. Portanto, ele será eterno, enquanto o povo de Deus existir. Assim também foi escrito no profeta: "Mas, desde o nascente do sol até o poente, é grande entre as nações o meu nome; e em todo lugar lhe é queimado incenso e trazidas ofertas puras, porque o meu nome é grande entre as nações, diz o SENHOR dos Exércitos" (Malaquias 1.11). Longe esteja de nós o removermos!

Assim, Paulo insta que "ofereçamos nossos corpos em sacrifício vivo, santo e aceitável a Deus, que é nosso culto racional" (Romanos 12.1; cf. 1 Pedro 2.5–6). Dessa maneira, Davi orou para que sua oração subisse à presença de Deus como incenso (Salmos 141.2). Assim, em outros lugares, as orações dos santos são chamadas "incenso"; e, pelo profeta, "os novilhos dos lábios" (Oseias 14.2, 3). Paulo acerta em cheio quando o chamou de "culto"; pois ele tinha em mente a maneira espiritual de cultuar a Deus, o que tacitamente contrastou com os sacrifícios carnais da lei mosaica.

A Ceia do Senhor não pode subsistir sem um sacrifício desse tipo, na qual, enquanto proclamamos sua morte (1 Coríntios 11.26) e rendemos graças, nada fazemos senão oferecer sacrifício de louvor. Com base nesse ofício de sacrificar, todos os cristãos são chamados "sacerdócio real" (1 Pedro 2.9), porque, através de Cristo, oferecemos a Deus sacrifício de louvor: "o fruto dos lábios que confessam seu nome" (Hebreus 13.15). E, sem um intercessor, não compareceremos diante de Deus com nossas dádivas. Cristo é o nosso Mediador que intercede por nós, por meio de quem oferecemos ao Pai a nós mesmos e o que é nosso. Ele é nosso Pontífice, o qual adentrou o santuário celestial (Hebreus 9.24) e abriu uma via de acesso para adentrarmos também (cf. Hebreus 10.20). Ele é o altar (cf. Hebreus 13.10) sobre o qual colocamos nossas dádivas. Nele, aventuramo-nos a correr todo risco. Ele é, repito, aquele que nos fez reino e sacerdotes para o Pai (Apocalipse 1.6).

SUMÁRIO

52. Aqui nossos leitores têm, coletadas na forma de sumário, quase tudo o que imaginamos que deve ser conhecido acerca desses dois sacramentos, cujo uso foi entregue à Igreja cristã desde o princípio do Novo Testamento até o fim do mundo; ou seja, que o batismo seja, por assim dizer, um acesso à Igreja e uma iniciação à fé; mas a Ceia seja uma espécie de alimento contínuo do qual Cristo alimenta espiritualmente a casa de seus fiéis. Portanto, como há um único Deus, uma única fé, um único Cristo e uma única Igreja, seu corpo, o

batismo é apenas um (Efésios 4.4–6), e não é repetido infinitamente. A Ceia, porém, é distribuída repetidas vezes, para que os que foram uma vez inclusos na Igreja compreendam que se alimentam continuamente de Cristo.

CABE SOMENTE A DEUS INSTITUIR SACRAMENTOS

À parte desses dois, nenhum outro sacramento foi instituído por Deus e, assim, a Igreja dos fiéis não deve reconhecer nenhum outro; pois erigir e estabelecer novos sacramentos não constitui uma questão de escolha humana. Prontamente entenderemos isso se lembrarmos o que acaba de ser explanado com toda a clareza: que os sacramentos foram designados por Deus para nos instruir em alguma promessa que ele fez e comprovar seu próprio beneplácito para conosco. Além disso, vamos compreender isso se tivermos em mente que ninguém é conselheiro de Deus (Isaías 40.13; Romanos 11.34), para que seja apto a nos prometer algo infalível acerca da vontade de Deus ou garantir-nos e tornar-nos confiantes sobre qual atitude ele mantém para conosco e o que tenciona dar-nos ou negar-nos.

Prontamente indica-se que ninguém pode apresentar um sinal de que é testemunha de alguma intenção ou promessa dele. É tão somente ele quem deu o sinal e pode testificar de si mesmo entre nós. Direi mais sucintamente e talvez mais abruptamente, porém de maneira mais clara: não pode haver um sacramento sem a promessa de salvação. Todos os homens juntos nada podem nos prometer acerca de nossa salvação. Portanto, por si mesmos, não podem produzir nem instituir um sacramento.

Portanto, que a Igreja cristã se contente com esses dois sacramentos. E que a Igreja não só se recuse a admitir e reconhecer presentemente um terceiro, mas também que não queira ou espere algum outro até a consumação dos séculos.

Além desses ordinários, vários sacramentos foram dados aos judeus, segundo a adventícia condição dos tempos (como o maná [Êxodo 16.13]; 1 Coríntios 10.3: a água que flui da rocha [Êxodo 17.6; 1 Coríntios 10.4], a serpente de bronze [Números 21.8; João 3.14] e outros afins). Mas, por meio dessa variação, os judeus eram advertidos a não se deter em tais figuras cuja condição não era permanente, mas aguardar de Deus algo melhor, que persistisse sem qualquer destruição ou fim.

No entanto, no que diz respeito a nós, a quem Cristo foi revelado, as condições são muito diferentes. Pois nele "estão ocultos todos os tesouros do conhecimento e da sabedoria" (Colossenses 2.3), com tão grandes abundância e riqueza que esperar ou buscar alguma nova adição a esses tesouros realmente seria tentar Deus e provocá-lo contra nós mesmos. Por isso, convém-nos ter fome de Cristo, buscá-lo, aguardá-lo e apreendê-lo, bem como deixar-nos instruir por ele, até que resplandeça aquele grande dia quando Deus manifestar a plena glória de seu reino e se manifestar a nós para que seja visto tal como em si mesmo é (1 Coríntios 15; 1 João 3.2).

E, por essa razão, a Escritura designa esta nossa era como "a última hora" (1 João 2.18), os "últimos dias" (Hebreus 1.2), os "últimos tempos" (1 Pedro 1.20), para que ninguém se iluda com vãs expectativas de alguma nova doutrina ou revelação. "Havendo Deus, outrora, falado, muitas vezes e de muitas maneiras, aos pais, pelos profetas, nestes últimos dias nos falou pelo Filho, a quem constituiu herdeiro de todas as coisas, pelo qual também fez o universo" (Hebreus 1.1, 2), o único que pode revelar o Pai (Lucas 10.22).

Agora, porém, como se negou aos homens a capacidade de cunhar novos sacramentos na Igreja, assim também era de se desejar que um mínimo possível de invenção humana se mesclasse com aqueles sacramentos que vieram de Deus. Pois precisamente como, ao se derramar água no vinho, este é substituído e diluído, e, com fermento misturado nela, toda a massa se corrompe, assim também a pureza do mistério de Deus não se corrompe menos quando o homem adiciona algo propriamente seu. No entanto, vemos quanto os sacramentos têm-se degenerado de sua legítima pureza em seu trato atual. Por todo lado, há um sem-número de procissões, cerimônias e gesticulações; todavia, ao mesmo tempo, não há nenhuma consideração ou menção da Palavra de Deus, sem a qual até mesmo os próprios sacramentos deixam de ser sacramentos. Aliás, as próprias cerimônias estabelecidas por Deus não conseguem erguer sua cabeça em meio a tão grande multidão, mas jazem como que esmagadas e humilhadas. Quantas coisas se veem no batismo, o qual deveria ter uma única e primordial finalidade: o próprio batismo! A Ceia foi completamente sepultada, visto que se converteu em missa, a não ser a memória que se faz dela uma vez ao ano, muito embora de maneira mesclada, alterada e mutilada.

D. DA ADMINISTRAÇÃO DOS SACRAMENTOS

53. Quão mais satisfatório seria, sempre que alguém é batizado, apresentá-lo à assembleia dos crentes e, com toda a Igreja

contemplando como testemunha, e orando em seu favor, oferecê-lo a Deus; recitar a confissão de fé na qual o catecúmeno deve ser instruído; recordar as promessas feitas no batismo; batizar o catecúmeno em nome do Pai e do Filho e do Espírito Santo (Mateus 28.19); finalmente, despedi-lo com orações e ação de graças.

Se isso for feito, nada se omite de essencial; dessa maneira, não se omitiria nada daquela única cerimônia, a qual tem Deus por seu autor, mas brilhará em seu pleno fulgor. Mas, se a pessoa a ser batizada for totalmente imersa, e não apenas aspergida com água, tais detalhes não têm a menor importância, devendo ser opcionais às Igrejas segundo a diversidade dos países. Todavia, a palavra "batizar" significa imergir, e é evidente que o rito da imersão foi observado na Igreja antiga.

No que diz respeito à Santa Ceia, poderia ser convenientemente ministrada se fosse posta diante da Igreja com muita frequência e, no mínimo, uma vez por semana. Então, primeiro deve começar com orações públicas. Em seguida, deve-se enunciar um sermão. Então, quando o pão e o vinho forem dispostos na mesa, o ministro deve repetir as palavras da instituição da Ceia. Em seguida, deve recitar as promessas que nos foram deixadas nela; ao mesmo tempo, ele deve excluir da comunhão todos os que são privados dela pela proibição do Senhor. Depois, orará para que o Senhor, com aquela benignidade com que se dignou outorgar-nos esse santo alimento, também nos ensine e nos forme para recebê-lo com fé e gratidão de coração; e, embora por nós mesmos nada sejamos, faça-nos dignos, por sua mercê, de tal festa. Aqui, porém, é possível entoar salmos ou ler algo; e, na ordem conveniente, os crentes devem participar do santíssimo banquete, enquanto os ministros partem o pão e distribuem o cálice. Ao terminar a Ceia, que haja exortação à fé sincera e à confissão de fé, ao amor e ao comportamento digno dos cristãos! Enfim, que se rendam graças e se entoem louvores a Deus! Quando se concluírem essas coisas, que a Igreja seja despedida em paz!

Se os crentes vão tomá-las ou não em suas mãos, ou as dividir entre si, ou tomar diversamente o que foi dado a cada um; ou se devolvem o cálice ao diácono ou o passam à pessoa seguinte; se o pão é ou não fermentado; se o vinho é vermelho ou branco – nada disso faz diferença. Essas coisas são indiferentes e devem ser deixadas ao critério da Igreja. Entretanto, sem dúvida a prática da Igreja antiga foi que todos a tomem em suas mãos. E Cristo disse: "Reparti entre vós" (Lucas 22.17).

As histórias narram que se usava pão levedado antes do tempo do bispo romano Alexandre, que foi o primeiro a se deleitar com pão asmo. Quanto a mim, não vejo razão para isso, a não ser para atrair os olhos das pessoas comuns que se deleitam com um novo espetáculo, em vez de instruir suas mentes na religião. Conjuro a todos os que se deixam afetar de zelo pela piedade: que os crentes me digam se aqui não veem, com a máxima clareza, a glória de Deus e quanta doçura de consolo espiritual os crentes recebem; e se não veem essas futilidades como sem vida e teatrais, as quais não servem a outro propósito senão o de enganar os sentidos das pessoas entorpecidas.

Dizem que nisso consiste a religião do povo quando, embotado e como que estonteado pela superstição, vê-se arrastado para todos os lados. Caso alguém prefira defender tais invenções, apelando para a antiguidade, também não me sinto ignorante de quão antigo é o uso do crisma e das insuflações no batismo; como logo depois da era apostólica a Ceia do Senhor foi corrompida pela ferrugem. Mas tamanha é a procrastinada ousadia dos homens que não pode conter-se sem que esteja jogando sempre com os mistérios de Deus até que os vejam maculados. Entretanto, recordemos bem que Deus de tal modo aprecia a obediência à sua Palavra que por ela quer que julguemos os anjos e todo o universo (1 Coríntios 6.2; Gálatas 1).

CAPÍTULO V

DEMONSTRA-SE QUE OS OUTROS CINCO, ATÉ ENTÃO COMUMENTE CONSIDERADOS SACRAMENTOS, REALMENTE NÃO SÃO SACRAMENTOS. EM SEGUIDA, MOSTRA-SE A QUE GÊNERO PERTENCEM

INTRODUÇÃO

1. Nossa discussão anterior sobre os sacramentos poderia ter sido suficiente para persuadir as pessoas dóceis e sóbrias a não levarem longe demais sua curiosidade, nem aceitarem quaisquer sacramentos à parte da Palavra de Deus, além daqueles dois que, bem sabemos, foram ordenados pelo Senhor. Mas, como todos falam daquela noção de sete sacramentos, divulgada pelas escolas e em todos os sermões, essa noção fincou raízes por sua própria antiguidade e ainda está registrada na mente de todos.

Por conseguinte, parece-me que eu estaria fazendo algo digno, passando a examinar, individual e estritamente, os cinco demais ritos, os quais comumente se encontram incluídos entre os verdadeiros e genuínos sacramentos do Senhor; assim, uma vez removida toda a camuflagem, eles são expostos, para que as pessoas simples percebam quais são e como e quão falsamente, até então, têm sido considerados sacramentos.

Primeiro, deve-se ter em mente que previamente confirmamos, com argumento irrefutável, que a decisão de se estabelecer um sacramento repousa exclusivamente sobre Deus. Aliás, um sacramento deve, pela infalível promessa de Deus, encorajar e confortar a consciência dos crentes, cuja certeza eles jamais poderiam receber do homem, pois o sacramento deve ser testemunha da boa vontade de Deus para conosco, da qual nenhum homem nem anjo podem ser testemunhas, já que ninguém foi conselheiro de Deus (Isaías 40.13; Romanos 11.34). O Senhor é o único que nos testifica acerca de si mesmo através de sua Palavra. Sacramento é um selo pelo qual a aliança, ou promessa, de Deus é selada. Mas ela não poderia ser selada com coisas físicas e com os elementos deste mundo, a menos que fosse moldada e designada para isso pelo poder de Deus. Portanto, o homem não pode estabelecer um sacramento, porque não está em seu poder fazer com que esses grandes mistérios de Deus se ocultem sob coisas tão humildes. A Palavra de Deus deve preceder um sacramento genuíno.

A. DA CONFIRMAÇÃO

2. A *confirmação* – como a chamam – é o primeiro sinal que, inventado pela temeridade humana, foi apresentado como um sacramento de Deus. Além disso, engendraram que, na confirmação, como um sacramento, vê-se o poder de conferir

DEMONSTRA-SE QUE OS OUTROS CINCO, ENTÃO COMUMENTE CONSIDERADOS SACRAMENTOS, REALMENTE NÃO SÃO SACRAMENTOS. EM SEGUIDA, MOSTRA-SE A QUE GÊNERO PERTENCEM

o Espírito Santo para aumento da graça, o qual foi conferido no batismo para a inocência; confirmar para a batalha aqueles que, no batismo, foram regenerados para a vida.

Além do mais, essa confirmação é realizada com unção e com a seguinte fórmula: "Eu te marco com o sinal da santa cruz e te confirmo com o crisma da salvação, em nome do Pai, e do Filho, e do Espírito Santo". Tudo feito de maneira bela e atraente! No entanto, onde está, aqui, a Palavra de Deus, a qual promete a presença do Espírito Santo? Eles não podem mostrar-nos sequer uma vírgula dela. Como nos garantirão que seu crisma é um vaso do Espírito Santo? Vemos o óleo – um líquido grosseiro e viscoso – nada mais! Agostinho diz: "Que se adicione a Palavra ao elemento, e ele se converterá em sacramento!"

Que apresentem, repito, essa palavra, caso queiram que vejamos no óleo algo além de óleo. Mas, se eles reconhecessem a si mesmos, como deveriam, como ministros dos sacramentos, não teríamos razão para uma disputa mais longa. Eis a primeira lei de um ministro: nada fazer sem um mandamento. Venham agora e produzam algum mandamento para esse ministério, e não direi outra palavra. Se não contam com um mandamento, não podem justificar sua sacrílega ousadia. Nesse sentido, o Senhor perguntou aos fariseus se o batismo de João procedia do céu ou dos homens. Se respondessem "dos homens", ele teria provado que esse batismo é trivial e vão; se, "do céu", então seriam forçados a reconhecer a doutrina de João. Portanto, para que não injuriassem demasiadamente a pessoa de João, não ousaram confessar que sua doutrina procedia dos homens (Mateus 21.25–27). Portanto, se a confirmação procede dos homens, então prova-se ser vã e trivial; se nossos oponentes desejam convencer-nos de que procede do céu, então que o provem.

EXEMPLO DOS APÓSTOLOS

3. De fato, defendem-se com o exemplo dos apóstolos, os quais, julgam, nada faziam temerariamente. Plenamente de acordo; nem os culparíamos, caso se provassem ser seguidores dos apóstolos. Mas o que os apóstolos fizeram? Em Atos, Lucas nos informa que os apóstolos, que estavam em Jerusalém, quando ouviram que Samaria recebera a palavra de Deus, enviaram Pedro e João para lá; esses apóstolos oraram pelos samaritanos, a fim de que recebessem o Espírito Santo, o qual ainda não havia vindo sobre eles, pois haviam sido batizados somente em nome de Jesus; assim que oraram, impuseram suas mãos sobre eles e, através dessa imposição de mãos, os samaritanos receberam o Espírito Santo (Atos 8.14–17). E amiúde menciona essa imposição das mãos (Atos 6.6; 8.17; 13.3; 19.6). Ouço o que os apóstolos faziam, ou seja, que exerciam seu ministério com toda a fidelidade. O Senhor queria que aquelas visíveis e maravilhosas graças do Espírito Santo, as quais ele então derramava sobre seu povo, fossem ministradas e distribuídas por meio de seus apóstolos pela imposição das mãos; minha interpretação, porém, é que faziam uso de tal cerimônia para significar, por meio de seu gesto, que louvavam a Deus e, por assim dizer, ofereciam àquele sobre quem impunham suas mãos.

Se esse ministério que os apóstolos exerciam ainda permanecesse na Igreja, a imposição de mãos também teria de

DEMONSTRA-SE QUE OS OUTROS CINCO, ENTÃO COMUMENTE CONSIDERADOS SACRAMENTOS, REALMENTE NÃO SÃO SACRAMENTOS. EM SEGUIDA, MOSTRA-SE A QUE GÊNERO PERTENCEM

ser mantida. Visto, porém, que a graça cessou de ser outorgada, a que propósito serve a imposição de mãos? Seguramente, o Espírito Santo ainda está presente entre o povo de Deus, pois a Igreja não pode subsistir a não ser que ele seja seu guia e diretor. Pois nós temos uma promessa eterna e permanentemente estabelecida, por meio da qual Cristo chama a si os que têm sede, para que bebam das águas vivas (João 7.37; cf. Isaías 55.1; também João 4.10; 7.38). Mas aqueles poderes miraculosos e operações manifestas, os quais eram dispensados pela imposição das mãos, já cessaram; e só duraram, de modo conveniente, por determinado tempo.

Pois convinha que a nova pregação do evangelho e o novo reino de Cristo fossem iluminados e engrandecidos por meio de inauditos e extraordinários milagres. Quando o Senhor os fez cessarem, não estava abandonando totalmente sua Igreja, mas declarou que a magnificência de seu reino e a dignidade de sua palavra se manifestavam em toda a sua excelência. Então, em que aspectos esses atores dirão que estão seguindo os apóstolos? Teriam de efetuar isso por meio da imposição das mãos, para que o poder evidente do Espírito Santo fosse imediatamente expresso. Eles não realizam isso. Por que, pois, se gabam de que a imposição das mãos lhes pertence, imposição que, lemos, de fato estava em uso entre os apóstolos, mas para um fim totalmente diferente?

Isso é tão razoável quanto dizer que o sopro que o Senhor bafejou sobre os discípulos (João 20.22) é um sacramento pelo qual o Espírito Santo é outorgado. Mas, embora o Senhor tenha feito isso uma vez, ele não quis dizer que nós também o fizéssemos. Da mesma maneira, os apóstolos impuseram as mãos durante o tempo em que aprouve ao Senhor que as graças visíveis do Espírito Santo fossem distribuídas em resposta às suas orações, e não com o fim de que seus descendentes apenas usassem de mímica e, sem qualquer proveito, inventassem um frio e fútil sinal, como fazem os símios.

4. Mas, caso provem que, na imposição das mãos, eles seguem os apóstolos (embora nada guardem de semelhança com os apóstolos, exceto alguma espécie de imitação equivocada), de onde vem aquele óleo, ao qual chamam "o óleo da salvação"? Quem os ensinou a buscar a salvação no óleo? Quem os ensinou a lhe atribuir o poder de confirmar? Acaso Paulo, o qual nos afasta dos elementos deste mundo (Gálatas 4.9), que nada condena com tanta veemência, teria aderido a essas mesquinhas observâncias (Colossenses 2.20)? Declaro, porém, com toda a ousadia, e não de mim mesmo, mas da parte do Senhor: os que chamam o óleo "o óleo da salvação" abjuram a salvação que está em Cristo; negam Cristo e não têm parte no reino de Deus. Pois o óleo é para o ventre, e o ventre, para o óleo; o Senhor destruirá a ambos (cf. 1 Coríntios 6.13). Pois todos esses elementos frágeis, que se deterioram com o uso, nada têm a ver com o reino de Deus, o qual é espiritual e jamais sofrerá deterioração.

E então? Alguém indagará: "Você medirá com o mesmo cordel a água com que batizamos, e o pão e o vinho sob os quais a Ceia do Senhor é celebrada?". Eis a minha resposta: nos sacramentos do Senhor, é preciso observar duas coisas: a substância da coisa física que nos é apresentada e a forma que é impressa nela pela Palavra do Senhor, na qual jaz toda a sua força. Portanto, na medida em que eles retêm sua subs-

DEMONSTRA-SE QUE OS OUTROS CINCO, ENTÃO COMUMENTE
CONSIDERADOS SACRAMENTOS, REALMENTE NÃO SÃO SACRAMENTOS.
EM SEGUIDA, MOSTRA-SE A QUE GÊNERO PERTENCEM

tância – pão, vinho, água, que nos sacramentos são oferecidos à nossa vista –, a afirmação de Paulo se mantém sempre válida: "O alimento é para o ventre, e o ventre, para o alimento; Deus destruirá ambos" (1 Coríntios 6.13). Porquanto passam e se desvanecem com a forma deste mundo (1 Coríntios 7.31). Mas, quando são santificados pela Palavra de Deus para que sejam sacramentos, já não nos detêm na carne, mas nos instruem espiritualmente.

O BATISMO E A CONFIRMAÇÃO

5. Mas investiguemos ainda mais detidamente quantos monstros essa gordura alimenta e nutre. Esses besuntadores afirmam que, no batismo, o Espírito Santo é dado para a inocência; na confirmação, para o aumento da graça; que, no batismo, somos regenerados para a vida; na confirmação, equipados para a batalha. São tão descarados que chegam a negar que o batismo possa ser devidamente completado sem a confirmação! Quanta perversidade! Então, no batismo, não fomos sepultados com Cristo, feitos participantes de sua morte, para que também sejamos participantes de sua ressurreição (Romanos 6.4–5)? Além do mais, Paulo explica que essa participação na morte e na vida de Cristo é a mortificação de nossa carne e a vivificação do Espírito, porque "nosso velho homem já foi crucificado" (Romanos 6.6); porque "andamos em novidade de vida" (Romanos 6.5). O que significa ser equipado para a batalha, senão isso?

Lucas, porém, na passagem que já citamos, diz que as pessoas que não receberam o Espírito Santo foram batizadas em nome de Jesus Cristo (Atos 8.16). Ao dizer isso, Lucas não nega simplesmente que os que creem em Cristo com seu coração e o confessam com sua boca sejam dotados de algum dom do Espírito (Romanos 10.10). Mas tem em mente a recepção do Espírito, por meio do qual têm os poderes manifestos e as graças visíveis. Assim, lemos que os apóstolos receberam o Espírito no dia de Pentecostes (Atos 2.4), enquanto Cristo, muito antes, lhes dissera: "Não sois vós os que falais, mas o Espírito de vosso Pai é quem fala em vós" (Mateus 10.20). Vocês que são de Deus, observem aqui a maliciosa e danosa fraude de Satanás. O que realmente fora dado no batismo, eles fazem com que seja atribuído à confirmação, com o fim de, secreta e solertemente, separar os incautos do batismo. Quem agora duvidaria de que essa é uma doutrina de Satanás, que, eliminando do batismo as promessas próprias dele, comunica-as e transfere-as para outro lugar?

Agora detectamos sobre qual fundamento essa maravilhosa unção repousa. A palavra de Deus é: "todos quantos fostes batizados em Cristo de Cristo vos revestistes de Cristo" (Gálatas 3.27). A palavra dos besuntadores é: "Não se recebeu no batismo nenhuma promessa que nos prepare para o combate". A primeira palavra é a voz da verdade; a segunda deve ser a da falsidade. Portanto, posso definir essa confirmação com mais veracidade do que, até então, eles a têm definido: é um patente ultraje contra o batismo, que obscurece e abole sua função; é uma falsa promessa do diabo com o intuito de nos afastar da verdade de Deus. Ou, caso se prefira, é o óleo conspurcado com a mentira do diabo para enganar e imergir nas trevas as mentes simples.

DEMONSTRA-SE QUE OS OUTROS CINCO, ENTÃO COMUMENTE
CONSIDERADOS SACRAMENTOS, REALMENTE NÃO SÃO SACRAMENTOS.
EM SEGUIDA, MOSTRA-SE A QUE GÊNERO PERTENCEM

ESSA DOUTRINA DESDENHA AS ESCRITURAS

6. Além disso, acrescem que todos os crentes devem receber, após o batismo, o Espírito Santo pela imposição das mãos, a fim de que sejam verdadeiros cristãos; pois jamais haverá um cristão, a menos que seja ungido com o crisma mediante a confirmação episcopal. Essas são suas palavras exatas. No entanto, eu creio que todas as coisas pertinentes ao cristianismo foram estabelecidas e estão contidas nas Escrituras.

Agora (como vejo) a verdadeira forma da religião tem de ser buscada e aprendida em outro lugar além das Escrituras. Portanto, a sabedoria de Deus, a verdade celestial, todo o ensino de Cristo, tudo isso apenas inicia os cristãos; o óleo os aperfeiçoa. Com essa sentença, condenam-se todos os apóstolos e muitos dos mártires, os quais, com toda a certeza, nunca receberam o crisma – visto que ainda não havia óleo santo para lhes ser derramado e torná-los completos em todos os detalhes do cristianismo, ou melhor, fazer cristãos aqueles que ainda não eram cristãos. Mas, ainda que eu guarde silêncio, essas pessoas refutam umas às outras sobejamente. Pois que parte de seu próprio povo eles ungem depois do batismo? Por que, então, eles recebem em seu rebanho tais cristãos pela metade, cuja imperfeição poderiam facilmente remediar? Por que, com tão covarde negligência, permitem que as pessoas omitam o que não podia ser omitido sem grave incriminação? Por que não demandam, com mais rigor, uma coisa tão necessária e um requisito para a obtenção da salvação, a menos que, talvez, alguém depare com morte súbita? Ou seja, quando permitem que essa unção seja menosprezada tão livremente, confessam, de modo tácito, que ela não é tão importante quanto alegam.

7. Finalmente, determinam que essa sacra unção seja mantida em maior veneração do que o batismo, porque ela é exclusivamente administrada pelas mãos dos sumos sacerdotes, enquanto o batismo é administrado em comum por todos os sacerdotes. O que se pode dizer aqui senão que, sem sombra de dúvida, são dementes aqueles que de tal modo apreciam suas invenções que desprezam, sem temor, as sacrossantas instituições de Deus e, assim, impõem as invenções deles? Ó boca sacrílega, como ousa opor ao sacramento de Cristo o óleo contaminado por seu hálito fétido e encantado com o murmúrio de palavras, e a compará-la com a água santificada da Palavra de Deus?

RAZÕES FRÍVOLAS

Mas, para sua audácia, isso era apenas uma ninharia, pois você a prefere ao batismo. Essas são as respostas da santa sé, os oráculos do trono apostólico. Mas alguns deles passaram a moderar um pouco essa demência, a qual, até mesmo em sua opinião, estava fora de controle. A unção deve ser tida em maior reverência, dizem, talvez não em virtude de maior poder e proveito que confira, mas porque é ministrada por pessoas mais dignas, e na parte mais digna do corpo, a saber, a fronte; ou porque provê maior aumento de virtudes, ainda que o batismo seja mais válido para o perdão dos pecados.

Na primeira razão, porém, porventura não se traem como donatistas, os quais consideram a validade do sacramento pela dignidade do ministrante? Entretanto, admitirei que a confirmação seja tida como mais digna pela dignidade das mãos dos bispos. Mas, caso alguém inquira deles qual a

DEMONSTRA-SE QUE OS OUTROS CINCO, ENTÃO COMUMENTE CONSIDERADOS SACRAMENTOS, REALMENTE NÃO SÃO SACRAMENTOS. EM SEGUIDA, MOSTRA-SE A QUE GÊNERO PERTENCEM

fonte desse tão imenso privilégio dos bispos, que outra razão apresentariam além de seus próprios caprichos? Os apóstolos (eles dirão) foram os únicos que usaram tal direito, assim como somente eles dispensavam o Espírito Santo. Acaso somente os bispos são apóstolos? Ou melhor, acaso eles de fato são apóstolos? Suponha-se ainda que admitamos isso também. Por que, então, não pretendem provar com o mesmo argumento que somente os bispos devem, na Ceia do Senhor, tocar no sacramento do sangue, o qual eles não dão aos leigos, porquanto o Senhor o deu unicamente aos apóstolos? Se somente aos apóstolos, por que não inferem daqui que ela seja dada somente aos bispos? Aqui, porém, eles fazem dos apóstolos meros sacerdotes; ora, uma vertigem da cabeça os arremessa em outra direção, de modo que, de repente, os fazem bispos. Finalmente, Ananias não era apóstolo, mas foi enviado a Paulo para receber sua visão, ser batizado e encher-se do Espírito Santo (Atos 9.17–19). Acrescentarei o seguinte: se esse ofício pertencesse aos bispos por direito divino, por que não ousam transferi-lo aos presbíteros comuns, como lemos numa carta de Gregório?

8. Quão trivial, tola e estúpida é sua outra razão para terem a confirmação como mais digna que o batismo de Deus: que nela a fronte é besuntada com óleo; no batismo, o alto da cabeça – como se o batismo fosse efetuado com óleo, e não com água! Conclamo, por testemunhas, todos os fiéis se porventura não veem, com isso, que esses embusteiros só se esforçam tendo o seguinte em vista: corromper com seu fermento a pureza dos sacramentos. Eu já disse em outro lugar que, nos sacramentos, em meio à multidão das inven-

ções, raramente se vislumbra, através de frestas, o que é de Deus. Se, então, alguém não confiou em mim a esse respeito, ao menos agora creia em seus próprios mestres. Eis que, enquanto negligenciam a água e a reputam como algo sem importância, só valorizam o óleo no batismo! Por isso dizemos, ao contrário, que no batismo a fronte é molhada com água. Em comparação, avaliamos seu óleo – quer no batismo, quer na confirmação – como valendo menos que o esterco. Mas, se alguém alegar que ele é vendido por um preço maior, a resposta é certa: sua venda é uma impostura, uma indignidade, um furto.

Eles traem sua impiedade na terceira razão, quando tergiversam que, na confirmação, confere-se maior aumento de virtudes do que no batismo. Mediante a imposição das mãos, os apóstolos ministravam as graças visíveis do Espírito. Em que aspecto o óleo desses homens mostra-se benéfico? Mas não levemos em conta o fato de que esses mentores cobrem um sacrilégio com muitos sacrilégios. Trata-se, pois, de um nó górdio, o qual é melhor cortar de uma vez do que gastar tempo desatando-o.

O SACRAMENTO É ANTIGO?

9. Agora, porém, quando se veem privados da Palavra de Deus e de qualquer argumento demonstrável, alegam, como de costume, que essa é uma observância antiquíssima, confirmada pelo costume de muitos séculos. Mesmo que fosse assim, nada lucrariam com isso. Um sacramento não procede da terra, mas do céu; não procede dos homens, mas unicamente de Deus. Eles têm de provar que Deus é o autor de sua

DEMONSTRA-SE QUE OS OUTROS CINCO, ENTÃO COMUMENTE CONSIDERADOS SACRAMENTOS, REALMENTE NÃO SÃO SACRAMENTOS. EM SEGUIDA, MOSTRA-SE A QUE GÊNERO PERTENCEM

confirmação, caso queiram tê-la na conta de um sacramento. Mas, por que alegam antiguidade, visto que os escritos antigos em parte alguma levam em conta mais de dois sacramentos? Se tivéssemos de buscar nos homens refúgio para nossa fé, teríamos uma cidadela inexpugnável em que os escritores antigos reconheciam como sacramentos o que esses colegas falsamente denominam como tais. Os antigos falam da imposição das mãos, porém a denominam sacramento? Agostinho afirma abertamente que nada mais é que oração. Ora, que não me venham rosnando com suas torpes distinções, dizendo que Agostinho tinha em mente que esse ato não é confirmatório, e sim curativo ou reconciliatório. O livro ainda existe e circula nas mãos dos homens; se o estou torcendo para imprimir-lhe outro significado além do que o próprio Agostinho escreveu, fico contente se eles não só me insultarem, como costumam fazê-lo, mas ainda cuspirem em mim.

10. Como eu gostaria de que mantivéssemos o costume que, suspeito, existia entre os antigos cristãos antes que nascesse o abortivo fantasma desse sacramento! Não que existisse uma confirmação, a qual não pode ser nomeada sem fazer injustiça ao batismo; mas a catequese cristã, na qual as crianças ou os jovens já quase na adolescência prestariam conta de sua fé diante da Igreja. Mas o melhor método de catequizar seria dispor de um manual esboçado para esse exercício, contendo e sumariando, de maneira simples, quase todos os artigos de nossa religião, nos quais toda a Igreja dos fiéis concordasse sem controvérsia. Se uma criança de dez anos se apresentar à Igreja para declarar sua confissão de fé, e for examinada em cada artigo, e responder a cada um, e, ainda

assim, revelar ignorância quanto a tal artigo, ou o entender de modo insuficiente, então que seja instruída. Assim, enquanto a Igreja observa como testemunha, tal criança professa a única e verdadeira fé sincera, na qual o povo crente, com uma só mente, cultua o único Deus. Se essa disciplina estivesse hoje em vigor, certamente alguns pais ociosos se manifestariam, mas eles, displicentemente, negligenciam a instrução de seus filhos como sendo questão sem preocupação para eles; pois, então, não poderiam ignorá-la sem desgraça pública. Haveria maior concordância na fé entre o povo cristão, e não existiriam tantos sem instrução e ignorantes; alguns não seriam tão temerariamente arrebatados por novas e estranhas doutrinas; em suma, todos teriam alguma instrução metódica, por assim dizer, na doutrina cristã.

B. DA PENITÊNCIA

11. Em segundo lugar, apresentam a penitência, sobre a qual discursam de maneira tão confusa e desordenada que, de sua doutrina, as consciências nada conseguem lucrar de definido ou sólido. Inicialmente, explicaremos, em poucas palavras, o que já aprendemos nas Escrituras acerca do arrependimento, então o que nossos adversários ensinam e, finalmente, com que fútil razão, ou sem nenhuma razão o transformaram em sacramento.

O QUE SIGNIFICA PENITÊNCIA?

12. Certos homens bem versados na penitência, muito antes destes tempos, pretendendo falar simples e sinceramente em conformidade com a regra da Escritura, diziam que

DEMONSTRA-SE QUE OS OUTROS CINCO, ENTÃO COMUMENTE CONSIDERADOS SACRAMENTOS, REALMENTE NÃO SÃO SACRAMENTOS. EM SEGUIDA, MOSTRA-SE A QUE GÊNERO PERTENCEM

ela consiste de duas partes: mortificação e vivificação. Explicam a mortificação como a tristeza da alma, sendo o medo concebido do reconhecimento do pecado e da consciência do juízo divino. Pois, quando alguém houver sido introduzido no verdadeiro conhecimento do pecado, então começa a verdadeiramente odiar e sentir aversão pelo pecado; então, sinceramente, sente-se desprezível aos próprios olhos, confessa-se miserável e perdido, e deseja ser outro homem.

Além disso, quando é tocado por algum senso do juízo de Deus (pois um segue diretamente o outro), então ele é ferido e subjugado; humilhado e proscrito, ele treme; sente-se desencorajado e se desespera. Essa é a primeira parte do arrependimento, comumente chamada "contrição". Entendem "vivificação" como a consolação que nasce da fé. Ou seja, quando um homem é lançado por terra pela consciência do pecado e ferido pelo temor de Deus, e, em seguida, contempla a bondade de Deus – para sua mercê, graça, salvação, que é através de Cristo –, levanta-se, anima-se, recupera a coragem e, por assim dizer, ressuscita dos mortos para a vida.

13. Outros, porque viram os vários significados dessa palavra na Escritura, estabeleceram duas formas de arrependimento. Para distingui-las com alguma marca, denominaram uma de "arrependimento (proveniente) da lei". Por meio dele, o pecador, ferido pelo ferrão do pecado e estremecido pelo medo da ira de Deus, permanece enredado nesse estado confuso e não pode desvencilhar-se dele. Chamam o outro "arrependimento (proveniente) do evangelho". Através dele, o pecador é dolorosamente afligido, porém sobe acima dele

e se aferra a Cristo como medicina para sua ferida, conforto para seu medo, o porto seguro de sua miséria.

Exemplos de "arrependimento (proveniente) da lei" são: Caim (Gênesis 4.13), Saul (1 Samuel 15.30) e Judas (Mateus 27.4). Enquanto a Escritura nos recorda o arrependimento deles, representa-os como que reconhecendo a gravidade de seu pecado, e se enchem de pavor da ira divina; visto, porém, que imaginaram Deus apenas como Vingador e Juiz, esse mesmo pensamento os esmagava. Por isso seu arrependimento nada mais era senão uma espécie de acesso ao inferno, no qual já haviam entrado ainda nesta vida, e passaram a suportar a punição diante da ira da majestade de Deus.

Vemos "arrependimento evangélico" em todos os que, sentindo a punção do acicate do pecado, porém despertados e refrigerados pela confiança na mercê de Deus, converteram-se ao Senhor. Quando Ezequias recebeu a mensagem de morte, sentiu-se paralisado de medo. No entanto, chorou e orou, e, olhando para a bondade de Deus, recobrou a confiança (2 Reis 20.2; Isaías 38.2). Os ninivitas sentiram-se perturbados diante da terrível ameaça de destruição; mas, vestindo-se de cilício e cinzas, oraram, esperando que o Senhor se volvesse para eles e removesse deles o brasume de sua ira (Jonas 3.5, 9). Davi confessou que pecara seriamente ao fazer o censo do povo, porém acrescentou: "Muito pequei no que fiz; porém, agora, ó SENHOR, peço-te que perdoes a iniquidade do teu servo; porque procedi mui loucamente" (2 Samuel 24.10). Ao ser repreendido por Natã, Davi reconheceu seu pecado de adultério, e se encurvou diante do Senhor, mas, ao mesmo tempo, ficou à espera de perdão (2 Samuel 12.13, 16). Esse foi o ar-

DEMONSTRA-SE QUE OS OUTROS CINCO, ENTÃO COMUMENTE CONSIDERADOS SACRAMENTOS, REALMENTE NÃO SÃO SACRAMENTOS. EM SEGUIDA, MOSTRA-SE A QUE GÊNERO PERTENCEM

rependimento dos que sentiram remorso no coração diante da pregação de Pedro, mas, confiando na bondade de Deus, acrescentaram: "Irmãos, o que devemos fazer?" (Atos 2.37). Esse também foi o arrependimento do próprio Pedro; na verdade, ele chorou amargamente (Mateus 26.75; Lucas 22.62), porém não desistiu de esperar.

14. Mas, ainda que todas essas coisas sejam verdadeiras, a própria palavra "arrependimento", tanto quanto posso apreender da Escritura, deve ser entendida de outra maneira. Pois a inclusão que eles fazem de fé sob o arrependimento está em dissonância com o que Paulo diz em Atos: "testificando tanto a judeus como a gregos o arrependimento para com Deus e a fé em nosso Senhor Jesus (Cristo)" (Atos 20.21). Ali ele considera arrependimento e fé duas coisas distintas. E então? O verdadeiro arrependimento pode subsistir à parte da fé? Absolutamente, não! Mas, ainda que não possam separar-se, devem ser distinguidos. Pois, como a fé não subsiste sem a esperança, embora fé e esperança sejam coisas distintas, assim o arrependimento e a fé, embora sejam mantidos juntos por um vínculo permanente, são jungidos em vez de confundidos.

Por essa conta, em meu juízo, o arrependimento é a mortificação de nossa carne e do velho homem, mortificação que o verdadeiro e puro temor de Deus produz em nós. É nesse sentido que devemos entender todas aquelas pregações pelas quais ou os profetas de outrora ou os apóstolos posteriores costumavam exortar ao arrependimento os homens de seu tempo. Porquanto se esforçavam por esta única coisa: que, confusos por seus pecados e acicatados pelo temor de Deus, caíssem e se humilhassem diante do Senhor, volvendo-se à vereda reta e se arrependendo-se. Portanto, estas palavras são usadas intercambiavelmente no mesmo sentido: "Volvei-vos para, ou convertei-vos ao Senhor", e "penitenciai-vos" (Mateus 3.2). E João (Batista) disse que "produzir frutos dignos de arrependimento" (Lucas 3.8; cf. Atos 26.20; Romanos 6.4) equivale a levar uma vida que corresponda a esse gênero de arrependimento e conversão.

A PENITÊNCIA NO EVANGELHO

15. Além disso, toda a suma do evangelho está contida nos seguintes tópicos: arrependimento e perdão dos pecados. João, um mensageiro enviado adiante de Cristo para preparar seus caminhos (Mateus 11.10; cf. Malaquias 3.1), proclamou: "Arrependei-vos, porque o reino do céu está próximo" (Mateus 3.2; 4.17). Ao instá-los ao arrependimento, ele estava admoestando-os para que reconhecessem que eram pecadores, e todos eles estavam condenados diante de Deus, para que, de todo o coração, aspirassem à mortificação de sua carne e ao renascimento no Espírito. Ao proclamar o reino de Deus, o qual ele ensinava que estava próximo, ele tinha em mente o perdão dos pecados, a salvação, a vida e tudo o que obtemos em Cristo. Daí lermos nos demais evangelistas: "João veio pregando o batismo de arrependimento para a remissão dos pecados" (Marcos 1.4; Lucas 3.3).

Que outra coisa é senão o fato de que eles, arqueados e combalidos pelo fardo dos pecados, se volvessem para o Senhor e nutrissem a esperança do perdão e da salvação? Assim também Cristo iniciou sua pregação: "O reino de Deus

DEMONSTRA-SE QUE OS OUTROS CINCO, ENTÃO COMUMENTE CONSIDERADOS SACRAMENTOS, REALMENTE NÃO SÃO SACRAMENTOS. EM SEGUIDA, MOSTRA-SE A QUE GÊNERO PERTENCEM

está próximo, arrependei-vos e crede no evangelho" (Marcos 1.15). Antes de tudo, ele declara que nele os tesouros da mercê de Deus foram abertos; então, demanda arrependimento; e, finalmente, confiança nas promessas de Deus. Portanto, quando Cristo quis sumariar em poucas palavras toda a atividade do evangelho, disse que "sofreria... e ressuscitaria dentre os mortos, para que se pregasse em seu nome arrependimento e perdão dos pecados" (Lucas 24.26, 46–47).

E, após a sua ressurreição, os apóstolos anunciaram isto: "O Deus de nossos pais ressuscitou Jesus... a fim de conceder a Israel o arrependimento e a remissão de pecados" (Atos 5.30–31). Em nome de Cristo, proclama-se arrependimento quando, pela pregação do evangelho, os homens ouvem que todos os seus pensamentos, todas as suas inclinações, todos os seus esforços são corruptos e viciosos. Por conseguinte, se quiserem entrar no reino de Deus, terão de renascer; além disso, esta é a maneira de renascer: se tivermos participação em Cristo, em cuja morte nossos desejos depravados morrem, em cuja cruz nosso velho homem é crucificado, em cujo túmulo nosso corpo de pecado é sepultado (Romanos 6.6). O perdão de pecados é anunciado quando os homens forem instruídos que, por causa deles, Cristo veio a ser redenção, justiça, satisfação e vida (1 Coríntios 1.30), que, por meio de seu nome, são considerados graciosamente justos e inocentes aos olhos de Deus. Numa palavra, pois, interpreto arrependimento como mortificação.

Antes de tudo, esse arrependimento nos dá acesso ao conhecimento de Cristo, o qual se revela a ninguém mais senão aos pobres e aflitos pecadores que gemem, labutam, são pesadamente sobrecarregados, famintos, sedentos e desfalecem pela tristeza e a miséria (Isaías 61.1–3; Mateus 11.5, 28; Lucas 4.18). Por conseguinte, devemos empenhar-nos por esse arrependimento, devotar-nos por ele e persegui-lo a vida inteira. Platão disse que a vida de um filósofo consiste em uma meditação sobre a morte; mas nós podemos dizer, ainda mais comprovadamente, que a vida de um cristão consiste em contínuo esforço e exercício na mortificação da carne, até que ela morra de vez. Portanto, penso que desfruta de grande proveito quem já aprendeu sentir profundo desgosto de si mesmo, não precisamente para que se aferre a e permaneça em semelhante estado, sem avançar um passo a mais, mas para que cada vez mais se alegre no Senhor e por ele suspire, a fim de que, enxertado na morte de Cristo, possa meditar sobre o arrependimento. Esse pensamento, como era o mais simples de todos, pareceu-me harmonizar-se melhor com a verdade da Escritura.

REFUTAÇÃO DE ERROS SOBRE A PENITÊNCIA

16. Agora, passo a discutir o que os sofistas escolásticos têm ensinado acerca do arrependimento. Examinarei isso com o mínimo de palavras possível, porque não é minha intenção examinar tudo, para que este meu livrinho, no qual pretendi manter a brevidade de um manual, não ultrapasse todos os limites. Eles têm envolvido essa matéria em muitos volumes, embora não seja demasiadamente complexa; de modo que, se o leitor se atrever a penetrar os labirintos de suas disputas, tal empresa não será fácil.

DEMONSTRA-SE QUE OS OUTROS CINCO, ENTÃO COMUMENTE CONSIDERADOS SACRAMENTOS, REALMENTE NÃO SÃO SACRAMENTOS. EM SEGUIDA, MOSTRA-SE A QUE GÊNERO PERTENCEM

Primeiro, ao apresentar sua definição, facilmente se descobre que nunca entenderam o que é arrependimento. Pois tomam certos chavões dos livros dos antigos escritores, os quais de modo algum expressam a força do arrependimento. Por exemplo: arrepender-se é chorar os pecados anteriormente cometidos, e não voltar a cometer os pecados pelos quais chorou; significa ainda deplorar os malfeitos pregressos e não cometer outra vez atos pelos quais tenha de deplorar-se; ou é certa vingança dolorosa que pune em si mesmo o que a alguém dói haver praticado; ou ainda é a tristeza do coração ou a amargura da alma pelos malfeitos que alguém praticou ou com os quais consentiu. Admitamos que essas coisas foram assim ditas pelos pais (o que não seria difícil a um contencioso negar). Todavia, eles não falaram dessa forma com o intuito de definir arrependimento, mas apenas para instar os ouvintes a não caírem outra vez nas mesmas transgressões das quais já haviam sido resgatados.

Dividem arrependimento, tão sutilmente definido, em contrição do coração, confissão da boca e satisfação das obras. Essa divisão não é mais lógica que a definição – mesmo quando pretendam parecer haver gasto toda a sua vida na elaboração de silogismos. Mas, se alguém raciocinar à base dessa definição – um tipo de argumento prevalecente entre os dialéticos –, de que alguém pode chorar por haver previamente cometido pecados, e não mais praticar mais esses pecados pelos quais esteja chorando; deplorar malfeitos e não cometê-los outra vez, para que não venha a deplorá-los; e punir-se com profundo pesar pelo que cometeu etc., ainda que não o confesse com sua boca.

Como, pois, manterão sua divisão? Pois, se o tal não confessa, ainda que verdadeiramente penitente, então pode haver arrependimento sem confissão. Mas, se replicam que essa divisão só se aplica à penitência na condição de sacramento, ou é entendida no tocante a toda a perfeição do arrependimento, o que eles não incluem em suas definições, então não há razão para me acusarem; que imputem a si mesmos o fato de não o definirem com mais precisão e mais clareza. Ora, de minha parte, quando há uma disputa acerca de algo, eu seria bastante estúpido se o reportasse à própria definição, que é o gonzo e o fundamento de todo o debate. Mas que essa seja a licença dos mestres! Examinemos, agora, em ordem, suas várias partes.

17. Agora eu gostaria de que meus leitores notassem bem que esta não é uma contenda a respeito da sombra de um asno, mas que está em discussão a mais séria de todas as questões: o perdão dos pecados. Pois, enquanto eles demandam três coisas para o arrependimento – a compunção do coração, a confissão da boca e a satisfação das obras –, ao mesmo tempo ensinam que essas três coisas são necessárias para se obter o perdão dos pecados. Mas, se há algo no âmago de nossa religião que se faça necessário saber, é principalmente entender com clareza e apreender, de maneira honesta, por que, por meio de que lei e sob qual condição é possível obter, quer seja fácil, quer seja difícil, o perdão dos pecados! A menos que esse conhecimento permaneça claro e seguro, a consciência não pode ter nenhum repouso, nenhuma paz com Deus, nenhuma segurança ou certeza; antes, pelo contrário, tremerá continuamente, flutuará, es-

DEMONSTRA-SE QUE OS OUTROS CINCO, ENTÃO COMUMENTE CONSIDERADOS SACRAMENTOS, REALMENTE NÃO SÃO SACRAMENTOS. EM SEGUIDA, MOSTRA-SE A QUE GÊNERO PERTENCEM

tará assustada, atormentada, fatigada e horrorizada, odiará e fugirá da presença de Deus. Mas, se o perdão de pecados depende dessas condições que lhe anexam, nada nos será mais miserável ou desprovido de esperança.

O QUE SE ENTENDE POR CONTRIÇÃO

18. Eles fazem da contrição o primeiro passo para a aquisição do perdão, e exigem que ela seja devidamente feita, a saber, justa e completa. Mas, ao mesmo tempo, não determinam quando um homem pode ter certeza de haver, na justa medida, alcançado sua contrição. Na verdade, aqui as míseras consciências são atormentadas e perturbadas de mil maneiras quando percebem que lhes é exigida perfeita contrição pelos pecados. E não apreendem a medida da dívida para que sejam aptos a discernir, em seu interior, que já quitaram o que deviam. Se dissessem: façamos o que está em nosso poder, vamos voltar sempre ao mesmo ponto. Pois, quando alguém ousará garantir a si mesmo haver aplicado todas as suas faculdades no lamento de seus pecados? Quando, pois, as consciências forem afligidas por muito tempo, e forem exercitadas nas grandes e penosas lutas, jamais encontrarão o porto seguro no qual possam descansar. Por conseguinte, para se acalmar, ao menos em parte, arrancam de si a dor e estancam suas lágrimas, visando, assim, conseguir sua contrição.

Mas, se afirmam que eu os acuso falsamente, então que realmente apresentem e exibam alguém que, com uma doutrina de contrição desse gênero, não leve ao desespero ou ao pretexto de uma dor que está longe de ser genuína. E em algum lugar já dissemos que o perdão de pecados nunca pode atingir alguém sem arrependimento, porque somente os afligidos e feridos pela consciência dos pecados podem sinceramente invocar a mercê de Deus. Ao mesmo tempo, porém, acrescemos que o arrependimento não é a causa do perdão dos pecados. Além disso, está longe daqueles tormentos de alma com os quais eles querem que tenhamos cumprido com nosso dever. Temos ensinado que o pecador não deve insistir em sua própria compunção ou lágrimas, mas fixar ambos os olhos unicamente na mercê do Senhor. Lembramos apenas que Cristo chamou os que "estão cansados e oprimidos" (Mateus 11.28), já que ele foi enviado para publicar boas notícias aos pobres, curar os quebrantados, proclamar a soltura dos cativos, libertar os prisioneiros, confortar os que choram (Isaías 61.1; Lucas 4.18, combinados). Daí serem excluídos tanto os fariseus, que, saturados de sua justiça pessoal, não reconhecem sua pobreza, como os desprezadores, que, ignorantes da ira de Deus, não buscam remédio para seu próprio mal. Pois esses tais não trabalham, não são sobrecarregados, não são quebrantados, nem prisioneiros, nem cativos, tampouco pranteiam. Mas faz uma grande diferença ensinar o perdão de pecados como merecido por uma contrição justa e completa, a qual ninguém pode cumprir; ou instruir o pecador de que ele deve ter fome e sede da mercê de Deus, mediante o senso de sua miséria, sua vacilação, sua exaustão e seu cativeiro, para que busque refrigério, descanso e libertação; em suma, ensinar-lhe, em sua humildade, a render glória a Deus.

DEMONSTRA-SE QUE OS OUTROS CINCO, ENTÃO COMUMENTE CONSIDERADOS SACRAMENTOS, REALMENTE NÃO SÃO SACRAMENTOS. EM SEGUIDA, MOSTRA-SE A QUE GÊNERO PERTENCEM

ARGUMENTOS BASEADOS NAS ESCRITURAS

19. Sempre houve grande polêmica entre os canonistas e os teólogos escolásticos acerca da confissão. Estes declaram que a confissão é imposta por preceito divino; aqueles alegam que só é ordenada mediante as constituições eclesiásticas. Ora, nessa contenda, é evidente o marcante descaramento dos teólogos, os quais corromperam e torceram arbitrariamente todas as passagens da Escritura que citavam em prol de seu propósito. E, quando viram que o que queriam não podiam obter nem mesmo dessa maneira, os que queriam parecer mais astutos do que os outros recorreram à evasiva de que a confissão deriva de uma lei divina no que diz respeito à sua substância; mas que, posteriormente, tomaram sua forma da lei positiva. Naturalmente, os mais incompetentes entre os canonistas trapaceiros relacionam assim a citação com a lei divina, porque nela lemos: "Adão, onde estás?" (Gênesis 3.9). E logo vem a exceção, porque Adão respondeu, como que se valendo de uma exceção: "A esposa que me deste" etc. (Gênesis 3.12). Entretanto, em ambos os casos, a forma deriva da lei civil. Vejamos, porém, por meio de quais provas demonstram que essa confissão – formada ou informe – constitui uma ordem de Deus. O Senhor, dizem, enviou os leprosos aos sacerdotes (Mateus 8.4; Marcos 1.44; Lucas 5.14; 17.14). E daí? Ele os teria enviado à confissão? Quem já ouviu dizer que os sacerdotes levitas foram designados a ouvir confissões (Deuteronômio 17.8–9)? Por isso buscam refúgio em alegorias: a lei mosaica estabeleceu que os sacerdotes estabelecessem distinção entre os estágios da lepra (Levítico 14.2–3). Pecado é lepra espiritual: o dever dos sacerdotes é pronunciar-se acerca disso?

Antes de responder, pergunto: se essa passagem faz deles juízes da lepra espiritual, por que atribuem a si o conhecimento da lepra natural e física? Como se tal raciocínio não equivalesse a escarnecer da Escritura: a lei incumbe os sacerdotes levitas do reconhecimento da lepra; então, apliquemos isso a nós mesmos: o pecado é lepra espiritual; portanto, sejamos nós também examinadores judiciais do pecado!

Agora respondo: "Quando se muda o sacerdócio, necessariamente há também mudança de lei" (Hebreus 7.12). Todos os ofícios sacerdotais foram transferidos para Cristo e se cumprem e se completam nele. Portanto, todo o direito e toda a honra do sacerdócio foram transferidos exclusivamente para ele. Se nos apraz tanto sair à caça de alegorias, então que se ponham diante de Cristo como seu único sacerdote, e em seu tribunal concentrem ilimitada jurisdição sobre todas as coisas. Prontamente, admitiremos isso. Além disso, sua alegoria, a qual meramente reconhece a lei civil entre as cerimônias, é inadequada.

Por que, pois, Cristo enviou leprosos aos sacerdotes? Para que os sacerdotes não o acusassem de violar a lei, a qual ordenava que o purificado da lepra se apresentasse ao sacerdote e oferecesse sacrifício de expiação, então manda que os leprosos curados façam o que a lei ordena. "Ide", diz ele, "mostrai-vos aos sacerdotes" (Lucas 17.14); "vai mostrar-te ao sacerdote e fazer a oferta que Moisés ordenou, para servir de testemunho ao povo" (Mateus 8.4). Realmente, esse milagre deveria ser para eles uma prova (irrefutável). Eles se lhes haviam declarado leprosos; agora se lhes declaram curados. Acaso não se viam, mesmo contra a sua vontade,

DEMONSTRA-SE QUE OS OUTROS CINCO, ENTÃO COMUMENTE CONSIDERADOS SACRAMENTOS, REALMENTE NÃO SÃO SACRAMENTOS. EM SEGUIDA, MOSTRA-SE A QUE GÊNERO PERTENCEM

compelidos a se tornar testemunhas dos milagres de Cristo? Este lhes permite investigar seu milagre. Não podem negá-lo. Visto, porém, que ainda tentam evadir-se, esta obra lhes serve de prova. Assim, em outra passagem: "E será pregado este evangelho do reino por todo o mundo, para testemunho a todas as nações" (Mateus 24.14). Em outra passagem: "por minha causa sereis levados à presença de governadores e de reis, para lhes servir de testemunho, a eles e aos gentios" (Mateus 10.18). Ou seja, para que se convençam mais fortemente mediante o juízo de Deus.

Da mesma fonte, derivam um segundo argumento, a saber, de uma alegoria – como se alegorias fossem de grande valor para confirmar algum dogma! Mas que sejam de algum valor, contanto que eu mostre que posso aplicar essas mesmas alegorias com mais plausibilidade do que eles. Então, dizem: o Senhor mandou que os discípulos desatassem Lázaro e o deixassem ir (João 11.44).

Primeiro, declaram isso falsamente, pois em parte alguma se lê que o Senhor tenha dito isso aos discípulos. É muito mais provável que ele tenha dito isso aos judeus que estavam presentes, a fim de que seu milagre fosse demonstrado além de qualquer suspeita de fraude, exibindo seu poder com mais esplendor, ou seja, que ele ressuscitava os mortos simplesmente com sua voz, sem se valer de qualquer toque.

Assim, interpreto o fato de que o Senhor, para poupar os judeus de toda e qualquer suspeita perversa, quis que eles rolassem a pedra, sentissem o mau cheiro, visualizassem os indubitáveis sinais de morte, vissem-no erguer-se tão somente pelo poder de sua Palavra e fossem os primeiros a tocá-lo vivo. Mas presumamos que essa declaração fosse dirigida aos discípulos; então, o que nossos oponentes manterão? Que o Senhor deu aos discípulos o poder de desatar? Com muito mais propriedade e habilidade, isso poderia ser tratado como alegoria, se disséssemos que, por meio desse símbolo, o Senhor quis instruir seus fiéis para que desatassem aqueles que ele havia ressuscitado, ou seja, que não se lembrassem daqueles pecados que ele mesmo havia perdoado; que não condenassem aqueles pecadores a quem ele mesmo absolvera, nem os censurassem por aquelas coisas das quais ele mesmo se condoera, tampouco fossem severos e capciosos a punir onde ele mesmo usara de misericórdia e poupara com prontidão! Que vão agora e mascateiem suas alegorias!

20. Agora entram em combate mais acirrado quando lutam, armados com testemunhos mais evidentes (assim presumem): os que buscaram o batismo de João confessaram seus pecados (Mateus 3.6); e Tiago nos insta a "confessarmos nossos pecados uns aos outros" (Tiago 5.16). Não admira que os que desejavam ser batizados confessassem seus pecados! Pois, como se disse previamente, "João... pregava o batismo de arrependimento" (Marcos 1.4). Ele batizava com água para arrependimento. A quem, pois, ele teria batizado senão aqueles que se haviam confessado pecadores? O batismo é o símbolo do perdão de pecados. Quem teria sido admitido a esse símbolo senão os pecadores e os que se reconheciam como tais? Portanto, confessavam seus pecados a fim de ser batizados. É com boa razão que Tiago insta conosco para que "confessemos... uns aos outros" (Tiago 5.16).

DEMONSTRA-SE QUE OS OUTROS CINCO, ENTÃO COMUMENTE CONSIDERADOS SACRAMENTOS, REALMENTE NÃO SÃO SACRAMENTOS. EM SEGUIDA, MOSTRA-SE A QUE GÊNERO PERTENCEM

Mas, se tivessem prestado atenção ao que se segue imediatamente, teriam entendido que também isso lhes propicia pouco suporte. "Confessai", diz ele, "vossos pecados uns aos outros, e orai uns pelos outros" (Tiago 5.16). Ele enfeixa confissão mútua e oração mútua. Se nosso dever é confessar exclusivamente aos sacerdotes, então nosso dever é orar exclusivamente por eles. E então? Acaso se segue das palavras de Tiago que somente aos sacerdotes era possível confessar? Aliás, ao mesmo tempo que ele quer que confessemos uns aos outros, também se dirige somente àqueles que podiam ouvir a confissão uns dos outros "mutuamente", "intercambiavelmente" ou, caso prefiram, "reciprocamente".

Fora, pois, com tergiversações desse tipo! Fiquemos com o ponto de vista do apóstolo, que é simples e direto: que depositemos nossas fraquezas no seio uns dos outros e que recebamos entre nós conselho mútuo, compaixão mútua e consolação mútua. Então, assim que tomarmos ciência da necessidade de nossos irmãos, oremos ao Senhor por eles. Por que, pois, citam Tiago contra nós quando insistimos com veemência na confissão da mercê de Deus? Mas ninguém pode confessar a mercê de Deus, a menos que previamente confesse sua própria miséria. Antes, pronunciamos anátema contra todo aquele que não se confessar pecador diante de Deus, diante de seus anjos, diante da Igreja e, em suma, diante de todos os homens. Pois o Senhor já "encerrou todas as coisas debaixo do pecado" (Gálatas 3.22), "para que se feche toda boca" (Romanos 3.19) e toda carne se humilhe perante Deus (cf. Romanos 3.20; 1 Coríntios 1.29). Mas que somente ele seja justificado (cf. Romanos 3.4) e exaltado.

A CONFISSÃO NA ANTIGUIDADE

21. Mas me admira quão despudoradamente nossos oponentes ousam contender que a confissão de que falam é divinamente ordenada. Naturalmente, admitimos que sua prática remonta a tempos muito antigos, mas podemos facilmente provar que outrora ela era livre. Seguramente, seus registros declaram que não se estabeleceu nenhuma lei ou constituição acerca dela antes do tempo de Inocêncio III. E existem testemunhos claros, quer na história, quer entre outros escritores antigos, que ensinam que essa foi uma disciplina administrativa, instituída por bispos, e não uma lei instituída por Cristo ou pelos apóstolos. Apresentarei apenas um desses muitos testemunhos, o qual proverá clara prova dessa questão.

Sozomeno relata que essa constituição dos bispos era diligentemente observada pelas igrejas ocidentais, especialmente em Roma. Isso significa que não era uma prática universal de todas as Igrejas. Além do mais, ele diz que um dos presbíteros foi especialmente designado para esse ofício. Isso refuta exaustivamente o que tais cidadãos falsamente declaram acerca das chaves dadas em comum a toda a ordem sacerdotal. Aliás, não era uma função comum a todos os sacerdotes, e sim função exclusiva de um sacerdote, que fosse escolhido pelo bispo para ela. Então, ele agrega que isso também foi o costume em Constantinopla, até que certa matrona, sob o pretexto de confissão, foi secretamente surpreendida em uma atividade escusa que mantinha com certo diácono. Em razão desse crime, Nestário, homem renomado por sua santidade e erudição, bispo daquela igreja, aboliu o rito da confissão.

DEMONSTRA-SE QUE OS OUTROS CINCO, ENTÃO COMUMENTE CONSIDERADOS SACRAMENTOS, REALMENTE NÃO SÃO SACRAMENTOS. EM SEGUIDA, MOSTRA-SE A QUE GÊNERO PERTENCEM

É precisamente nesse ponto que tais asnos deveriam levantar as orelhas! Se a confissão auricular fosse uma lei de Deus, por que Nestário teria ousado aboli-la e desarraigá-la? Acaso acusarão Nestário – um santo varão de Deus, aprovado pelo consenso de todos os antigos – de heresia e cisma? Mas, com essa mesma sentença, condenarão a Igreja de Constantinopla, na qual, Sozomeno declara, a prática da confissão foi não só negligenciada por certo tempo, como também, admitidamente, caiu em desuso. Aliás, acusarão de defecção não só a Igreja de Constantinopla, mas também todas as igrejas orientais – caso falassem a verdade –, que negligenciaram uma lei inviolável imposta a todos os cristãos.

22. Mas, para deixar toda a questão ainda mais clara e fácil, primeiro relataremos fielmente sobre que tipo de confissão somos instruídos na Palavra de Deus. A seguir, agregaremos um relato de suas invenções em torno da confissão – na verdade, nem todas, pois quem poderia esvaziar um mar tão imenso? –, mas ao menos aquelas com que abarcam a soma de sua confissão. Não preciso lembrar aqui que é comum, em muitas partes da Escritura, entender "confissão" no sentido de "louvor", a menos que se envergonhassem tanto a ponto de não se instruírem em tais passagens, como quando dizem que a confissão vale para a alegria da mente, em conformidade com a seguinte passagem: "Na voz de exultação e confissão" (Salmos 42.4; 41–5). Que as pessoas simples guardem esse significado, e possam distingui-lo cuidadosamente daquele, para que não sejam enganadas por essas opiniões falsas.

23. Acerca da confissão de pecados, a Escritura nos dá o seguinte ensinamento: visto ser o Senhor quem perdoa,

esquece e apaga os pecados, confessemos a ele nossos pecados, para que obtenhamos o perdão. Ele é o médico; portanto, apresentemos diante dele nossas feridas. Ele é o prejudicado e ofendido; busquemos nele a paz. Ele é quem discerne os corações, Aquele que disseca todos os pensamentos (cf. Hebreus 4.12); descerremos diante dele nossos corações. Finalmente, é ele quem chama os pecadores: então, aproximemo-nos diretamente de Deus. "Confessei-te o meu pecado", diz Davi, "e a minha iniquidade não mais ocultei" (Salmos 32.5; cf. 31.5). Da mesma natureza é outra confissão do próprio Davi: "Compadece-te de mim, ó Deus, segundo a tua benignidade; e, segundo a multidão das tuas misericórdias, apaga as minhas transgressões" (Salmos 51.1; cf. 50.3). Do mesmo teor é a declaração de Daniel: "temos pecado e cometido iniquidades, procedemos perversamente e fomos rebeldes, apartando-nos dos teus mandamentos e dos teus juízos" (Daniel 9.5). E, na Escritura, há outras orações que ocorrem aqui e ali. "Se confessarmos os nossos pecados, ele é fiel e justo para nos perdoar os pecados e nos purificar de toda injustiça" (1 João 1.9). A quem devemos confessar? Por certo, a ele, ou seja, se nos dobrarmos diante dele com o coração contrito e humilhado; se diante dele nos estigmatizarmos e nos condenarmos com toda a sinceridade, se buscarmos ser absolvidos por sua bondade e mercê.

Aquele que, de coração e na presença de Deus, fizer essa oração terá sempre a língua preparada, sem a mínima dúvida, para fazer essa confissão sempre que houver a necessidade de proclamar a mercê de Deus entre os homens. Ele fará isso não só para sussurrar o segredo de seu coração a um homem e, em certa ocasião, ao pé da orelha; mas com frequência, publi-

DEMONSTRA-SE QUE OS OUTROS CINCO, ENTÃO COMUMENTE CONSIDERADOS SACRAMENTOS, REALMENTE NÃO SÃO SACRAMENTOS. EM SEGUIDA, MOSTRA-SE A QUE GÊNERO PERTENCEM

camente, tendo o mundo inteiro como ouvinte, contará, sem fingimento, sua própria pobreza e a magnificência do Senhor. Dessa maneira, Davi confessou seu pecado diante de Deus e dos homens quando, repreendido pelo profeta Natã e arguido por sua consciência, disse: "Pequei contra o Senhor" (2 Samuel 12.13). Ou seja, agora já não apresento mais justificativa, já não tento mais esquivar-me de ser julgado na qualidade de pecador, nem evitar o que tentei esconder do Senhor, nem escapar de ser revelado até mesmo aos homens.

Além do mais, a Escritura aprova duas formas de confissão privada: uma, que visa a nós mesmos, à qual se refere aquela declaração de Tiago de que devemos confessar os pecados uns aos outros e ajudar uns aos outros com conselho e conforto. Devemos usar a outra forma em favor de nosso próximo, apaziguá-lo e reconciliá-lo conosco e vice-versa, se, por nossa culpa, ele tiver sido de alguma forma prejudicado. Cristo fala disso em Mateus: "Se, pois, ao trazeres ao altar a tua oferta, ali te lembrares de que teu irmão tem alguma coisa contra ti, deixa perante o altar a tua oferta e vai primeiro reconciliar-te com teu irmão; e, então, voltando, faze a tua oferta" (Mateus 5.23–24). Pois o amor, que fora dissolvido por nossa ofensa, é assim reparado por nosso reconhecimento do erro cometido, e por ele pedimos perdão. A Escritura ignora qualquer outra maneira ou forma de confissão.

O ENSINO DA IGREJA SOBRE A CONFISSÃO

24. O que dizem (nossas adversários)? Decretam que todas as pessoas de "ambos os sexos", assim que atingem a idade da discrição, devem confessar todos os seus pecados ao seu

próprio sacerdote ao menos uma vez ao ano, e que seu pecado não é esquecido a menos que tenham a intenção solidamente concebida de confessá-lo. E, se não alcançarem esse intento quando se lhes oferecer a ocasião, então não se lhes abrirá nenhum acesso ao paraíso.

Ora, eles asseveram que o sacerdote tem o poder das chaves, com as quais podem ligar e liberar os pecadores, visto que a palavra de Cristo não é vazia: "Todo aquele que ligares" etc. (Mateus 18.18). Entre eles mesmos, discutem com a máxima veemência sobre esse poder. Alguns dizem que, essencialmente, há somente uma chave – a saber, o poder de ligar e desligar – cujo bom uso demanda conhecimento, mas é apenas como um acessório, não jungido ao outro em essência. Outros, como viam que isso representava uma licença desenfreada, postularam duas chaves: discrição e poder. Ainda outros, uma vez que viam a depravação dos sacerdotes restringida por tal moderação, forjaram outras chaves: a autoridade de discernir (o uso de passar sentença) e o poder do exercício de executar sua sentença; e adicionaram o conhecimento como conselheiro. Mas não ousam interpretar "ligar e desligar" simplesmente como remitir e obliterar os pecados, pois ouvem o Senhor proclamar por intermédio do profeta: "Eu, eu mesmo, sou o que apago as tuas transgressões por amor de mim e dos teus pecados não me lembro" (Isaías 43.11, 25). Porém, dizem que a tarefa do sacerdote é declarar quem está ligado ou desligado e declarar de quem os pecados são remitidos e de quem são retidos; além disso, cabe-lhe declarar isso ou pela confissão, quando absolve e retém os pecados, ou pela sentença, quando excomunga ou recebe à participação dos sacramentos.

DEMONSTRA-SE QUE OS OUTROS CINCO, ENTÃO COMUMENTE CONSIDERADOS SACRAMENTOS, REALMENTE NÃO SÃO SACRAMENTOS. EM SEGUIDA, MOSTRA-SE A QUE GÊNERO PERTENCEM

Finalmente, quando entendem que essa dificuldade ainda não foi removida, mas que sempre pode ser suscitada contra eles, ou seja, que pessoas indignas amiúde são ligadas e desligadas por seus sacerdotes, sem que, com isso, sejam ligadas ou desligadas no céu. Então, seu último refúgio é replicar que a conferição das chaves tem de ser entendida com esta única limitação: Cristo prometeu que a sentença dos sacerdotes seria aprovada diante de seu tribunal, contanto que fosse pronunciada de forma justa, de acordo com os requerimentos dos méritos daquele que foi atado ou desatado. Então, dizem que essas chaves foram dadas por Cristo a todos os sacerdotes e lhes são conferidas pelos bispos no momento da ordenação, porém o livre uso delas pertence somente àqueles que cumprem com as devidas funções eclesiásticas; que a posse das chaves continua com o clérigo excomungado e suspenso, mas enferrujadas e atadas. E é possível chamar, corretamente, os que afirmam essas coisas de modestos e sóbrios em comparação com os que têm forjado novas chaves em uma nova bigorna, com as quais ensinam que está guardado o tesouro da Igreja. Nossos oponentes chamam os méritos de Cristo, dos santos apóstolos Pedro, Paulo e os mártires etc. o "tesouro da Igreja". Alegam que a suprema custódia desse celeiro foi confiada ao bispo de Roma, o qual controla a administração destes tão imensos benefícios, de modo que podem, respectivamente, distribuí-los por ele mesmo e delegar a outros o supremo controle de sua distribuição. Por conseguinte, o papa detém o poder sobre as indulgências plenárias, bem como sobre as indulgências para determinados anos; os cardeais, sobre as indulgências de cem dias; os bispos, sobre as de quarenta dias!

CONSEQUÊNCIAS DESTE ENSINO

25. Em poucas palavras, responderei a cada ponto. No entanto, no momento guardarei silêncio sobre o direito ou a carência do direito que eles têm para oprimir as almas dos crentes com suas leis, já que isso será discutido em seu devido lugar. Mas é totalmente insuportável que estabeleçam uma lei sobre a enumeração de todos os pecados, negando, com isso, que o pecado é perdoado exceto sob a condição de que se conceba firmemente a intenção de confessar, e pigarreiam que não permaneceria nenhum acesso ao paraíso se o ofício da confissão fosse negligenciado. Mas isso é insuportável.

Todos os pecados têm de ser enumerados? O próprio Davi, que, em seu íntimo, corretamente, já havia ponderado, creio, sobre a confissão dos pecados, exclamou: "Quem há que possa discernir as próprias faltas? Absolve-me das que me são ocultas" (Salmos 19.12). E em outro lugar: "Pois já se elevam acima de minha cabeça as minhas iniquidades; como fardos pesados, excedem as minhas forças" (Salmos 38.4; cf. Salmos 37.5). Ele só entendia bem quão profundo é o abismo de nossos pecados, quantas são as faces dos crimes, quantas cabeças essa hidra possui e com quão longa cauda arrasta tudo atrás de si. Por isso, ele nem mesmo tentava catalogá-los. Mas, das profundezas de seus malfeitos, ele clamou ao Senhor: "Estou esmagado, estou sepultado, estou sufocado, as portas do inferno me cercaram" (Salmos 18.6; cf. Salmos 17.6), "estou submerso num abismo profundo" e "que tua mão me tire de lá, pois estou desfalecido e moribundo" (Salmos 69.2–3, 15–16). Ora, quem pensaria em enumerar seus pecados quando vê que Davi nem tentou começar a catalogá-los?

DEMONSTRA-SE QUE OS OUTROS CINCO, ENTÃO COMUMENTE CONSIDERADOS SACRAMENTOS, REALMENTE NÃO SÃO SACRAMENTOS. EM SEGUIDA, MOSTRA-SE A QUE GÊNERO PERTENCEM

A consciência dos que têm sido afetados com algum senso de Deus é cruelmente lacerada por essa chacina. Antes de tudo, passaram a fazer cálculos e dividiram os pecados em troncos, ramos, brotos e folhas, segundo suas fórmulas. Então, pesaram as qualidades, quantidades e circunstâncias; e, assim, a questão avança um pouco. Mas, assim que fizeram um pouco mais de progresso e nada mais viam além de céu e mar, não havia nenhum porto ou ancoradouro. Quanto mais avançavam, maior era a massa que se avolumava diante de seus olhos; aliás, elevava-se acima dos montes; tampouco aparecia alguma esperança de escape, mesmo depois de muitos rodeios. E, assim, viram-se encurralados entre a vítima e a faca. E, por fim, não viam nenhum outro resultado senão desespero. Ali, esses cruéis açougueiros, para curar as feridas que eles mesmos haviam infligido, aplicaram certos remédios, asseverando que cada homem faria o que estivesse ao seu alcance. Porém, uma vez mais, surgiram furtivamente novas ansiedades. De fato, novas torturas tosquiaram as almas desajudadas: "Não aproveitei devidamente o tempo"; "Não me devotei devidamente a isso"; "Deixei passar muita coisa por negligência; e o esquecimento que me sobreveio em virtude de minha displicência é injustificável!".

Todavia, aplicaram-se outras medicinas para aliviar essa espécie de dor. Arrependa-se de sua negligência; se ela não for totalmente displicente, pode ser perdoada. Mas todas essas coisas não podem cobrir a ferida, e são menos um alívio do mal do que peçonhas disfarçadas com mel a fim de não causar ofensa à primeira degustação por causa de sua aspereza, mas devem penetrar no âmago mais profundo, antes que sejam sentidas. Portanto, aquela voz terrível sempre oprime e ressoa nos ouvidos: "Confesse todos os seus pecados". Mas nem mesmo esse medo poderia ser acalmado, exceto por uma consolação sólida.

Além disso, enquanto boa parte tem-se acalmado com semelhantes afagos, com que peçonha tão mortífera eles têm sido temperados, isso não os levou a crer que tais agrados satisfariam a Deus ou que realmente satisfariam a si próprios. Ao contrário, o efeito foi o de uma âncora lançada em alto-mar, provendo breve pausa à navegação; ou o descanso de um viajante à beira da estrada que se vê obrigado a se deter pela exaustão.

Eu não gasto tempo provando esse ponto. Cada um pode ser sua própria testemunha disso. Resumirei qual espécie de lei é essa. Primeiro, é simplesmente impossível; portanto, só pode destruir, condenar, confundir e lançar em ruína e desespero. Então, privando os pecadores de um genuíno senso de seus pecados, transforma-os em hipócritas, ignorantes de Deus e de si mesmos. Aliás, enquanto estiverem totalmente ocupados em catalogar os pecados, nesse ínterim, esquecem aquele acúmulo oculto de vícios, suas próprias transgressões secretas e imundície interior, cujo conhecimento deveria particularmente convencê-los de sua própria miséria.

CONFISSÃO SINCERA A DEUS

26. Mas uma regra bastante segura de fazer confissão era reconhecer e confessar que o abismo de nosso mal vai além de nossa compreensão. Vemos que a confissão do publicano se compôs de acordo com a seguinte regra: "Senhor,

DEMONSTRA-SE QUE OS OUTROS CINCO, ENTÃO COMUMENTE CONSIDERADOS SACRAMENTOS, REALMENTE NÃO SÃO SACRAMENTOS. EM SEGUIDA, MOSTRA-SE A QUE GÊNERO PERTENCEM

tem compaixão de mim, pecador" (Lucas 18.13). É como se ele dissesse: "Quão grande, quão terrível pecador eu sou; sou totalmente pecador; minha mente não consegue apreender meus pecados, nem minha língua expressar a própria magnitude deles! Que o abismo de tua mercê devore totalmente este abismo de meu pecado".

Então, você perguntará: não se deve confessar cada pecado em particular? Porventura Deus não aceita a confissão, a menos que consista destas duas palavras: "Sou pecador"? Negativo! Ao contrário, devemos nos acautelar para que derramemos todo o nosso coração na presença do Senhor, não só nos confessarmos pecadores com apenas uma palavra, mas nos reconhecemos como tais, veraz e sinceramente; reconhecermos, com a inteireza de nosso pensamento, quão grande e quão variada é a mácula de nossos pecados; reconhecermos não só que somos impuros, mas de que sorte e quão grande e quão multiforme é a impureza; reconhecermos não só que somos devedores, mas quão grande é a dívida que nos sobrecarrega e a quantas obrigações estamos jungidos; não só que estamos feridos, mas com quantos e quão mortíferos azorragues somos feridos. Mesmo quando, com esse reconhecimento, o pecador se derrame inteiramente diante do Senhor, que ardorosa e sinceramente considere que ainda restam muitos pecados e os recessos de seus males são tão profundos que não podem ser sondados. Por conseguinte, que exclamemos com Davi: "Quem há que possa discernir as próprias faltas? Absolve-me daquelas que me são ocultas" (Salmos 19.12).

De modo algum lhes concedamos a afirmação de que os pecados só serão perdoados quando houver a intenção solidamente concebida de confessar, e que a porta do paraíso será fechada àquele que tiver negligenciado a oportunidade que se lhe oferecer de confessar. Pois agora não existe nenhum outro perdão de pecados além daquele que sempre existiu. Toda vez que lemos que é de Cristo que os homens obtêm o perdão de pecados, nunca lemos que confessaram ao ouvido de algum sacerdote. Aparentemente, onde não houvesse sacerdotes confessores, nem mesmo a própria confissão, esta era impossível. Muitos séculos depois, ainda não se ouvia falar dessa confissão, mas, durante todo o tempo, os pecados estavam sendo perdoados sem essa condição. Mas, para que não haja disputa longa demais, por assim dizer, sobre algo duvidoso, a palavra de Deus é clara e sempre permanente: "Sempre que o pecador deplorar seus pecados, já não me lembrarei mais de todas as suas iniquidades" (Ezequiel 18.21-22). Quem se aventurar a adicionar algo a esta palavra deve atar não os pecados, e sim a misericórdia de Deus.

CONFISSÃO AURICULAR
27. Não nos surpreende, pois, que condenemos essa confissão auricular e que até desejemos que ela seja banida de nosso meio – uma coisa tão pestilenta e de tantos modos prejudicial à Igreja! Ainda que isso fosse algo indiferente, visto ser inútil e infrutífero, além de haver ocasionado tantas impiedades, sacrilégios e erros, quem não consideraria que a confissão deveria ser abolida de uma vez por todas? Na verdade, referem a certos usos, os quais são por eles propagados como muito frutíferos, mas os tais são ou falsos ou totalmente sem valia. Não obstante, por uma prerrogativa especial,

DEMONSTRA-SE QUE OS OUTROS CINCO, ENTÃO COMUMENTE CONSIDERADOS SACRAMENTOS, REALMENTE NÃO SÃO SACRAMENTOS. EM SEGUIDA, MOSTRA-SE A QUE GÊNERO PERTENCEM

enumeram somente um deles: que o amor-próprio do confessante constitui pesada punição, pela qual ele se torna mais cauteloso para o futuro e, ao se punir, afasta a vingança de Deus. Como se não bastasse confundir um homem, com profunda vergonha, quando o citamos perante aquele tribunal celestial para ser examinado por Deus! Que notável progresso se cessarmos de pecar por causa da vergonha de um homem, e não nos envergonharmos por termos Deus por testemunha de nossa má consciência!

Não obstante, isso é totalmente falso. Pois, em geral, faz-se evidente que nada gera maior confiança ou licença para pecar do que quando, tendo feito confissão a um sacerdote, os homens chegam à conclusão de que estão qualificados a limpar sua boca e dizer: "Não cometi maldade" (Provérbios 30.20). Eles são não só estimulados a pecar o ano inteiro, como também, despreocupados pela confissão feita para o resto do ano, nunca suspiram perante Deus, nunca se volvem aos seus sentidos, amontoando pecado sobre pecado, até que, em dado momento, vomitam todos eles, como presumem (em confissão perante o sacerdote). Além disso, quando os houverem vomitado, sentem como se estivessem desvencilhados de seu fardo e, então, pensam que, assim, transferiram o juízo de Deus, pondo-o sobre o sacerdote, crendo que Deus se esqueceu de seus pecados ao tomarem o sacerdote como seu confidente. Aliás, quem poderá olhar com prazer a chegada do dia da confissão? Quem se apressa à confissão com mente disposta e não se achega a ela contra sua vontade, com certa relutância, como alguém que é arrastado pelo pescoço para a prisão? Exceto, talvez, os próprios sacerdotes, que se deleitam em permutar anedotas de seus crimes como se fossem histórias divertidas. Não pretendo sujar folhas de papel relatando aquelas hediondas abominações com que a confissão auricular enxameia! Apenas digo o seguinte: se aquele santo homem de quem falamos, Nestário, não houvesse anulado a confissão sem pedir conselho a ninguém e, por um simples rumor de fornicação, não houvesse removido a confissão de sua igreja, ou melhor, da memória de seu povo, seríamos advertidos sobre o que fazer hoje, quando há infindáveis prostituições, adultérios, incestos e alcovitarias.

O PODER DAS CHAVES

28. Examinemos agora o poder das chaves, no qual os confessores colocam toda a nau de seu reino – "da proa à popa", como corre o dito popular. Perguntam: então, as chaves foram dadas com nenhum propósito? Acaso se disse sem nenhum fundamento: "Tudo o que desligardes na terra terá sido desligado no céu"? (Mateus 18.18). Porventura esvaziaríamos a palavra de Cristo? Respondo: As chaves foram dadas por uma razão importantíssima.

Existem, pois, duas passagens em que o Senhor atesta que aquilo que seus filhos tiverem ligado e liberado na terra será ligado e liberado no céu. De significado levemente diferente, essas passagens são insossa e ignorantemente confundidas por esses suínos (como costumam fazer com tudo o mais). Uma se encontra em João, quando, sobre o envio dos discípulos a pregar, Cristo sopra sobre eles (João 20.22) e diz: "Recebei o Espírito Santo. Se perdoardes os pecados de alguém, eles serão perdoados; se retiverdes os pe-

DEMONSTRA-SE QUE OS OUTROS CINCO, ENTÃO COMUMENTE CONSIDERADOS SACRAMENTOS, REALMENTE NÃO SÃO SACRAMENTOS. EM SEGUIDA, MOSTRA-SE A QUE GÊNERO PERTENCEM

cados de alguém, eles serão retidos" (João 20.23). As chaves do reino do céu, as quais foram previamente prometidas a Pedro (Mateus 16.19), agora são exibidas também aos outros apóstolos. E tudo o que lhe foi prometido equivale ao mesmo que agora os demais recebem. Fora-lhe dito: "Eu te darei as chaves do reino do céu". Essas palavras lhes são ditas para que eles proclamassem o evangelho, ou seja, para abrirem as portas do reino do céu àqueles que caminhavam fora dessa vereda. E lhes fora dito: "Tudo o que tiverdes ligado na terra será ligado no céu; tudo o tiverdes liberado será liberado". Então, diz-se a todos os apóstolos, entre os quais se encontra o próprio Pedro: "Se perdoardes os pecados de alguém, esses serão perdoados; se retiverdes os pecados de alguém, esses serão retidos". Portanto, ligar equivale a reter pecados; desligar, perdoar. E, obviamente, mediante o perdão dos pecados, as consciências são realmente liberadas dos mais duros grilhões; em contrapartida, mediante retenção, são ligados e atados com os laços mais apertados.

29. A isso, apresentarei uma interpretação sem sutileza, não forçada e sem distorção; ao contrário, simples, natural, fluente e clara. Essa ordem sobre perdoar e reter pecados, bem como aquela promessa feita a Pedro sobre ligar e desligar, têm referência exclusivamente ao ministério da Palavra, porque, quando o Senhor confiou seu ministério aos seus apóstolos, ao mesmo tempo também os equipou para o ofício de ligar e desligar. Pois qual é a soma total do evangelho senão para que todos nós, como escravos do pecado e da morte, sejamos liberados e libertados através da redenção que está em Cristo Jesus (cf. Romanos 3.24), mas os que não reconhecem nem re-

cebem Cristo como seu libertador e redentor são condenados e sentenciados às cadeias eternas (cf. Judas 6)?

Quando o Senhor confiou essa missão aos seus apóstolos, para que fosse levada a todas as nações (cf. Mateus 28.19), a fim de aprová-la como sua, como se vinda dele mesmo e ordenada por ele, honrava-a com esse nobre testemunho — e fez isso para a particular consolação, tanto da parte dos próprios apóstolos como dos ouvintes aos quais essa missão se destinava.

Para os apóstolos, era importante ter constante e perfeita certeza dessa pregação, a qual eles tinham não só de efetuar em meio a infindas dificuldades, cuidados, aflições e perigos, mas também selar com o próprio sangue. Digo que essa certeza não era vã e fútil, mas cheia de poder e energia. Era-lhes importante que fossem convencidos de que, em meio a essa ansiedade, essa dificuldade e esse perigo, estavam realizando a obra de Deus; tinham também de reconhecer que Deus estava ao seu lado enquanto o mundo inteiro se lhes opunha e os atacava.

Era conveniente que soubessem que Cristo era o verdadeiro Autor de sua doutrina, e que, ainda que ele não estivesse presente na terra, tivessem a certeza de que ele estava no céu, confirmando, assim, sua verdade. Em contrapartida, era necessário dar testemunho inequívoco a seus ouvidos de que a doutrina do evangelho não era a palavra dos apóstolos, e sim do próprio Deus; não uma voz oriunda da terra, e sim que desceu do céu. Pois estas coisas — o perdão de pecados, a promessa de vida eterna, as boas notícias da salvação — não podiam estar no poder do homem. Portanto, Cristo testificou que, na pregação do evangelho, os apóstolos não têm parte, salvo a de ministério; que era ele mesmo quem falaria e prometeria

DEMONSTRA-SE QUE OS OUTROS CINCO, ENTÃO COMUMENTE CONSIDERADOS SACRAMENTOS, REALMENTE NÃO SÃO SACRAMENTOS. EM SEGUIDA, MOSTRA-SE A QUE GÊNERO PERTENCEM

todas as coisas por seus lábios, como seus instrumentos. Ele testificou que o perdão de pecados que eles mesmos anunciavam era a verdadeira promessa de Deus; a condenação que eles anunciavam era o juízo infalível de Deus. Além disso, esse testemunho foi dado em relação a todas as épocas, e permanece firme, a fim de tornar todos os homens mais certos e mais seguros de que a palavra do evangelho, não importa quem o pregue, é a própria sentença de Deus, publicada no supremo tribunal de Deus, escrito no Livro da Vida, ratificado, fixado e firmado no céu. Concluímos que o poder das chaves é simplesmente a pregação do evangelho, e que, no que diz respeito aos homens, esse é não tanto poder quanto ministério. Pois realmente Cristo não deu esse poder aos homens, mas à sua Palavra, da qual ele tomou os homens como ministros.

30. Dissemos que a outra passagem deve ser entendida em outro sentido, ou seja, a que está registrada em Mateus. Ali, Cristo diz: "E, se ele não os atender, dize-o à Igreja; e, se recusar ouvir também à Igreja, considera-o como gentio e publicano. Em verdade vos digo que tudo o que ligardes na terra terá sido ligado nos céus, e tudo o que desligardes na terra terá sido desligado nos céus" (Mateus 18.17-18).

Nós, porém, não tomamos essas passagens como tão diferentes entre si que não guardem conexão e semelhança consideráveis. Ambas são afins nesse primeiro aspecto: cada uma consiste de uma afirmação geral; em ambas, é sempre o mesmo poder de atar e desatar (ou seja, pela Palavra de Deus), a mesma ordem de atar e desatar, a mesma promessa. Diferem, porém, no seguinte aspecto: a primeira passagem se ocupa particularmente da pregação que os ministros da Palavra executam; a segunda se aplica à disciplina de excomunhão, a qual é confiada à Igreja. Mas a Igreja ata aquele a quem excomunga – não que o lance em eterna ruína e desespero, mas porque condena sua vida e seus costumes e, desde já, adverte-o de sua condenação, a menos que se arrependa. Desata aquele a quem recebe em comunhão, porquanto faz dele um participante da unidade que ela desfruta em Jesus Cristo.

Portanto, para que ninguém despreze obstinadamente o julgamento da Igreja, ou tenha por pouco que seja condenado pelo voto dos crentes, o Senhor testifica que tal julgamento da parte dos crentes nada mais é senão a proclamação de sua própria sentença, e que tudo o que eles tiverem feito na terra será ratificado no céu. Pois eles têm a Palavra de Deus com a qual podem condenar o perverso; têm a Palavra com a qual podem receber o penitente em graça. Não podem errar ou discordar do juízo de Deus, porquanto julgam unicamente em conformidade com a lei de Deus, a qual não é uma opinião incerta ou terrena, mas a santa vontade de Deus e o oráculo celestial.

Além disso, ele chama à Igreja não uns poucos tonsurados ou vestidos de linho, ou seja, os sacerdotes, mas a assembleia do povo crente congregada em seu nome (cf. Mateus 18.20). Nem se devem ouvir aqueles escarnecedores, que argumentam assim: Como é possível levar uma discussão à Igreja que se encontra espalhada e dispersa por toda a terra? Cristo mostrou suficientemente bem que está falando de todas as congregações cristãs, como Igrejas estabelecidas em localidades e províncias separadas: "Porque, onde estiverem dois ou três reunidos em meu nome, ali estou no meio deles" (Mateus 18.20).

DEMONSTRA-SE QUE OS OUTROS CINCO, ENTÃO COMUMENTE
CONSIDERADOS SACRAMENTOS, REALMENTE NÃO SÃO SACRAMENTOS.
EM SEGUIDA, MOSTRA-SE A QUE GÊNERO PERTENCEM

ABUSO DO PODER DAS CHAVES

31. Sobre essas duas passagens – as quais creio haver interpretado sucinta, familiar e verdadeiramente –, esses dementes (visto que são arrebatados por sua própria vertigem) tentam indiscriminadamente estabelecer ora a confissão, ora a excomunhão, ora a jurisdição, ora o direito de promulgar leis, ora ainda as indulgências. Mas e se eu, com uma só espada, decepar o cabo de cada demanda desse gênero: os sacerdotes não são vigários ou sucessores dos apóstolos? Mas isso também será tratado em outro lugar.

Ora, movidos pelo profundo desejo de se fortificar, erguem um aríete simplesmente para lançar com ele todos os seus inventos. Pois Cristo não deu aos apóstolos o poder de ligar e desligar antes de lhes dar o Espírito Santo. Portanto, nego que o poder das chaves pertença a quaisquer outros que não tenham recebido o Espírito Santo. Nego que alguém possa usar as chaves, a menos que o Espírito Santo venha, antes de tudo, ensinar e dizer-lhe o que tem de fazer.

Balbuciam que possuem o Espírito Santo, mas, na realidade, negam-no, a menos que satisfaçam suas fantasias, como seguramente fazem, de que o Espírito Santo é algo vão e de nenhum valor; porém, não serão cridos. E, com esse artifício, veem-se totalmente arruinados; de modo que, de qualquer porta que se vangloriem de possuir a chave, têm ainda de indagar se possuem o Espírito Santo, o qual é o juiz e o guardião das chaves. Caso repliquem que o possuem, em contrapartida têm de responder se o Espírito Santo pode errar. Não ousarão dizer isso francamente, muito embora o insinuem de forma indireta em seus ensinamentos. Portanto, devemos inferir que nenhum sacerdote tem o poder das chaves; eles, sem discriminação, reiteradas vezes, desatam o que o Senhor quis manter atado e atam o que ele quis ocultar ou quis que fosse liberado.

Por diversas e claríssimas provas, é possível comprovar que atam e desatam, indiscriminadamente, dignos e indignos, e usurpam o poder sem conhecimento. E, embora não ousem negar que é preciso ter conhecimento para o bom uso do poder, escrevem que o próprio poder foi confiado a ministrantes maus. Todavia, este é o poder: "Dar-te-ei as chaves do reino dos céus; o que ligares na terra terá sido ligado nos céus; e o que desligardes na terra terá sido desligado nos céus" (Mateus 16.19 ou 18.18). Ou a promessa de Cristo redundaria em mentira, ou os que têm sido dotados com esse poder atam e desatam corretamente.

Tampouco podem escapar ao problema dizendo que a promessa de Cristo é limitada em conformidade com os méritos daquele que é atado ou desatado. Admitimos ainda que somente os dignos de ser desatados ou atados podem sê-lo; mas os mensageiros do evangelho e a Igreja têm a Palavra para medir tal dignidade. Nessa Palavra, os mensageiros do evangelho podem, por meio da fé, prometer a todos o perdão dos pecados em Cristo; podem proclamar condenação contra todos e sobre todos os que não abraçam Cristo. Nessa Palavra, a Igreja proclama: "nem impuros, nem idólatras, nem adúlteros, nem efeminados, nem sodomitas, nem ladrões, nem avarentos, nem bêbados, nem maldizentes, nem roubadores herdarão o reino de Deus" (1 Coríntios 6.9–10). A Igreja ata tais pessoas com os mais seguros laços. E, com a mesma Pala-

DEMONSTRA-SE QUE OS OUTROS CINCO, ENTÃO COMUMENTE CONSIDERADOS SACRAMENTOS, REALMENTE NÃO SÃO SACRAMENTOS. EM SEGUIDA, MOSTRA-SE A QUE GÊNERO PERTENCEM

vra, a Igreja desata e conforta os que se arrependem. Mas que poder seria esse, não saber a quem deve atar ou liberar, e não ser capaz de atar ou liberar, a menos que se saiba?

Por que, pois, dizem que absolvem pela autoridade que lhes foi dada, quando sua absolvição é incerta? De que nos vale esse poder imaginário, se é inútil? Ora, por essa única passagem, mantenho que, ou ele nada é ou é tão incerto que deve ser considerado como se nada fosse. Pois, como admitem que boa parte dos muitos sacerdotes não usa as chaves corretamente, e que o poder é insuficiente sem o uso legal, quem me convencerá de que aquele por quem sou liberado é um bom guardião das chaves? Mas, se for mau, o que mais possui senão essa fútil soltura deles? "Não posso saber o que devo em você atar ou liberar, visto que me falta o justo uso das chaves; mas, se você o merece, eu o absolvo." Não digo "uma pessoa leiga", já que não podem aturar ouvir isso, mas o turco e até mesmo o diabo poderiam fazer outro tanto. Pois equivale a dizer: Não tenho a Palavra de Deus, a regra segura de desatar, porém me foi dada a autoridade de absolvê-lo, contanto que seus méritos sejam suficientes. Portanto, percebemos o que estavam almejando quando definiram as chaves como a autoridade de discernir e o poder de executar, adicionando o conhecimento como conselheiro, e, como tal, voltado ao bom uso. Equivale a dizer: desejavam dominar licenciosa e cupidamente sem Deus e sem a sua Palavra.

Por conseguinte, direi em poucas palavras que adaptam suas chaves a tantas fechaduras e portas, algumas vezes até para servir à sua própria jurisdição, algumas vezes às confissões, outras vezes às constituições e até mesmo aos ritos. Naquele mandamento concernente ao perdão e à retenção de pecados, que, no Evangelho de João Cristo, dá a seus discípulos, ele não está designando legisladores, secretários de confissões, oficiais, notários ou expedidores de bulas; mas, àqueles a quem fez ministros de sua Palavra, ele adorna com um testemunho singular. Em Mateus, quando Cristo confere à sua Igreja o ofício de atar e desatar, não ordena que, pela autoridade de alguns reverendos mitrados ou de algum que porte um chifre duplo, eliminem e destruam os pobres a quem não pretendem liberar, pelo som de címbalos e de uma vela fumegante, amaldiçoando-os com todos os tipos de ameaças. Ao contrário, ele prescreve que a perversidade dos homens maus seja corrigida pela disciplina da excomunhão. E é isso que deve ser feito pela autoridade de sua Palavra e o ministério da Igreja.

DAS INDULGÊNCIAS

32. Mas aqueles dementes que imaginam, sem qualquer fundamento, que as chaves da Igreja são a distribuição dos méritos de Cristo e dos mártires, que o papa distribui mediante suas bulas e indulgências, merecem, antes de tudo, ser tratados como produtos de insanidade, em vez de merecer resposta com argumentos. Nem há necessidade de muito esforço para se refutarem suas indulgências, as quais, sob a investida de muitos aríetes, por si mesmas estão agora se tornando ultrapassadas e já revelam deterioração. E, obviamente, o fato de que as indulgências desde muito têm permanecido intocadas, e com uma licença tão irrestrita e furiosa têm retido impunidade tão duradoura, realmente podem servir de prova de quanto os homens viveram, por muitos séculos, imersos numa profunda noite de erros.

DEMONSTRA-SE QUE OS OUTROS CINCO, ENTÃO COMUMENTE
CONSIDERADOS SACRAMENTOS, REALMENTE NÃO SÃO SACRAMENTOS.
EM SEGUIDA, MOSTRA-SE A QUE GÊNERO PERTENCEM

Os homens se viam, publicamente e sem qualquer disfarce, mantidos em ridículo pelo papa e por seus portadores de bulas, sendo a salvação de suas almas o objeto de tráfico lucrativo, o preço da salvação pago com umas poucas moedas, e que nada se fazia isento de acusação. Mediante esse subterfúgio, viam-se surrupiados de suas ofertas, as quais eram torpemente gastas com meretrizes, orgias e embriaguez. Mas viam ainda que aqueles que mais exaltavam as indulgências eram os que mais as desprezavam; que esse monstro corre diariamente, desenfreadamente, luxuriosamente, sem rumo e sem esperança de ter fim; e cada nova bula autorizada continuamente com o selo de chumbo exigia novos dispêndios. Contudo, recebiam as indulgências com a máxima veneração, compravam-nas e as adoravam. Os que eram mais perspicazes do que os outros viam em tudo isso uma espécie de fraude piedosa pela qual poderiam ser enganados com vistas a algum benefício. Finalmente, quando o mundo começou a entender um pouco mais sobre esse comércio, as indulgências esfriaram e, aos poucos, congelaram, até se desvanecerem por completo.

AS INDULGÊNCIAS SE OPÕEM ÀS ESCRITURAS

33. Mas, embora muitas pessoas vejam os vis estratagemas, os engodos, os furtos e a avidez com que os traficantes de indulgência até então nos têm ridicularizado e enganado, mesmo assim não conseguem divisar qual é a fonte da própria impiedade. Em consequência, cabe-nos indicar não só a natureza das indulgências, mas também o que, em geral, elas seriam, uma vez purificadas de todas as manchas.

Ora, para descrevê-las corretamente, elas constituem uma profanação do sangue de Cristo, um deboche satânico, para desviar o povo cristão da graça de Deus, da vida que está em Cristo e desviá-lo do verdadeiro caminho da salvação. Pois, como poderia o sangue de Cristo ser mais torpemente profanado do que quando negam que ele é suficiente para o perdão dos pecados, para a reconciliação e para a satisfação – a menos que a falta dele, como de algo seco e exaurido, seja de outro modo suprido e preenchido? Pedro diz: "Dele, todos os profetas dão testemunho de que, por meio de seu nome, todo aquele que nele crê recebe remissão de pecados" (Atos 10.43).

As indulgências outorgam o perdão de pecados através de Pedro, de Paulo e dos mártires. No dizer de João, "o sangue de Cristo nos purifica de todo pecado" (1 João 1.7). As indulgências tomam o sangue dos mártires como a purificação do pecado. No dizer de Paulo, "Aquele que não conheceu pecado, ele o fez pecado por nós (isto é, satisfação do pecado); para que, nele, fôssemos feitos justiça de Deus" (2 Coríntios 5.21). As indulgências conferem ao sangue dos mártires a satisfação dos pecados. Paulo proclamou e testificou aos coríntios que somente Cristo foi crucificado e morto por eles (cf. 1 Coríntios 1.13). As indulgências declaram: "Paulo e os outros morreram por nós". Em outro lugar, Paulo diz: "Cristo comprou a Igreja com seu próprio sangue" (Atos 20.28). As indulgências estabelecem outro preço no sangue dos mártires. O apóstolo diz: "Porque, com uma única oferta, aperfeiçoou para sempre quantos estão sendo santificados" (Hebreus 10.14). As indulgências proclamam: "A santificação, de outro modo insuficiente, é aperfeiçoada pelos mártires." João diz

DEMONSTRA-SE QUE OS OUTROS CINCO, ENTÃO COMUMENTE
CONSIDERADOS SACRAMENTOS, REALMENTE NÃO SÃO SACRAMENTOS.
EM SEGUIDA, MOSTRA-SE A QUE GÊNERO PERTENCEM

que "todos os santos lavaram suas vestes... no sangue do Cordeiro" (Apocalipse 7.14). As indulgências ensinam que eles lavam suas vestes no sangue dos santos.

Sem dúvida, enquanto toda a sua doutrina se encontra urdida com terríveis sacrilégios e blasfêmias, essa é a blasfêmia mais assustadora que todas as demais.

O TESOURO DA IGREJA

34. Que eles reconheçam se estes são ou não seus critérios: que os mártires, por sua morte, prestaram a Deus muito mais e obtiveram mais méritos do que necessitavam para si mesmos, e que tiveram um superávit de méritos, os quais emanam para outros. Portanto, a fim de que esse grande bem não fosse supérfluo, seu sangue é misturado ao de Cristo; e, do sangue de ambos, o tesouro da Igreja é fabricado para o perdão e a satisfação dos pecados. E é nesse sentido que se deve entender a afirmação de Paulo: "Agora, me regozijo em meus sofrimentos por vós; e preencho o que resta das aflições de Cristo, em minha carne, a favor de seu corpo, que é a Igreja" (Colossenses 1.24).

O que é isso senão deixar a Cristo somente um nome, a fim de convertê-lo em um santo vulgar que dificilmente pode ser distinguido entre a turba? Ele, e unicamente ele, mereceu ser proclamado; o único a ser descrito; o único a ser nomeado; o único a ser contemplado quando a questão é como obter o perdão dos pecados, a expiação, a satisfação. Ouçamos, porém, seus silogismos truncados. Para que o sangue dos mártires não fosse derramado sem fruto, foi utilizado para o bem comum da Igreja. Isso procede? Acaso foi-lhes sem proveito glorificar a Deus através da morte deles? Atestar a verdade por meio do sangue deles? Por meio de seu desprezo dar testemunho de que estão buscando uma vida superior? Por meio de sua constância, fortalecer a fé da Igreja enquanto quebranta a obstinação de seus inimigos? Mas o fato é que não reconhecem nenhum fruto se Cristo for o único propiciador, se for o único que morreu por causa de nossos pecados, se for o único oferecido para nossa redenção.

Quão maliciosamente torcem a passagem na qual Paulo diz que, em seu próprio corpo, ele supre o que estava faltando nos sofrimentos de Cristo (Colossenses 1.24)! Pois ele aponta para aquela falta ou aquele suplemento não à obra da redenção, da expiação e da satisfação, mas para aquelas aflições com que os membros de Cristo – ou seja, todos os crentes – devem ser exercitados enquanto vivem nesta carne. Portanto, Paulo diz que, dos sofrimentos, permanece o seguinte: o que uma vez por todas sofreu em si mesmo, ele sofre diariamente em seus membros. E Cristo nos distingue com esta honra: que ele reputa e tem como suas as nossas aflições. Ora, quando Paulo adiciona "pela Igreja", não tem em mente a redenção, a reconciliação ou a satisfação da Igreja, mas sua edificação e seu progresso. Como diz em outro lugar: ele suporta tudo por amor dos eleitos, para que obtenham a salvação que está em Cristo Jesus (2 Timóteo 2.10).

Fora com a noção de que Paulo pensava que algo ficou faltando nos sofrimentos de Cristo no que diz respeito a toda a plenitude da justiça, salvação e vida; ou que ele visasse acrescentar algo! Pois Paulo ensina, clara e amplamente, que as riquezas da graça foram tão generosamente derramadas

DEMONSTRA-SE QUE OS OUTROS CINCO, ENTÃO COMUMENTE
CONSIDERADOS SACRAMENTOS, REALMENTE NÃO SÃO SACRAMENTOS.
EM SEGUIDA, MOSTRA-SE A QUE GÊNERO PERTENCEM

através de Cristo que excederam muitíssimo todo o poder do pecado (cf. Romanos 5.15). Tão somente por essa satisfação todos os santos têm sido salvos, e não pelos méritos nem de sua vida, nem de sua morte, segundo o eloquente testemunho de Pedro (cf. Atos 15.11). Assim, pois, aquele que descansa na dignidade de qualquer santo, em qualquer parte, salvo na mercê de Deus, constitui uma afronta a Deus e seu Ungido. Mas por que me detenho aqui por tanto tempo, como se isso se tratasse de algo obscuro, quando expor erros tão monstruosos é suficiente para vencê-los?

Ora, ignorando tais abominações, indagamos: quem ensinou ao papa encerrar a graça de Jesus Cristo em um documento feito de pergaminho e selado com chumbo, quando o próprio Senhor quis que a graça fosse distribuída pela Palavra do evangelho? Obviamente, ou o evangelho de Deus é falso, ou são falsas as indulgências. Cristo nos é oferecido através do evangelho, com toda a abundância dos benefícios celestiais, com todos os seus méritos, com toda a sua justiça, sabedoria e graça, sem exceção. As indulgências tiram do baú do papa certa medida da graça de Cristo e, separando-a da Palavra de Deus, encerram-na em determinado lugar, em pergaminho e chumbo!

A SATISFAÇÃO SACRAMENTAL

35. Na penitência, designam o terceiro lugar à satisfação. Com uma palavra, podemos lançar por terra todo o seu fútil palavrório a esse respeito. Dizem que não basta que o penitente se abstenha dos males pretéritos e mude seu comportamento para melhor, a menos que faça satisfação

ao Senhor por aquelas coisas que houver cometido. Mas dizem que há muitos auxílios pelos quais podemos redimir os pecados: lágrimas, jejuns, ofertas, esmolas e outras obras de caridade. Devemos propiciar ao Senhor essas coisas. É com elas que devemos quitar nossos débitos para com a justiça de Deus. É com elas que devemos fazer compensação por nossas transgressões. É com elas que devemos merecer seu perdão. E, embora o Senhor perdoe a culpa pela grandeza de sua mercê, pela disciplina de sua justiça, ele retém a punição. É essa punição que deve ser redimida por meio de satisfação.

36. Em oposição a essas mentiras, apresento a remissão gratuita dos pecados; nada é mais claramente notificado na Escritura (Isaías 52.3; Romanos 3.24–25; 5.8; Cl 2.13–14; 2 Timóteo 1.9; Tito 3.5)! Em primeiro lugar, o que é perdão senão um dom de mera liberalidade? Pois o credor que dá um recibo pelo dinheiro pago não é aquele que perdoa, mas aquele que, sem nenhum pagamento, de bom grado, cancela a dívida movido por sua própria bondade. Por que, pois, se acrescenta a palavra "gratuitamente", senão para eliminar toda a ideia de satisfação? Com que confiança, pois, ainda erigem suas satisfações, as quais são derrubadas por um aríete tão poderoso? Além disso, como toda a Escritura dá testemunho de Cristo – por seu nome é que haveremos de receber o perdão dos pecados (Atos 10.43) –, acaso não exclui todos os demais nomes? Como, pois, ensinam que o perdão de pecados é recebido através do nome das satisfações, e não negam que é recebido através do nome das satisfações, mas, ao contrário, através do nome de Cristo, mesmo quando as satisfações intervêm? Quando a Escritura diz "através do nome de Cristo",

DEMONSTRA-SE QUE OS OUTROS CINCO, ENTÃO COMUMENTE CONSIDERADOS SACRAMENTOS, REALMENTE NÃO SÃO SACRAMENTOS. EM SEGUIDA, MOSTRA-SE A QUE GÊNERO PERTENCEM

tem em vista que nada apresentamos, nada reivindicamos propriamente nosso; tudo depende unicamente da recomendação de Cristo. Como Paulo declara: "Deus estava em Cristo reconciliando consigo o mundo, não imputando aos homens suas transgressões" (2 Coríntios 5.19).

Tamanha é sua perversidade que eu temo que digam que ambos, o perdão de pecados e a reconciliação, ocorrem de uma vez por todas quando, no batismo, somos recebidos na graça de Deus através de Cristo; que, após o batismo, ressuscitamos através das satisfações; que o sangue de Cristo não tem valor algum, exceto se for ministrado através das chaves da Igreja. Mas o que João afirma é muito diferente: "Se, todavia, alguém pecar, temos Advogado junto ao Pai, Jesus Cristo, o Justo; e ele é a propiciação pelos nossos pecados, e não somente pelos nossos próprios, mas ainda pelos do mundo inteiro" (1 João 2.1–2). Ou: "Eu vos escrevo, porque os vossos pecados são perdoados, por causa de seu nome" (1 João 2.12). Seguramente, ele está se dirigindo aos crentes, aos quais, enquanto apresenta Cristo como a propiciação dos pecados, ele mostra que não há outra satisfação pela qual o Deus ofendido possa ser propiciado ou aplacado. Ele não diz: "Deus foi, de uma vez por todas, reconciliado convosco através de Cristo; agora buscai para vós outro meio de reconciliação". Mas ele o toma como advogado perpétuo, a fim de que, por sua intercessão, nos restaure sempre ao favor do Pai; uma propiciação eterna, por meio da qual os pecados são expiados. Pois o que João disse é sempre verdadeiro: "Eis o Cordeiro de Deus, que tira o pecado do mundo" (João 1.29; cf. 1.36). Ele, repito, não outro, os remove; ou seja, visto que somente ele é o Cordeiro de

Deus, também é a única oferta pelos pecados; a única expiação; a única satisfação. Aqui temos de considerar duas coisas: que a honra de Cristo deve ser mantida íntegra e intocada; que as consciências seguras do perdão dos pecados tenham paz com Deus.

Isaías afirma que o Pai lançou sobre o Filho as iniquidades de todos nós (Isaías 53.6), a fim de nos curar com seus açoites (Isaías 53.6, 5). Pedro reitera isso com outras palavras: Cristo levou em seu corpo, sobre o madeiro, nossos pecados (1 Pedro 2.24). Paulo escreve: o pecado foi condenado em sua carne, quando foi feito pecado por nós (Gálatas 3.13; Romanos 8.3, combinados); em outras palavras, a força e a maldição do pecado foram mortas em sua carne, quando ele foi dado como vítima, sobre quem seria lançado todo o fardo de nossos pecados – com sua maldição e execração, com o juízo de Deus e a condenação da morte.

E, sempre que ele menciona que a redenção foi realizada através de Cristo, costumeiramente a chama ἀπολύτρωσιν (Romanos 3.24; ver também 1 Coríntios 1.30; Efésios 1.7; Colossenses 1.14). Essa é a razão para ele anunciar em outro lugar: "Cristo se deu a si mesmo em resgate por nós" (1 Timóteo 2.6).

E agora, que se estabelece o perdão dos pecados, essas coisas mencionadas permanecerão intactas na posse de Cristo? Que vasta diferença há entre dizer que nossas iniquidades foram postas sobre Cristo a fim de que fossem expiadas nele e dizer que são expiadas por nossas obras; que Cristo é a propiciação por nossos pecados e que Deus fosse propiciado mediante obras! Mas, se é uma questão de tranquilizar a consciência, que tranquilização será essa, se um homem ouve que os pecados são redimidos mediante satisfação? Quando ele pode, por fim, estar seguro da medida de satisfação? Então, ele estará sempre em dúvida se realmente tem um Deus compassivo; sempre enfrentará o senso de inquietação e de tremor. Pois os que descansam em mesquinhas satisfações desprezam totalmente o juízo de Deus e subestimam a gravidade do pecado, como dissemos em outro lugar. E, mesmo quando lhes concedamos que existem alguns pecados que podem ser redimidos mediante satisfação apropriada, o que fariam quando se vissem esmagados por tantos pecados por cujas satisfações cem vidas seriam suficientes, ainda que fossem totalmente dedicadas a esse propósito?

PECADOS MORTAIS E VENIAIS

37. Neste ponto, buscam refúgio na tola distinção de que certos pecados são veniais, outros, mortais; para os pecados mortais, requer-se pesada satisfação; os pecados veniais podem ser purgados por remédios mais leves – pela Oração do Senhor, pela aspersão de água benta, pela absolvição propiciada pela missa. Dessa maneira, é como se zombassem e brincassem com Deus. Embora vivam falando incessantemente de pecado venial e mortal, nem assim conseguem distinguir um do outro: tão somente fazem da impiedade e da impureza do coração um pecado venial. Entretanto, declaramos (algo que a Escritura ensina pela regra do justo e do injusto) que o salário do pecado é a morte (Romanos 6.23); e que "a alma que pecar é digna de morte" (Ezequiel 18.20); mas que os pecados dos crentes são veniais não porque não mereçam a morte, mas porque, pela mercê de Deus, "já não

há condenação para os que estão em Cristo Jesus" (Romanos 8.1), porque tais pecados não são imputados, uma vez que são purgados pelo perdão (cf. Salmos 32.1–2).

38. Bem sei quão injustamente difamam essa nossa doutrina, pois a chamam de o paradoxo dos estoicos, no tocante à igualdade dos pecados, mas serão facilmente refutados por sua própria boca. Pois eu pergunto se, entre aqueles mesmos pecados que confessam como mortais, reconhecem um como menor que outro. Portanto, não se segue imediatamente que os pecados que são mortais ao mesmo tempo sejam iguais. Visto que a Escritura declara precisamente que "o salário do pecado é a morte" (Romanos 6.23), mas a obediência à lei é o caminho da vida (cf. Levítico 18.5; Ezequiel 18.9; 20.11, 13; Gálatas 3.12; Romanos 10.5; Lucas 10.28) – a transgressão da lei, a morte (cf. Romanos 6.23; Ezequiel 18.4, 20) –, não podem evadir-se a esse veredicto. Em meio a tão grande amontoado de pecados, qual será o resultado de se fazer satisfação? Se um dia é suficiente para se fazer satisfação por um pecado, medita-se naquelas palavras de que os homens pecam sete vezes (e eu falo dos justíssimos); enquanto se cingem para fazer sete satisfações, acumulam quarenta e nove pecados (cf. Provérbios 24.16). Agora que já foi eliminada a certeza de serem capazes de fazer satisfação por seus pecados, por que insistem? Como ainda ousam pensar na possibilidade de fazer satisfação?

CULPA E PENALIDADE

Na verdade, tentam desvencilhar-se, mas "a água", como reza o provérbio, "os encobre". Formulam uma distinção en-

DEMONSTRA-SE QUE OS OUTROS CINCO, ENTÃO COMUMENTE CONSIDERADOS SACRAMENTOS, REALMENTE NÃO SÃO SACRAMENTOS. EM SEGUIDA, MOSTRA-SE A QUE GÊNERO PERTENCEM

tre penalidade e culpa. Confessam que a culpa é remitida pela mercê de Deus, muito embora ensinem que a merecem mediante lágrimas e orações; mas, uma vez perdoada a culpa, ainda fica a penalidade, a qual deve ser quitada, segundo demanda a justiça de Deus, e as satisfações pertencem propriamente à remissão da penalidade.

Todavia, tudo o que aprendemos na Escritura concernente ao perdão dos pecados opõe-se diretamente a essa distinção. Esta é a nova aliança que Deus em Cristo fez conosco: que ele nunca mais se lembraria de nossos pecados (1 Jeremias 31.31, 34). O que ele tinha em mente com essas palavras, aprendemos de outro profeta, quando o Senhor diz: "Mas, desviando-se o justo de sua justiça e cometendo iniquidade, fazendo segundo todas as abominações que faz o perverso, acaso viverá? De todos os atos de justiça que tiver praticado, não se fará memória; em sua transgressão com que transgrediu e em seu pecado que cometeu, neles morrerá" (Ezequiel 18.24). "Se o perverso se converter de todos os seus pecados que cometeu, e guardar todos os meus estatutos, e fizer o que é reto e justo, certamente, viverá; não será morto" (Ezequiel 18.21–27). Sua afirmação de que não se lembraria de seus atos justos significa virtualmente isto: ele não as levaria em conta com o intuito de recompensá-las. Portanto, a afirmação de que não se lembraria de seus pecados significa que não demandaria dele a pena devida a eles. A mesma coisa é dita em outro lugar: "cuja iniquidade é perdoada e cujo pecado é coberto" (cf. Salmos 32.1–2). Com semelhantes expressões, o Espírito Santo quis explicar-nos claramente seu significado, se é que o ouvimos com atenção. Seguramente, se Deus pune os pecados, lança-os em nossa conta; se toma vingança, ele os faz lembrar; se intima ao tribunal, ele não os oculta.

Ouçamos de outro profeta por quais leis o Senhor perdoa os pecados. Diz ele: "Vinde, pois, e arrazoemos, diz o SENHOR; ainda que os vossos pecados sejam como a escarlata, eles se tornarão brancos como a neve; ainda que sejam vermelhos como o carmesim, se tornarão como a lã" (Isaías 1.18). Aqui rogaria aos meus leitores que não atentem para minhas glosas, mas que deem lugar à Palavra de Deus.

Pergunto-lhe: o que Cristo nos teria outorgado, se a pena pelos pecados ainda fosse requerida? Pois, quando dizemos que ele levou em seu corpo, no madeiro, todos os nossos pecados (1 Pedro 2.24), simplesmente queremos dizer que ele levou a punição e a vingança devidas aos nossos pecados. Isaías expressou isso de maneira mais significativa, quando disse: "O castigo (ou correção) que nos traz a paz estava sobre ele" (Isaías 53.5). E o que é essa "correção de nossa paz" senão a pena devida aos pecados que teríamos de pagar antes que fôssemos reconciliados com Deus – se ele não assumisse nosso lugar? Aqui o leitor pode ver claramente que Cristo levou a pena dos pecados a fim de livrar deles seu próprio povo.

Que entendamos sinceramente o que Cristo prometeu aos seus fiéis! "Quem ouve a minha palavra e crê naquele que me enviou tem a vida eterna, não entra em juízo, mas passou da morte para a vida" (João 5.24). A certeza dessa promessa é afirmada por Paulo com toda a convicção: "Já não há condenação para os que estão em Cristo Jesus" (Romanos 8.1).

39. Não nutro dúvida de que vão rir de mim por tomar juízo e condenação noutro sentido além de punição eterna.

DEMONSTRA-SE QUE OS OUTROS CINCO, ENTÃO COMUMENTE CONSIDERADOS SACRAMENTOS, REALMENTE NÃO SÃO SACRAMENTOS. EM SEGUIDA, MOSTRA-SE A QUE GÊNERO PERTENCEM

Mas isso nada tem a ver com as satisfações que eles ensinam como pagas por punições temporais. Mas, se não estivessem determinados a resistir ao Espírito Santo, sentiriam, em seu íntimo, um poder mais forte pelas palavras de Cristo e de Paulo, ou seja, que os crentes de tal modo são libertos da maldição do pecado, através de Cristo, que, aos olhos de Deus, é como se fossem limpos e puros.

Mas, embora se armem com testemunhos da Escritura, vejam que espécie de argumentos apresentam. Davi, dizem eles, repreendido pelo profeta Natã por adultério e homicídio, recebeu o perdão por seu pecado, porém, mais tarde, foi punido com a morte de seu filho nascido de adultério (2 Samuel 12.13–14). Somos ensinados que as penas que haveriam de ser infligidas mesmo depois do perdão da culpa teriam de ser redimidas com as satisfações. Daniel ordenou que Nabucodonosor fizesse compensação por seus pecados com esmolas (Daniel 4.27). E Salomão escreve: "O amor cobre multidão de pecados" (Provérbios 10.12; 1 Pedro 4.8). Em Lucas, o Senhor diz da mulher pecadora: "Perdoados lhes são seus muitos pecados, porque ela muito amou" (Lucas 7.47). Quão perversa e equivocadamente sempre julgam os atos de Deus!

JUÍZOS DA VINGANÇA E DO CASTIGO

40. Mas, se eles observassem – e é algo que não deveriam absolutamente ter ignorado – que existem dois tipos de juízo divino, teriam visualizado algo muito distinto nessa repreensão de Davi além de punição e vingança do pecado. Chamamos a um desses, à moda de ensino, "juízo de vingança"; ao outro, "juízo de castigo". Pelo juízo de vingança,

o Senhor exerce sua ira contra os réprobos, toma vingança, confunde-os e os dispersa, reduzindo-os a nada. Isso, propriamente falando, equivale a punir e vingar o pecado. E pode ser, propriamente, chamado "penalidade" ou "punição". No juízo de castigo, ele não pune, não fica irado, não toma vingança, mas instrui os seus, admoesta, castiga, incomoda. Isso não é penalidade ou vingança, mas correção e admoestação. Um é o ato de um juiz; o outro, de um pai. Quando um juiz pune um malfeitor, censura a própria transgressão e aplica a pena ao próprio crime. Quando um pai, com muita severidade, corrige seu filho, não faz isso para se vingar dele ou para tratar suas transgressões com brutalidade; ao contrário, ele o faz para instruí-lo e doravante torná-lo mais cauteloso. Abreviando, sempre que há penalidade, existem maldição e ira de Deus, as quais ele afasta dos crentes. O castigo constitui uma bênção de Deus e um testemunho de amor. Lemos que todos os santos sempre oraram para que a ira fosse desviada, enquanto recebiam o castigo com a mente serena. "Castiga-me, ó SENHOR, mas em justa medida, não em tua ira, para que não me reduzas a nada" (1 Jeremias 10.24). Embora nem sempre me oponha a denominar como "castigo" essa espécie de punição dos delitos, advirto quanto à forma como deve ser entendida.

Portanto, quando privou Saul do reino, ele estava punindo (1 Samuel 15.23). Quando Davi se viu privado de seu filhinho (2 Samuel 12.18), ele estava repreendendo. A afirmação de Paulo deve ser entendida no seguinte sentido: "Mas, quando julgados, somos disciplinados pelo Senhor, para não sermos condenados com o mundo" (1 Coríntios 11.32). Ou

DEMONSTRA-SE QUE OS OUTROS CINCO, ENTÃO COMUMENTE CONSIDERADOS SACRAMENTOS, REALMENTE NÃO SÃO SACRAMENTOS. EM SEGUIDA, MOSTRA-SE A QUE GÊNERO PERTENCEM

seja, enquanto, como filhos de Deus, somos afligidos pela mão do Pai celestial, isso não constitui uma pena a nos confundir, mas um castigo a nos instruir.

Na amargura das aflições, o crente deve ser fortificado por esse pensamento. "Porque a ocasião de começar o juízo pela casa de Deus é chegada" (1 Pedro 4.17); "(...) eis que na cidade que se chama pelo meu nome começo a castigar" (1 Jeremias 25.29). O que fariam os filhos de Deus se cressem que a severidade que algumas vezes experimentam fosse a vingança de Deus? Pois aquele que, ferido pela mão de Deus, pensa a seu respeito como o Juiz que pune não pode concebê-lo senão irado e hostil; outra atitude não pode haver senão detestar o próprio azorrague de Deus como maldição e condenação. Em suma, aquele que sente que Deus ainda pretende puni-lo jamais pode persuadir-se de ser amado por ele. Se a pena é eterna ou temporal, isso não faz diferença. Pois guerras, fomes, pragas e doenças são tanto maldições de Deus como o próprio juízo de morte eterna.

AS ESCRITURAS NÃO ABONAM A SATISFAÇÃO

41. Todos percebem (a menos que eu esteja enganado) o propósito da punição do Senhor contra Davi. Ela visa ser uma prova de que o homicídio e o adultério desagradam gravemente a Deus. Ele se declarara tão gravemente ofendido com isso para que o próprio Davi fosse instruído a, no futuro, não ousar cometer tal crime; mas não para que fosse uma penalidade pela qual tivesse de fazer compensação a Deus. Assim também devemos ajuizar-nos acerca da outra correção, com a qual o Senhor afligiu seu povo com violenta praga (2 Samuel

24.15) em razão da desobediência de Davi, cometida quando recenseou seu povo. Pois ele perdoou graciosamente a culpa do pecado de Davi, mas, como era conveniente, tanto para o exemplo público de todos os tempos como para a humilhação de Davi, que tal crime não ficasse impune, ele o castigou duramente com seu azorrague.

Mas causa estranheza que eles lancem seus olhos sobre um exemplo de Davi e não se deixem mover por tantos outros exemplos nos quais eram livres para contemplar o gracioso perdão dos pecados. Lemos que o publicano desceu do templo justificado, sem que tivesse de pagar alguma penalidade (Lucas 18.14). Pedro obteve o perdão da transgressão (Lucas 22.6); no dizer de Ambrósio, lemos acerca de suas lágrimas, porém não lemos acerca de satisfação. E o paralítico ouviu: "Levanta-te, teus pecados são perdoados" (Mateus 9.2); não se impôs nenhuma punição. Todas as absolvições mencionadas na Escritura são descritas como gratuitas. Por tal razão, seria preciso buscar a regra desses exemplos frequentes, em vez de somente um que contivesse algum aspecto em especial.

Daniel, pela exortação com que persuadiu Nabucodonosor a fazer compensação por seus pecados, mediante a prática da justiça, e por suas iniquidades, mediante a prática da piedade para com os pobres (Daniel 4.27), não tinha em vista dar a entender que a justiça e a mercê fossem a propiciação de Deus e a compensação das punições. Longe estava o pensamento de que haveria algum outro resgate além do sangue de Cristo! Mas, na frase "usar de misericórdia", sua referência é aos homens, e não a Deus. É como se dissesse: "Ó rei, tu tens exercido um domínio injusto e violento, tens oprimido o hu-

DEMONSTRA-SE QUE OS OUTROS CINCO, ENTÃO COMUMENTE CONSIDERADOS SACRAMENTOS, REALMENTE NÃO SÃO SACRAMENTOS. EM SEGUIDA, MOSTRA-SE A QUE GÊNERO PERTENCEM

milde, tens despojado o pobre, tens tratado teu povo com a opressão e a injustiça. Agora compensa com misericórdia e justiça tuas injustas exações, tua violência e opressão".

De modo semelhante, Salomão diz: "O amor cobre multidão de pecados" (Provérbios 10.12), não diante de Deus, mas entre os próprios homens. O versículo inteiro reza assim: "O ódio suscita a ira, mas o amor cobre todas as ofensas" (Provérbios 10.12). Nisso, Salomão, segundo seu hábito, pelo uso de antítese, contrasta todas as coisas más que provêm do ódio com seus frutos provenientes do amor. E o sentido é que, para os que se odeiam entre si, os que se mordem mutuamente, se desprezam e se ofendem, todas as coisas se convertem para o mal; mas os que se amam entre si escondem muitas coisas uns dos outros – não que um aprove as falhas dos outros, mas as tolera e as cura pela admoestação, em vez de agravá-las com censuras. Indubitavelmente, Pedro cita essa passagem no mesmo sentido, a menos que queiramos acusá-lo de torcer a Escritura com vileza e astúcia (cf. 1 Pedro 4.8).

No que diz respeito à passagem em Lucas (Lucas 7.36–50), ninguém que tenha lido em são juízo a parábola apresentada ali pelo Senhor empreenderá uma discussão conosco sobre ela. O fariseu pensava, em seu íntimo, que o Senhor não conhecia a mulher a quem tão prontamente recebeu. Ele sentia que Cristo não a teria recebido se soubesse que espécie de pecadora era. E, então, concluiu que Cristo não era profeta, já que podia ser enganado a esse ponto. O Senhor, para mostrar que aquela cujos pecados já haviam sido perdoados não era pecadora, pronuncia uma parábola. "Certo credor tinha dois devedores: um lhe devia quinhentos denários, e o outro, cinquenta. Não tendo nenhum dos dois com que pagar, perdoou a ambos. Qual deles, portanto, o amará mais? Respondeu-lhe Simão: Suponho que aquele a quem mais perdoou. Replicou-lhe: Julgaste bem. Por isso te digo: perdoados lhe são os seus muitos pecados, porque ela muito amou" (Lucas 7.41–43, 47).

Veja o leitor que, com essas palavras, ele não faz de seu amor a causa, mas a prova do perdão dos pecados. Pois são tomados da parábola daquele devedor de quem foram perdoados quinhentos denários; a ele, não se disse que a dívida fora perdoada porque ele amou muito, e sim que ele amou muito porque ela lhe fora perdoada. E se faz necessário aplicar assim as palavras da parábola: Você crê que essa mulher é pecadora, mas deveria ter reconhecido que esse não é o caso, já que seus pecados lhe foram perdoados. Seu amor, pelo qual ela rende graças por seu benefício, deveria tê-lo convencido do perdão de seus pecados. Ora, esse é um argumento *a posteriori*, por meio do qual algo é provado à luz das evidências que se seguem. O Senhor testifica claramente por qual via ela obteve o perdão dos pecados: "Tua fé", diz ele, "te salvou" (Lucas 7.50). Portanto, é mediante a fé que obtemos o perdão; mediante o amor, rendemos graças e testificamos a liberalidade do Senhor.

42. Pouco me comove a opinião amplamente expressa nos livros dos antigos escritores no que diz respeito à satisfação. Na verdade, percebo que alguns deles – eu diria que praticamente todos esses livros que estão em circulação – têm fracassado nesse aspecto. Mas não admito que fossem tão rudes e inexperientes a ponto de escreverem essas coisas no sentido como são entendidas por nossos novos expoentes da satisfação. Pois têm denominado amplamente a satisfação

DEMONSTRA-SE QUE OS OUTROS CINCO, ENTÃO COMUMENTE CONSIDERADOS SACRAMENTOS, REALMENTE NÃO SÃO SACRAMENTOS. EM SEGUIDA, MOSTRA-SE A QUE GÊNERO PERTENCEM

não como um ressarcimento a ser pago a Deus por um testemunho público por meio do qual os que eram sentenciados com excomunhão, quando desejavam ser recebidos de volta à comunhão, tinham de dar à Igreja provas de seu arrependimento. Pois, em geral, impunha-se a esses penitentes certos jejuns e outros deveres com os quais provassem que, real e sinceramente, se enojavam de sua vida anterior; ou melhor, que apagassem a memória de suas ações pregressas, dizendo-se, assim, que faziam satisfação, não a Deus, mas à Igreja. As confissões e satisfações que hoje estão em voga tiveram sua origem nesse rito antigo.

Verdadeira geração de víboras (cf. Mateus 3.7; 12.34) foi essa, para que não restasse a menor sombra daquela forma tolerável. Estou ciente de que os escritores antigos costumavam falar um tanto rudemente; e, como acabei de dizer, não nego que tenham errado. Mas aqueles de seus escritos salpicados com umas poucas manchas, aqui e ali, vieram a ser totalmente conspurcados quando manuseados pelas mãos imundas desses homens. E, se temos de contender pela autoridade dos pais, qual dos antigos, ó bom Deus, esses homens nos propõem? Boa parte desses escritores antigos – entre eles, Pedro Lombardo, seu líder – elaborou suas colchas de retalhos, coletando-os dos insanos delírios de certos monges, os quais apareceram sob os nomes de Ambrósio, Jerônimo, Agostinho e Crisóstomo; como, no presente argumento, quase toda a sua evidência é tomada do livro de Agostinho, *Do Arrependimento*, que foi compilado, de forma inepta, por algum ignorante dos escritos de bons e maus autores, levando o nome de Agostinho, ninguém medianamente douto se atreverá a dizer que lhe pertence.

DO PURGATÓRIO

43. Ora, pois, que eles não mais nos perturbem com seu "purgatório", porquanto, com esse machado, ele já foi quebrado, abatido e derrubado por seus próprios fundamentos. E eu não concordo com aqueles que pensam que se deve dissimular sobre esse ponto e não fazer menção ao purgatório, do qual, como dizem, surgiram conflitos ferozes, mas pouca edificação se pode obter. Certamente, eu mesmo aconselharia que se negligenciem essas ninharias, se elas não redundarem em consequências muito sérias. Visto, porém, que o purgatório foi construído de muitas blasfêmias e, diariamente, é amparado por novas, e visto que incita escândalos extremamente graves, por isso não se devem fechar os olhos. Talvez seria possível, por certo tempo e de certa maneira, ocultar o fato de que ele foi inventado à parte da Palavra de Deus, por curiosidade e ousada temeridade; que os homens criam nele por alguma espécie de "revelação" forjada pela astúcia de Satanás; e que algumas passagens da Escritura foram distorcidas, de forma ignorante, para confirmá-lo. Todavia, o Senhor nem de leve permitiu que a audácia humana irrompesse nos lugares secretos de seus juízos; e, energicamente, proibiu aos homens que se descuidassem de sua Palavra, investigando a verdade sobre os mortos (Deuteronômio 18.11), não permitindo que sua Palavra fosse corrompida de modo profano.

44. Entretanto, devemos admitir que todas aquelas coisas seriam toleradas por certo tempo como algo de pouca importância. Mas, quando se busca a expiação dos pecados em outro lugar, além do sangue de Cristo; quando se transfere a satisfação para outro lugar, guardar silêncio equivale a incorrer em

DEMONSTRA-SE QUE OS OUTROS CINCO, ENTÃO COMUMENTE CONSIDERADOS SACRAMENTOS, REALMENTE NÃO SÃO SACRAMENTOS. EM SEGUIDA, MOSTRA-SE A QUE GÊNERO PERTENCEM

grande perigo. Portanto, devemos clamar com o grito não só de nossas vozes, mas também de nossas gargantas e pulmões, que o purgatório é uma ficção mortífera de Satanás, o qual anula a cruz de Cristo e subverte e destrói nossa fé. Além disso, o que significa esse purgatório senão a pena que as almas dos mortos sofrem como satisfação pelos pecados? Mas, se, de nosso discurso precedente, fica bem claro que o sangue de Cristo é a única satisfação pelos pecados dos crentes, a única expiação, a única purgação, o que mais resta senão dizer que o purgatório é simplesmente uma blasfêmia contra Cristo? Passo por alto os sacrilégios pelos quais ele é diariamente defendido, os escândalos menores que permeiam a religião e inumeráveis outras coisas que, costumeiramente, promanam de tal fonte de impiedade.

NÃO HÁ SACRAMENTO NA PENITÊNCIA

Por fim, para concluir esse assunto, visualizemos agora o próprio sacramento da penitência (o tópico proposto para o último lugar). Além disso, lutam ansiosamente para encontrar aí um sacramento. Não causa surpresa que busquem nó em um junco. Todavia, quando chegam a atingir o melhor que possam, deixam a questão sem solução, pendente, incerta e confusa, mediante uma variedade de opiniões e problemas. Por isso, dizem: ou a penitência externa é um sacramento – e, se é, deve ser considerada um sinal de arrependimento interior, ou seja, de contrição do coração, a qual será a substância do sacramento – ou ambos, juntos, constituem um só sacramento, e não dois. Dizem, porém, "a penitência externa é apenas um sacramento"; contudo, o arrependimento interior constitui ambos: a substância sacramental e o sacramento. Além do mais, o perdão dos pecados é apenas a substância, não sacramento.

Os que têm em mente a definição de sacramento que apresentamos acima examinem, em contrapartida, o que os romanistas afirmam ser um sacramento, e descobrirão que não se trata de uma cerimônia externa instituída pelo Senhor em confirmação da fé. Mas, caso repliquem que minha definição não constitui uma lei a que devam obedecer, ouçam, então, Agostinho, a quem pretendem considerar sacrossanto. Diz ele: "Os sacramentos visíveis foram instituídos tendo em vista os homens carnais, para que, daquelas coisas que, pelos olhos, podem ser vistas, sejam levados pelos degraus dos sacramentos àquelas outras que são discernidas pelo entendimento". Que coisa semelhante eles veem ou podem mostrar aos demais naquilo que chamam o "sacramento da penitência"? Em outro lugar, ele diz: "Na verdade, um sacramento é assim chamado porque nele se vê uma coisa e se entende outra. O que é visto tem forma física; o que é entendido tem fruto espiritual". Essas palavras de modo algum correspondem ao sacramento da penitência (como o imaginam), no qual não há forma física para representar o fruto espiritual.

E (para matar estas bestas em sua própria arena), se aqui houvesse algum sacramento, acaso não seria muito mais plausível dizer que a absolvição do sacerdote era o sacramento, e não a penitência, quer interior, quer exterior? Pois seria fácil dizer que se trata de uma cerimônia para confirmar nossa fé no perdão dos pecados, e que tem "a promessa das chaves", como contido na seguinte afirmação: "Tudo o

DEMONSTRA-SE QUE OS OUTROS CINCO, ENTÃO COMUMENTE CONSIDERADOS SACRAMENTOS, REALMENTE NÃO SÃO SACRAMENTOS. EM SEGUIDA, MOSTRA-SE A QUE GÊNERO PERTENCEM

que for ligado ou desligado na terra será desligado e ligado no céu" (Mateus 18.18; cf. 16.19).

Mas é possível que alguém objete que muitos dos que são absolvidos pelos sacerdotes nada lucram com tal absolvição, embora, segundo seu dogma, os sacramentos da nova lei devam efetuar o que representam. Absurdo! Como, na Ceia do Senhor, postulam um duplo comer, um sacramental (comum tanto aos bons como aos maus) e o outro espiritual (confinado exclusivamente aos bons), por que imaginariam que também se recebe uma dupla forma de absolvição?

Até aqui, não consegui entender o que querem dizer com seu dogma; explicamos quanto ele difere da verdade de Deus quando tratamos especificamente daquele argumento. Aqui, pretendo apenas demonstrar que essa hesitação não oferece obstáculo para impedi-los de chamar de sacramento a absolvição do sacerdote. Pois responderão, pela boca de Agostinho, que há santificação sem um sacramento visível e um sacramento visível sem santificação interior. Reiterando: "que os sacramentos efetuam o que representam somente nos eleitos". Outra vez: "que alguns são revestidos de Cristo até a recepção dos sacramentos: o primeiro se dá indiretamente nos bons e nos maus; o segundo, somente nos bons". Obviamente, foram mais que infantilmente enganados, e eram cegos à plena luz do sol, os quais, enquanto se esforçavam com muita dificuldade, contudo não perceberam uma coisa tão clara e óbvia a qualquer um.

Mas, para que não se ensoberbeçam, seja qual for a parte em que façam consistir o sacramento, nego que tenham o direito de considerá-lo sacramento. Em primeiro lugar, porque não existe nenhuma promessa de Deus – a única base de um sacramento. Em segundo lugar, porque a cerimônia aqui exibida não passa de invenção humana, embora já tenhamos provado que as cerimônias dos sacramentos só podem ser ordenadas por Deus. Portanto, o que fabricaram como sacramento da penitência não passou de falsidade e impostura. Adornaram esse pretenso sacramento com um título apropriado: "a segunda tábua para o náufrago", pois, se alguém, ao pecar, vier a manchar a veste da inocência, recebida no batismo, pode restaurá-la pela penitência. Atribuem, porém, esse dito a Jerônimo. Não importa o que realmente seja, não se pode escusá-lo de impiedade. Como se o batismo fosse obliterado pelo pecado, e já não pode mais ser evocado à memória do pecador sempre que este pensar no perdão dos pecados, para que se concentre ali, receba ânimo e seja confirmado na fé de que alcançará o perdão de seus pecados, o qual no batismo lhe foi prometido! Portanto, o leitor diria isso à perfeição se o batismo se chamasse "sacramento da penitência", visto que foi dado como consolação aos que exercem o arrependimento.

C. DA EXTREMA-UNÇÃO

COMO A CHAMAM

45. O terceiro sacramento fictício é a extrema-unção, a qual só pode ser realizada pelo sacerdote, e isso *in extremis* (como dizem), com óleo consagrado pelo bispo e com a seguinte fórmula: "Através desta unção e através de sua boníssima mercê, que Deus te perdoe por todos os pecados

DEMONSTRA-SE QUE OS OUTROS CINCO, ENTÃO COMUMENTE CONSIDERADOS SACRAMENTOS, REALMENTE NÃO SÃO SACRAMENTOS. EM SEGUIDA, MOSTRA-SE A QUE GÊNERO PERTENCEM

que cometeste pela visão, audição, olfato, tato ou paladar". Fingem que as virtudes desse sacramento são duas: o perdão dos pecados e o alívio da enfermidade física, se tal for conveniente; senão, a saúde da alma. Dizem ainda que sua instituição foi estabelecida por Tiago, cujas palavras são: "Está alguém entre vós doente? Chame os presbíteros da Igreja, e estes façam oração sobre ele, ungindo-o com óleo, em nome do Senhor (Tiago 5.14); se houver cometido pecados, estes lhe serão perdoados" (Tiago 5.15).

Essa unção é do mesmo gênero daquela demonstrada acima, sobre a imposição das mãos, a saber, uma mera representação por meio da qual, sem razão e sem benefício, desejam atribuir aos apóstolos. Marcos relata que os apóstolos, em sua primeira missão, segundo o mandamento que receberam do Senhor, ressuscitaram mortos, expulsaram demônios, purificaram leprosos, curaram enfermos e ungiram enfermos com óleo. Afirmam que "ungiram muitos enfermos com óleo e foram curados" (Marcos 6.13). Tiago fez referência a isso quando ordenou que os presbíteros fossem chamados para ungir o enfermo. Que nenhum mistério mais profundo subjaz a tais cerimônias prontamente será decidido pelos que têm observado quanta liberdade tanto o Senhor como seus apóstolos exerceram nessas questões externas. O Senhor, ao restaurar a vida ao cego, fez lodo de pó e saliva (João 9.6); ele curou alguns por um simples toque (Mateus 9.29); outros, por uma palavra (Lucas 18.42). Do mesmo modo, os apóstolos curaram alguns enfermos pronunciando uma palavra (Atos 3.6; 14.9–10); outros, pelo toque (Atos 5.12, 16); outros ainda, pela unção (Atos 19.12).

Mas é bem provável que essa unção, como todos os outros métodos, não fosse usada indiscriminadamente. Admito isso. Todavia, não que ela fosse um instrumento de cura, mas simplesmente um símbolo pelo qual os incultos, em sua ignorância, viessem a ter ciência da fonte de um poder tão imenso, para que não dessem aos apóstolos o crédito e o louvor de tal prodígio. É notório e popular que, pelo óleo, estão implícitos o Espírito Santo e seus dons (Salmos 45.7).

Mas aquele dom de cura, bem como os demais milagres, que o Senhor quis que estivessem em vigor por certo tempo, desvaneceram-se a fim de fazer a nova pregação do evangelho admirável para todo o sempre.

46. Portanto, ainda que concedêssemos que a unção seria um sacramento, com os mesmos poderes que tinha quando, pelas mãos dos apóstolos, era ministrada, agora nada tem a ver conosco, para quem a ministração de tais poderes não foi confiada.

E por qual razão maior eles convertem em sacramento essa unção, senão como fazem em relação a todos os demais símbolos que nos foram mencionados na Escritura? Por que não designam algum tanque de Siloé (João 9.7) no qual os enfermos pudessem imergir-se em certas ocasiões? Dizem que isso seria em vão. Seguramente, não mais em vão do que a unção. Por que não a aplicam aos mortos, uma vez que Paulo ressuscitou um rapaz morto, lançando-se sobre ele (Atos 20.10)? Por que não se faz um sacramento de barro formado de saliva e pó? Os outros, porém (dizem), foram exemplos individuais, enquanto este foi ordenado por Tiago. Ou seja, Tiago se dirigiu àquela mesma época em que a Igreja ainda desfrutava dessa bênção de Deus.

DEMONSTRA-SE QUE OS OUTROS CINCO, ENTÃO COMUMENTE CONSIDERADOS SACRAMENTOS, REALMENTE NÃO SÃO SACRAMENTOS. EM SEGUIDA, MOSTRA-SE A QUE GÊNERO PERTENCEM

A EXTREMA-UNÇÃO NÃO POSSUI NENHUMA VIRTUDE

Aliás, afirmam que a mesma força ainda é inerente à sua unção; nós, porém, descobrimos que não é assim. Que, então, ninguém se surpreenda se as almas, despojadas da Palavra de Deus, ou seja, de sua luz e verdade, sintam-se insensíveis e cegas, já que têm sido enganadas com semelhante confiança, embora eles não se envergonhem de enganar os sentidos vivos e sensíveis do corpo. Portanto, fazem-se ridículos quando se gabam de ser dotados com o dom de cura. É verdade que o Senhor está presente com seu povo em todos os tempos; e ele cura suas enfermidades sempre que necessário, não menos que outrora; todavia, ele não exibe, assim, esses poderes de maneira tão clara quanto dispensava aqueles milagres que fazia pelas mãos dos apóstolos.

Portanto, como, pelo símbolo do óleo, os apóstolos tinham como boa causa designada que o dom de cura a eles confiado não era propriamente deles, e sim do Espírito Santo, assim, em contrapartida, tais pessoas injuriam o Espírito Santo afirmando que um óleo pútrido e ineficaz é seu poder. É como se alguém estivesse dizendo que todo óleo é o poder do Espírito Santo, só porque é chamado assim na Escritura (1 João 2.20, 27); que todo pombo é o Espírito Santo, só porque ele se manifestou dessa forma (Mateus 3.16; João 1.32). Que tais pessoas continuem olhando para essas coisas!

47. Quanto a nós, é suficiente para o presente que se reconheça como indubitável que sua unção não é um sacramento, porquanto não constitui uma cerimônia instituída por Deus, nem contém promessa alguma. Aliás, quando requeremos

de um sacramento essas duas coisas – que seja uma cerimônia instituída por Deus e que contenha a promessa de Deus –, ao mesmo tempo demandamos que tal cerimônia nos seja dada e a promessa nos seja aplicada. Pois ninguém insistiria em que, hoje, a circuncisão é um sacramento da Igreja cristã, ainda que fosse, respectivamente, uma instituição de Deus e tivesse anexa uma promessa. Pois ela não nos foi imposta, nem a promessa que lhe era anexa nos foi transmitida. Já provamos, com todas as letras, que a promessa que reivindicam imperiosamente na extrema-unção não nos foi dada, e eles mesmos deixam isso bem claro pela experiência. A cerimônia não deveria ter sido usada, exceto por aqueles que eram dotados do dom de cura, nem por esses açougueiros, que são mais aptos a matar e retalhar do que a curar.

Entretanto, mesmo que sua tese fosse vencedora (o que está muito longe de acontecer), ou seja, que aquilo que Tiago prescreve acerca da unção se aplicasse a esta época, ainda assim eles não fariam muito avanço em provar sua unção, com a qual, até então, nos têm untado.

48. Tiago desejava que todas as pessoas doentes fossem ungidas (Tiago 5.14), mas elas besuntam com seu óleo não os doentes, e sim os corpos semimortos, quando já estão expirando em seu último fôlego, ou (como dizem), *in extremis*. Se, em seu sacramento, eles dispõem de uma medicina poderosa com a qual conseguem aliviar a agonia dos moribundos, ou ao menos trazer algum conforto à alma, é cruel que nunca curem de uma vez. O desejo de Tiago era que o doente fosse ungido pelos anciãos da Igreja; esses homens admitem na unção somente um sacerdote. É um grande absurdo que, na passagem

DEMONSTRA-SE QUE OS OUTROS CINCO, ENTÃO COMUMENTE
CONSIDERADOS SACRAMENTOS, REALMENTE NÃO SÃO SACRAMENTOS.
EM SEGUIDA, MOSTRA-SE A QUE GÊNERO PERTENCEM

de Tiago, interpretem "presbíteros" como "sacerdotes", e imaginem que o plural é expresso ali como atavio – uma vez que as Igrejas daquele tempo se enxameavam de sacrificadores, de tal modo que caminhavam numa longa procissão portando o santo óleo com grande pompa. Entendo que, ao ordenar simplesmente que os doentes fossem ungidos, Tiago não sugere outra unção além daquela feita com óleo comum e, segundo a narrativa de Marcos, não se encontra nenhum outro (Marcos 6.13). O intuito desses homens é usar não qualquer óleo, mas aquele sagrado por um bispo, ou seja, aquecido com muito bafejo, sussurrado com longos encantamentos e saudado com nove genuflexos, da seguinte forma: três vezes "Salve, santo óleo"; três vezes "Salve, santo crisma"; três vezes "Salve, santo bálsamo". De que fonte extraíram tais exorcismos? Tiago diz que, uma vez ungido o enfermo com óleo, e feita uma oração por ele, caso tenha pecado, este lhe será perdoado (Tiago 5.14–15). No entanto, isso não significa que os pecados são removidos pelo óleo, mas tão somente que as orações crentes, mediante as quais o irmão aflito era encomendado a Deus, não resultariam infrutíferas. Esses indivíduos impiamente afirmam que os pecados são perdoados através de sua "sacra" unção, que outra coisa não é senão maldição. Oh! Que belo proveito eles extraem daí, permitindo-se abusar livremente do testemunho de Tiago para sua própria extravagância!

D. DAS ORDENS ECLESIÁSTICAS

49. O sacramento da ordem ocupa o quarto lugar em sua lista; porém, é de tal modo prolífico que dele saem sete sacramentinhos. Mas isso é tão ridículo que, enquanto afirmam que

existem sete sacramentos, quando se põem a enumerá-los, resultam em treze. E não podem alegar que esses (sete derivados) constituem um só sacramento, já que todos eles tendem a um só sacerdócio como degraus para ele. Pois, como é evidente que, em cada um, há diferentes cerimônias, e dizem que há também diferentes dons, ninguém põe em dúvida que deveriam ser chamados sete sacramentos, caso fossem aceitas essas opiniões humanas. Seja como for, por que argumentarmos sobre isso, como algo duvidoso, quando eles próprios, clara e distintamente, proclamam sete?

Assim, nomeiam-se sete ordens, ou graus eclesiásticos: porteiros, leitores, exorcistas, acólitos, subdiáconos, diáconos e sacerdotes. Aliás, são sete em razão da sétupla graça do Espírito Santo, com que devem ser dotados os que são promovidos a esses ofícios. Mas essa graça lhes é aumentada e acrescida liberalmente quando são promovidos.

50. Ora, o próprio número foi consagrado pela interpretação pervertida da Escritura, porque pensam que leem em Isaías acerca dos sete poderes do Espírito Santo, quando, na verdade, Isaías se refere a não mais que seis (Isaías 11.12); e o profeta não pretendia confinar todos eles àquela passagem. Pois aquele que, em outro lugar, é denominado de "o Espírito de vida" (Ezequiel 1.20), "de santificação" (Romanos 1.4), "de adoção de filhos" (Romanos 8.15) ali é chamado "o Espírito de sabedoria, de entendimento, de conselho, de fortaleza, de conhecimento e de temor do Senhor" (Isaías 11.2).

Entretanto, outros com mais discernimento fazem não sete ordens, e sim nove, à semelhança, como dizem, da Igreja triunfante. E existe um conflito entre eles, porquanto alguns

DEMONSTRA-SE QUE OS OUTROS CINCO, ENTÃO COMUMENTE CONSIDERADOS SACRAMENTOS, REALMENTE NÃO SÃO SACRAMENTOS. EM SEGUIDA, MOSTRA-SE A QUE GÊNERO PERTENCEM

querem que a tonsura clerical seja a primeira ordem, e o episcopado, a última; outros, excluindo a tonsura, incluem nas ordens o arquiepiscopado. Isidoro as divide de um modo diferente: ele distingue entre salmistas e leitores. Põe os salmistas na função do canto; os leitores, na leitura das Escrituras para a instrução do povo. E essa distinção é observada nos cânones.

Em meio a tão grande variedade, o que desejam que sigamos ou do que deveríamos fugir? Diríamos que existem sete ordens? Assim ensina o Mestre da Escola, porém os doutores mais iluminados determinam outra coisa. Mas, reiterando, discordam entre si. Além do mais, os cânones mais sagrados nos encaminham em outra direção. Obviamente, é assim que os homens concordam, quando discutem as coisas divinas à parte da Palavra de Deus!

ORIGEM DAS ORDENS

•51. Agora, porém, quando contendem sobre a origem de suas ordens, acaso agirão também de modo tão ridículo, como se fossem meninos? São chamados "clérigos" da sorte, tanto porque são escolhidos pelo Senhor por meio do lançamento de sorte como por causa da sorte do Senhor, ou ainda porque eles têm Deus como sua porção. Todavia, aplicar a si mesmos esse título, o qual pertencia a toda a Igreja, redundava em sacrilégio. Pois essa herança é de Cristo, dada pelo Pai (cf. 1 Pedro 5.3). Tampouco está Pedro chamando "clérigos" a uns poucos homens tonsurados (como, impiamente, imaginam), e sim a todo o povo de Deus. Eis a conclusão deles: os clérigos são tonsurados no topo da cabeça para indicar a dignidade da coroa régia; uma vez que os clérigos devem ser reis, para reger a si e aos demais, Pedro fala nos seguintes termos a eles: "Vós, porém, sois raça eleita, sacerdócio real, nação santa, povo de propriedade exclusiva de Deus..." (1 Pedro 2.9).

Aqui, uma vez mais, eu provo que são falsos. Pedro está falando da totalidade da Igreja; esses indivíduos fazem com que se reverta para uns poucos homens, como se isso fosse dito exclusivamente a eles: "Sede santos" (1 Pedro 1.15–16; Levítico 20.7; cf. Levítico 19.2); como se unicamente eles fossem comprados pelo sangue de Cristo (1 Pedro 1.18–19); como se unicamente eles fossem constituídos reino e sacerdócio de Deus mediante Cristo (1 Pedro 2.5, 9)! Então, apresentam ainda outras razões: o topo da cabeça é tonsurado para mostrar que sua mente é livre para o Senhor e, assim, "com o rosto descoberto" (2 Coríntios 3.18), contemplar a glória de Deus ou ensinar-lhes que os vícios da boca e dos olhos devem ser eliminados. Ou o ato de raspar a cabeça equivale a se despir das coisas temporais, mas os cabelos restantes que circulam a parte tonsurada, em forma de coroa, são remanescentes das boas coisas que são retidas para sua subsistência. Obviamente, tudo em símbolos, porque "o véu do templo" ainda não fora "rasgado" (Mateus 27.51). Persuadidos, pois, de haverem cumprido com seus deveres de forma distinta, porque simbolizam essas coisas por meio de sua coroa, na realidade eles não cumprem com nenhum deles. Até quando zombarão de nós com tamanhos engodo e artimanha? Ao raspar uns poucos cabelos, os clérigos querem afirmar que abriram mão da abundância das coisas temporais, que contemplam a glória de Deus, que já mortificaram a luxúria dos ouvidos e dos olhos. E acaso existe uma classe de homens mais cúpida, estúpida

DEMONSTRA-SE QUE OS OUTROS CINCO, ENTÃO COMUMENTE CONSIDERADOS SACRAMENTOS, REALMENTE NÃO SÃO SACRAMENTOS. EM SEGUIDA, MOSTRA-SE A QUE GÊNERO PERTENCEM

e concupiscente? Por que não manifestam santidade em vez de fazer exibição externa dela com sinais falsos e mentirosos?

Ora, quando dizem que a coroa clerical tem sua origem e razão nos nazireus, o que mais reivindicam senão que seus mistérios têm origem nas cerimônias judaicas, ou melhor, que não passam de judaísmo?

Mas, quando acrescem que Priscila, Áquila e o próprio Paulo, tomando voto, rasparam para se purificar (Atos 18.18), exibem grosseira ignorância. Pois em parte alguma se registra isso no tocante a Priscila; e, no caso de Áquila, também é incerto; pois aquela tonsura pode referir-se tanto a Paulo como a Áquila. Mas, para não lhes dar o que reivindicam – eles têm seu exemplo em Paulo –, os leitores mais simples devem notar que Paulo nunca raspou a cabeça para qualquer santificação, mas apenas para servir a seus irmãos mais fracos. É costume meu chamar esses votos de "os votos de amor", não de piedade; ou seja, feitos não para qualquer culto a Deus, mas para tratar com brandura a ignorância dos fracos, como ele mesmo diz que se fez como judeu para os judeus etc. (1 Coríntios 9.20). Ele, porém, estava fazendo isso com o intuito de se acomodar temporariamente aos judeus. Quando esses indivíduos almejam, sem qualquer propósito, imitar as purificações dos nazireus, o que mais estão fazendo senão suscitar outro judaísmo (Números 6.18; cf. 6.5)?

Com o mesmo escrúpulo religioso, foi composta aquela epístola decretal, que proíbe os clérigos (segundo o apóstolo) de deixar seu cabelo crescer, porém requer que raspem a cabeça na forma de esfera. É como se o apóstolo, ensinando o que convém a todos os homens (1 Coríntios 11.4), se preocupasse com a tonsura na forma esférica dos clérigos!

COMPARAÇÕES FÚTEIS

52. Que meus leitores julguem à luz desse fato como serão as demais ordens, as quais têm o mesmo ponto de partida que estas. Excede, porém, a toda loucura que, em cada ordem, eles façam de Cristo seu parceiro. Primeiro, eles dizem que ele cumpriu o ofício de porteiro, quando expulsa do templo os compradores e vendedores, com um azorrague feito de cordas (João 2.15; Mateus 21.12, combinados). E ele indica que é um porteiro quando diz: "Eu sou a porta" (João 10.7). Ele assumiu a função de leitor quando leu Isaías na sinagoga (Lucas 4.17). Ele desempenhou o ofício de exorcista quando tocou com saliva a língua e os ouvidos do surdo-mudo e restaurou sua audição (Marcos 7.32–33). Ele testificou que era um acólito ao dizer: "Aquele que me segue não anda em trevas" (João 8.12). Ele realizou o ofício de subdiácono quando, cingido com roupa de linho, lavou os pés dos discípulos (João 13.4–5). Ele desempenhou o papel de diácono quando distribuiu aos apóstolos o corpo e o sangue na Ceia (Mateus 26.26). Ele cumpriu a função de sacerdote quando se ofereceu a seu Pai em sacrifício na cruz (Mateus 27.50; Efésios 5.2).

Não se podem ouvir tais coisas sem gargalhar, movidos de admiração por terem sido escritas sem gargalhada, se, depois de tudo, os que as escreveram eram homens. Mas sua sutileza é especialmente notável quando filosofam sobre o título "acólito", chamando-o turiferário, palavra mágica (presumo), por certo ouvida em todas as nações e idiomas, já que, para os gregos, ἀκόλουθος significa simplesmente "lacaio".

53. Entretanto, se me demorar em refutar seriamente essas opiniões, também devo ter o direito de rir, pois são por demais

DEMONSTRA-SE QUE OS OUTROS CINCO, ENTÃO COMUMENTE CONSIDERADOS SACRAMENTOS, REALMENTE NÃO SÃO SACRAMENTOS. EM SEGUIDA, MOSTRA-SE A QUE GÊNERO PERTENCEM

triviais e absurdas. Não obstante, para que não enganem nem mesmo as mulheres, sua vaidade tem de ser exposta de passagem. Com grande pompa e solenidade, criam seus leitores, salmistas, porteiros e acólitos, os quais fazem seus serviços para os quais designam ou meninos, ou ao menos aqueles a quem chamam "leigos". Pois quem, com tanta frequência, acende as velas, derrama vinho ou água no cálice, senão um menino ou algum mísero leigo que ganha sua subsistência com isso? Acaso não são os mesmos que cantam? Não são os mesmos homens que abrem e fecham as portas das igrejas? Pois quem já viu ou um acólito ou um porteiro realizando sua função em suas igrejas? Ao contrário, quando os que, desde a infância, cumprem seu ofício de acólito, assim que são promovidos à ordem de acólito, deixam de ser aquilo de que, desde o princípio, começaram a ser chamados; e, assim, parece que sua intenção é deliberadamente abandonar o próprio ofício quando assumem o título. Eis a razão pela qual eles têm a necessidade de ser consagrados pelos sacramentos e de receber o Espírito Santo para uma coisa, ou seja, para não fazer nada!

  Caso aleguem que se deve à perversidade da época o fato de abandonarem ou negligenciarem seus deveres, confessam, ao mesmo tempo, que hoje suas ordens sacras (as quais exaltam com a máxima pompa) não têm proveito ou benefício algum na Igreja e que toda a sua Igreja está saturada de anátema, embora admitam velas e vasos para serem manuseados por meninos e pessoas profanas que não são dignas de tocá-los, a não ser que sejam acólitos sagrados, pois que delegam aos meninos os cantos que deveriam ser ouvidos somente de lábios consagrados.

Mas com que propósito consagram exorcistas? Eu ouço que os judeus tinham seus exorcistas, porém vejo que tinham esse título por exercerem exorcismo (Atos 19.13). Quem já ouviu dizer, acerca desses pretensos exorcistas, que já demonstrassem sequer um caso de prática da profissão? Alega-se que eles têm o poder de impor as mãos sobre o insano, os catecúmenos e os endemoninhados, mas não podem persuadir os demônios, que são dotados com tamanho poder, porque os demônios não só não se rendem às suas ordens, como também mandam nos exorcistas! Pois raramente se encontra um em dez que não seja arrebatado por um espírito maligno. Portanto, seja o que for que balbuciam sobre suas míseras ordens – contando-as como seis ou cinco –, é uma salada de ignorante e detestável falsidade.

Além disso, entre estes, incluo o subdiácono, ainda que esse ofício tenha sido transferido para as ordens maiores depois que uma multidão de ordens menores começou a germinar. É evidente que essas ordens devem ser consideradas no nível dos sacramentos, visto que, pela confissão de nossos oponentes, eram desconhecidas na Igreja primitiva e foram inventadas muitos anos depois. Visto, porém, que os sacramentos contêm uma promessa de Deus, não podem ser instituídos nem pelos anjos nem pelos homens, mas exclusivamente por Deus, a quem tão somente pertence dar a promessa.

Para as duas ordens restantes (diaconato e presbiterato), parece que contam com a autorização da Palavra de Deus e, por tal razão, eles as chamam especialmente "ordens santas", por uma questão de honra. Mas nós temos de ver quão desonrosamente eles abusam desse título como uma escusa pessoal.

DEMONSTRA-SE QUE OS OUTROS CINCO, ENTÃO COMUMENTE CONSIDERADOS SACRAMENTOS, REALMENTE NÃO SÃO SACRAMENTOS. EM SEGUIDA, MOSTRA-SE A QUE GÊNERO PERTENCEM

A ORDEM SACERDOTAL

54. E, assim, começaremos com a ordem do presbiterato ou sacerdotal. Pois esses dois títulos significam a mesma coisa e, assim, denominam aqueles a quem pertence esse dever, e dizem que realizam o sacrifício do corpo e do sangue de Cristo sobre o altar, dizem orações e abençoam os dons de Deus. Portanto, na ordenação, recebem o cálice e a patena com a hóstia como emblemas do poder conferido para oferecer a Deus sacrifícios de expiação (cf. Levítico 5.8); e suas mãos são ungidas, por cujo emblema eles entendem que lhes foi conferido o poder de consagrar.

E eles fazem essas coisas sem qualquer autorização da Palavra de Deus, de tal modo que não poderiam perverter mais perversamente a ordem estabelecida por Deus. Primeiro, o que já asseveramos na discussão prévia deve ser um fato reconhecido: todos os que se denominam sacerdotes a fim de realizar sacrifício expiatório estão injuriando Cristo. Este foi pelo Pai designado e consagrado com um juramento (Hebreus 7.20–21), segundo a ordem de Melquisedeque (Hebreus 5.6; 6.20; 7.17; cf. Salmos 110.4), sem término, sem sucessor (Hebreus 7.3). Uma vez por todas, ele ofereceu sacrifício de expiação e reconciliação eternas (Hebreus 7.27; 8.3); agora, tendo também entrado no santuário celestial (Hebreus 9.24), ele intercede por nós (Hebreus 7.25). Nele, todos nós somos sacerdotes (Apocalipse 1.6; cf. 1 Pedro 2.9), mas para oferecermos louvores e ação de graças; em suma, para oferecermos a Deus a nós mesmos e os nossos. Seu ofício é o único que propicia a Deus e expia os pecados por intermédio de sua oferta. O que resta senão que o sacerdócio deles seja um sacrilégio ímpio?

55. Visto, porém, que não se envergonham de se vangloriar como sucessores dos apóstolos, convém investigar com que credibilidade realizam seus ofícios. Todavia, terão de se harmonizar entre si se quiserem desfrutar de tal credibilidade. Ora, os bispos, os mendicantes e os míseros sacrificadores lutam ferozmente contra a sucessão dos apóstolos. Os bispos alegam que, por um privilégio singular, doze homens foram designados para o apostolado, e que eles (como uns excedendo os outros em honra) pertencem à posição e à hierarquia dos apóstolos. Os presbíteros comuns correspondem aos setenta que posteriormente foram designados pelo Senhor (cf. Lucas 10.1). Mas essa é uma reivindicação por demais absurda e, obviamente, dispensa longa refutação. Aliás, eles reconhecem isso por seus catálogos.

Antes que surgisse a diabólica divisão na Igreja e alguém dissesse: "Eu sou de Cefas", e outro: "Eu sou de Apolo" (1 Coríntios 1.12), não havia distinção entre presbíteros e bispos. Aqueles para quem essa distinção parecia ter sido tomada dos pagãos arrazoaram muito mais corretamente. Os pagãos tinham seus flâmines, seus sacerdotes curiais, seus lupercálias, seus sacerdotes do deus da guerra, seus pontífices etc., distinguidos em graus de honra. Os monges mendicantes se passam por vigários dos apóstolos mediante uma comparação (o que realmente mostra que são muito diferentes), porque perambulam de um lado para outro, sustentando-se do alheio. Os apóstolos, por sua vez, não caminhavam a esmo, de um lugar para o outro, como esses vagabundos fazem, mas saíam, para onde eram chamados pelo Senhor, a propagar o fruto do evangelho; e nem empanturravam seus ventres ociosos com

DEMONSTRA-SE QUE OS OUTROS CINCO, ENTÃO COMUMENTE CONSIDERADOS SACRAMENTOS, REALMENTE NÃO SÃO SACRAMENTOS. EM SEGUIDA, MOSTRA-SE A QUE GÊNERO PERTENCEM

os trabalhos alheios; antes, segundo a liberdade que o Senhor lhes concedia, faziam uso dos benefícios daqueles a quem instruíam na palavra.

E não havia razão para os monges se cobrirem com as plumagens de outros, como se houvesse falta de testemunho, já que Paulo havia descrito seu título com clareza suficiente. "Porquanto ouvimos que alguns entre vós andam desordenadamente, não trabalhando, antes fazendo coisas vãs" (2 Tessalonicenses 3.11). Em outro lugar: "Pois entre estes se encontram os que penetram sorrateiramente nas casas e conseguem cativar mulherinhas sobrecarregadas de pecados, conduzidas de várias paixões, que aprendem sempre e jamais podem chegar ao conhecimento da verdade" (2 Timóteo 3.6–7). Eu digo que, visto que podem, por um interdito válido, reivindicar esses títulos, que deixem aos outros o ofício dos apóstolos, do qual eles se acham tão distantes quanto o próprio céu.

O PRESBITERATO

Portanto, vejamos, no que diz respeito à ordem do sacerdócio em geral, quão belamente se harmoniza com o ofício dos apóstolos. Nosso Senhor, quando ainda nenhuma forma da Igreja fora estabelecida, ordenou aos apóstolos que pregassem o evangelho a toda criatura e batizassem os crentes para o perdão dos pecados (Mateus 28.19–20; Marcos 16.15). Além disso, previamente, ele ordenara que distribuíssem os símbolos sacros do corpo e do sangue em conformidade com seu exemplo (Lucas 22.19). Nenhuma menção a sacrifício! Eis a santa, inviolável e perpétua lei, imposta sobre aqueles que são os sucessores dos apóstolos, por meio da qual recebem o mandado de pregar o evangelho e ministrar os sacramentos. Portanto, os que não se devotam à pregação do evangelho e à ministração dos sacramentos personificam impiamente os apóstolos. Em contrapartida, os que sacrificam se gabam falsamente de um ministério comum com os apóstolos.

56. Há certa diferença entre os apóstolos e aqueles que hoje têm o dever de governar a Igreja. Em primeiro lugar, existe o título. Mesmo que, pelo significado e a etimologia da palavra, tanto uns como os outros pudessem ser chamados "apóstolos", porque foram enviados pelo Senhor (Romanos 10.14-15; Lucas 6.13), os primeiros eram doze homens especialmente escolhidos pelo Senhor a difundir a nova pregação do evangelho sobre a terra. E o Senhor quis que fossem especialmente chamados "apóstolos", pois era de grande importância ter sólido conhecimento da missão dos que haveriam de trazer algo novo e inaudito. Em vez disso, os últimos são chamados "presbíteros" e "bispos". Em segundo lugar, existe o ofício. Mesmo que seja comum a ambos ministrar a Palavra e os sacramentos, àqueles doze ordenou-se que difundissem o evangelho em várias regiões, sem qualquer limite estabelecido (Atos 1.8): aos últimos, designam-se Igrejas individuais.

Não obstante, aqui não se nega que é lícito àquele que está incumbido de uma igreja colaborar com outras igrejas, seja porque se demande sua presença em razão do surgimento de algum tipo de distúrbio, seja porque, ausente, possa ensinar, com seus escritos, os ausentes. Mas, para manter a paz na igreja, faz-se necessário seguir esta ordem: que a cada um seja designada sua tarefa, para que ninguém se levante

DEMONSTRA-SE QUE OS OUTROS CINCO, ENTÃO COMUMENTE
CONSIDERADOS SACRAMENTOS, REALMENTE NÃO SÃO SACRAMENTOS.
EM SEGUIDA, MOSTRA-SE A QUE GÊNERO PERTENCEM

em tumulto, evitando viver em confusão e, ao mesmo tempo, não andando sem rumo e em desordem, ou que todos se reúnam temerariamente em um só lugar, abandonando suas igrejas em busca de sua satisfação pessoal. Paulo estabeleceu essa distinção, escrevendo a Tito nos seguintes termos: "Por esta causa, te deixei em Creta, para que pusesses em ordem as coisas restantes, bem como, em cada cidade, constituísses presbíteros, conforme te prescrevi" (Tito 1.5). Lucas mostra a mesma coisa em Atos, quando introduz Paulo falando assim aos anciãos da Igreja de Éfeso: "Atendei por vós e por todo o rebanho sobre o qual o Espírito Santo vos constituiu bispos, para pastoreardes a Igreja de Deus, a qual ele comprou com seu próprio sangue" (Atos 20.28). Igualmente, Paulo lembra a Arquipo, bispo dos colossenses (Colossenses 4.17); e, em outro lugar, aos bispos filipenses (Filipenses 1.1).

57. Havendo considerado essas questões com propriedade, agora estamos prontos para definir o ofício do presbítero, a quem se deve incluir na ordem dos presbíteros, ou melhor, na ordem própria em geral. Seu ofício é proclamar o evangelho e ministrar os sacramentos. (Aqui passo por alto sobre como os anciãos devem exceder-se em integridade de conduta e como devem, como indivíduos, agir uns para com os outros. Pois nossa intenção, aqui, não é cobrir todos os dons de um bom pastor, mas apenas ressaltar o que aqueles que a si mesmos chamam pastores devem professar.) Bispo é aquele que, chamado para o ministério da palavra e dos sacramentos, desincumbe-se de seu ofício com boa-fé. Eu designo bispos e presbíteros, indiscriminadamente, "ministros da Igreja". Ordem é a própria vocação.

A VOCAÇÃO PARA O PRESBITERATO

58. Este é o lugar para se explanar acerca do significado da vocação. Esta consiste de duas coisas, a saber: que entendamos bem quem deve ser instituído bispo ou presbítero e por qual rito ou cerimônia são iniciados. Não se deve buscar a evidência para a instituição legítima na instituição dos apóstolos, os quais não ficaram à espera de um chamado humano, aguardando, pelo mandamento exclusivamente do Senhor, que fossem cingidos para sua tarefa. É bastante claro que os próprios apóstolos não instituíram essa ordem, à exceção de Paulo, que, como citamos pouco antes naquela passagem, disse que deixara Tito em Creta para designar bispos em cada cidade (Tito 1.5). E, em outro lugar, adverte Timóteo para que não imponha temerariamente as mãos sobre alguém (1 Timóteo 5.22). E, em Atos, Lucas se refere aos presbíteros designados por Paulo e Barnabé sobre as igrejas separadas de Listra, Icônio e Antioquia (Atos 14.22–23).

Os pontífices mitrados têm recorrido, energicamente, a essas passagens, segundo seu costume de registrar todas as passagens que parecem ser proveitosas a alguém. Disso, têm inferido que o poder de ordenar e consagrar presbíteros (como dizem) pertence exclusivamente a eles. E, para tornar sua consagração venerável e pia aos incultos, utilizando-se de uma máscara pomposa, delineiam-na com muitas cerimônias. Mas se equivocam quando pensam que consagrar e ordenar consistem de algo mais além de designar o bispo e o pastor de uma igreja, caso consagrem e ordenem em conformidade com a regra de Paulo. Mas, quando agem de outra maneira, estão distorcendo impiamente essas passagens de Paulo para

DEMONSTRA-SE QUE OS OUTROS CINCO, ENTÃO COMUMENTE CONSIDERADOS SACRAMENTOS, REALMENTE NÃO SÃO SACRAMENTOS. EM SEGUIDA, MOSTRA-SE A QUE GÊNERO PERTENCEM

satisfazer sua própria fantasia. E, obviamente, estão agindo de maneira muito distinta. Pois não ordenam para o episcopado, e sim para o sacerdócio. E, assim, destinam-nos, dizem, para o ministério da Igreja. Acaso pensam que o ministério da Igreja deve ser algo mais além do ministério da Palavra? Eu sei muito bem quão reiteradamente entoam essa cantilena: que seus mesquinhos sacrificadores são ministros da Igreja. Mas ninguém de mente sã acredita nisso. De fato, a verdade da Escritura os vence, não reconhecendo nenhum outro ministro da Igreja que não seja arauto da Palavra de Deus, chamado a governar a Igreja, aos quais algumas vezes ela denomina de "bispo" (Atos 20.28), outras vezes de "presbítero" (Atos 14.23) e, ocasionalmente, de "pastor" (1 Pedro 5.4).

59. Ora, pois, se objetam que os cânones proíbem que alguém seja admitido sem um título, esse fato não me é desconhecido. Mas não considero legítimos os títulos que apresentam. Acaso a melhor parte de seus títulos não são as dignidades, os presbitérios, as canonias, as prebendas, as capelanias, os priorados e até os monastérios? Acaso estes não são tomados, em parte, das igrejas catedrais, em parte dos colégios paroquiais, em parte das capelas abandonadas, em parte dos claustros? Considero todos esses, e afirmo ousadamente, bordéis de Satanás. Pois, para que outro ofício são ordenados senão para sacrificar e imolar Cristo? Em suma, a ninguém ordenam senão para sacrificar, o que não equivale a consagrar-se a Deus, e sim aos demônios. Mas a genuína e única consagração visa chamar para governar a Igreja um homem de vida e ensino comprovados, e designá-lo para esse ministério. É nesse sentido que são tomadas as passagens de Paulo:

seja qual for a cerimônia e seja qual for o rito de chamar que elas contenham, isso está jungido à própria vocação. Mas, no que diz respeito à cerimônia, falaremos mais adiante, em seu próprio lugar.

A ORDENAÇÃO DOS MINISTROS

60. Tratemos agora da matéria em pauta: por quem os ministros da Igreja devem ser ordenados, ou seja, chamados. Então, o que dizer a esse respeito? Porventura Paulo deu a Timóteo e a Tito os direitos de colações, tais como hoje são exercidos pelos príncipes coroados? Definitivamente, não. Todavia, quando Paulo deu a cada um a ordem de estabelecer e congregar igrejas das províncias nas quais foram deixados, a um ele instou que não deixasse as igrejas abandonadas; a outro, advertiu que não aceitasse alguém sem que fosse provado. Acaso Paulo e Barnabé conferiram as possessões das igrejas, como hoje fazem alguns metropolitanos? De modo algum! Além disso, não creio que eles tenham imposto às Igrejas aqueles que bem lhes parecia, sem consultá-las ou sem seu conhecimento ou consentimento; ao contrário, havendo dado seu conselho junto às Igrejas, eles chamaram para esse ofício aqueles dentre os irmãos a quem consideravam mais puros na doutrina e de vida mais íntegra. E isso era necessário, caso quisessem que as igrejas permanecessem invioladas; assim, quando uma Igreja se punha a deliberar sobre a escolha de um ministro, antes de proceder à eleição, chamava um ou dois bispos da vizinhança, mais eminentes em santidade de vida e pureza de doutrina do que outros, para, então, discutir quem seria o escolhido. Se era suficiente que o bispo fosse

DEMONSTRA-SE QUE OS OUTROS CINCO, ENTÃO COMUMENTE CONSIDERADOS SACRAMENTOS, REALMENTE NÃO SÃO SACRAMENTOS. EM SEGUIDA, MOSTRA-SE A QUE GÊNERO PERTENCEM

deliberado pela reunião de toda a Igreja, pelo voto de uns poucos aos quem se delegasse essa responsabilidade ou pela decisão de um magistrado, não se podia determinar nenhuma lei definida. No entanto, é preciso tomar conselho segundo as circunstâncias dos tempos e dos costumes do povo. Cipriano argumenta com veemência que não se faz com propriedade uma eleição, exceto pelo voto comum de todas as pessoas. A história atesta que, naquele tempo, essa observância prevaleceu em muitas regiões.

61. Mas, visto que raramente ocorre que tantas cabeças podem estabelecer bem uma questão, e geralmente acontece que "a multidão incerta se vê dividida entre interesses contrários", parece-me preferível que, ou o magistrado, ou o senado, ou os anciãos exerçam esse ofício de escolha, sempre (como tenho dito) tendo alguns bispos como conselheiros, cujas confiabilidade e probidade sejam respeitadas. Mas isso pode ser mais bem provido, segundo as exigências do tempo, pelos príncipes ou pelas cidades livres que sejam de coração piedoso. Certamente, os prelados mitrados têm corrompido totalmente a ordenação correta, mediante seus direitos de colação, apresentação, representação, patronato e outros tipos de senhorios tirânicos.

62. Mas, dizem eles, já que as corrupções dos tempos demandavam que, entre o povo e os magistrados, prevaleciam mais o ódio e o espírito partidário na seleção de bispos do que um julgamento reto e são, a decisão dessa matéria passou a ser delegada a uns poucos bispos mais preeminentes. Obviamente, esse foi um remédio para mal extremo em circunstâncias desesperadoras! Mas, quando a medicina se mostrou mais le-

tal do que a própria doença, por que não remediaram também esse novo mal?

63. Mas os cânones têm advertido explicitamente que os bispos não abusem de seu poder para a ruína da Igreja. Se bem que, se eu fosse falar plenamente a verdade, afirmaria que os próprios cânones são tições acesos para a destruição da terra, em vez de precauções para manter a moderação da boa disciplina. Todavia, passo por cima dessa questão. Mas que impacto esses cânones me causam, pois não passam de meras zombarias, até mesmo para seus próprios autores, ainda que o tempo todo lhes causem deleite?

Porventura temos dúvida de que o povo comum de outrora, quando se reunia e escolhia um bispo, entendia que esse era obrigado por leis santíssimas, quando viam a regra que lhes fora estabelecida pela Palavra de Deus? Aliás, com razão, para o povo, uma única declaração de Deus lhes teria sido de mais peso do que mil desses canonezinhos. Não obstante, corrompidos por uma paixão extremamente ignóbil, não demonstraram respeito pela lei ou pela equidade. Assim, hoje, mesmo que se redigissem as leis mais excelentes, estas ficariam sepultadas em documentos.

Entretanto, a moralidade pública tem tolerado o fato de que, quase exclusivamente, têm-se criado pastores de igrejas que são barbeiros, cozinheiros, arrieiros, bastardos e outros homens dessa natureza. Não estou exagerando: os bispados têm sido os prêmios dos alcoviteiros e adúlteros. Pois, quando estes são dados aos caçadores e falcoeiros, temos de presumir a que ponto absurdo a situação chegou! Tão grande indignidade é irracionalmente defendida pelos cânones. Outrora,

DEMONSTRA-SE QUE OS OUTROS CINCO, ENTÃO COMUMENTE
CONSIDERADOS SACRAMENTOS, REALMENTE NÃO SÃO SACRAMENTOS.
EM SEGUIDA, MOSTRA-SE A QUE GÊNERO PERTENCEM

o povo possuiu um cânone excelente, repito, prescrito pela Palavra de Deus: que um bispo deve estar acima de qualquer censura; um mestre não deve ser contencioso, nem cúpido etc. (1 Timóteo 3.1–7; cf. Tito 1.7–9). Por que, pois, a escolha de ministros foi transferida do povo para esses oficiais? Respondem: porque, entre os tumultos e as facções do povo, a Palavra de Deus já não era mais ouvida. E por que, hoje, ela não é tirada dos bispos, os quais não só violam todas as leis, como também, ao abrirem mão do pudor, libertina, egoísta e ambiciosamente misturam e confundem as coisas humanas com as divinas?

Seria tolerável ouvir o título "pastores da Igreja" aplicado àqueles que nunca veem sequer uma ovelha de seu rebanho, que violentamente tomam posse de uma igreja como um butim da mão do inimigo, que a têm obtido por meio de disputas forenses, que a têm comprado por preço, que a têm merecido por meio de obséquios indignos, que, como meninos que mal balbuciam, têm-na recebido como herança de seus tios e parentes? Com tamanhas licenciosidade e iniquidade, acaso o povo leigo tem como progredir? Todos que olham com olhos enxutos para esse quadro da Igreja que se vê em nossos dias são cruéis e ímpios, pois, embora pudessem restaurá-la, negligenciam-na e suplantam toda e qualquer desumanidade.

A CERIMÔNIA DE ORDENAÇÃO

64. Então, examinemos o que é secundário na vocação de presbíteros, por qual tipo de cerimônia deveriam ser iniciados. Nosso Senhor, ao enviar os apóstolos para pregar o evangelho, soprou sobre eles (João 20.22). Com esse símbolo,

ele representava o poder do Espírito Santo que lhes comunicava. Esses bons homens têm retido tal insuflação e, como se retirassem o Espírito Santo de sua própria garganta, murmuram sobre aqueles que estão fazendo sacerdotes, dizendo: "Recebei o Espírito Santo" (João 20.22). Tanto é que nada omitem que não inventem de forma absurda: não digo como atores, cujos gestos têm alguma razão e algum significado, mas como símios, que imitam tudo arbitrariamente e sem qualquer discriminação.

Eles dizem: estamos preservando o exemplo do Senhor. Mas o Senhor fez muitas coisas que não pretendia que nos servissem por exemplo. O Senhor disse a seus discípulos: "Recebei o Espírito Santo" (João 20.22). Disse também a Lázaro: "Lázaro, vem para fora" (João 11.43). Disse ao paralítico: "Levanta-te e anda" (Mateus 9.5; João 5.8). Por que não dizem a mesma coisa a todos os mortos e paralíticos? Ele deu evidências de seu poder divino quando, ao soprar sobre os apóstolos, encheu-os com a graça do Espírito Santo. Quando tentam fazer isso, estão rivalizando com Deus e desafiando-o a uma disputa; no entanto, estão muito longe de ser eficientes e, por seu gesto inepto, nada fazem senão motejar de Cristo. Aliás, são tão despudorados que ousam afirmar que conferem o Espírito Santo. Mas até que ponto isso é procedente, a experiência ensina que eles gritam que todos os que são consagrados sacerdotes se convertem de cavalos em asnos, de estultos em dementes. Não obstante, não é por isso que discordo deles. Estou apenas condenando a própria cerimônia, a qual não deveria ter sido tomada como exemplo, uma vez que Cristo a usou como símbolo de um milagre particular –

DEMONSTRA-SE QUE OS OUTROS CINCO, ENTÃO COMUMENTE CONSIDERADOS SACRAMENTOS, REALMENTE NÃO SÃO SACRAMENTOS. EM SEGUIDA, MOSTRA-SE A QUE GÊNERO PERTENCEM

de modo algum lhes servindo a escusa de ser esta uma justa defesa de sua reivindicação!

Finalmente, de quem eles têm recebido a unção? Respondem que a têm recebido dos filhos de Arão, de quem a ordem tomou seu princípio. Portanto, preferem constantemente defender-se por meio de exemplos perversos a confessar que inventaram aquilo que usam de forma temerária; contudo, não observam que, quando se professam sucessores dos filhos de Arão, cometem injúria ao sacerdócio de Cristo, o qual foi simplesmente prenunciado e prefigurado por todos os sacerdócios antigos. Portanto, todos aqueles estavam contidos e cumpridos nele; nele, estes cessaram, como já reiteramos diversas vezes e como testifica a Epístola aos Hebreus, sem o auxílio de glosas. Mas, se deleitam-se tanto com as cerimônias mosaicas, por que não tomam bois, novilhos e cordeiros para o sacrifício? Aliás, conservam uma boa parte do antigo tabernáculo e de todo o culto judaico; mas sua religião continua carente do sacrifício de novilhos e bois. Quem deixaria de ver que essa observância da unção é muito mais perigosa do que a circuncisão, especialmente quando agregam a superstição e a noção farisaica da dignidade da obra? Os judeus depositaram na circuncisão sua confiança de justiça; esses homens põem na unção as graças espirituais.

De fato, esse é (se a Deus aprouver) o óleo santo, o qual imprime um caráter indelével. Como se o óleo não pudesse ser enxugado com pó e sal; ou (caso se mostre mais difícil em desgrudar) com sabão! Mas (informam-nos) seu caráter é espiritual. O que tem a ver o óleo com a alma? Porventura se esquecem do que papagueiam acerca de Agostinho? "Se da água for subtraída a Palavra, ela nada será além de água, mas é a Palavra que a converte em sacramento". Quasl palavra eles mostrarão que acompanhe seu óleo? Que a Moisés se ordenou que ungisse os filhos de Arão (Êxodo 30.30; cf. 28.41; 29.7)? Ali também lhe foi ordenado acerca da túnica, do éfode, do turbante e da coroa de santidade com que Arão haveria de ser adornado (Levítico 8.7,9) e do gorro que seus filhos haveriam de usar (Levítico 8.13). Ele recebeu ordem acerca da morte de uma novilha, a queima de sua gordura (Levítico 8.14–16), acerca da morte e da queima de carneiros (Levítico 8.18–21), acerca da consagração das pontas das orelhas e das vestes com o sangue de outro carneiro (Levítico 8.22–24), bem como de inúmeras outras observâncias. Como essas são ignoradas, admira-me que se deleitem tanto com a mera unção com óleo. Mas, se eles se deleitam em ser borrifados, por que são borrifados com óleo, e não com sangue? Obviamente, estão tentando algo engenhoso: formar uma só religião do cristianismo, do judaísmo e do paganismo, cosendo (para si) uma colcha de retalhos. Portanto, sua unção exala mau cheiro, porque carece de sal, ou seja, da Palavra de Deus.

A IMPOSIÇÃO DAS MÃOS

65. Resta ainda a imposição das mãos, a qual, obviamente, os apóstolos observavam sempre que admitiam um homem no ministério da Igreja. É por essa razão que Paulo denomina a imposição das mãos do presbitério de "ordenação", mediante a qual Timóteo foi separado para o episcopado (1 Timóteo 4.14). Embora eu esteja ciente de que alguns tomam "presbítero", naquela passagem, no sentido de assembleia

DEMONSTRA-SE QUE OS OUTROS CINCO, ENTÃO COMUMENTE CONSIDERADOS SACRAMENTOS, REALMENTE NÃO SÃO SACRAMENTOS. EM SEGUIDA, MOSTRA-SE A QUE GÊNERO PERTENCEM

de anciãos, é possível entendê-la mais simplesmente, em minha visão, como referência ao ministério. Considero esse rito derivado do costume dos hebreus, que, por assim dizer, apresentavam a Deus, pela imposição das mãos, aquilo que desejavam que fosse abençoado e santificado. Assim Jacó, ao abençoar Efraim e Manassés, estendeu suas mãos sobre suas cabeças (Gênesis 48.14). Presumo que, com esse significado, os judeus estendiam suas mãos sobre as ofertas segundo a prescrição da lei (Números 8.12; 27.23; Levítico 1.4; 3.2; 8.13; 4.4, 15, 24, 29, 33 etc.).

Os apóstolos, por sua vez, pela imposição das mãos, queriam dizer que estavam oferecendo a Deus aquele sobre quem as estendiam. E, então, estariam perseguindo as sombras da Lei? Definitivamente, não! No entanto, não estavam empregando esse símbolo de maneira supersticiosa quando o usavam, pois estendiam suas mãos sobre aqueles por quem oravam para que, da parte do Senhor, o Espírito Santo viesse sobre ele, e o ministravam por esse tipo de símbolo a fim de ensinar que não vinha deles mesmos, mas que descia do céu.

Em resumo: esse era um símbolo mediante o qual recomendavam ao Senhor aquele por quem desejavam implorar a graça do Espírito Santo. Aprouve ao Senhor, pois, que a graça fosse distribuída por meio do ministério deles. Mas, seja como for, só por isso deveria ser considerado um sacramento? Os apóstolos oravam e se ajoelhavam (Atos 7.60; 9.40; 20.36; 21.5; 26.14): portanto, os homens não se ajoelharão diante de algo que não seja um sacramento? Lemos que os discípulos oravam olhando para o leste; olhar para o leste, pois, seria para nós um sacramento? Paulo deseja que os homens levantem as mãos puras em todo lugar (1 Timóteo 2.8) e lembra que, com frequência, os homens santos oram com mãos erguidas (Salmos 63.4; 88.9; 141.2; 143.6); então, o ato de estender as mãos viria também a ser um sacramento. Enfim, todos os gestos dos santos deveriam converter-se em sacramentos.

Pondo à parte toda disputa, direi em poucas palavras qual deve ser, entre nós, o uso dessa cerimônia. Se a usarmos com o fim de conferir os dons do Espírito, justamente como os apóstolos fizeram, estaremos agindo tolamente. Pois esse mistério não nos foi confiado pelo Senhor, nem foi estabelecido por ele como símbolo. Todavia, o papa e seus sequazes rolam essa pedra incessantemente, como se cressem que conferem o Espírito Santo por meio de tais sinais, precisamente como discutimos em mais detalhes quando tratamos daquela confirmação que eles inventaram. Mas, se o homem for instalado como bispo, colocado no meio da Igreja em assembleia e instruído no exercício desse ofício, os anciãos vão orar sobre ele, estendendo suas mãos (sem qualquer rito, exceto com o fim de que ele sinta que é oferecido a Deus como ministro), e a Igreja será incentivada a recomendá-lo a Deus por meio de suas orações comuns – nenhum homem de mente sã reprovará essa imposição das mãos.

O OFÍCIO DOS DIÁCONOS

66. A origem, a ordenação e o ofício dos diáconos são descritos por Lucas em Atos (Atos 6.3). Pois, quando os gregos começaram a reclamar que suas viúvas estavam sendo negligenciadas no conforto aos pobres, os apóstolos, apresentando a justificativa de que não tinham como cumprir ambas

> DEMONSTRA-SE QUE OS OUTROS CINCO, ENTÃO COMUMENTE
> CONSIDERADOS SACRAMENTOS, REALMENTE NÃO SÃO SACRAMENTOS.
> EM SEGUIDA, MOSTRA-SE A QUE GÊNERO PERTENCEM

as funções (pregar a Palavra e servir à mesa), solicitaram da multidão que escolhessem sete homens íntegros a quem pudessem confiar essa tarefa (Atos 6.1-6). Este era o ofício dos diáconos: dar assistência aos pobres e ministrar-lhes; foi daí que receberam seu título. Foi assim que passaram a ser ministros. Então, Lucas agregou um relato de sua instituição. Ele diz que aqueles que foram escolhidos também foram ordenados na presença dos apóstolos: orando, impuseram-lhes as mãos (Atos 6.6).

Que a Igreja de hoje tenha tais diáconos e os designe com esta cerimônia, ou seja, a imposição das mãos. O que dissemos a esse respeito parece ser suficiente. Paulo também fala dos diáconos: ele deseja que sejam "respeitáveis, de uma só palavra, não inclinados a muito vinho, não cobiçosos de sórdida ganância, conservando o mistério da fé com a consciência limpa" (1 Timóteo 3.8–9). "O diácono seja marido de uma só mulher e governe bem seus filhos e a própria casa" (1 Timóteo 3.12). Mas os diáconos que nos são dados hoje, o que eles têm a ver com aqueles? Não estou falando de homens (para que não se queixem de que estou julgando injustamente sua doutrina com base nas falhas dos homens); minha contenda, porém, é que é desonroso buscar no exemplo daqueles a quem a Igreja apostólica ordenava como diáconos testemunho para cada um desses a quem nossos oponentes nos apresentam em sua doutrina. Dizem que o ofício de seus diáconos é "auxiliar os sacerdotes; ministrar em tudo o que se faz nos sacramentos, ou seja, no batismo, na crisma ou confirmação, na patena e no cálice, dispor no altar as oferendas, preparar o altar do Senhor e revesti-lo, levar a cruz e pregar ao povo o evangelho e as epístolas. Acaso, em tudo isso, há sequer uma palavra do ministério genuíno dos diáconos?

Aprendamos agora como (os diáconos) são instalados: "Somente o bispo lhes impõe as mãos. Ele estende uma toalhinha, ou seja, uma estola sobre o ombro do ordenando, para que entenda que acaba de receber o jugo leve do Senhor (Mateus 11.30), pelo qual ele possa sujeitar ao temor de Deus aquelas coisas pertinentes ao seu lado esquerdo. O bispo lhe dá o texto do evangelho, para que entenda que ele é um proclamador dele".

O que tudo isso tem a ver com os diáconos? Os papistas agem justamente como se alguém dissesse que ele ordenou apóstolos pessoas a quem designaram simplesmente para queimar incenso, limpar o pó das imagens, varrer as igrejas, apanhar camundongos e expulsar cães. Quem admitiria que essa classe de homens seja chamada apóstolos e seja comparada aos próprios apóstolos de Cristo? Portanto, doravante não digam falsamente que esses são diáconos, aos quais ordenam simplesmente para representá-los. Inclusive os chamam levitas e remontam sua razão e origem aos filhos de Levi. De fato, eu admito isso, contanto que confirmem (e isso é procedente) que estão retrocedendo aos ritos levíticos e às sombras da lei mosaica, tendo negado a Cristo.

67. Estabeleçamos agora, de uma vez por todas, o que se deve pensar acerca do sacramento da ordem. Não há necessidade de repetir, em toda a extensão, as coisas previamente explanadas. Isto será suficiente para as pessoas modestas e dóceis ao ensino (tal como tenho empreendido a instruir): não há sacramento de Deus exceto onde se exibe uma ceri-

DEMONSTRA-SE QUE OS OUTROS CINCO, ENTÃO COMUMENTE CONSIDERADOS SACRAMENTOS, REALMENTE NÃO SÃO SACRAMENTOS. EM SEGUIDA, MOSTRA-SE A QUE GÊNERO PERTENCEM

mônia anexada a uma promessa; ou melhor, exceto onde se vê uma promessa em uma cerimônia. Nesse rito, ninguém encontra sequer uma sílaba de alguma promessa definida; por tal razão, é inútil buscar uma cerimônia para confirmar a promessa. Reiterando, não se lê isso de nenhuma cerimônia ordenada por Deus. Portanto, aí não pode haver sacramento.

E. O MATRIMÔNIO

68. O último é o matrimônio. Todos os homens admitem que ele foi instituído por Deus (Gênesis 2.21–24; Mateus 19.4–6), mas ninguém nunca o viu ser ministrado como sacramento até o tempo de Gregório. E que homem sóbrio jamais o julgaria como tal? O matrimônio é uma boa e santa ordenação de Deus; e a agricultura, a arquitetura, a sapataria e a barbearia são legítimas ordenações de Deus; mas nem por isso são sacramentos. Porquanto demanda-se que um sacramento seja não só uma obra de Deus, mas também uma cerimônia externa designada por Deus para confirmar uma promessa. Que no matrimônio não existe tal coisa, até mesmo as crianças podem julgá-lo.

69. Dizem, porém, que o matrimônio é "o sinal de uma coisa santa, ou seja, da união espiritual de Cristo com a Igreja". Se pela palavra "sinal" entendem um símbolo posto por Deus diante de nós para corroborar a certeza de nossa fé, eles se põem a vaguear longe do alvo; se simplesmente entendem "sinal" como o que é aduzido à moda de comparação, mostrarei quão astutamente arrazoam. Paulo diz: "porque até entre as estrelas há diferença de esplendor. Assim também é a ressurreição dos mortos" (1 Coríntios 15.41–42). Ali você tem

um sacramento. Cristo diz: "O reino dos céus é como um grão de mostarda" (Mateus 13.31). Aqui temos outro sacramento. Outra vez, "O reino dos céus é como o fermento" (Mateus 13.33). Eis um terceiro. Isaías diz: "Eis que o SENHOR Deus virá... Como pastor, apascentará seu rebanho" (Isaías 40.10-11). Eis um quarto. Em outro lugar: "O SENHOR sairá como um valente" (Isaías 42.13). Aqui temos um quinto.

Finalmente, que fim ou medida haverá? Não há nada que, de acordo com esse raciocínio, não seja um sacramento. Haverá na Escritura tantos sacramentos quantas parábolas e similitudes. De fato, o ladrão será um sacramento, conquanto está escrito: "O Dia do Senhor será como um ladrão" (1 Tessalonicenses 5.2). Quem pode suportar esses sofistas quando tergiversam de modo tão ignorante? Admito que, sempre que vemos uma videira, é algo precioso recordar o que Cristo disse: "Eu sou a videira, e vós sois os ramos" (João 15.5); "Meu Pai é o viticultor" (João 15.1). Sempre que encontramos um pastor com seu rebanho, também é gratificante que isto nos venha à mente: "Eu sou o Bom Pastor" (João 10.14); "Minhas ovelhas ouvem a minha voz" (João 10.27). Mas quem quer que classifique tais similitudes como sacramentos deveria ser enviado a um hospício.

O MATRIMÔNIO NÃO É SACRAMENTO

70. Eles, porém, nos impõem as palavras de Paulo, pelas quais dizem que o termo "sacramento" se aplica ao matrimônio: "Assim também os maridos devem amar sua mulher como ao próprio corpo. Quem ama a esposa ama a si mesmo. Porque ninguém jamais odiou a própria carne; antes, alimenta-a e dela

DEMONSTRA-SE QUE OS OUTROS CINCO, ENTÃO COMUMENTE CONSIDERADOS SACRAMENTOS, REALMENTE NÃO SÃO SACRAMENTOS. EM SEGUIDA, MOSTRA-SE A QUE GÊNERO PERTENCEM

cuida, como também Cristo o faz com a Igreja; porque somos membros de seu corpo. Eis por que deixará o homem seu pai e sua mãe e se unirá à sua mulher, e se tornarão os dois uma só carne" (Efésios 5.28-31). No entanto, manusear assim as Escrituras equivale a misturar a terra com o céu. Paulo, a fim de mostrar aos casados com que amor singular devem abraçar suas esposas, envia-lhes Cristo como protótipo. Pois, assim como ele derramou sobre a Igreja sua santa compaixão, a qual ele desposara, quer que cada homem sinta para com sua própria esposa. Seguem as palavras: "Assim também os maridos devem amar sua mulher como a seu próprio corpo... como Cristo amou a Igreja" (Efésios 5.28). Ora, para ensinar como Cristo amou a Igreja como a si mesmo; mais ainda, como ele se fez um com sua esposa, a Igreja, Paulo aplica a Cristo o que Moisés relata que Adão disse a si mesmo. Pois, quando Eva (a qual ele bem sabia que fora formada de sua costela) foi conduzida à sua presença, ele disse: "Esta é osso de meus ossos e carne de minha carne" (Gênesis 2.23). Paulo testifica que tudo isso se cumpriu espiritualmente em Cristo e em nós, ao dizer que somos membros de seu corpo, de sua carne e de seus ossos, e assim uma só carne com ele. Finalmente, ele anexa esta súmula: "Este é um grande mistério". E, para que ninguém se deixasse enganar por ambiguidade, ele explica que não está falando da união carnal de homem e mulher, mas do matrimônio espiritual de Cristo com a Igreja. Realmente, este é um grande mistério: Cristo ter permitido que dele se retirasse uma costela para nos formar; ou seja, quando ele era forte, quis ser fraco a fim de sermos fortalecidos por sua força; para que nós mesmos agora não só vivêssemos, mas também que ele viva em nós (Gálatas 2.20).

O termo "sacramento" os tem enganado. Mas era justo que toda a Igreja sofresse a punição da ignorância deles? Paulo disse "mistério". O tradutor (da Vulgata) poderia ter deixado essa palavra, como alguém não familiarizado aos ouvidos latinos, ou traduzi-la por "segredo". Ele preferiu usar a palavra "sacramento" (Efésios 5.32), mas no mesmo sentido que a palavra "mistério" foi usada por Paulo no grego. Que continuem agora e gritem em alta voz contra a instrução naqueles idiomas, por cuja ignorância eles enganam em uma coisa tão fácil e óbvia. Mas por que insistem tão tenazmente em prol dessa palavra "sacramento" neste único lugar, deixando-a passar displicentemente outras muitas vezes? Pois na primeira carta a Timóteo (1 Timóteo 3.9), e nessa mesma carta aos Efésios (Efésios 1.9; 3.3, 9), o tradutor da Vulgata a usou consistentemente para "mistério".

71. Todavia, que esse lapso lhes seja perdoado; os mentirosos ao menos devem ter boa memória. Mas, ao agraciar o matrimônio com o título "sacramento" e, em seguida, denominá-lo de impureza, poluição e torpeza carnal, que dolorosa leviandade é esta? Quão absurdo é barrar os sacerdotes desse sacramento! Se eles dizem que não os interditam do sacramento, e sim da luxúria da copulação, de nada valerá a evasiva. Pois ensinam que a própria copulação faz parte do sacramento, e que é a única figura da união que temos com Cristo, em conformidade com a natureza; pois o homem e a mulher só se tornam uma só carne mediante a copulação carnal.

Não obstante, alguns deles têm encontrado dois sacramentos aqui: um de Deus e alma, no noivo e na noiva; o outro, de Cristo e Igreja, no esposo e na esposa. Entretanto, a

DEMONSTRA-SE QUE OS OUTROS CINCO, ENTÃO COMUMENTE CONSIDERADOS SACRAMENTOS, REALMENTE NÃO SÃO SACRAMENTOS. EM SEGUIDA, MOSTRA-SE A QUE GÊNERO PERTENCEM

copulação ainda é um sacramento, do qual é ilícito interditar qualquer cristão. A menos que talvez os sacramentos dos cristãos estejam de tal modo em desarmonia que não possam viver juntos. Existe ainda outro absurdo em seus grandes ofícios. Afirmam que, no sacramento, confere-se a graça do Espírito Santo; ensinam que a copulação é um sacramento; e negam que o Espírito Santo esteja sempre presente na copulação. E, para não dizer que estavam motejando da Igreja em uma só coisa, enfeixaram em um só erro uma longa série de erros, mentiras, fraudes e malfeitos. Assim, é possível dizer que nada mais buscaram senão um labirinto de abominações quando fizeram do matrimônio um sacramento. Pois, assim que obtiveram isso, assumiram sobre si o juízo das causas matrimoniais, já que eram coisas espirituais, as quais os juízes profanos não podiam julgar.

Então, promulgaram leis com as quais afiançaram sua tirania, leis que, em parte, são manifestamente ímpias contra Deus; em parte, extremamente injustas contra os homens; como, por exemplo, que os casamentos entre os menores de idade acordados sem o consenso paterno deveriam permanecer firmes e válidos. Que os casamentos entre parentes, até o sétimo grau, não são lícitos; e, se acordados, devem ser dissolvidos. Eles forjam os mesmos graus, contra as leis de todas as nações e também contra a ordenação de Moisés (Levítico 18.6–10): que, ao homem que despachar uma esposa adúltera, não lhe é permitido tomar outra; que não podem unir-se em matrimônio os que tiverem parentesco espiritual; que os casamentos não podem ser celebrados desde a septuagésima até a oitava da Páscoa, três semanas antes do nascimento de

João Batista, desde o Advento até a Epifania. E, nesse diapasão, surgem tantas regulamentações afins que seriam longas demais para contar. Por fim, devemos escapar desse lamaçal, com nosso discurso se alongando além de nossa própria vontade. Todavia, creio que, em parte, consegui arrancar desses asnos a pele de leão.

CAPÍTULO VI

DA LIBERDADE CRISTÃ, DO PODER ECLESIÁSTICO E DA ADMINISTRAÇÃO POLÍTICA

A. DA LIBERDADE CRISTÃ

1. Agora, cabe-nos discutir a liberdade cristã. Nenhum sumário do ensino do evangelho deve omitir uma explanação desse tópico. Trata-se de uma questão de primeira necessidade e, sem certo conhecimento dela, as consciências não ousam empreender quase nada sem vacilar; com frequência, hesitam e recuam; vagueiam constantemente e se atemorizam. Mas nós prorrogamos uma discussão mais completa dele para esse lugar (tendo tocado de forma ligeira nele previamente). Pois, assim que se menciona a liberdade cristã, ou as paixões entram em ebulição, ou surgem tumultos selvagens, a menos que esses espíritos libertinos (que, de outro modo, corrompem perversamente as coisas mais excelentes) encontrem oposição a tempo. Em parte, sob o pretexto dessa liberdade, os homens sacodem de si toda a obediência a Deus e prorrompem em desenfreada licença; em parte, desdenham dela, imaginando que tal liberdade cancela toda e qualquer moderação, ordem e escolha das coisas.

O que temos de fazer aqui, enclausurados por tamanhas perplexidades? Acaso daremos adeus à liberdade cristã e, assim, eliminaremos a oportunidade de tais perigos? Mas, como já dissemos, a menos que essa liberdade seja apreendida, nem Cristo nem a verdade evangélica serão corretamente conhecidos. Ao contrário, devemos acautelar-nos de ser suprimida uma parte tão necessária da doutrina; mas, ao mesmo tempo, que sejam combatidas aquelas objeções absurdas que comumente advêm dela.

QUANTAS PARTES COMPÕEM A LIBERDADE CRISTÃ

2. Em minha opinião, a liberdade cristã consiste de três partes. Primeira: que as consciências dos crentes, ao mesmo tempo que devem buscar a confiança de sua justificação diante de Deus, devem subir ao alto e avançar para além da lei, esquecendo toda a justiça proveniente da lei. Pois, como já demonstramos em outro lugar, a lei não justifica ninguém: ou somos excluídos de toda a esperança de justificação, ou temos de nos ver livres dela. E, na verdade, de uma maneira tal que não tenhamos nenhuma conta a prestar das obras. Pois aquele que pensa que, a fim de obter justiça, tem de apresentar alguma partícula das obras é incapaz de determinar sua medida e seu limite, e ainda se torna devedor de toda a lei.

Removendo, pois, a menção da lei e pondo de lado toda a consideração das obras, convém abraçarmos unicamente a mercê de Deus, quanto se trata de justificação, desviando a atenção de nós mesmos e volvendo-a tão somente para Cristo. Pois aí a questão não é como podemos tornar-nos religiosos, mas como, sendo injustos e indignos, podemos ser reputados justos. Se as consciências desejam alcançar alguma certeza nessa matéria, não devemos dar lugar à lei. Tampouco é possível inferir corretamente disso que a lei é supérflua para os crentes, uma vez que ela nunca deixa de ensiná-los, exortá-los e instar com eles quanto ao bem, mesmo que diante do tribunal de Deus ela não tenha lugar em suas consciências. Pois, como essas duas coisas são completamente distintas, devemos distingui-las correta e conscienciosamente.

Toda a vida dos cristãos deve ser uma espécie de prática da piedade, pois somos continuamente chamados à santificação (1 Tessalonicenses 4.7; cf. Efésios 1.4; 1 Tessalonicenses 4.3). A função da lei consiste nisto: ao advertir os homens de seu dever, despertá-los para que persigam a santidade e a inocência. Mas, quando as consciências se preocupam em tornar Deus favorável, o que responder e com que segurança permanecer se forem convocados diante de seu tribunal – ali não temos de prestar contas do que a lei requer, mas somente Cristo deve manifestar-se para a justiça, excedendo toda a perfeição da lei.

Quase a totalidade dos argumentos da carta aos Gálatas gira em torno desse ponto. Pois aqueles que ensinam que nela Paulo só discute em prol da isenção das cerimônias fazem-se intérpretes absurdos, como se pode provar à luz de suas passagens: Que Cristo "se fez maldição por nós" para "redimir-nos da maldição da lei" (Gálatas 3.13). Igualmente: "Foi para a liberdade que Cristo nos libertou. Permanecei, pois, firmes e não vos submetais, de novo, a jugo de escravidão. Eu, Paulo, vos digo que, se vos deixardes circuncidar, Cristo de nada vos aproveitará. (...) todo homem que se deixa circuncidar está obrigado a guardar toda a lei. De Cristo vos desligastes, vós que procurais justificar-vos na lei; da graça decaístes" (Gálatas 5.1–4). Seguramente, essas passagens contêm algo muito mais elevado do que a isenção das cerimônias!

OBEDIÊNCIA LIVRE E ESPONTÂNEA

3. A segunda parte depende da primeira, ou seja, as consciências que observam a lei não como constrangidas pela necessidade da lei, mas livres de seu jugo, de bom grado obedecem à vontade de Deus. Pois, já que habitam em pavor perpétuo enquanto permanecem sob o domínio da lei, jamais serão solícitas e prontas a obedecer a Deus, a menos que já tenham experimentado essa espécie de liberdade.

Mediante um exemplo, chegaremos mais breve e claramente ao significado disso. O preceito da lei é que "amemos ao nosso Deus de todo o nosso coração, de toda a nossa alma e com toda a nossa força" (Deuteronômio 6.5). Para conseguirmos isso, antes de tudo, nossa alma deve esvaziar-se de todo e qualquer outro sentimento e pensamento; nosso coração deve ser purificado de todos os desejos; e nossa força, reunida e concentrada nesse único ponto.

Os que têm progredido mais que os outros no caminho do Senhor ainda estão longe daquele alvo. Pois, ainda que amem a Deus profundamente e com sincero afeto do coração, grande parte de seu coração e de sua alma ainda se encontra ocupada com desejos carnais, pelos quais se veem recuados e impedidos de acelerar com mais rapidez rumo a Deus. Aliás, lutam com espírito varonil, mas a carne em parte enfraquece sua força, em parte se apropria dela para si. O que haverão de fazer aqui, enquanto sentem que nada há que sejam menos capazes de fazer do que cumprir a lei? Aspiram, tentam, porém de modo algum alcançarão a devida perfeição. Se eles fixam os olhos na lei, toda obra que porventura tentam ou intentam veem amaldiçoada. E não há razão para alguém se enganar, concluindo que sua obra não é inteiramente má, porque é imperfeita, e que Deus, não obstante, considera aceitável o que é bom nela! Pois a lei, ao requerer amor perfeito, condena toda imperfeição. Portanto, que pondere sobre sua própria obra, a qual ele desejava ser tida em parte boa, e por esse mesmo ato ele descobrirá que, porque ela é imperfeita, redundará em transgressão da lei.

EM QUE SENTIDO NOSSAS OBRAS AGRADAM A DEUS

Veja bem como todas as nossas obras estarão debaixo da maldição da lei se forem medidas pelo padrão da lei! Mas como, pois, as infelizes almas se cingirão avidamente para uma obra, pela qual só podem esperar receber uma maldição? Mas se, livres desse severo requerimento da lei, ou melhor, do inteiro rigor da lei, ouvem Deus chamá-los com brandura paterna, responderão alegremente e com intensa solicitude ao seu chamado e seguirão sua liderança.

Em resumo: os que se deixam jungir pelo jugo da lei se assemelham a servos cujos senhores lhes designam certas tarefas para cada dia. Esses servos acreditam que não conseguem realizar nada, e não ousam comparecer diante de seus senhores, a menos que tenham cumprido a medida exata de suas tarefas. Mas os filhos, que são tratados por seus pais de um modo mais generoso e mais cândido, não hesitam em lhes oferecer obras incompletas e feitas pela metade, inclusive defeituosas, confiando em que sua obediência e sua prontidão mental serão aceitas por seus pais, mesmo que não tenham realizado plenamente o que estes desejavam. Devemos ser filhos assim, que confiam intrepidamente em que nossas tarefas serão aprovadas por nosso compassivo Pai, por mais rudes e imperfeitos que sejam.

E necessitamos de que essa certeza seja não em pequeno grau, pois, sem ela, tudo o que tentarmos será sem efeito. Pois Deus considera que não é reverenciado por nenhuma obra nossa, a menos que realmente a façamos em reverência a ele. Mas como isso pode ser feito em meio a todo esse terror, onde domina a dúvida se Deus é ofendido ou honrado por nossas obras?

E essa é a razão pela qual o autor da carta aos Hebreus remonta à fé e julga somente à luz da fé todas as boas obras dos santos pais (como lemos) (Hebreus 11.2–17 e outros). Na carta aos Romanos, há uma passagem famosa sobre essa liberdade, em que Paulo arrazoa que o pecado não deve exercer domínio sobre nós (Romanos 6.12 e 6.14, combinadas), pois não estamos debaixo da lei, e sim da graça (Romanos 6.14). Pois, após haver exortado os crentes a não deixarem que "o pecado reinasse" em seus "corpos mortais" (Romanos 6.12), a não "cederem" seus "membros ao pecado como armas da iniquidade", mas a "se dedicarem a Deus como quem saiu dentre os mortos para a vida" e "seus membros a Deus como armas da justiça" (Romanos 6.13), poderiam objetar que ainda portam em si a carne, saturada de desejos, e que o pecado ainda habita neles –, Paulo aduz essa consolação, derivada da libertação da lei, como se dissesse: "Mesmo que ainda não sintam claramente que o pecado já foi destruído ou que a justiça habita neles, não há razão para temor ou desfalecimento mental como se Deus estivesse continuamente ofendido pelos resquícios de pecado, visto que já foram emancipados da lei por meio da graça, de modo que suas obras já não sejam mais medidas em conformidade com sua norma". Mas os que inferem daqui que podemos pecar, uma vez que não estamos mais sob a lei, que entendam que essa liberdade nada tem a ver com eles. Pois seu propósito é animar-nos para o bem.

LIBERDADE NAS COISAS INDIFERENTES

4. A terceira parte da liberdade cristã é que, diante de Deus, não estamos jungidos por nenhuma obrigação religiosa às coisas em si mesmas "indiferentes"; mas algumas vezes nos é permitido fazer uso delas, outras vezes deixá-las, indiferentemente. E o conhecimento dessa liberdade nos é bastante necessário. Pois, se esse conhecimento estiver ausente, nossas consciências não terão repouso e não haverá fim para as superstições. Hoje, somos tidos por muitos como irracionais, porque fomentamos a discussão sobre comer carne sem restrição, o uso dos dias santos e de vestes, além das vãs frivolidades afins (segundo lhes parece). Mas essas questões são mais importantes do que comumente se crê. Pois, uma vez que as consciências se tenham emaranhado, entram em um longo e inextricável labirinto, do qual não é fácil encontrar a saída. Se alguém começa a nutrir dúvida acerca de poder ou não usar linho nos lençóis, camisas, lenços e toalhas, logo se sentirá inseguro também sobre o cânhamo; finalmente, surgirá dúvida até mesmo sobre a estopa. Logo começará a

refletir se poderá cear sem guardanapos ou sair sem lenços. Se alguém crê que as comidas um pouco mais delicadas lhe são ilícitas, por fim já não poderá mais viver em paz na presença de Deus, quando comer o desjejum ou as comidas comuns, visto que lhe virá à mente a ideia de que poderia sustentar-se com alimentos ainda mais ordinários. Se hesitar em usar um vinho mais excelente, depois não beberá com boa consciência nem mesmo se estiver desmaiado; e, finalmente, não ousará tocar na água, se lhe for dada a mais doce e mais límpida das águas. Em suma, chegará ao ponto de considerar errado tropeçar numa palha em seu caminho, como corre o dito.

Aqui tem início uma pesada controvérsia, pois o que está em pauta é se Deus, cuja vontade deve preceder todos os nossos planos e ações, quer que usemos essas coisas ou aquelas. Em consequência, é inevitável que alguns sejam lançados em confusão; outros, desprezando a Deus e abandonando o temor dele, inevitavelmente seguem seu próprio caminho rumo à destruição, sem ter como remediar. Pois todos os que se enleiam em tais dúvidas, para onde quer que se virem, veem por toda parte escândalo da consciência.

No dizer de Paulo: "Eu sei, e estou persuadido no Senhor Jesus, de que nenhuma coisa é em si mesma impura (tomando 'impura' no sentido de 'profana'), salvo para aquele que assim a considera; para esse, é impura" (Romanos 14.14). Com essas palavras, Paulo submete todas as coisas externas à nossa liberdade, contanto que nossas mentes estejam certas de que a base para tal liberdade está diante de Deus. Mas, se alguma opinião supersticiosa nos insinua uma pedra de tropeço, aquelas coisas que anteriormente, por sua própria natureza, eram puras passam a ser impuras para nós. Por tal razão, ele acrescenta: "A fé que tens, tem-na para ti mesmo perante Deus. Bem-aventurado é aquele que não se condena naquilo que aprova. Mas aquele que tem dúvidas é condenado se comer, porque o que faz não provém de fé; e tudo o que não provém de fé é pecado" (Romanos 14.22–23).

5. Em meio a tais perplexidades, os que se mostram mais corajosos, fazendo todas as coisas com ousada confiança, porventura, nesse ponto, não se afastam de Deus? Mas os que são profundamente movidos por algum temor de Deus, quando se veem compelidos a fazer muitas coisas contra suas consciências, veem-se esmagados e arrasados pelo pavor. Essas pessoas não recebem nenhum dos dons de Deus com ação de graças; ao contrário, como Paulo testifica, "pois tudo o que Deus criou é bom, e, recebido com ação de graças, nada é recusável, porque, pela palavra de Deus e pela oração, é santificado" (1 Timóteo 4.4–5). Ora, o que tenho em mente é aquela ação de graças que procede de uma mente que reconhece nos dons divinos a benignidade e a bondade de Deus. Pois, em verdade, muitos deles as entendem como coisas boas de Deus, usando-as e louvando a Deus em suas obras; mas, se não se deixam persuadir de que essas boas coisas lhes têm sido dadas, como poderão agradecer a Deus como o doador (delas)?

O MAU USO DESSA LIBERDADE

Em suma, podemos ver o rumo que essa liberdade tende a tomar, ou seja, usarmos os dons de Deus para aquele uso que ele nos deu, não com má consciência ou com a mente atribulada. Com tal confiança, nossas almas estarão em paz com ele e reconheceremos sua liberalidade para conosco. Mas devemos notar cuidadosamente que a liberdade cristã é, em todas as suas partes, uma coisa espiritual. Toda a sua força consiste em tranquilizar as consciências atemorizadas diante de Deus, caso se sintam perturbadas e afligidas no tocante ao perdão dos pecados; ou ansiosas se as obras não concluídas, corrompidas pelas falhas de nossa carne, de fato são agradáveis a Deus; ou atormentadas no que diz respeito ao uso de coisas indiferentes.

Por conseguinte, isso é perversamente interpretado ou pelos que alegam, como justificativa de seus desejos, que podem usar mal os bons dons a seu próprio arbítrio, ou pelos que pensam que a liberdade não existe se não for usada diante dos homens; e, consequentemente, ao usá-la, não levam em conta os irmãos mais fracos.

6. Hoje, os homens pecam em maior grau no primeiro sentido. Quase não há um cujos recursos lhe permitam ser extravagante, que não se deleite em pródigos e ostentosos banquetes, nos paramentos físicos e na arquitetura doméstica; que não deseje suplantar seu vizinho em todos os tipos de elegância; que não se exalte soberbamente em sua opulência. E, em todas essas coisas, eles se defendem sob o pretexto de liberdade cristã. Dizem que essas são coisas indiferentes. Eu admito isso, contanto que alguém as use indiferentemente. Mas, quando essas coisas são cobiçadas com extrema avidez, quando são pomo de soberba vanglória, quando são esbanjadas prodigamente, são maculadas por tais vícios.

A afirmação de Paulo distingue muito bem entre as coisas indiferentes: "Todas as coisas são puras para os puros;

todavia, para os impuros e descrentes, nada é puro. Porque tanto a mente como a consciência deles estão corrompidas" (Tito 1.15). "Mas ai de vós, ricos! Porque tendes a vossa consolação. Ai de vós, os que estais agora fartos! Porque vireis a ter fome" (Lucas 6.24–25); "que dormis em camas de marfim" (Amós 6.4); "Ai dos que ajuntam casa a casa, reúnem campo a campo" (Isaías 5.8); "Liras e harpas, tamboris e flautas e vinho há em seus banquetes" (Isaías 5.12). Seguramente, marfim, ouro e riquezas constituem boas criações de Deus, permitidas, aliás destinadas, para o uso dos homens, pela providência de Deus. E nunca fomos proibidos de rir, ou de nos saciar, ou de juntar novas posses às velhas, nem mesmo aos ancestrais, ou de nos deleitar com a harmonia musical, ou de beber vinho. Tudo isso constitui uma grande verdade. Mas, onde há abundância, alguém se chafurda em deleites, se empanturra, embriaga a mente e o coração com os prazeres da presente vida e vive sempre correndo atrás de novos – tudo isso está muito aquém de um uso lícito dos dons de Deus.

Fora, pois, com o desejo descontrolado; fora com a prodigalidade imoderada; fora com a vaidade e a arrogância, a fim de que os homens possam, com a consciência limpa, usar santamente os dons de Deus.

7. Onde o coração é temperado por essa sobriedade, terão uma regra para o uso lícito de tais benesses. Mas, ao contrário, se falta essa moderação, até mesmo os deleites comuns e modestos tornam-se excessivos. É um dito genuíno que, sob uma roupa grosseira e vulgar, frequentemente habita um coração de púrpura; enquanto, algumas vezes, sob a seda e a púrpura, esconde-se uma humildade simples. Assim, que cada um viva

em conformidade com sua condição, seja insuficiente, ou moderada, ou com abundância, para que todos se lembrem de que Deus os nutre para que vivam, e não para que se regalem. E que todos considerem isto a lei da liberdade cristã: aprender a lição de Paulo: "Digo isto não por causa da pobreza, porque aprendi a viver contente em toda e qualquer situação. Tanto sei estar humilhado como também ser honrado; de tudo e em todas as circunstâncias, já tenho experiência, tanto de fartura como de fome; tanto de abundância como de escassez; tudo posso naquele que me fortalece" (Filipenses 4.11-13).

8. Também nesse aspecto, muitos erram; usam sua liberdade indiscriminada e nesciamente, como se não fosse sólido e seguro se ela não tiver homens por testemunhas. Mediante esse uso displicente, com muita frequência ofendem os irmãos fracos.

Hoje, é possível notar pessoas para as quais sua liberdade não existe, se não podem tomar posse dela comendo carne nas sextas-feiras. Não os culpo por comerem carne, mas essa falsa noção tem de ser removida de suas mentes. Pois deveriam ter ponderado que, de sua liberdade, nada obtêm de novo à vista dos homens, e sim de Deus, e que ela consiste tanto de se abster como de usar. Se eles entendem que não faz nenhuma diferença à vista de Deus se comem carne ou ovos, se usam roupas vermelhas ou pretas, isso é mais que suficiente. A consciência, à qual se deve o benefício de tal liberdade, agora se encontra liberta.

Consequentemente, mesmo que os homens doravante se abstenham de carne por toda a vida, e usem sempre roupas de uma só cor, não são menos livres. Aliás, são livres porque se abstêm com a consciência livre. Mas, ao não devotarem respeito para com a fraqueza de seus irmãos, caem desastrosamente, pois não devemos fazer nada de uma forma temerária, que lhes cause o mais leve dano. Mas, algumas vezes, também é importante que nossa liberdade seja declarada diante dos homens. De fato, admito isso. Contudo, devemos, com a maior atenção, manter este limite: não desistir do cuidado aos fracos, os quais o Senhor nos tem tão insistentemente recomendado.

DOS ESCÂNDALOS

9. Aqui, pois, direi algo sobre os escândalos: como devem ser distinguidos, quais devem ser evitados e quais devem ser ignorados. À luz disso, mais adiante teremos como determinar que lugar há para nossa liberdade entre os homens. Agrada-me aquela distinção comum entre um escândalo dado e um recebido, conquanto ela tem o claro apoio da Escritura e expressa, de forma apta, o que está implícito. Se você faz alguma coisa inconveniente, não na devida ordem e em seu lugar, e a faz por precipitação, por concupiscência ou temeridade, ofendendo os ignorantes e os fracos, então se diz que você causou um escândalo, já que foi por sua culpa que se suscitou tal escândalo. E, por certo, fala-se de um escândalo feito em alguma questão quando sua falha surge do ator da própria coisa. Chama-se "escândalo recebido" quando a coisa é feita sem qualquer maldade ou importunidade, mas causa ofensa pela maledicência ou a sinistra malignidade do coração. Aqui não se faz escândalo, mas aqueles intérpretes maliciosos assim o entendem capciosamente. Com o primeiro tipo de escândalo, somente os débeis são ofendidos, mas o

segundo tipo causa escândalo às pessoas de disposição amarga e severidade farisaica. Assim, acomodaremos de tal modo o uso de nossa liberdade que leve em conta a ignorância de nossos irmãos fracos, porém de modo algum o rigor dos fariseus!

Porquanto Paulo nos mostra sobejamente, em muitas passagens, o que se deve ceder à fraqueza. "Acolhei ao que é débil na fé, não, porém, para discutir opiniões" (Romanos 14.1). Ainda: "Não nos julguemos mais uns aos outros; pelo contrário, tomai o propósito de não pordes tropeço ou escândalo ao vosso irmão" (Romanos 14.13). E muitas passagens com o mesmo significado, as quais são mais adequadamente buscadas em seu lugar do que referidas aqui.

A suma é: "Ora, nós que somos fortes devemos suportar as debilidades dos fracos e não agradar-nos a nós mesmos. Portanto, cada um de nós agrade ao próximo no que é bom para edificação" (Romanos 15.1–2). Em outro lugar: "Vede, porém, que esta vossa liberdade não venha, de algum modo, a ser tropeço para os fracos" (1 Coríntios 8.9). No mesmo diapasão: "Comei de tudo o que se vende no mercado, sem nada perguntardes por motivo de consciência" (1 Coríntios 10.25). "Consciência, digo, não a tua propriamente, mas a do outro. Não vos torneis causa de tropeço nem para judeus, nem para gentios, tampouco para a Igreja de Deus" (1 Coríntios 10.29, 32). Também em outra passagem: "Porque vós, irmãos, fostes chamados à liberdade; porém, não useis da liberdade para dar ocasião à carne; sede, antes, servos uns dos outros, pelo amor" (Gálatas 5.13). E, na verdade, é assim.

Nossa liberdade não foi dada contra nossos semelhantes frágeis, pois o amor nos torna seus servos em todas as coisas; antes, ela é dada para que, havendo paz com Deus em nossos corações, também vivamos pacificamente entre os homens. Das palavras do Senhor, aprendemos quanto devemos considerar a ofensa dos fariseus: "Deixai-os; são cegos, guias de cego" (Mateus 15.14). Seus discípulos chamaram a sua atenção porque os fariseus se sentiram escandalizados com a palavra dele (Mateus 15.12). Sua resposta foi que eles deveriam ser ignorados, e seu escândalo, desconsiderado. Todavia, a questão permanecerá em suspense, a menos que apreendamos a quem devamos considerar fraco, e quem são os fariseus. Se essa distinção for removida, não vejo que proveito realmente ficará para a liberdade em relação ao escândalo, pois ela sempre estará em maior perigo.

10. Mas parece-me que Paulo definiu com mais clareza, quer pelo ensino, quer pelo exemplo, até onde nossa liberdade deve ser ou moderada ou obtida à custa de ofensa. Quando Paulo levou Timóteo em sua companhia, ele o circuncidou (Atos 16.3). No caso de Tito, porém, ele não o compeliu a se circuncidar (Gálatas 2.3).

Aqui estava uma diversidade de atos, porém não uma mudança de propósito ou mente. Ou seja, ao circuncidar Timóteo, embora fosse "livre de todos", ele "se fez escravo de todos"; e, "no tocante aos judeus", ele "se fez judeu" a fim de ganhar os judeus; no tocante aos que estavam sob a lei, "ele se fez sujeito à lei... para ganhar os que viviam sob a lei" (1 Coríntios 9.19–20); "aos que viviam sem lei", "como se fosse sem lei", "para ganhar os que viviam sem lei"; "para com os fracos", "como se fosse fraco", para ganhar os fracos" (1 Coríntios 9.21); como escreve em outro lugar, ele "fazia de tudo para com todos", "a fim de salvar a muitos" (1 Coríntios 9.22).

Mantemos o devido controle sobre nossa liberdade, se não fizermos distinção no tocante a nós para restringi-la, quando for vantajoso agir assim. O que tinha em vista quando recusou com veemência circuncidar Tito, ele testifica ao escrever nos seguintes termos: "Contudo, nem mesmo Tito, que estava comigo, sendo grego, foi constrangido a circuncidar--se. E isso por causa dos falsos irmãos que se entremeteram com o fim de espreitar nossa liberdade que temos em Cristo Jesus e reduzir-nos à escravidão; aos quais nem ainda por uma hora nos submetemos, para que a verdade do evangelho permanecesse entre vós" (Gálatas 2.3–5).

Também nós temos a necessidade de garantir nossa liberdade, se, através das injustas demandas dos falsos apóstolos, as consciências fracas correm risco. Em todas as épocas, devemos buscar o amor e a edificação de nosso semelhante. Em outro lugar, ele afirma: "Todas as coisas são lícitas, mas nem todas convêm; todas são lícitas, mas nem todas edificam. Ninguém busque seu próprio interesse, e sim o de outrem" (1 Coríntios 10.23–24).

Nada é mais claro do que esta norma: que façamos uso de nossa liberdade, se ela resulta na edificação de nosso semelhante; mas, se nosso semelhante não for beneficiado, então que nos privemos dela. Existem aqueles que pretextam uma prudência paulina na obtenção da liberdade, enquanto nada há a que se apliquem menos do que aos deveres do amor. Quando se trata de proteger seu próprio repouso, desejam que se sepulte toda e qualquer menção de liberdade; quando, algumas vezes, não é menos importante fazermos uso de nossa liberdade para o bem e a edificação de nosso próximo do que a restringirmos em seu próprio benefício. Tudo o que tenho ensinado sobre evitar escândalos, minha intenção é referir às coisas intermédias e indiferentes. Pois não se devem omitir aquelas coisas que têm de ser feitas por receio de algum escândalo. Seguramente, aqui se faz oportuno também levar em consideração o amor, inclusive junto ao altar (cf. Mateus 5.23–24); ou seja, que não ofendamos a Deus por causa de nosso semelhante.

11. Não aprovo a intemperança dos que nada fazem sem suscitar tumulto e que preferem dilacerar tudo a discutir a questão com brandura. Tampouco dou atenção àqueles que, depois de assumirem a liderança por mil sortes de perversidade, pretextam que têm de agir assim com o propósito de não causar escândalo aos seus semelhantes (cf. 1 Coríntios 8.9). Como se, ao mesmo tempo, não induzissem ao mal as consciências dos semelhantes, principalmente quando, sem qualquer esperança de êxito, se revolvem sempre no mesmo lodaçal. Quando se trata de instruir seu semelhante com doutrina ou com exemplo de vida, dizem ser necessário alimentá-lo com leite e, assim, lhe impingem as piores e mais letais opiniões.

Paulo recorda que alimentou os coríntios com leite (1 Coríntios 3.2). Mas, se a missa já existisse entre eles, acaso ele não teria realizado sacrifício para lhes fornecer nutrição lactante? Não; pois o leite não é veneno. Portanto, eles mentem quando alegam que estão alimentando aqueles a quem estão cruelmente matando sob aparentes deleites. Admitindo-se que essa espécie de dissimulação tem de ser aprovada para o momento, até quando darão de beber a seus filhos esse mesmo leite? Pois, se esses nunca crescem suficientemente até que sejam capazes de suportar pelo menos algum alimento leve, é evidente que nunca foram alimentados à base de leite.

12. Assim, as consciências dos crentes, tendo recebido o privilégio da liberdade que têm em Cristo, são livres dos laços e das observâncias daquelas coisas das quais o Senhor quis que fossem livres; concluímos, pois, que estão isentas do poder de todos os homens. Pois Cristo não merece ser privado de nossa gratidão por sua grande generosidade – nem as consciências, de seu proveito. E não devemos dar pouco valor a algo que vemos haver custado a Cristo um preço tão elevado. Pois o valor que ele deu não foi ouro nem prata, mas seu próprio sangue (1 Pedro 1.18–19), de modo que Paulo não hesitou em dizer que a morte de Cristo é anulada se pusermos nossas almas debaixo da sujeição humana (cf. Gálatas 2.21).

Pois, em alguns capítulos da carta aos Gálatas, Paulo está solicitamente tentando mostrar como Cristo nos é obscuro; ou melhor, mesmo extinto, a menos que nossas consciências estejam solidificadas em sua liberdade. Seguramente, eles apostataram dela quando, ao bel-prazer dos homens, deixam-se emaranhar pelos laços das leis e constituições (cf. Gálatas 5.1, 4). Mas, como isso é algo valioso de se conhecer, assim demanda uma explicação mais longa e mais clara. Pois, tão logo se declare uma palavra concernente ao cancelamento das constituições humanas, incitam-se problemas gigantescos, em parte pelos sediciosos e, em parte, pelos caluniadores, como se toda a obediência humana fosse, ao mesmo tempo, removida e lançada por terra.

13. Portanto, a fim de que nenhum de nós tropece nessa pedra, consideremos que há no homem um duplo governo: um aspecto é espiritual, pelo qual a consciência é instruída na piedade e na reverência devida a Deus; o segundo é político, pelo qual o homem é educado para os deveres de humanidade e da vida civil, a qual deve ser mantida entre os homens. Usualmente, estes são chamados a jurisdição "espiritual" e a "temporal" (termos não impróprios); por elas, está implícito que a primeira espécie de governo pertence à vida da alma, enquanto a segunda tem a ver com as preocupações da presente vida – não só com alimento e vestuário, mas também com o estabelecimento de leis, por meio das quais um homem possa viver sua vida entre outros homens de modo honroso e equilibrado. Pois o primeiro reside na mente interior, enquanto o segundo só regula o comportamento externo. Podemos chamar a um o reino espiritual; ao outro, o reino político. Ora, esses dois, como os temos dividido, devem ser examinados em separado; e, enquanto um estiver sendo analisado, devemos recuar e desviar a mente de pensar sobre o outro. Há no homem, por assim dizer, dois mundos, sobre os quais reis diferentes e leis distintas exercem autoridade.

B. DO PODER ECLESIÁSTICO

14. Visto, pois, que tudo o que dissemos até aqui, no que diz respeito à liberdade cristã, pertence a esse reino espiritual, nesta discussão não contendemos contra a ordem política de leis ou legisladores. Ao contrário, nossa contenda é contra aquele poder que os que desejam parecer pastores da Igreja usurpam para si; mas que, na verdade, são os mais selvagens

açougueiros. Dizem que as leis que promulgam são "espirituais", pertinentes à alma, e declaram que são necessárias para a vida eterna. Mas assim se invade o reino de Cristo; assim a liberdade dada por ele às consciências dos crentes é totalmente oprimida e arruinada.

Por ora, não estou discutindo a grande piedade com que formulam a observância de suas leis, enquanto ensinam os homens a buscarem o perdão dos pecados e a justiça dessa observância, enquanto estabelecem nela toda a religião e a suma da piedade. Afirmo um ponto que necessariamente não deveria ser imposto às consciências naquelas questões das quais já foram isentados por Cristo; e, a menos que sejam libertados (como ensinamos previamente), não podem repousar junto a Deus. Devem reconhecer um só Rei, Cristo, seu libertador, e devem ser governados por uma só lei da liberdade, a saber, a santa Palavra do evangelho, caso queiram reter a graça que, uma vez por todas, obtiveram em Cristo. Não devem ser retidos em nenhuma servidão nem ser presos por nenhuma cadeia.

Esses Solons estão sempre a fantasiar que suas constituições são leis da liberdade, um jugo suave, um fardo leve (Mateus 11.30). Mas quem não perceberia que isso é a mais pura falsidade? Eles não sentem que suas leis são opressivas quando, afastando o temor de Deus, desatenta e ativamente, negligenciam tanto suas próprias leis como as divinas. Mas aqueles que são movidos por alguma preocupação por sua própria salvação estão longe de se considerar tão livres quando se deixam enlear por tais armadilhas. Vemos quão cautelosamente Paulo tratou dessa matéria, não ousando em nada pôr freio aos homens (1 Coríntios 7.35). E com boa razão! Por certo que ele previa quão grande ferida seria aberta às consciências se nessas questões, que o Senhor deixou livres, fosse imposta a necessidade.

Ao contrário, dificilmente se podem contar as instituições que esses homens têm decretado com tanta avidez sob pena de morte eterna, e que, com a máxima severidade, são requeridas como necessárias para a salvação. E, entre elas, encontram-se tantas outras cuja observação é extremamente difícil, mas todas elas, que formam uma multidão, constituem uma impossibilidade, tão imensa é a pilha. Como seria possível que alguém, tão sobrecarregado com grandes dificuldades, escape e viva em perplexidade e tortura com extrema angústia e terror?

Portanto, resumindo, dessas questões que já ensinei, é possível estabelecer que nossas consciências não devem ser constrangidas diante de Deus por nenhuma dessas constituições, feitas com o intuito de cegar as almas interiormente na presença de Deus, e impor-lhes escrúpulos, como que a preceituar coisas necessárias à salvação. Além disso, hoje todas elas são chamadas "constituições eclesiásticas", impostas aos homens como culto genuíno e necessário a Deus. E, como são inumeráveis, ilimitadas são as armadilhas para apanhar e enredar as almas.

A QUE SERVE A AUTORIDADE ECLESIÁSTICA

15. E então? Não existe um poder eclesiástico? Esse raciocínio se assenhoreia, com ansiedade, de muitas pessoas simples, para quem, acima de tudo, estamos escrevendo. Replicamos: obviamente, esse é o caso, mas esse poder foi dado

para a edificação, como atesta Paulo, e não para a destruição (2 Coríntios 10.8; 13.10). Os que o usam legitimamente não se julgam mais que ministros de Cristo e despenseiros dos mistérios de Deus (1 Coríntios 4.1, 9). Definirá corretamente esse poder quem o denominar de o ministério da Palavra de Deus. Cristo o situou quando ordenou que os apóstolos fossem e ensinassem a todas as nações tudo o que ele lhes ensinara (Mateus 28.18–20).

Aqueles que uma vez foram postos no encargo da Igreja de Deus e agora têm a responsabilidade sobre ela devem ter em mente que a lei desse mandamento foi estabelecida para eles mesmos! Assim, para os verdadeiros pastores, sua dignidade deve ser mantida intacta, de modo proeminente, e não devem vangloriar-se do falso poder que infesta o povo de Deus com uma perversidade mais que tirânica. Pois aqui se deve conservar na memória o que ressaltamos de passagem em outro lugar: toda a autoridade e toda a dignidade que a Escritura confere, aos profetas, aos sacerdotes, aos apóstolos ou aos sucessores dos apóstolos, são conferidas plenamente não aos homens em si, mas ao ministério para o qual foram designados; ou, falando mais resumidamente, à Palavra, cujo ministério lhes é confiado. Pois, se examinarmos todos em ordem – profetas e sacerdotes, bem como apóstolos e discípulos –, nada encontraremos no sentido de que fossem dotados de qualquer autoridade de mandar, ensinar ou responder, exceto em nome da Palavra do Senhor.

O Senhor quis que Moisés fosse o líder, como o primeiro de todos os profetas. Mas o que, de fato, ele ordenou ou anunciou que não fosse da parte do Senhor? E ele não poderia fazer nada mais além disso. Desde o início, "Ele pôs seus profetas sobre nações e reinos" (1 Jeremias 1.10). Mas, ao mesmo tempo, acrescentou: porque ele punha suas palavras em suas bocas (1 Jeremias 1.9). Pois nenhum dos profetas abriu sua boca sem que o Senhor antecipasse suas palavras. Daí o fato de estas expressões serem reiteradas entre eles com tanta frequência: "palavra do Senhor"; "sentença (carga) do Senhor"; "a boca do Senhor o disse"; "visão da parte do Senhor"; "o Senhor dos Exércitos fala". E com toda razão! Pois Isaías exclamou que seus lábios eram impuros (Isaías 1.6). O que poderia sair da boca imunda de Isaías ou da boca insensata de Jeremias, senão imundície e tolice, se eles falassem sua própria palavra? Mas tinham lábios santos e puros quando começaram a ser instrumentos do Espírito Santo.

De maneira bela, Ezequiel descreve a função geral dos profetas: "Filho do homem, eu te dei por atalaia sobre a casa de Israel; de minha boca ouvirás a palavra e os avisarás de minha parte" (Ezequiel 3.17). Aquele que recebe a ordem de ouvir da boca do Senhor, acaso não lhe está sendo proibido inventar algo propriamente seu? O que significa anunciar as boas-novas do Senhor? Significa falar de tal modo que alguém não se vanglorie com extrema confiança, dizendo, sim, que a palavra que anuncia não é sua, mas do Senhor. Jeremias expressa o mesmo pensamento em outras palavras: "O profeta que tem sonho, conte-o como apenas sonho; mas aquele em quem está a minha palavra, fale a minha palavra com verdade. Que tem a palha com o trigo? – diz o SENHOR" (1 Jeremias 23.28). No que diz respeito aos sacerdotes, o Senhor igualmente ordenou que "a palavra da lei seria buscada da boca deles (Deuteronômio 17.10–11), mas, ao mesmo tempo, agrega a razão: "pois são os mensageiros do Senhor dos Exércitos (Malaquias 2.7).

A AUTORIDADE DOS APÓSTOLOS

Cabe-nos agora examinar também os apóstolos. Sem dúvida, são adornados com muitos títulos notáveis. São "a luz do mundo" e "o sal da terra" (Mateus 5.13–14); devem ser ouvidos por causa de Cristo (Lucas 10.16); tudo o que eles "atarem ou desatarem na terra terá sido atado e desatado no céu" (Mateus 16.19; 18.18; cf. João 20.23). Todavia, por meio de seu nome, eles revelam quanto lhes é permitido em seu ofício. Devem ser "apóstolos" aqueles que não se jactam de tudo o que lhes apraz, mas que transmitem fielmente os mandamentos daquele por meio de quem têm sido enviados. "Paz seja convosco! Assim como o Pai me enviou, eu também vos envio" (João 20.21). Mas, como foi enviado pelo Pai, ele atesta em outro dito: "O meu ensino não é meu, e sim daquele que me enviou" (João 7.16). Seria perverso rejeitar esta lei, a qual Cristo mesmo impôs sobre si, após sobre os apóstolos e, por fim, sobre os sucessores dos apóstolos. Todavia, o modo (de imposição) é muito diferente. Ele, o eterno e único conselheiro do Pai (cf. Isaías 40.13; Romanos 11.34), em cujo seio sempre esteve (cf. João 1.18), e recebeu do Pai essa doutrina ao mesmo tempo que estiveram ocultos em si mesmo todos os tesouros do conhecimento e da sabedoria (Colossenses 2.3). Dessa fonte, todos os profetas beberam tudo o que o oráculo celestial lhes propiciou. Da mesma fonte Adão, Noé, Abraão, Isaque, Jacó, entre outros, todos aqueles que Deus se dignou, desde o princípio, em dar certo conhecimento dele, também beberam tudo o que transmitiram do ensino celestial. Pois, se o que João passou a dizer era sempre verdadeiro (como certamente era): "Ninguém jamais viu a Deus; o Deus unigênito, que está no seio do Pai, foi quem o revelou" (João 1.18); e outra palavra do próprio Cristo: "Tudo me foi entregue por meu Pai. Ninguém conhece o Filho senão o Pai; e ninguém conhece o Pai senão o Filho e aquele a quem o Filho o quiser revelar" (Mateus 11.27), como poderiam ou ter compreendido os mistérios de Deus com a mente, ou tê-los anunciado, exceto pelo ensino do Filho, a quem unicamente os segredos do Pai são revelados?

Portanto, homens santos só conheceram a Deus ao contemplá-lo em seu Filho como num espelho (cf. 2 Coríntios 3.18). Tampouco os profetas profetizaram no que diz respeito a Deus de qualquer outro modo senão pelo Espírito do mesmo Filho. Mas, se alguém preferir, pode-se expressar assim: Deus jamais se manifestou aos homens de outro modo senão através do Filho, ou seja, sua exclusiva Sabedoria, luz e verdade. Mas essa Sabedoria, mesmo que se manifestasse outrora de várias maneiras, seu fulgor ainda não se projetara plenamente. Mas, quando, por fim, ela se manifestou na carne, declarou-nos em voz alta e bastante clara tudo que pela mente humana é possível compreender e se deve ponderar no que diz respeito a Deus.

De fato, o apóstolo, quando escreveu, tinha em mente proclamar uma coisa incomum: "Havendo Deus, outrora, falado, muitas vezes e de muitas maneiras, aos pais, pelos profetas, nestes últimos dias nos falou pelo Filho, a quem constituiu herdeiro de todas as coisas, pelo qual também fez o universo" (Hebreus 1.1, 2). Pois Paulo tem em mente, ou melhor, declara abertamente: Doravante Deus não falará como fez no passado, intermitentemente através de um e através de outros; nem acrescentará profecias a profecias, ou revelações a revelações. Ao contrário, Deus de tal modo exerceu todas as funções pedagógicas em seu Filho que devemos considerar isso o testemunho dele final e eterno.

Dessa maneira, todo o período do Novo Testamento, desde o ponto em que Cristo nos apareceu com a pregação de seu evangelho até o Dia do Juízo, é designado (como já notamos de passagem em outro lugar) por "a última hora" (1 João 2.18), "os últimos tempos" (1 Timóteo 4.1; 1 Pedro 1.20), "os últimos dias" (Atos 2.17; 2 Timóteo 3.1; 2 Pedro 3.3). Isso é feito para que, contentes com a perfeição do ensino de Cristo, aprendamos a não formar para nós mesmos algo novo além disso, ou admitir algo inventado pelos outros. Portanto, foi com boa razão que o Pai enviou o Filho e, por singular privilégio, designou-o para ser nosso Mestre, ordenando, não a qualquer homem, que ele fosse ouvido. Aliás, em poucas palavras, ele nos recomendou o ofício pedagógico de Cristo quando disse: "a ele ouvi" (Mateus 17.5). Mas essas palavras contêm mais peso e força do que comumente seria possível pensar. Pois é como se, tendo-nos desviado das doutrinas de todos os homens, ele nos conduzisse ao seu Filho unigênito; cabe-nos buscar unicamente nele todo o ensino da salvação; depender dele, aferrar-nos somente a ele; em suma (como as palavras em si pronunciam), ouçamos unicamente a ele.

A REVELAÇÃO DEFINITIVA EM CRISTO

16. E, na verdade, o que devemos agora esperar ou aspirar da parte do homem, quando a própria Palavra da vida finalmente tem mourejado conosco em nossa carne? Apenas, talvez, que houvesse esperança de que um homem pudesse suplantar a sabedoria de Deus. Mas as bocas de todos os homens seriam fechadas depois de ele ter falado, pois nele o Pai celestial quis que todos os tesouros do conhecimento e sabedoria estivessem ocultos (Colossenses 2.3). E, de fato, ele falou como convinha à sabedoria de Deus (a qual é íntegra em todas as suas partes) (João 19.23) e ao Messias (de quem se espera a revelação de todas as coisas) (João 4.25); ou seja, ele mesmo nada deixou para outros dizerem. É justo (digo) que, enquanto todos os homens guardam silêncio – negligenciado e mantido em desdém –, somente Cristo seja ouvido. Pois é-lhe próprio ensinar como um que tem poder (Mateus 7.29). E nada poderia ser dito com mais clareza do que o que ele disse a seus discípulos: "Vós, porém, não sereis chamados mestres, porque um só é vosso Mestre, e vós todos sois irmãos. Nem sereis chamados guias, porque um só é vosso Guia, o Cristo" (Mateus 23.8, 10). Então, para fixar essa palavra mais profundamente em suas mentes, ele a reitera duas vezes na mesma passagem (Mateus 23.9, 10).

Portanto, esta única coisa foi deixada aos apóstolos, e também permanece agora em seus sucessores: guardar diligentemente a lei pela qual Cristo pôs limites à sua missão ao lhes ordenar que fossem e ensinassem a todas as nações, não o que irrefletidamente fabricaram entre si, mas tudo o que lhes fora mandado (Mateus 28.19, 20). O apóstolo Pedro, perfeitamente instruído pelo Mestre, tanto quanto lhe foi permitido, nada mais reserva para si ou para outros: "Se alguém fala, fale de acordo com os oráculos de Deus" (1 Pedro 4.11). O que mais é isso senão rejeitar todas as invenções da mente humana (não importa de qual cérebro tenham sido emitidas), a fim de que a pura Palavra de Deus seja ensinada e aprendida na Igreja dos fiéis? O que é isso senão remover as ordenanças de todos os homens (não importa sua posição) a fim de que unicamente os decretos de Deus permaneçam em vigor?

17. Estas são aquelas "armas espirituais... poderosas em Deus, para destruir fortalezas; anulando nós, sofismas e toda altivez que se levante contra o conhecimento de Deus, e levando cativo todo pensamento à obediência de Cristo" (2 Coríntios 10.4, 5); "e estando prontos para punir toda desobediência, uma vez completa a vossa submissão" (v. 6). Aqui, pois, está o poder límpida e claramente definido com que os pastores da Igreja, não importa por quais títulos sejam chamados, precisam estar adornados. Em outras palavras, que ousem resolutamente fazer todas as coisas pela Palavra de Deus, cujos ministros e despenseiros tenham sido designados; que todo poder, glória e grandeza deste mundo sejam compelidos a ceder e a obedecer à sua majestade; que, por ele, sujeitem a todos, do maior ao menor; que edifiquem a casa de Deus e lancem em ruína o reino de Satanás; que nutram as ovelhas e matem os lobos; que exortem e instruam os mansos; que acusem, repreendam e sujeitem os rebeldes e obstinados; que atem e desatem; e, finalmente, que arremessem seus raios e as terríveis ameaças. Mas que façam todas essas coisas pela Palavra de Deus.

TIRANIA ESPIRITUAL

Mas, supondo-se que comparemos esse poder de que temos falado àquele poder que esses tiranos espirituais, que pretextam ser bispos e orientadores de almas, têm até então introduzido entre o povo de Deus, a concordância entre eles não será melhor do que de Cristo com Belial (2 Coríntios 6.15).

Em primeiro lugar, eles pretendem que nossa fé fique de pé ou caia sob sua decisão. De modo que tudo o que eles determinarem, de um lado, seja solidamente estabelecido em nossas mentes; e, do outro, se aprovarem uma coisa, que nós também a aprovemos, além de qualquer dúvida; ou, o que condenarem, por si, também seja considerado condenado. Daí aquele princípio entre eles: a Igreja tem o poder de formular artigos de fé; a autoridade da Igreja se equipara à da Santa Escritura; um homem não é cristão a menos que, seguramente, consinta em todos os seus dogmas, sejam afirmativos ou negativos – com fé implícita ou explícita. E existem outros do mesmo teor. Então, desejam que nossas consciências se sujeitem à sua autoridade, de modo que permanece em nós a necessidade de obedecer a todas as leis que eles têm formulado. Entretanto, ao tratarem com insolência a Palavra de Deus, cunham dogmas segundo seus caprichos, os quais, em seguida, demandam que sejam subscritos como artigos de fé. E escrevem leis cuja observância eles tornam necessária. Todavia, reivindicam ilegitimamente para si o direito de firmar novos dogmas e cunhar artigos de fé, de cujo direito os próprios apóstolos foram privados, como mostramos um pouco antes. Mas, como se não bastasse, seguramente Paulo negou que exercesse o senhorio sobre a fé dos coríntios, para quem ele fora ordenado apóstolo pelo Senhor (2 Coríntios 1.24). Se ele tivesse reconhecido tal liberdade para ensinar, jamais teria ministrado o ensino à sua Igreja, de que, quando dois ou três profetas falam, "que os outros julguem. Mas, se uma revelação for dada a outro que estiver sentado, que o primeiro fique em silêncio" (1 Coríntios 14.29, 30). E, assim, ninguém era excetuado de ter sua autoridade sujeita ao juízo da Palavra de Deus. Mas, em outro lugar, com muito mais clareza, Paulo liberta nossa fé de todas as tradições e ficções humanas ao dizer: "A fé vem pelo ouvir, e o ouvir, pela palavra de Deus" (Romanos 10.17).

Muito bem, se a fé depende unicamente da Palavra de Deus, se ela olha para esta e repousa unicamente nela, o que agora se deixa à palavra dos homens? Visto que o poder de formular leis era desconhecido dos apóstolos e, com frequência, negado aos ministros da Igreja pela Palavra de Deus, admira-me que alguém, contrariamente ao exemplo dos apóstolos e contrariamente à clara proibição de Deus, ouse assenhorear-se desse poder para si. O que Tiago escreve não é ambíguo: "Irmãos, não faleis mal uns dos outros. Aquele que fala mal do irmão ou julga a seu irmão fala mal da lei e julga a lei; ora, se julgas a lei, não és observador da lei, mas juiz. Um só é o Legislador e Juiz, aquele que pode salvar e fazer perecer; tu, porém, quem és, que julgas o próximo?" (Tiago 4.11, 12). E ele dissera isso previamente através de Isaías, ainda que com menos clareza: "Porque o SENHOR é o nosso Juiz, o SENHOR é o nosso Legislador, o SENHOR é o nosso Rei; ele nos salvará" (Isaías 33.22). Ouvimos Tiago declarar que o poder de vida e morte é daquele que tem a jurisdição sobre a alma.

Entretanto, como ninguém pode tomar esta para si, devemos reconhecer Deus como o único governante das almas, unicamente com quem está o poder de salvar e destruir, ou (como declaram aquelas palavras de Isaías) que ele é, ao mesmo tempo, governante e juiz, e legislador e salvador (Isaías 33.22). Pedro também, ao admoestar os pastores no tocante ao seu ofício, exorta-os para que alimentem seu rebanho, sem exercer domínio sobre a "clerezia" (1 Pedro 5.2, 3). Por esse termo, ele tem em vista a herança de Deus, ou seja, o rebanho crente. Aliás, os que desejam operar à parte da Palavra de Deus reivindicam para si o poder de cortar e arrancar. Pois nada foi dado aos apóstolos, sobre o qual eles mesmos estabeleceram sua doutrina e seu governo, a não ser para magnificar o governo e a doutrina de Deus.

AS TRADIÇÕES PROVÊM DE DEUS?

18. Ouço a resposta que eles formulam para si próprios – que suas tradições não provêm de si mesmos, mas de Deus. Pois eles não balbuciam suas próprias ficções, mas transmitem, como que pela mão do povo cristão, o que receberam do Espírito Santo: que eles foram designados pela providência divina para governar. Também agregam razões para confirmar isso. Aí residem promessas radiantes, por meio das quais Cristo promete que a presença de seu Espírito jamais faltará à Igreja (cf. João 14.16). Aí residem louvores gloriosos, com que a Igreja foi marcada pela voz divina: que ela é santa e imaculada, sem ruga, sem nódoa (Efésios 5.27) e outras coisas que podem ser interpretadas no mesmo sentido (que se interpretam das Escrituras). Portanto, se, para alguém, a autoridade da

Igreja for duvidosa, esse mesmo é ímpio e contencioso, não só no tocante à Igreja, mas também no tocante ao Espírito de Cristo, por cuja direção a Igreja é indubitavelmente governada. Por tal razão, Cristo quis que aquele que não desse ouvido fosse considerado gentio e publicano (Mateus 18.17).

Por isso deve haver inabalável concordância entre todos acerca da opinião deles: a Igreja não pode errar naquelas coisas necessárias à salvação. Ora, pois, eles querem que tudo o que é dito da Igreja também lhes pertença. Ou toda a Igreja cai, ou permanece firme, sendo sustentada e mantida firme sobre os ombros deles. Também os concílios têm a mesma certeza da verdade que repousa na Igreja; por serem diretamente governados pelo Espírito Santo, realmente representam a Igreja e não podem errar.

Uma vez conquistados esses pontos, segue-se imediatamente que suas tradições são as revelações do Espírito Santo e não podem ser desprezadas exceto por um ímpio desdém lançado a Deus. E, para que não pareça haverem tentado algo sem grande autoridade, querem que nós creiamos que boa parte de suas observâncias teria vindo dos apóstolos. Dessa classe, são as orações pelos mortos e a disciplina de suas cerimônias. Apresentam como fato incontroverso que tantas coisas foram reveladas aos apóstolos após a ascensão de Cristo, as quais não foram incluídas nos escritos; como, por exemplo, quando o Senhor lhes disse: "Tenho muitas coisas a dizer-vos, o que agora não podeis suportar", mas que conhecereis mais tarde (João 16.12). Afirmam que um exemplo mostra, suficientemente bem, o que os apóstolos fizeram em outras situações, ou seja, quando, reunidos (Atos 15.6), ordenaram que todos os gentios, mediante um decreto do concílio, abstivessem-se de coisas oferecidas aos ídolos, do que é sufocado e do sangue (Atos 15.29).

19. Mas quão frívolas são todas essas coisas, e quão dignas de serem desprezadas, eu farei com que vejam claramente todos aqueles que, comigo, queiram examiná-las. Aliás, eu diria àqueles que dão séria atenção a isso que estou confiante em poder ajudá-los com esse ensino. Visto, porém, que seu único propósito é defender a própria causa de qualquer maneira, sem levar em consideração a verdade, creio que não tenho nenhuma transação com eles. Direi apenas umas poucas coisas para que os homens bons e aqueles que são zelosos para com a verdade, a quem, inicialmente, empreendemos instruir, possam desvencilhar-se do engodo deles.

A SUPREMA NORMA DA IGREJA: A PALAVRA DE DEUS

20. Portanto, eu advertiria tais pessoas a não se deixarem impressionar com o falso pretexto de Igreja, em cuja pretensão esses inimigos mais que perigosos e letais da Igreja se orgulham com a máxima vileza. Eles não pretendem outra coisa senão o que os judeus uma vez, aparentemente, reivindicaram, quando foram reprovados pelos profetas do Senhor por cegueira, impiedade e idolatria. Pois, do mesmo modo que aqueles se vangloriavam pomposamente do templo, das cerimônias e das funções sacerdotais, esses passaram a medir a Igreja com argumentos convincentes, segundo lhes parecia. E assim, no lugar da Igreja, agora nos são exibidas certas aparências externas, as quais estão bem longe daquelas em que consiste a verdadeira Igreja, e sem as quais a Igreja pode subsistir perfeitamente bem.

Por conseguinte, somos levados a refutá-los pelo mesmo argumento com que Jeremias contendeu contra a estúpida confiança dos judeus: "Não confieis em palavras falsas, dizendo: Templo do SENHOR, templo do SENHOR, templo do SENHOR é este" (1 Jeremias 7.4). Pois o Senhor nada reconhece, em qualquer lugar, como seus, salvo onde sua Palavra é ouvida e observada com o máximo escrúpulo. E esta é a marca perpétua com a qual o Senhor tem selado os seus; pois ele diz: "todo aquele que é da verdade ouve a minha voz" (João 18.37). No mesmo teor: "Eu sou o Bom Pastor; conheço as minhas ovelhas, e elas me conhecem" (João 10.14). "Minhas ovelhas ouvem a minha voz; eu as conheço, e elas me seguem" (João 10.27). Mas, um pouco antes, ele disse: "As ovelhas seguem o seu pastor, pois conhecem a sua voz. Elas não seguem o estranho, mas fogem dele, pois não conhecem a voz dos estranhos" (João 10.4–5).

Por que, pois, espontaneamente agimos como dementes em busca da Igreja, quando Cristo a marcou com um emblema inconfundível, o qual, onde quer que seja visto, não pode deixar de mostrar a Igreja ali; enquanto, onde quer que esteja ausente, nada fica que expresse o verdadeiro significado da Igreja? Mais ainda: Jerusalém deve ser distinguida de Babilônia; a Igreja de Cristo, da conspiração de Satanás; pela mesma diferença com que Cristo tem-se distinguido entre eles. Ele afirma: "Quem é de Deus ouve as palavras de Deus; por isso, não me dais ouvidos, porque não sois de Deus" (João 8.47).

Em suma, visto que a Igreja é o reino de Cristo, e ele só reina através de sua Palavra, acaso não ficará evidente a qualquer um que são palavras mentirosas aquelas pelas quais se imagina que o reino de Cristo existe à parte de seu cetro (ou seja, de sua santíssima Palavra)?

Mas, se todas as máscaras e todos os disfarces forem arrancados e realmente buscarmos aquilo que deve ser nossa principal preocupação, algo da máxima importância, ou seja, o tipo de Igreja que Cristo quer para si, então nos moldaremos e nos adequaremos ao seu padrão. Então, veremos facilmente que não se trata de uma Igreja que, ultrapassando os limites da Palavra de Deus, procede levianamente e se diverte em formular novas leis e sonha com novas coisas com a aparência de religião. Pois aquela lei, uma vez dada à Igreja, não se manterá boa para sempre? "Tudo o que eu te ordeno observarás; nada lhe acrescentarás, nem diminuirás" (Deuteronômio 12.32). E outra passagem: "Nada acrescentes às suas palavras, para que não te repreenda, e sejas achado mentiroso" (Provérbios 30.6). Não podem negar que isso foi dito à Igreja. O que mais, pois, declaram senão seu espírito recalcitrante, pois se gabam de que, após tais proibições, não obstante houve ocasião de acrescentar e misturar algo com a Palavra de Deus aquilo que é propriamente deles? Longe de nós assentirmos com suas falsidades, pelas quais lançam tanto insulto sobre a Igreja!

Entendamos, porém, que, sempre que alguém considera essa desordenada temeridade humana – a qual não pode conter-se nos mandamentos da Palavra de Deus, senão que, exultando de modo selvagem, correm após suas próprias invenções –, pretexta-se falsamente o nome de "Igreja". Quando se trata do culto do Senhor e da religião, nada há, nessas palavras, que seja confuso, obscuro ou ambíguo, proibindo-se a Igreja universal de acrescentar ou de tirar algo da Palavra de Deus. O Senhor há muito declarou que nada o ofende tanto quanto ser cultuado mediante ritos de invenção humana, tornando-o falso a si mesmo. Eis a fonte daqueles gloriosos anúncios entre os profetas, os quais deveriam ressoar continuamente em nossos ouvidos: "Porque nada falei a vossos pais, no dia em que os tirei da terra do Egito, nem lhes ordenei coisa alguma acerca de holocaustos ou sacrifícios. Mas isto lhes ordenei, dizendo: Dai ouvidos à minha voz, e eu serei o vosso Deus, e vós sereis o meu povo; andai em todo o caminho que eu vos ordeno, para que vos vá bem" (1 Jeremias 7.22–23). Reiterando: "Porque deveras adverti a vossos pais, no dia em que os tirei da terra do Egito, até o dia de hoje, madrugando, protestando e dizendo: dai ouvidos à minha voz" (1 Jeremias 11.7).

Existem outras passagens do mesmo teor, mas esta está entre as primeiras e é proeminente acima de todas as demais: "Porém, Samuel disse: Tem, porventura, o SENHOR tanto prazer em holocaustos e sacrifícios quanto em que se obedeça à sua palavra? Eis que o obedecer é melhor do que o sacrificar, e o atender, melhor do que a gordura de carneiros. Porque a rebelião é como o pecado de feitiçaria, e a obstinação é como a idolatria e o culto a ídolos do lar" (1 Samuel 15.22–23). Portanto, todas as invenções humanas, que, com a autoridade da Igreja, se mantêm, como não é possível escusá-las do crime de impiedade, é fácil provar que são falsamente imputadas à Igreja.

NOSSO APREÇO PELA VERDADEIRA IGREJA

Por essa razão, investimos livremente contra essa tirania das tradições humanas, as quais nos quiseram introduzir astutamente sob o título de Igreja. Porquanto não escarnecemos da Igreja, como, falsa e injustamente, declaram nossos adversários, mostrando contra nós seu repúdio; ao contrário, rendemos à Igreja o louvor da obediência, o qual ela bem sabe não haver maior. Ao contrário, fazem grave injúria à Igreja aqueles que a tornam obstinada contra seu Senhor, quando pretextam que ela tem feito muito mais do que lhe é permitido pela Palavra do Senhor. Afirmo que impudência – bem como malícia – é alardear-se continuamente sobre o poder da Igreja, enquanto, ao mesmo tempo, oculta-se o que o Senhor lhe ordenou e que obediência ela deve à ordem do Senhor.

Mas, se, como é justo, não é possível consentir com a Igreja, é mais uma questão de ver e recordar o que o Senhor tem ordenado a nós e a toda a Igreja: que obedeçamos a ele com um só consenso. Pois não há dúvida de que concordaremos muito bem com a Igreja se nos mostrarmos em todas as coisas obedientes ao Senhor. Mas a Igreja tem promessas mais amplas de que ela jamais será abandonada por Cristo, seu esposo; ao contrário, sempre será guiada por seu Espírito a toda a verdade (cf. João 16.13).

Primeiro, as várias promessas que habitualmente alegam foram dadas não menos aos crentes individuais do que a todo o rebanho crente. Pois, mesmo que o Senhor estivesse falando aos doze apóstolos quando disse: "Eis que estou convosco até o fim dos séculos" (Mateus 28.20); também: "E eu rogarei ao Pai, e ele vos dará outro Consolador, a fim de que esteja para sempre convosco, o Espírito da verdade, que o mundo não pode receber, porque não o vê, nem o conhece; vós o conhecereis, porque ele habita convosco e estará em vós" (João

14.16-17), não obstante ele não a estava fazendo somente aos Doze, mas a eles individualmente, inclusive aos outros discípulos ou àqueles a quem ele já havia recebido, ou àqueles a quem haveria de, mais tarde, receber em seu reino.

Mas, quando assim interpretam tais promessas, saturadas de maravilhosa consolação, como se fossem dadas não ao cristão individualmente, mas a toda a Igreja em conjunto, o que fazem senão remover de todos os cristãos a consolação que lhes teria emanado dessa fonte? Aqui não nego que o Senhor, rico em misericórdia e bondade, distribui variadamente a todos sobre quem, não obstante, se derrama separadamente mais abundante e ricamente (assim como é necessário dotar de maiores dons aqueles que foram designados como mestres sobre os demais); antes, digo que esses mesmos dons que nos vêm dele, como são variados e multiformes, são distribuídos de modo diverso (1 Coríntios 12). Em suma, não que, na própria comunhão dos santos, suprida com tamanha diversidade de dons, não fossem dotados com um tesouro mais rico e mais pleno de sabedoria celestial do que a cada um separadamente. Mas não devemos permitir que, perversamente, eles torçam as palavras do Senhor para significar algo diferente daquilo que realmente expressam.

21. Portanto, simplesmente admito o que é verdadeiro: que o Senhor está sempre presente com seu povo e os governa por meio de seu Espírito. Confesso que esse Espírito não é o Espírito de erro, de ignorância, de falsidade ou de trevas, mas de salvação, de verdade, de sabedoria e luz, com quem podemos aprender sem engodo o que lhes foi dado por Deus (1 Coríntios 2.12); ou seja, "qual é a esperança de seu chama-

mento, qual é a riqueza da glória da herança nos santos e qual é a suprema grandeza de seu poder para com os que creem, segundo a eficácia da força de seu poder" (Efésios 1.18-19). Além disso, que o Senhor põe em sua Igreja uma distribuição das graças a fim de que haja sempre os que excedem em dons especiais para sua edificação. "E ele mesmo concedeu uns para apóstolos, outros para profetas, outros para evangelistas e outros para pastores e mestres, com vistas ao aperfeiçoamento dos santos para o desempenho de seu serviço, para a edificação do corpo de Cristo, até que todos nós cheguemos à unidade da fé e do pleno conhecimento do Filho de Deus, à perfeita varonilidade, à medida da estatura da plenitude de Cristo" (Efésios 4.11-13).

Visto, porém, que os crentes, inclusive àqueles a quem têm sido dados dons mais excelentes do que aos demais, nesta carne só recebem os primeiros frutos e alguma prelibação de seu Espírito (Romanos 8.23), sendo despertados de sua própria fraqueza, nada melhor lhes é deixado senão que se guardem cuidadosamente dentro dos limites da Palavra de Deus; por fim, ao vagarem, incertos, em sua predileção pessoal, perambulam muito fora do caminho certo. E, obviamente, também não deve haver dúvida de que, caso se apartem, ainda que por pouco, da Palavra de Deus, e venham a cair em muitas coisas, encontram-se vazios daquele Espírito por cujo ensinamento, unicamente, os mistérios de Deus são percebidos. Pois, como escreve Paulo, Cristo purificou a Igreja "com a lavagem de água, pela palavra da vida, para que ela se apresente a ele como sua gloriosa noiva, sem mácula ou ruga" (Efésios 5.26-27), ou algo desse gênero, mas que ela seja santa e imaculada.

Ao contrário, ele ensina o que Cristo faz a cada dia na Igreja, e não o que ele já realizou. Pois, se, diariamente, ele santifica todo o seu povo, purificando-o e aperfeiçoando-o, e lavando suas manchas, é óbvio que são ainda salpicados com alguns defeitos e manchas, e algo ainda falta em sua santificação. Mas considerar a Igreja já santa e imaculada, quando todos os seus membros se encontram manchados e um tanto impuros, quão absurdo e néscio é isso! É verdade, pois, que Cristo tem purificado a Igreja com a lavagem na palavra da vida; ou seja, ele a tem lavado com o perdão dos pecados, cuja lavagem tem por símbolo o batismo, e tem feito isso para santificá-la para si mesmo. Mas somente o início de sua santificação é visível aqui: o fim e o término perfeito aparecerão quando Cristo, o Santo dos Santos (cf. Hebreus 9 e 10), real e perfeitamente, encher a Igreja com sua santidade.

Por isso, a Igreja dos crentes, confiando em tamanha e imensa plenitude de promessas, conta com recursos magistrais para sustentar sua fé, jamais nutrindo dúvidas de que ela possui no Espírito Santo o melhor e o mais seguro Guia na estrada certa. Ela não se fia em segurança vazia. Pois ele não é o Senhor que nutre seu povo em vão; ele fomenta a fé que, uma vez, foi dada. Instruída com tão profunda consciência e conhecimento de sua ignorância e falta de escolaridade, cabe-lhe ser uma esposa casta e uma aluna sóbria; então, ela prestará constante e cuidadosa atenção às palavras de seu Professor e Esposo. A Igreja não deve ser sábia aos próprios olhos; não deve inventar nada de si mesma, mas deve pôr o limite de sua própria sabedoria onde Cristo parou de falar. Dessa maneira, a Igreja, ao mesmo tempo, terá aversão a todos os inventos de sua própria razão. Mas, naquelas coisas em que ela repousa sobre a Palavra de Deus, a Igreja não vacilará com ansiedade; ao contrário, descansará firmemente com grande certeza e constância.

22. Não admira, pois, se Cristo, por uma singular palavra de Deus, nos tem recomendado à autoridade de sua Igreja: ao nos convidar a considerarmos como gentio e publicano qualquer um que não lhe der ouvidos (Mateus 18.17)! Também agrega uma promessa não comum: onde dois ou três estiverem reunidos em seu nome, ali ele estará no meio deles (v. 20). Mas, de fato, causa surpresa que tais patifes não se envergonhem quando ousam a chegar a esse ponto tão brutal. Pois qual será sua conclusão final, senão que ninguém deve desprezar o consenso da Igreja, o qual repousa unicamente na veracidade da Palavra de Deus?

A IGREJA PODE ESTABELECER ARTIGOS DE FÉ?

Os homens devem ouvir a Igreja, dizem eles. Quem nega isso? A razão é que a Igreja não faz pronunciamento exceto da Palavra de Deus. Se eles demandam algo mais, saibam que essas palavras de Cristo não lhes propiciam suporte. Pois, quando a promessa foi dada aos que se congregam em nome de Cristo, e tal assembleia foi chamada "Igreja", não concedemos que ela seja uma Igreja a menos que se reúna em nome de Cristo. Mas acaso isso é "reunir-se em nome de Cristo", quando se descarta o mandamento de Deus, o qual proíbe que algo seja acrescido ou tirado de sua Palavra (Deuteronômio 4.2; cf. Deuteronômio 12.32; Provérbios 30.6; Apocalipse 22.18–19), algo que se ordena segundo a própria decisão deles?

23. De modo algum reconhecemos essa última inferência: que a Igreja não pode errar em questões necessárias à salvação. Aqui, porém, tomamos isso em um sentido totalmente diferente. Entendemos, pela frase "não pode errar", que a Igreja, tendo desistido de toda a sua própria sabedoria, permite ser instruída pelo Espírito Santo através da Palavra do Senhor.

24. O argumento deles visa a isso: já que a Igreja é governada pelo Espírito Santo, então pode prosseguir com segurança sem a Palavra; não importa aonde ela vá, não pode fazer outra coisa senão pensar e falar o que é verdadeiro. Ora, mesmo que concordemos com sua tese sobre a Igreja, ainda assim, não adiantará muito, em razão de suas tradições. Pois não creem que a verdade persiste na Igreja, a menos que haja concordância entre os pastores; e que a própria Igreja só existe se for visível nos concílios gerais.

No entanto, nem sempre isso foi assim, quando os profetas nos deixaram testemunhos genuínos de seus tempos. Isaías diz: "Os seus atalaias são cegos, nada sabem; todos são cães mudos, não podem ladrar; sonhadores preguiçosos, gostam de dormir. Tais cães são gulosos, nunca se fartam; são pastores que nada compreendem, e todos se tornam para o seu caminho, cada um para sua ganância, todos sem exceção" (Isaías 56.10-11). Jeremias diz mais: "porque desde o menor deles até o maior, cada um se dá à ganância, e tanto o profeta como o sacerdote usam de falsidade" (1 Jeremias 6.13). Reiterando: "Os profetas profetizam mentiras em meu nome, nunca os enviei, nem lhes dei ordem, nem lhes falei; visão falsa, adivinhação, vaidade e o engano do seu íntimo são o que eles vos profetizam" (1 Jeremias 14.14). E Ezequiel: "Conspiração dos seus profetas há no meio dela; como um leão que ruge, que arrebata a presa, assim eles devoram as almas; tesouros e coisas preciosas tomam, multiplicam suas viúvas no meio dela. Seus sacerdotes transgridem minha lei e profanam minhas coisas santas, entre o santo e o profano, não fazem diferença, nem discernem o imundo do limpo e dos meus sábados escondem os olhos; e, assim, sou profanado no meio deles" (Ezequiel 22.25–26). "Seus profetas lhes encobrem isto com cal por visões falsas, predizendo mentiras e dizendo: Assim diz o SENHOR Deus, sem que o SENHOR tenha falado" (Ezequiel 22.28). A mesma coisa em Sofonias: "Seus profetas são levianos, homens pérfidos; seus sacerdotes profanam o santuário e violam a lei" (Sofonias 3.4). Além do mais, quão frequentemente Cristo e seus apóstolos predizem que os pastores exporiam a Igreja aos perigos mais letais (Mateus 24.11, 24; Atos 20.29–30; 2 Tessalonicenses 2.3; 1 Timóteo 4.1; 2 Timóteo 3.1; 4.3–4; 2 Pedro 2.1–2)!

E, para não encher muitas páginas recitando a mesma coisa, somos advertidos, por meio de exemplos, não só de seus tempos, mas de cada época, no sentido de que a verdade nem sempre está estacionada no peito dos pastores, e a totalidade da Igreja não depende de sua condição. Na verdade, era-lhes mister que fossem os executores e mantenedores da paz e da segurança da Igreja, uma vez que foram designados para sua preservação. No entanto, uma coisa é fazer o que se deve; e outra bem diferente é dever fazer o que não se faz. Todavia, que ninguém entenda essas nossas palavras como se minha intenção fosse minar a autoridade dos pastores em geral, precipitadamente e sem distinção. Apenas desejo que se faça discriminação entre esses mesmos pastores, para que também consideremos imediatamente pastores os que são assim chamados.

Devemos considerar que toda a sua tarefa se limita ao ministério da Palavra de Deus; toda a sua sabedoria, ao conhecimento de sua Palavra; toda a sua eloquência, à proclamação dela. Se porventura se apartarem dessa tarefa, então que os consideremos cabeças de vento e mandriões, de língua gaguejante, infiéis em todos os sentidos, desertores de seu ofício – sejam eles profetas, ou bispos, ou professores, ou ainda algo mais sério. Não estou falando de indivíduos em particular, e sim de toda a tribo de pastores juntos; se, ao abandonar a Palavra de Deus, deixam-se arrebatar por suas próprias mentes, não se tornam outra coisa senão néscios. Todavia, eles se valem da licença dissoluta por nenhuma outra razão senão porque são pastores que já se desvencilharam e renunciaram à obediência à Palavra de Deus. Como se Josué não fosse pastor, a quem foi dito que não se desviasse para a direita nem para a esquerda, mas que guardasse e observasse todos os preceitos da lei (Josué 1.7).

Entretanto, esforçam-se em nos persuadir de que não podem ser destituídos da luz da verdade, que o Espírito de Deus habita neles continuamente, que a Igreja subsiste neles e morre com eles. Como se já não existisse nenhum juízo do Senhor a proibir em nosso tempo os mesmíssimos eventos pelos quais os profetas em seus dias denunciaram os homens!

Ei-los: "Sucederá naqueles dias, diz o SENHOR, que o rei e os príncipes perderão a coragem, os sacerdotes ficarão pasmados e os profetas, estupefatos" (1 Jeremias 4.9). Ainda: "Virá miséria sobre miséria, e se levantará rumor sobre rumor;

buscarão visões de profetas; mas do sacerdote perecerá a lei, e dos anciãos, o conselho" (Ezequiel 7.26). É como se fossem falsas as profecias de Cristo e dos apóstolos, as quais dizem: "Porque virão muitos em meu nome, dizendo: Eu sou o Cristo, e enganarão a muitos. Porque surgirão falsos cristos e falsos profetas operando grandes sinais e prodígios para enganar, se possível, os próprios eleitos" (Mateus 24.5, 24 – comparados). Do mesmo teor: "Eu sei que, depois da minha partida, entre vós penetrarão lobos vorazes, que não pouparão o rebanho. E que, entre vós mesmos, se levantarão homens falando coisas pervertidas para arrastar os discípulos atrás deles" (Atos 20.29–30). Também: "Assim como, no meio do povo, surgiram falsos profetas, também haverá entre vós falsos mestres, os quais introduzirão, dissimuladamente, heresias destruidoras, até o ponto de renegarem o Soberano Senhor que os resgatou, trazendo sobre si mesmos repentina destruição" (2 Pedro 2.1) – e muitas outras do mesmo teor.

Tampouco esses homens totalmente estúpidos compreendem que estão entoando o mesmo cântico que uma vez entoaram os que estiveram lutando contra a Palavra de Deus, quando falaram com a mesma certeza em que agora confiam: "Vinde, e forjemos projetos contra Jeremias; porquanto não há de faltar a lei ao sacerdote, nem o conselho ao sábio, nem a palavra ao profeta; vinde, firamo-lo com a língua e não atendamos a nenhuma de suas palavras" (1 Jeremias 18.18).

DEVEMOS ACATAR OS CONCÍLIOS?

25. Em consequência, bem pouco lhes valerá mencionar mil vezes os concílios dos bispos, nem nos persuadirão a crer-

mos no que disputam – que os concílios são governados pelo Espírito Santo; ao contrário, que nos convençam de que estes têm sido reunidos em nome de Cristo. Assim como bispos ímpios e malvados podem conspirar contra Cristo, também podem reunir-se em seu nome bons e honestos. Temos prova clara desse fato num grande número de decretos que resultaram de tais concílios. Não me seria muito difícil mostrar abertamente, com provas claras, a malvada impiedade destes, não fosse pelo fato de estar me esforçando pela brevidade (necessária neste pequeno tratado). Não obstante, por um só ponto, podem-se julgar os demais, se nisso houver interesse: Paulo declara ser hipocrisia dos demônios e falsidade ordenar o celibato e proibir a ingestão de alimentos (1 Timóteo 4.1–3). Atribuir essas palavras aos maniqueus e tatianos não é base para isentar e livrar nossos oponentes da acusação de que o matrimônio e o alimento são completamente condenados por eles: o matrimônio só é proibido por eles no tocante a certas pessoas; o alimento, somente em certos dias. Pois são incapazes de justificar seus decretos que proíbem contrair o matrimônio e impor abstinência de alimentos – coisas que Deus criou para serem recebidas com ação de graças. Pois, para os crentes, toda a criação de Deus é boa e santa, bem como para aqueles que reconhecem a verdade. Visto, porém, que esses oráculos de Satanás têm sido promulgados pelo ministério dos concílios, que cada homem considere consigo mesmo o que mais é possível esperar dos instrumentos de Satanás.

    Portanto, acaso eu preciso lembrar como os concílios discordam de outros concílios e que o que foi decidido por um concílio foi anulado por outro? Ao decidirem questões morais, dizem que essa diversidade comumente ocorre pelo uso; sobre elas, nada há que proíba que se promulguem várias leis, segundo a variedade das épocas. Aliás, essas lutas também ocorreram no que diz respeito à doutrina. Tome-se, por exemplo, o Concílio de Constantinopla, o qual foi convocado pelo Imperador Leão, e o de Niceia, o qual mais tarde foi reunido por Irene (movida de inveja). Um deles decidiu remover e destruir as imagens; o outro, restaurá-las. E, de fato, raramente houve harmonia entre a Igreja do Oriente e do Ocidente (para usar seu termo). Vão agora e se gabem de que o Espírito Santo está atado e obrigado aos seus concílios.

E, deveras, aqui não estou argumentando ou que todos os concílios devam ser condenados ou que os atos de todos eles devam ser rescindidos e (como corre o dito) devam ser cancelados de um só golpe. Pois, em certos concílios, especialmente nos mais antigos, vejo radiar um zelo genuíno pela piedade, além de claros emblemas de discernimento, doutrina e prudência. Não nutro dúvida de que, também em outras épocas, os concílios tinham seus bispos de um tipo mais excelente. Mas aconteceu a mesma coisa nesses últimos concílios dos quais os senadores romanos se queixaram – os decretos senatoriais foram formulados precariamente. Pois, à medida que as opiniões vão sendo contabilizadas, e não pesadas, a melhor parte costuma ser vencida pela maior.

Todavia, naqueles concílios antigos e mais puros, é possível ver que falta algo; seja porque aqueles doutores e homens sábios, divididos pelos assuntos que tinham em mãos, não podiam dar-se conta de muitas outras coisas; seja porque, ocupados com outras questões mais sérias e de maior importância, deixaram escapar as de menor importância; ou era possível que se deixassem enganar simplesmente por falta de habilidade; ou algumas vezes se viam de ponta-cabeça por um sentimento bastante agudo.

Deste último (o qual parece ser o mais difícil de todos), há, no Concílio de Niceia, um exemplo notável, cuja eminência tem sido reconhecida pelo consenso de todos com a máxima reverência. Pois, quando perigava ali o principal artigo de nossa fé, e o inimigo Ário estava pronto para a batalha, e tinham de lutar com ele ombro a ombro, então era da máxima importância que houvesse concordância entre os que vieram preparados para se digladiar com o erro de Ário. A despeito disso, desatentos a tão grandes perigos, inclusive ignorando a gravidade, a modéstia e toda a civilidade, deixaram escapar a batalha que tinham em suas mãos, como se, intencionalmente, passassem a agir em favor de Ário. Então, começaram a se injuriar mutuamente com dissensões internas e a volver uns contra os outros a pena que deveria ter sido manejada contra Ário. Ouviam-se torpes recriminações; panfletos acusatórios iam e vinham; e as contendas não teriam fim a ponto de se apunhalar e ferir mutuamente, se o Imperador Constantino não tivesse interferido. Ele, confessando ser uma matéria além de sua competência fazer inquirição sobre a vida deles, castigou tamanha intemperança mais com louvor do que com repreensão.

Não é provável que tantos outros concílios que se seguiram a este também tenham fracassado? Pode ser que alguém pense que sou néscio só porque labuto em mostrar esses erros, visto que nossos oponentes admitem que os concílios podem errar naquelas matérias que não são necessárias à salvação. Mas esse não é um esforço supérfluo! Pois, embora, quando compelidos, confessem mesmo com a boca, quando lançam contra nós a decisão dos concílios, sobre qualquer matéria, indiscriminadamente como um oráculo do Espírito Santo, demandam mais do que assumiram originalmente. Ao agirem assim, o que afirmam senão que os concílios não podem errar; ou, quando erram, acaso não nos é lícito discernir a verdade, ou não assentir aos seus erros? Portanto, não deve haver nenhum assunto de concílios, pastores, bispos, Igreja (os quais não podem ser falsamente pretendidos ou verdadeiramente usados) que deve ser impedido, até que, instruídos por tais documentos, possamos submeter todos eles à norma da Palavra divina, a fim de determinar se provêm ou não de Deus.

AS TRADIÇÕES NÃO SÃO APOSTÓLICAS

26. Remontar, porém, a origem dessas tradições (com as quais a Igreja, até então, tem sido oprimida) aos apóstolos é puro engodo. Pois toda a doutrina dos apóstolos tem este intento: não sobrecarregar as consciências com novas observâncias, nem contaminar o culto de Deus com nossas invenções pessoais. E, se há algo de verossímil nas histórias e nos registros antigos, os apóstolos não só ignoravam o que os romanistas lhes atribuíam, como também nunca nem mesmo o ouviram. E nem tergiversem dizendo que muitos dos decretos dos apóstolos não entregues à escrita foram recebidos no uso e nas práticas costumeiras. A referência é àquelas coisas que, enquanto Cristo ainda vivia, não puderam entender, mas que, após a sua ascensão, aprenderam pela revelação

do Espírito Santo (João 16.12–13). Que impudência! Confesso que os discípulos eram ainda rudes e desinformados quando ouviram isso da parte do Senhor. Mas, quando eles passaram a escrever sua doutrina, mesmo então se achavam envoltos por tamanha obtusidade que, mais tarde, necessitariam suprir, de viva voz, o que omitiram em seus escritos em razão da ignorância? Ora, se já haviam sido guiados a toda a verdade pelo Espírito da verdade (cf. João 16.13) quando publicaram seus escritos, o que os impediu de abranger, nesses escritos, o perfeito conhecimento da doutrina evangélica e de deixá-la assinada e selada?

Além disso, fazem-se ridículos quando descrevem como mistérios extraordinários, desconhecidos dos apóstolos por tanto tempo, os quais se compunham de observâncias em parte judaicas ou gentílicas (algumas publicadas entre os judeus muito tempo antes, outras entre os gentios); em parte, de gesticulações pueris e pequenas cerimônias que os sacerdotes estúpidos (que nada sabem sobre natação ou letras) realizam excessivamente bem. De fato, meninos e bufões praticam e imitam essas coisas com tal aptidão que chegam a suplantar os oficiantes mais destros de tais ritos santos!

27. Não com muito mais habilidade reivindicam o exemplo dos apóstolos em defesa de sua tirania. Os apóstolos, dizem eles, e os anciãos da Igreja primitiva formularam decretos sem o comando de Cristo, por meio dos quais impuseram a todos os gentios que se abstivessem de carne oferecida aos ídolos, de carne de animais estrangulados e de sangue (Atos 15.20, 29). Se essas coisas lhes eram permitidas, por que não se permitiria aos seus sucessores seguirem a mesma prática

tantas vezes quantas a situação demandasse? Assim, que sempre os imitassem em todas as coisas, particularmente nisto! Pois eu nego – e posso provar facilmente, com argumentos fortes – que, ali, os apóstolos não instituíram ou decretaram nada novo. Aliás, quando Pedro, naquele concílio, declara que Deus estaria sendo posto à prova se um jugo fosse posto nos pescoços dos discípulos (Atos 15.10), então ele teria subvertido sua própria opinião se, mais tarde, consentisse em que algum jugo lhes fosse imposto. Mas ele é imposto quando os apóstolos, sob sua própria autoridade, decretam que os gentios estão proibidos de tocar na carne oferecida aos ídolos, sangue e carne de animais estrangulados (Atos 15.20, 29). Na verdade, ainda permanece como um escrúpulo o fato de que eles, não obstante, parecem proibir essas coisas. Mas tal escrúpulo será facilmente removido se alguém prestar atenção ao significado do próprio decreto, do qual o primeiro e mais importante ponto é que, aos gentios, deixa-se a liberdade, não devendo ser importunados ou expostos ao incômodo das observâncias legais (Atos 15.19, 24, 28).

Até aqui, isso nos favorece de forma notável. Mas segue-se imediatamente uma exceção (Atos 15.20, 29). Essa lei imposta pelos apóstolos não é nova, e sim o divino e eterno mandamento de preservar o amor. Ele não remove um mínimo daquela liberdade; apenas adverte os gentios sobre como devem acomodar-se aos seus irmãos, procurando não ofendê-los pelo abuso de sua própria liberdade.

Que este, pois, seja o segundo ponto: que os gentios desfrutem de uma liberdade sem prejuízo e sem ofensa aos seus irmãos. Não obstante, os apóstolos ainda prescrevem uma coisa particular: ensinam e especificam, tanto quanto era conveniente para o momento, quais são as coisas que podem causar escândalo aos irmãos, a fim de evitá-las. No entanto, não impõem nada novo, propriamente seu, à lei eterna de Deus, a qual proíbe que se ofendam os irmãos. É como se pastores fiéis, no encargo de Igrejas ainda não bem estabelecidas, ordenassem a todo o seu povo que – até que os fracos com quem viviam se fizessem mais fortes – não comessem carne publicamente na sexta-feira, ou trabalhassem abertamente nos dias santos, ou algo do gênero. Mas, ainda que essas coisas, à parte da superstição, em si mesmas sejam indiferentes, contudo, quando se soma escândalo aos irmãos, não podem ser praticadas sem pecado. No entanto, os tempos são tais que os crentes não podem aparecer à vista dos irmãos fracos sem que firam gravemente as consciências desses irmãos fracos.

Quem, senão um difamador, diria que, assim, eles fazem uma nova lei, quando é óbvio que apenas estão prevendo escândalos que foram explicitamente proibidos pelo Senhor? E não é possível dizer mais que isso acerca dos apóstolos, que não tiveram nenhuma outra intenção além de remover a ocasião para escândalos, recorrendo à lei divina concernente a evitar ofensa. É como se quisessem dizer: "O mandamento do Senhor é que não firais um irmão fraco; não podeis comer carne oferecida a ídolos, comer animais estrangulados e sangue, sem que ofendais os irmãos fracos. Portanto, ordenamos a vós, sob a palavra do Senhor, que não comais com escândalo".

Paulo é a melhor testemunha de que os apóstolos tinham em mente a mesma coisa. De forma inequívoca, ele escreve isso em consonância com a decisão do concílio: "No que se refere às coisas sacrificadas a ídolos, reconhecemos que todos somos senhores do saber. No tocante à comida sacrificada a ídolos, sabemos que o ídolo, em si mesmo, nada é no mundo, e que não há senão um só Deus. Entretanto, não há esse conhecimento em todos; porque alguns, por efeito da familiaridade até agora com o ídolo, ainda comem dessas coisas como a ele sacrificadas; e a consciência destes, por ser fraca, vem a contaminar-se. Vede, porém, que esta vossa liberdade não venha, de algum modo, a ser tropeço para os fracos" (1 Coríntios 8.1, 4, 7, 9). Aquele que pesa bem essas questões mais tarde não se deixará enganar pela camuflagem dos que fazem dos apóstolos um pretexto para sua tirania, como se os apóstolos, por seu decreto, começassem a usurpar a liberdade da Igreja.

SUMÁRIO

28. Muito embora não tenhamos mencionado tudo o que seria possível apresentar aqui, e também o que já dissemos se confinou a umas poucas palavras, confio que já alcançamos tal vitória, que não deixa razão alguma para que alguém nutra dúvida de que o poder espiritual sobre o qual o papa, com todo o seu séquito régio, se jacta é uma ímpia tirania que se opõe à Palavra de Deus e é injusta para com seu povo. Aliás, sob o termo "poder espiritual", incluo a ousadia de formular novas doutrinas pelas quais desviam o mísero povo totalmente da pureza original da Palavra de Deus, pondo-se a formular novas leis com que têm transtornado cruelmente as infelizes consciências – em suma, toda a jurisdição eclesiástica (como

a chamam) que eles exercem através de sufragâneos e oficiais. Pois, se admitirmos que Cristo governa entre nós, todo esse tipo de domínio é facilmente subvertido e deitado abaixo.

A DIGNIDADE DA IGREJA CONSISTE NA OPULÊNCIA?

29. Além do mais, no momento não estamos preocupados em discutir o outro tipo de domínio que se confina às possessões e aos estados, porque esse não é exercido sobre as consciências. Todavia, nesse aspecto, vale notar que são sempre semelhantes a si mesmos, ou seja, muito longe do que desejam ser chamados, "pastores da Igreja". Não culpo as falhas individuais dos homens, mas o crime comum de toda a ordem, a verdadeira praga da ordem, já que se imagina mutilada se não se adornar com opulência e títulos bombásticos. Acaso o dever dos bispos era se envolverem em procedimentos judiciais e na administração de cidades e províncias, além de empreender atividades bem afastadas da sua própria? Pois, em seu próprio ofício, eles têm tanto trabalho e negócio que, se fossem devotar-se total e continuamente a ele, e não fossem distraídos por quaisquer interrupções, dificilmente conseguiriam adequar-se à tarefa. Era-lhes conveniente rivalizar com a elegância dos príncipes em número de retenções legais, de esplendor de edifícios, de prodigalidade em vestuário e mesa? Sua vida deveria ter sido um modelo singular de frugalidade, moderação, continência e humildade.

Quão inconsistente com a função daqueles a quem o eterno e imutável decreto de Deus proíbe sair após lucro imundo e ser avaro, e ordena que se contente com uma vida simples

(1 Timóteo 3.3), é para eles não só assenhorear-se de vilas e cidades fortificadas, mas também roubar províncias inteiras, e até mesmo usurpar autoridade civil? Mas são tão impudentes que se atrevem até mesmo a sair em busca de escusa e de se gabar de que a dignidade eclesiástica não é sustentada impropriamente por essa magnificência, e que, nesse ínterim, não estão tão afastados assim das funções de sua vocação.

No que diz respeito ao primeiro ponto, se é um ornamento próprio de sua posição que fossem elevados a uma tão alta dignidade a ponto de inspirar temor nos supremos monarcas, têm razão em protestar junto a Cristo, que, dessa maneira, tem prejudicado gravemente a honra deles. Pois que coisa mais ultrajante seria possível dizer, na opinião deles, do que estas palavras: "Sabeis que os governadores dos povos os dominam e que os maiorais exercem autoridade sobre eles. Não é assim entre vós; pelo contrário, quem quiser tornar-se grande entre vós, será esse o que vos sirva" (Mateus 20.25–26; Marcos 10.42–44; Lucas 22.25–26)? Para eles, obviamente, seu ministério é separado pela mais vasta diferença de toda a glória e supremacia deste mundo. De outro modo, eu gostaria que provassem isso pela experiência, do mesmo modo que é fácil afirmá-lo com a boca! Não pareceu bem aos apóstolos renunciarem à pregação da Palavra de Deus e servirem às mesas (Atos 6.2). Já que não desejam ser instruídos por isso, veem-se compelidos a aceitar o fato de que ser bom bispo e bom príncipe não é a mesma tarefa do homem. Pois, se os apóstolos (que, segundo a grandeza dos dons com que foram adornados pelo Senhor, podiam enfrentar muitíssimas e amplas ocupações, mais do que quaisquer homens nascidos depois deles) ainda confessavam que não podiam ombrear o ministério da Palavra e o das mesas ao mesmo tempo, sem sucumbir sob o fardo, como é possível que esses homenzinhos, em nada comparados aos apóstolos, tenham ultrapassado cem vezes seu labor? Só tentar essa empreitada certamente seria o máximo da impudência e da audácia. No entanto, vemos que isso tem sido feito – com que resultado, é óbvio! Pois não poderia haver outro resultado, visto que, ao abandonarem seus próprios deveres, intrometeram-se nos alheios.

A indulgência dos príncipes teve algum zelo pela piedade, quando devotaram tanto de seus recursos ao enriquecimento dos bispos. Mas, por essa sua absurda liberalidade, não fizeram provisão mais generosa em prol do bem-estar da Igreja, pois assim corromperam sua verdadeira e antiga disciplina. Aliás, para dizer a verdade, aboliram-na por completo. Aqueles bispos que usaram mal essa grande liberalidade dos príncipes em benefício pessoal, exibindo esse único exemplo, têm dado prova sobeja de que não são absolutamente bispos.

Em suma, falemos, de uma vez por todas, acerca de seu poder: quando lutam diariamente com tanto empenho para manter essas possessões, nada há de obscuro no que buscam. Se eles abdicam do governo espiritual sob a condição de que o consagram integralmente a Cristo, nenhum perigo ocorrerá à glória de Cristo, à sã doutrina ou à segurança da Igreja. Mesmo que abdiquem desse poder secular, não há risco de que este, de algum modo, prejudique o bem-estar da Igreja. Mas são arrebatados, cegos e impetuosos, cobiçosos por domínio. Pois creem que nada está seguro, a menos que (no dizer do profeta) governem com rigor e dureza e com violência (Ezequiel 34.4). Todavia, essas poucas palavras sobre o patrimônio da Igreja foram ditas de passagem.

30. Volvo-me agora ao governo espiritual, o objeto próprio desta seção. Mas nossos oponentes, quando, em defesa de sua causa, veem que todo o suporte da razão os abandona, recorrem a esta última e mísera evasiva; mesmo que estes homens em si mesmos sejam estúpidos na mente e em conselho, e totalmente perversos no coração e na vontade, a Palavra do Senhor persiste, e ela manda que os homens obedeçam a seus governantes (Hebreus 13.17), ainda que promulguem leis iníquas e excessivamente inclementes. Todavia, o Senhor nos manda fazer tudo que os escribas e os fariseus dizem, ainda que ponham sobre nós fardos insuportáveis, fardos nos quais eles não tocariam sequer com um dedo (Mateus 23.3–4).

Acaso não é assim que se passa? Mas, se aceitarmos o ensino de todos os pastores, não importa quais sejam, de nada duvidando, qual seria o ponto das frequentes admoestações do Senhor feitas a nós, no sentido de não atentarmos para a palavra dos falsos profetas ou falsos pastores? Diz o Senhor: "Não deis ouvidos às palavras dos profetas que entre vós profetizam e vos enchem de vãs esperanças; falam as visões de seu coração, não o que vem da boca do SENHOR" (1 Jeremias 23.16). Do mesmo teor: "Acautelai-vos dos falsos profetas, que se vos apresentam disfarçados em ovelhas, mas por dentro são lobos roubadores" (Mateus 7.15). No mesmo diapasão, João nos exorta: "provai os espíritos se procedem de Deus" (1 João 4.1). Nem mesmo os anjos estão isentos desse juízo, muito menos Satanás com suas mentiras (Gálatas

1.8)! Mas o que dizer deste dito: "Deixai-os; são cegos, guias de cegos. Ora, se um cego guiar outro cego, cairão ambos no barranco" (Mateus 15.14)? Isso não declara, suficientemente bem, a importância de saber que sorte de pastores devem ser ouvidos, e que nem todos devem ser ouvidos sem qualquer discriminação?

Consequentemente, não há razão para nos amedrontarem com seus títulos a ponto de nos arrastarem e nos tornarem partícipes de sua cegueira. Pois vemos, ao contrário, que o Senhor tomou bastante cuidado de nos alarmar, a fim de não permitirmos ser arrastados a outro erro, ainda que mascarado sob algum título. Pois, se a palavra do Senhor é genuína, o cego também guia, não importa se são chamados sumos sacerdotes, prelados ou pontífices, nada podem fazer senão arrastar consigo seus parceiros para o mesmo precipício.

AS LEIS DOS BISPOS SÃO OBRIGATÓRIAS?

31. Resta a outra parte das leis; mas, ainda que tais leis nos sejam cem vezes injustas e injuriosas, contendem que devemos obedecer a todas, sem exceção. Pois aqui não se trata de consentirmos nos erros, mas apenas de que, como súditos, devemos suportar as duras imposições de seus líderes, a quem não temos o direito de rejeitar.

Mas também nesse particular o Senhor prontamente nos socorre com a verdade de sua palavra e nos liberta de tal servidão para a liberdade que já adquiriu para nós por seu santo sangue (1 Coríntios 7.23). Pois aqui não se trata (como maliciosamente pretextam) de que suportemos em nosso corpo alguma grave opressão, mas que nossas consciências, privadas de sua liberdade (ou seja, do benefício do sangue de Cristo), sejam atormentadas como escravas.

Entretanto, ignoremos isso também, como se fosse pouco para o ponto. Mas quão importante é pensarmos que o Senhor é privado de seu reino, o qual ele reivindica para si com tanta energia? Mas ele é arrebatado sempre que é cultuado mediante as leis de invenção humana, conquanto ele queira ser considerado o único Legislador de seu próprio culto. E, para que ninguém pense que isso é algo que se pode negligenciar, ouçamos em que alta conta o Senhor o considera. Diz ele: "Visto que este povo se aproxima de mim e com sua boca e com seus lábios me honra, mas seu coração está longe de mim, e seu temor para comigo consiste só em mandamentos de homens, que maquinalmente aprendeu, continuarei a fazer obra maravilhosa e um portento; de maneira que a sabedoria de seus sábios perecerá, e a prudência de seus prudentes se esconderá" (Isaías 29.13–14). Outra passagem: "e em vão me adoram, ensinando doutrinas que são preceitos de homens" (Mateus 15.9).

Muitos se admiram com o fato de o Senhor ameaçar tão incisivamente a ponto de assustar o povo que o adorava por meio de mandamentos e doutrinas de homens (Isaías 29.13–14) e declara que, em vão, é adorado pelos preceitos de homens (Mateus 15.9). Mas, se eles se pusessem a pesar bem quanto dependem unicamente do mandamento de Deus nas questões de religião (ou seja, por conta da sabedoria celestial), ao mesmo tempo veriam que o Senhor tem fortes razões para abominar esses ritos perversos, que lhe são oferecidos segundo a disposição da natureza humana. Pois, ainda que os que obedecem às leis, as quais têm a ver com o culto de Deus, mantenham alguma aparência de humildade nessa sua obediência, não obstante, de modo algum são humildes à vista de Deus, visto que lhe prescrevem essas mesmas leis que observam.

Ora, essa é a razão pela qual Paulo, com tanta urgência, adverte-nos a não nos deixarmos enganar pelas tradições dos homens (Colossenses 2.4–8), ou pelo que ele chama "culto de si mesmo", inventado pelos homens à parte da Palavra de Deus (Colossenses 2.22, 23). Certamente procede que nossa própria sabedoria e a de todos os homens devem tornar-se loucas a fim de deixarmos que somente ele seja sábio. Os que esperam sua aprovação às suas observâncias minuciosas, inventadas pela vontade dos homens, de modo algum preservam aquela vereda.

Assim foi feito em alguns séculos passados, e em nossa memória, e também é feito hoje naqueles lugares em que a autoridade da criatura é maior que a do Criador (cf. Romanos 1.25). Ali, a religião (se ainda merece ser chamada religião) é maculada por superstições muito mais sem sentido do que sempre foi no paganismo. Pois o que a mente dos homens poderia produzir senão todas as coisas carnais e ilusórias que realmente se parecem com seus autores? Além disso, acrescenta-se algo completamente perverso: quando a religião começa a ser definida por meio dessas ficções vãs, essa perversidade é sempre seguida por outro odioso anátema, pelo qual Cristo repreendeu os fariseus. É que anulam o mandamento de Deus em prol das tradições humanas (Mateus 15.3–6).

DA LIBERDADE CRISTÃ, DO PODER ECLESIÁSTICO E DA ADMINISTRAÇÃO POLÍTICA

Não desejo digladiar-me com minhas próprias palavras contra nossos atuais fabricantes de leis; obviamente, terão vencido, se estiverem aptos a se defender da acusação de Cristo como não aplicável a eles. Mas como poderiam escusar-se, já que, entre eles, é muito mais perverso esquivar-se da confissão auricular uma vez ao ano do que levar uma vida totalmente perversa durante todo o ano? Haver infectado sua língua com uma leve degustação de carne na Sexta-Feira do que haver conspurcado todo o corpo com fornicação diária? Haver movido a mão em trabalho honesto durante um dia de festa do que haver religiosamente exercitado todos os membros do corpo nos piores crimes? No caso de um sacerdote, comprometer-se em matrimônio legítimo do que viver emaranhado em mil adultérios? Haver deixado de cumprir uma peregrinação ajuramentada do que haver rompido a fé em todas as promessas? Não contribuir para as extraordinárias e completamente inúteis pompas dos templos do que negligenciar as urgentíssimas necessidades dos pobres? Ignorar um ídolo sem fazer-lhe reverência do que tratar com desdém a todo o gênero de pessoas? Não murmurar, em certas horas, uma infinidade de palavras sem sentido do que nunca haver pronunciado, de toda a alma, uma verdadeira oração? O que significa anular o preceito de Deus em favor de suas próprias tradições (Mateus 15.3) senão isso?

Ao mesmo tempo que eles comentam a observância dos mandamentos de Deus apenas insossa e displicentemente, não obstante, com o máximo de zelo e empenho, insistem na exata obediência aos seus, como se contivessem em si toda a força da piedade. Ao mesmo tempo que castigam com levíssimas penas a transgressão da lei divina, punem até mesmo a mais leve infração a um de seus decretos com uma pena não menor que o cárcere, a fogueira ou a espada. Não são rigorosos e inexoráveis contra os desprezadores de Deus; porém, perseguem, ao máximo e com ódio implacável, seus próprios desprezadores. Eles instruem a todos aqueles cuja simplicidade eles mantêm cativa a que vejam com mais equanimidade a ruína de toda a lei de Deus do que ver violado o menor dos preceitos da Igreja (como o chamam).

Primeiro, constitui grave transgressão alguém desprezar, julgar e desdenhar a outrem por coisas que são triviais e inclusive indiferentes (aos olhos de Deus). Agora, porém, como se isso fosse um mal bastante leve, aqueles elementos triviais deste mundo (como Paulo os chama, ao escrever aos gálatas) (Gálatas 4.9) são tidos em muito maior estima do que os oráculos celestiais de Deus. E aquele que quase é absolvido por adultério é condenado por comida; admite-se a uma meretriz o que se nega à esposa. Aqui, pois, está o fruto desse simulacro de obediência que se afasta de Deus enquanto se inclina para os homens.

Por que, pois, Cristo quis que se levasse aquela carga insuportável, com a qual os escribas e fariseus punham sobre os homens (Mateus 23.3)? Mais ainda, por que, em outro lugar, o mesmo Cristo quer que os homens se acautelem do fermento dos fariseus (Mateus 16.6)? Como explanado pelo evangelista Mateus, "fermento" significa tudo aquilo que os homens misturam de sua própria doutrina com a pureza da Palavra de Deus (Mateus 16.12). O que desejamos que seja mais claro do que a ordem para que fujamos e evitemos toda a sua doutrina? Com isso, faz-se mais clara para nós a outra passagem, na qual o Senhor também não quer que as consciências de seu povo sejam atribuladas pelas tradições peculiares aos fariseus. E as mesmas palavras, se não forem torcidas, não implicam outra coisa. Pois ali o Senhor quis invectivar amargamente a conduta dos fariseus, simplesmente ensinando a seus ouvintes que, muito embora nada vissem na vida dos fariseus que pudessem imitar, nem por isso deixassem de fazer aquelas coisas que os fariseus ensinavam com a palavra de sua boca, porquanto estavam sentados na cátedra de Moisés, ou seja, na condição de intérpretes da lei (Mateus 23.2).

AS ORDENANÇAS DA IGREJA SÃO DE FATO LEGÍTIMAS?

32. Mas, quando muitas pessoas iletradas ouvem que as consciências dos crentes são impiamente obrigadas por tradições humanas, e Deus é adorado em vão, aplicam a mesma obliteração a todas as leis pelas quais a ordem da Igreja é adaptada. Aqui, faz-se conveniente tratar também de seu erro. Neste ponto, é excessivamente fácil ser enganado, pois, à primeira vista, é evidente quanta diferença há entre a primeira e a segunda espécie de regulamentações. Mas explicaremos sucintamente toda a matéria com tanta clareza que ninguém será enganado pela similaridade.

Primeiro, apreendamos a seguinte consideração. Vemos que alguma forma de organização é necessária em toda a sociedade humana para fomentar a paz comum e manter a concórdia. Vemos ainda que, nas transações humanas, há algum procedimento que tem a ver com a decência pública, inclusive com a própria humanidade. Deve-se observar especialmente nas Igrejas, as quais são mais sustentadas quando todas as coisas estão sob um arranjo bem ordenado, e que, sem concórdia, de modo algum existem Igrejas. Portanto, se desejamos fazer melhor provisão para a segurança da Igreja, devemos atentar, com toda a diligência, para o imperativo de Paulo, no sentido de que "todas as coisas devem ser feitas com decência e ordem" (1 Coríntios 14.40).

Todavia, visto que existe tamanha diversidade nos costumes dos homens, tamanha variedade em suas mentes, tamanhos conflitos em seus critérios e disposições, nenhuma organização é suficientemente forte, a menos que seja constituída por leis definidas; tampouco é possível manter qualquer procedimento sem alguma forma estabelecida. Portanto, estamos longe de condenar as leis que conduzem a isso no tocante à disputa de que as Igrejas, quando privadas delas e quando seus próprios tendões são desintegrados, elas são totalmente deformadas e dispersas. Nem se pode entender de outro modo o que Paulo exige ao dizer que "todas as coisas sejam feitas com decência e ordem", a menos que se estabeleça a própria ordem e o devido decoro pela adição de algumas observâncias que formam, por assim dizer, um laço de união.

Mas, nessas observâncias, é preciso guardar-se sempre contra uma coisa. Elas não devem ser consideradas necessárias para a salvação, de modo a cegar as consciências pelos escrúpulos; nem devem ser associadas ao culto de Deus, para que a piedade não dependa delas. Ressaltamos, um pouco antes, qual característica singular distingue aquelas ímpias constituições (as quais, como já dissemos, obscurecem a verdadeira religião e subvertem as consciências) das genuínas ordenanças eclesiásticas, que sempre têm um propósito diferente destas: ou pertencer somente ao decoro com que todas as coisas sejam feitas na assembleia dos crentes com a devida ordem, ou manter aquela comunidade de homens dentro dos limites, por meio de alguma espécie de vínculo de humanidade. Todavia, quando se entende que uma lei tem sido promulgada por razão da decência pública, aí se remove a superstição na qual caem aqueles que medem o culto de Deus mediante invenções humanas. Reiterando, quando se reconhece que a lei tem a ver simplesmente com o emprego comum dos homens, então se esboroa aquela falsa opinião de obrigação e necessidade, que é usada para golpear as consciências com grande terror, quando se imagina que as tradições são necessárias à salvação. Pois nada se requer exceto que o amor seja fomentado entre nós mediante o esforço comum.

33. Encontram-se, em Paulo, exemplos da primeira classe: que as mulheres não ensinassem na Igreja (1 Coríntios 14.34), que comparecessem com as cabeças cobertas (1 Coríntios 11.5–11). E é possível ver exemplos disso nos hábitos do viver diário, tais como: que oremos com os joelhos dobrados e a cabeça descoberta; que os corpos humanos desnudos não sejam lançados numa cova; que não administremos os sacramentos do Senhor de modo profano e negligente; e outras práticas que pertencem à mesma categoria.

O quê?! Acaso a religião consiste em um xale feminino, de modo que não seja lícito à mulher comparecer com a cabeça descoberta? Esse decreto de Paulo concernente ao silêncio é tão santo que não pode ser quebrado sem grande ofensa? Existe, no ato de dobrar os joelhos ou na cobertura de um cadáver, algum rito santo que não pode ser negligenciado sem ofensa? Absolutamente, não! Pois, se uma mulher, para ajudar uma vizinha, necessita de tal pressa que não possa deter-se em cobrir sua cabeça, não causa escândalo se correr para ela com a cabeça descoberta. E há uma passagem não menos apropriada – na qual ela não pode falar – do que naquela em que deve permanecer calada? No mesmo diapasão, nada proíbe um homem que não pode dobrar seus joelhos, em razão de uma doença, de orar de pé. Finalmente, é preferível sepultar um morto no devido tempo a esperar, por falta de um lençol, que se deteriore o corpo insepulto.

Não obstante, em todas essas coisas, deve-se ou não fazer em conformidade com o costume da região, das instituições e, finalmente, segundo dita a mesma regra de humanidade e modéstia. Nessas coisas, não se comete crime nenhum se, movido de imprudência, ou de esquecimento, alguém se aparta delas; mas, se movido de desprezo, essa disposição deve ser reprovada. Mas, se alguém se queixa em voz alta e aqui deseja ser mais sábio do que deveria, que veja com que razão pode defender seu excesso de escrúpulo diante do Senhor. Este dito de Paulo deveria satisfazer-nos: "Contudo, se alguém quer ser contencioso, saiba que nós não temos tal costume, nem a Igreja de Deus" (1 Coríntios 11.16).

ORDEM NA IGREJA

34. Do outro tipo são as horas prescritas para as orações públicas, os sermões e batismos. Durante os sermões, há quietude e silêncio, lugares designados, cânticos de hinos, dias

reservados para a recepção da Ceia do Senhor, a disciplina da excomunhão, entre outros. São de pouca importância os dias, as horas, a estrutura dos lugares de culto, quais salmos devem ser entoados e qual o dia. Mas é conveniente ter dias definidos e horas estipuladas, bem como o lugar adequado para receber tudo isso, caso haja alguma preocupação em se preservar o lugar. Pois a confusão em relação a esses detalhes viria a ser a semente de grandes contendas, caso se permitisse a cada um, como lhe apraz, mudar aquilo que afeta a ordem pública! Nunca, pois, sucederá que a mesma coisa agrade a todos, se questões, como dizem, consideradas indiferentes forem deixadas ao critério individual.

Portanto, devemos esforçar-nos com grande empenho para prevenir que alguém cometa esse tipo de erro, ou que corrompa ou obscureça esse uso puro. Esse fim será alcançado caso todas as observâncias, quaisquer que sejam, exibam clara utilidade e se admitam bem poucas; mas especialmente caso se adicione o ensino de pastores fiéis a barrar a via para opiniões perversas.

Mas esse conhecimento, inicialmente, assegurará que cada um de nós mantenha essa liberdade em todas as coisas; todavia, cada um, voluntariamente, deve impor alguma necessidade sobre essa liberdade, na medida em que se demandar esse decoro do qual falamos ou considerações de amor. Segundo, que nos ocupemos, sem superstição, da observância destas e não as exijamos de outros com demasiada impertinência; que não estimemos o culto de Deus como melhor por haver nele uma multidão de cerimônias; e que uma Igreja não despreze a outra por causa da diversidade de disciplina externa. Finalmente, que, estabelecendo aqui, para nós, uma lei que não seja perpétua, recomendemos o uso e o propósito das observâncias à edificação da Igreja. Se porventura a Igreja necessitar dela, podemos não só, sem qualquer ofensa, permitir que algo seja mudado, mas também permitir que sejam abandonadas algumas observâncias previamente em uso entre nós.

Entretanto, algumas vezes, a própria natureza dos tempos demanda que alguns ritos, não ímpios ou indecorosos em si mesmos, sejam descartados, segundo a conveniência do momento; dessa classe, é a experiência de nosso tempo. Pois (tamanhas eram a cegueira e a ignorância dos tempos anteriores) as Igrejas, até o momento, têm-se aferrado às suas cerimônias com uma opinião corrupta e uma intenção obstinada. Em consequência, raramente poderão ser purificadas, de modo suficiente, dessas terríveis superstições sem que se removam muitas cerimônias, provavelmente estabelecidas desde outrora com boa razão e em si mesmas não ímpias ou viciosas; insistir obstinadamente em defendê-las seria um esforço prejudicial. Pois, se alguém quiser ajuizar-se da natureza dessas circunstâncias, já admitimos que, em si mesmas, elas não são prejudiciais. Mas, se forem consideradas em suas circunstâncias, transparecerá do mau uso das cerimônias que um erro foi infiltrado na mente dos homens, de tal modo que não pode ser facilmente corrigido, a menos que estas mostrem que são subtraídas da vista, as quais, reiteradamente, fornecem novo material para erro.

Assim, pelo testemunho do Espírito Santo, Ezequias foi louvado por haver destruído a serpente de bronze (2 Reis 18.4), a qual fora erguida por Moisés a mando do Senhor; assim, preservá-la como um memorial dos benefícios divinos nada tinha de nocivo se ela não começasse a servir de idolatria para o povo. Mas, visto que um rei tão excelente não poderia dispor de nenhum meio para corrigir a impiedade, teve de quebrá-la pela mesma razão que Moisés teve para erguê-la. Pois os juízos perversos dos homens devem ser curados da mesma forma que os estômagos enfermos e débeis, os quais são privados dos alimentos que são de difícil digestão, e que aos sadios não são nocivos.

C. DO GOVERNO CIVIL

35. Ora, visto que tivemos de estabelecer previamente que o homem está sob um duplo governo, e visto que já discutimos com suficiente extensão o tipo que reside na alma ou no homem interior e é pertinente à vida eterna, este é o lugar para afirmar também algo sobre outro tipo, que pertence exclusivamente ao estabelecimento da justiça civil e da moralidade externa. Primeiro, antes de entrarmos na matéria propriamente dita, devemos ter em mente aquela distinção que previamente estabelecemos, para que (como comumente ocorre) não misturemos nesciamente esses dois, os quais têm uma natureza completamente diferente. Pois certos homens, quando ouvem que o evangelho promete uma liberdade que não reconhece nenhum rei ou magistrado entre os homens, mas olham unicamente para Cristo, pensam que não podem ser beneficiados por sua liberdade enquanto virem algum poder erigido sobre eles. Por isso pensam que nada estará a salvo, a menos que o mundo inteiro seja restaurado a uma nova forma, na qual não existam tribunais, leis, magistrados

ou algo afim que, em sua opinião, restrinja sua liberdade. Mas quem quer que saiba distinguir entre corpo e alma, entre esta presente vida fugaz e aquela vida futura e eterna, saberá, sem dificuldade, que o reino espiritual de Cristo e a jurisdição civil são coisas completamente distintas.

Visto, pois, ser uma ilusão judaica buscar e encerrar o reino de Cristo entre os elementos deste mundo, ponderemos antes que o que a Escritura claramente ensina é um fruto espiritual, o qual colhemos da graça de Cristo; e lembremo-nos bem de manter dentro de seus próprios limites toda aquela liberdade que nos é prometida e oferecida nele. Pois, por que o mesmo apóstolo que nos convida a ficarmos firmes e a não nos submetermos ao "jugo de servidão" (Gálatas 5.1), em outro lugar proíbe que os escravos se sintam ansiosos acerca de seu estado (1 Coríntios 7.21), senão pelo fato de que a liberdade espiritual pode, perfeitamente bem, coexistir com a servidão civil? Essas suas afirmações devem ser tomadas também no mesmo sentido: no reino de Deus, "não há judeu nem grego, nem macho nem fêmea, nem escravo nem livre" (Gálatas 3.28, ordem mudada). E, reiterando, "não há judeu nem grego, incircunciso, circunciso, bárbaro, cita, escravo, liberto; mas Cristo é tudo em todos" (Colossenses 3.11). Com essas afirmações, ele quer dizer que não faz diferença qual seja a condição de cada um entre os homens ou sob quais leis nacionais você vive, já que o reino de Cristo não consiste, em absoluto, nessas coisas.

36. Todavia, tal distinção não nos leva a considerar que toda a natureza do governo é algo poluído, nada tendo a ver com os cristãos. Na verdade, é deste ponto que alguns fanáti-

cos se vangloriam: após havermos morrido através de Cristo para os elementos deste mundo, sermos transportados para o reino de Deus e nos sentarmos entre os seres celestiais, seria indigno e posto muito abaixo de nossa excelência envolvermo-nos com as preocupações mundanas e vis, que têm a ver com negócios alheios a um cristão. A que propósito, perguntam, servem as leis sem julgamentos e os tribunais? Mas o que o cristão tem a ver com os próprios julgamentos? Aliás, se não é lícito matar, por que temos leis e julgamentos?

Mas, como acabamos de salientar que esse tipo de governo é distinto daquele reino de Cristo, que é espiritual e interior, devemos saber que não são discrepantes. Pois, na verdade, o governo espiritual já produz em nós, aqui na terra, a iniciação de certos princípios do reino celestial; e, nesta vida mortal e fugaz, propicia certa prelibação de uma bem-aventurança imortal e incorruptível. Todavia, o governo civil tem como seu fim designado, enquanto vivermos entre os homens, adaptar nossa vida à sociedade dos homens, formar nosso comportamento social à retidão civil, reconciliar-nos uns com os outros e promover e fomentar a tranquilidade geral. Admito que tudo isso é supérfluo se o reino de Deus, tal como ora o temos entre nós, aniquilar a vida presente. Mas, se a vontade do Senhor é que continuemos a peregrinar sobre a terra enquanto aspiramos à pátria genuína, e se a peregrinação requer auxílios dessa ordem, aqueles que os tiram do homem privam-no de sua própria humanidade.

37. Nossos adversários alegam que deve haver uma perfeição tão grande na Igreja de Deus que seu governo deve ser suficiente como lei. Mas imaginam estupidamente uma

perfeição que jamais será encontrada numa comunidade humana. Pois, visto que a insolência dos homens maus é tão imensa, sua perversidade tão contumaz, que mal pode ser restringida por leis extremamente severas, o que esperaríamos deles, se veem que sua depravação corre à solta – quando nenhum poder pode forçá-los a deixar de praticar o mal?

Mas haverá um lugar mais apropriado para falarmos da função do governo civil. Agora, queremos apenas que se entenda que pensar em removê-lo é uma barbaridade ultrajante. Sua função entre os homens não é menos que a do pão, da água, do sol e do ar; sim, seu lugar de honra é muito mais excelente. Pois, tem a ver não só com aquilo que é conveniente a todos os homens, que respirem, que bebam, que se aqueçam (ainda que, seguramente, abarque todas essas atividades quando faz provisão para sua vida juntos).

Repito que ele não visa a apenas isso, mas também previne a idolatria, o sacrilégio contra o nome de Deus, as blasfêmias contra sua verdade, bem como outras ofensas públicas contra a religião de vicejar e proliferar entre o povo; impede que a paz seja perturbada; provê que cada um mantenha sua propriedade a salvo e intata; que os homens continuem mantendo entre si um relacionamento puro. Em suma, provê que exista entre os homens uma manifestação pública da religião, e que o espírito de humanidade seja fomentado entre eles. Que ninguém se sinta perturbado pelo fato de, agora, eu confiar ao governo civil o dever de estabelecer retamente a religião, o que previamente parece que eu teria excluído da decisão humana. Pois, quando aprovo uma administração civil que almeje impedir que a verdadeira religião, que está contida na lei de Deus, seja abertamente violada e com sacrilégio público, além de maculada com impunidade, aqui, não mais que antes, não admito que os homens façam leis em conformidade com sua própria decisão acerca da religião e do culto de Deus.

A DIGNIDADE DOS MAGISTRADOS

38. Meus leitores, porém, assistidos pela própria clareza do arranjo, entenderão melhor o que se deve pensar de todo o tema do governo civil, se discutirmos suas partes separadamente. Estas são três: o magistrado, que é o protetor e guardião das leis; as leis, de acordo com as quais ele governa; o povo, que é governado pelas leis e obedece ao magistrado. Então, em primeiro lugar, visualizemos o ofício do magistrado, notando se ele consiste em uma vocação lícita e aprovada por Deus; a natureza desse ofício; a extensão de seu poder; então, com que leis um governo cristão deve ser administrado; e, finalmente, como as leis beneficiam o povo e que obediência se deve ao magistrado.

39. O Senhor não só tem testificado que o ofício dos magistrados é aprovado por ele e lhe é aceitável, como também ressalta sua dignidade com os mais honrosos títulos e no-lo recomenda de modo portentoso. Para mencionar uns poucos: Visto que os que servem como magistrados são chamados "deuses" (Êxodo 22.8; Salmos 82.1, 6), ninguém conclua que seja de leve importância serem eles chamados assim. Pois, com isso, significa que eles têm um mandato de Deus, tendo sido investidos com autoridade divina e sendo legítimos representantes de Deus, de certa maneira agindo como seus

vice-regentes. Essa não é uma sutileza minha, e sim a explicação de Cristo. "Se ele chamou deuses àqueles a quem foi dirigida a palavra de Deus" (João 10.35). O que é isso senão que Deus lhes confiou a incumbência de servi-lo em seu ofício e (como Moisés e Josafá disseram aos juízes a quem designaram em cada cidade de Judá) de exercer juízo não em nome do homem, mas de Deus (Deuteronômio 1.16-17; 2 Crônicas 19.6)? Com o mesmo propósito, é o que a sabedoria de Deus afirma através da boca de Salomão: "Por meu intermédio reinam os reis e os príncipes decretam justiça. Por meu intermédio, governam os príncipes, e os nobres e todos os juízes da terra" (Provérbios 8.15-16). Isso equivale a dizer: não se deve à perversidade humana que a autoridade sobre todas as coisas na terra esteja nas mãos de reis e de outros governantes, mas pela divina providência e santa ordenação. Pois a Deus aprouve governar assim as atividades dos homens.

Paulo também ensina isso claramente quando cataloga "governo" entre os dons de Deus (Romanos 12.8), os quais, distribuídos de modo variado, segundo a diversidade da graça, devem ser usados pelos servos de Cristo para a edificação da Igreja. No entanto, Paulo fala com muito mais clareza quando empreende uma justa discussão acerca dessa matéria. Pois ele afirma, respectivamente, que o poder é uma ordenação de Deus (Romanos 13.2) e que não há poderes além daqueles ordenados por Deus (Romanos 13.1). Além do mais, que os príncipes são ministros de Deus, para o louvor dos que fazem o bem; e vingadores com castigo, para os que fazem o mal (Romanos 13.3-4). A isso, é possível acrescer os exemplos de homens santos, dentre os quais alguns possuíam reinos, como Davi, Josias e Ezequias; outros, o domínio, como José e Daniel; outros, o governo civil entre um povo livre, como Moisés, Josué e os juízes. O Senhor declarou sua aprovação de seus ofícios. Por conseguinte, ninguém deve nutrir dúvida de que a autoridade civil é uma vocação, não só santa e legítima diante de Deus, mas também a mais sagrada e a mais honrosa de todas as vocações em toda a vida dos homens mortais.

40. É preciso que, aos próprios magistrados, ocorra continuamente essa consideração, visto que ela pode incitá-los, de forma significativa, ao exercício de seu ofício e trazer-lhes extraordinário conforto, mitigando as dificuldades de sua tarefa (deveras muitas e incômodas). Pois que grande zelo pela integridade, pela prudência, mansidão, temperança e inocência deve ser requerido de si mesmos aqueles que bem sabem terem sido ordenados ministros da divina justiça? Como terão a impudência de admitir a injustiça em seu tribunal, no qual são mantidos, sabendo que é o trono do Deus vivo? Como terão a ousadia de pronunciar uma sentença injusta pela boca de quem sabe ter sido designado como instrumento da divina verdade? Com que consciência assinarão decretos perversos pela mão de quem bem sabe ter sido designado para prescrever os atos de Deus?

Em suma, se porventura se lembrarem de que são vigários de Deus, vão pôr-se a velar com toda a prudência, a solicitude e a diligência, para representarem em si, diante dos homens, a imagem da divina providência, proteção, bondade, benevolência e justiça. E devem pôr perpetuamente diante de si o pensamento de que "maldito aquele que fizer a obra do SENHOR relaxadamente!" (1 Jeremias 48.10).

Portanto, quando Moisés e Josafá intentaram instar com seus juízes a cumprirem seu dever, nada tinham mais eficaz para persuadi-los do que o que já mencionamos previamente: "ouvi a causa entre vossos irmãos e julgai justamente entre o homem e seu irmão ou o estrangeiro que está com ele" (Deuteronômio 1.16). "Vede o que fazeis, porque não julgais da parte do homem e sim da parte do SENHOR, e, no julgardes, ele está convosco. Agora, pois, seja o temor do SENHOR convosco, nosso Deus, injustiça, nem parcialidade, nem aceita ele suborno" (2 Crônicas 19.6–7). E lemos em outro lugar: "Deus assiste na congregação divina; no meio dos deuses, estabelece seu julgamento" (Salmos 82.1). Isso visa encorajá-los à sua tarefa quando ensinados que são adjuntos de Deus, a quem terão de prestar conta da administração de seu encargo. E essa admoestação merece ter, para eles, grande peso. Pois, se cometerem alguma falha, injuriam não só os homens a quem perversamente perturbam, mas também estão insultando ao próprio Deus, cujo santíssimo juízo maculam (cf. Isaías 3.14–15). Em contrapartida, eles dispõem dos meios para se consolar intensamente quando ponderam em si mesmos que estão ocupados não com atividades profanas ou aquelas que são alheias a um servo de Deus, mas com um ofício santíssimo, visto que estão servindo como adjuntos de Deus.

O OFÍCIO DOS MAGISTRADOS NA TEORIA

41. Aqueles que não se comovem diante de tantos testemunhos da Escritura, e ousam vituperar contra esse santo ministério como algo avesso à religião cristã e à piedade, o que mais fazem senão ultrajar o próprio Deus, cujo ministé-

rio não pode ser censurado sem que se desonre a ele mesmo? E tais pessoas não só rejeitam os magistrados, mas também renegam a Deus, para que não reine sobre eles. Pois, se o Senhor realmente disse isso do povo de Israel, por haver rejeitado a liderança de Samuel (1 Samuel 8.7), por que menos será dito hoje daqueles que se permitem enfurecer contra todos os governos ordenados por Deus? O Senhor disse a seus discípulos que os reis dos gentios exercem domínio sobre estes, mas que, entre os discípulos, não seria assim, quando o primeiro deve tornar-se o último (Lucas 22.25–26); eles nos informam que, por esse dito, todos os cristãos são proibidos de se envolver em reinos ou governos. Oh, destros intérpretes! Ali surgiu entre os discípulos uma contenda sobre qual deles superava os demais. E, a fim de silenciar essa vã ilusão, o Senhor lhes ensinou que seu ministério nada tem a ver com os reinos, nos quais um é proeminente acima dos demais. Que desonra, indago, faz essa comparação à dignidade régia! Aliás, o que isso prova senão que o ofício régio não é o ministério de um apóstolo?

42. Além do mais, entre os próprios magistrados, embora haja uma variedade de formas, não há diferença neste aspecto: devemos estimar a todos eles como ordenados por Deus. Porquanto Paulo também engloba todos eles, quando diz que não há poder que não proceda de Deus (Romanos 13.1). E aquele que é o menos aprazível de todos foi especialmente enaltecido acima de todos os demais, ou seja, o poder de um só. É assim porque esse (poder) traz consigo a marca comum de tudo (exceto que um só homem sujeita todas as coisas à sua vontade); assim, nos tempos antigos, isso não poderia ser

aceitável ao heroico e às naturezas mais nobres. Mas, para antecipar seus injustos julgamentos, a Escritura afirma expressamente que é da providência da sabedoria de Deus que os reis reinem (cf. Provérbios 8.15) e, especificamente, manda-nos honrar ao rei (Provérbios 24.21; 1 Pedro 2.17).

Obviamente, é um passatempo ocioso que os homens na vida privada sejam desqualificados para deliberar sobre a organização de qualquer comunidade e discutir sobre que tipo de governo seria o melhor. Essa questão também não admite uma solução simples, requerendo deliberação, visto que a natureza da discussão depende especialmente das circunstâncias. E, se as formas de governo forem comparadas entre si à revelia das circunstâncias, não é fácil distinguir qual delas excele em utilidade, tão iguais são as condições em que se seguem. Todo reino se inclina facilmente à tirania; porém, não é muito mais difícil abdicar o governo de homens excelentes à facção de uns poucos; todavia, é ainda mais fácil abdicar o governo popular à sedição. Entretanto, quando você descobre com certeza que tem os olhos fixos não apenas em uma cidade, mas olha ao redor e relanceia o mundo como um todo, ou, ao menos, lança seu olhar para as regiões mais remotas, então verá que, sabiamente, a providência divina tem disposto que diversos países sejam administrados por diversos tipos de governo. Pois, como os elementos só coexistem em proporção desigual, assim os países são mais bem mantidos juntos em conformidade com sua própria desigualdade particular. Não obstante, não há necessidade de que todas essas coisas sejam expressas àqueles para quem a vontade do Senhor é suficiente. Pois, se pareceu bem ao Senhor estabelecer reis sobre reinos, senadores ou oficiais municipais sobre cidades livres, nosso dever é mostrar que somos condescendentes e obedientes a todo aquele a quem ele põe sobre os lugares em que vivemos.

O OFÍCIO DOS MAGISTRADOS NA PRÁTICA

43. Neste exato lugar, temos de explanar superficialmente o ofício dos magistrados, como é descrito na Palavra de Deus e as coisas em que consiste. Jeremias admoesta os reis a "praticar o direito e a justiça"; a "livrar o oprimido das mãos do opressor"; a "não oprimir o estrangeiro, nem o órfão, nem a viúva"; a "não fazer violência, nem derramar sangue inocente" (1 Jeremias 22.3). Moisés, porém, ordena aos líderes a quem designara como seus representantes: "ouvi a causa entre vossos irmãos e julgai justamente entre o homem e seu irmão ou o estrangeiro que está com ele. Não sereis parciais no juízo, ouvireis tanto o pequeno como o grande; não temereis a face de ninguém, porque o juízo é de Deus" (Deuteronômio 1.16–17). No entanto, passo por alto de afirmações como estas: que os reis não multipliquem cavalos para si; nem ponham sua mente na avareza; nem se ponham acima de seus irmãos; que sejam constantes na meditação sobre a lei do Senhor todos os dias de sua vida (Deuteronômio 17.16–19); que os juízes não se inclinem para um lado nem aceitem subornos (Deuteronômio 16.19) – e passagens afins que lemos, aqui e ali, na Escritura.

Pois, ao explicar aqui o ofício dos magistrados, meu propósito não é tanto instruir os próprios magistrados; é ensinar a outros o que são os magistrados e com que finalidade Deus os designou. Vemos, pois, que são ordenados protetores e vindicadores da inocência, modéstia, decência e tranquilidade públicas, e que seu único empenho deve ser fazer provisão para a segurança e a paz comuns de todos. Visto, porém, que não podem realizar isso, a menos que defendam os homens bons das injustiças dos perversos, e deem auxílio e proteção ao oprimido, eles têm sido armados com poder com o qual exerçam severa coerção aos malfeitores e criminosos públicos (por cuja perversidade a paz pública é conturbada e perturbada) (cf. Romanos 13.3). Pois, com base na experiência, concordamos plenamente com a afirmação de Solon, ou seja, que todas as comunidades são mantidas por recompensa e punição; removam-se estas, e toda a disciplina das cidades entrará em colapso e se desintegrará. Pois o cuidado da equidade e da justiça se esfriaria na mente de muitos, a menos que a devida honra fosse preparada para a virtude; e a concupiscência dos perversos não pode ser restringida a não ser pela severidade e a aplicação de penalidades. E o profeta incluiu estas duas funções, quando insta com os reis e outros governantes a executarem juízo e justiça (1 Jeremias 22.3; cf. 21.12). Deveras, justiça equivale a receber em segurança, abraçar, proteger, vindicar e livrar o inocente. Juízo, porém, equivale a refrear a insolência dos ímpios, reprimir sua violência, punir seus malfeitos.

MINISTROS DE DEUS PARA CASTIGO

44. Aqui, porém, surge uma questão aparentemente áspera e difícil: se a lei de Deus proíbe todos os cristãos de matarem (Êxodo 20.13; Deuteronômio 5.17; Mateus 5.21), e o profeta profetiza acerca do santo monte de Deus (a Igreja),

que nele os homens não aflijam nem façam dano (Isaías 11.9; 65.25), como permitir que os magistrados sejam homens pios e, ao mesmo tempo, derramem sangue?

Todavia, se entendermos que o magistrado, ao ministrar punições, nada faz de si mesmo, mas efetua os próprios juízos de Deus, não seremos embaraçados por esse escrúpulo. A lei do Senhor proíbe matar; mas, para que os assassinos não fiquem impunes, o Senhor põe na mão de seus ministros uma espada para ser desembainhada contra todos os homicidas. Não cabe aos pios afligir ou causar dano; todavia, para vingar, sob o mando do Senhor, as aflições dos pios, ele manda ferir ou afligir. Gostaria que isto estivesse perenemente diante de nossas mentes: nada é feito aqui pela temeridade dos homens, mas todas as coisas são feitas sob a autoridade de Deus, que a ordena; e, enquanto sua autoridade seguir adiante de nós, nunca nos desviaremos da vereda reta. A menos que, talvez, se ponha restrição à justiça de Deus, para que não puna os malfeitos. Mas, se não é certo impor-lhe qualquer lei, por que dirigiríamos falsa acusação contra seus ministros? No dizer de Paulo, não é em vão que eles empunham a espada, pois são ministros de Deus para executar sua ira, vingadores contra os malfeitores (Romanos 13.4).

Portanto, se os príncipes e outros governantes reconhecem que nada é mais aceitável ao Senhor do que sua obediência, então que se apliquem a esse ministério, se atentarem em fazer com que sua piedade, justiça e integridade sejam aprovadas por Deus (cf. 2 Timóteo 2.15). Obviamente, Moisés se viu impelido por esse desejo quando, compreendendo que fora destinado pelo poder do Senhor a ser o libertador de seu povo, abriu mão de ser egípcio (Êxodo 2.12; Atos 7.24). Este também foi o caso quando, ao matar três mil homens em um só dia, ele tomou vingança contra o sacrilégio do povo (Êxodo 32.27-28).

Davi também, quando, no fim de sua vida, ordenou a seu filho Salomão que matasse Joabe e Simei (1 Reis 2.5-6, 8-9). Como a mansa e pacífica disposição de Moisés se inflamou com tamanha selvageria que, borrifado e manchado com o sangue de seus irmãos, se precipitou pelo acampamento a uma nova carnificina? Como foi possível que Davi, um homem de tão grande mansidão ao longo de toda a sua vida, quando respirou seu último alento, fez aquele testamento sanguinário, para que seu filho não permitisse que as encanecidas cabeças de Joabe e Simei repousassem em paz no túmulo (1 Reis 2.5-6, 8-9)?

Mas ambos os homens, ao executarem a vingança ordenada por Deus, pela crueldade, santificaram suas mãos, as quais, se as poupassem, estariam maculadas. Diz Salomão: "A prática da impiedade é abominável para os reis, porque com justiça se estabelece o trono" (Provérbios 16.12). Outra vez: "Assentando-se o rei no trono do juízo, com seus olhos dissipa todo mal" (Provérbios 20.8). Ainda: "O rei sábio joeira os perversos e faz passar sobre eles a roda" (Provérbios 20.26). Outra vez: "Tira da prata a escória, e sairá vaso para os ourives; tira o perverso da presença do rei, e seu trono se firmará na justiça" (Provérbios 25.4-5).

Ora, se sua verdadeira justiça é perseguir o culpado e o ímpio com espada desembainhada, manter sua espada na bainha e guardar suas mãos limpas de sangue, enquanto os homens celerados se enfurecem perversamente com matança e massacre, iriam torná-los culpados da mais intensa impiedade; desse modo, longe de conquistar louvor por sua bondade e justiça! Fora, pois, com aquela abrupta e selvagem aspereza e aquele tribunal que é justamente chamado "o porto dos homens culpados!" Pois não sou nem a favor da crueldade indevida nem penso que se possa pronunciar um julgamento justo, a menos que a clemência – o melhor conselheiro dos reis e o mais seguro guardião do trono régio (como declara Salomão) (Provérbios 20.28) – esteja sempre presente; clemência que, por um escritor da antiguidade, foi justamente chamada o principal dom dos príncipes. Todavia, é necessário que o magistrado preste atenção a ambos, para que, por excessiva severidade, não prejudique mais que cure; ou, por supersticiosa afetação da clemência, não caia na brandura mais cruel, caso ele (com uma flexível e dissoluta bondade) abandone muitos à sua destruição. Pois, durante o reinado de Nerva, não foi dito sem razão: "Deveras é ruim viver sujeito a um príncipe para quem nada é permitido; muito pior, porém, sujeito a um para quem tudo é permitido".

GUERRAS LEGÍTIMAS

45. Algumas vezes, porém, os reis e os povos têm de empunhar armas para a execução da vingança pública. Sobre essa base, podemos julgar como legítimas as guerras que são assim empreendidas. Pois se lhes foi dado o poder de preservar a tranquilidade de seu domínio, para restringir as incitações sediciosas de homens desassossegados, para ajudar os que são oprimidos pela força, para punir os malfeitores,

não poderiam usá-lo mais oportunamente para refrear a fúria daquele que perturba, respectivamente, o repouso dos indivíduos privados e a tranquilidade comum de todos, que suscita tumultos sediciosos e por meio de quem as opressões violentas e os vis malfeitos são perpetrados? Se eles têm de ser os guardiães e defensores das leis, também devem subverter os esforços de todos cujas ofensas corrompem a disciplina das leis. Aliás, se punirem justamente aqueles ladrões cujos atos nocivos têm afetado somente uns poucos, acaso permitirão que todo um país seja afligido e devastado impunemente por ladrões? Pois não faz diferença se é um rei ou os inferiores do povo comum que invadam um país estrangeiro no qual não têm direito algum, e o arrasem como inimigo. Todos os que agem assim devem ser considerados ladrões e, consequentemente, precisam ser punidos.

Aqui, porém, o dever de todos os magistrados é que se guardem contra dar vazão às suas paixões, mesmo num grau mínimo. Ao contrário, se tiverem de punir, que não se deixem arrebatar por uma ira avassaladora, ou assenhorear-se pelo ódio, ou inflamar-se com severidade implacável. Que também (no dizer de Agostinho) se apiedem da natureza comum naqueles cujo erro especial eles estão punindo. Ou, se tiverem de se armar contra o inimigo, ou seja, o ladrão armado, não busquem eles a mais leve ocasião, quando oferecida, a menos que sejam levados por extrema necessidade. Pois, se temos de fazer muito mais do que o filósofo pagão demandou, quando ensinou que a guerra tem de aparentar a busca pela paz, seguramente deve-se tentar tudo antes de recorrer às armas.

Enfim, em ambas as situações, não se deixem dominar por nenhum afeto privado; ao contrário, que sejam impelidos unicamente pela preocupação com o povo. De outro modo, abusariam perversamente de seu poder, o qual lhes foi dado não para sua vantagem pessoal, e sim para o benefício e serviço de outrem. Além disso, esse mesmo direito de deflagrar guerra fornece motivo para as guarnições, as alianças e outras defesas civis. Ora, chamo "guarnições" aquelas tropas que ficam estacionadas entre as cidades para a defesa das fronteiras de um país; "alianças", àqueles pactos que são feitos por príncipes vizinhos com o fim de que, se algum problema ocorrer em suas terras, possam sair em socorro do outro, e forças conjuntas para abater os inimigos comuns da humanidade. Chamo "defesas civis" os implementos usados na arte da guerra.

OS TRIBUTOS

46. Finalmente, desejo ainda adicionar isto: que os tributos e impostos sejam a renda legítima dos príncipes, os quais possam usar primordialmente para os gastos públicos de seu ofício; todavia, que, de modo semelhante, usem-nos para a magnificência de sua casa, que está associada, por assim dizer, à dignidade da autoridade que exercem. Como podemos ver, Davi, Ezequias, Josias, Josafá, entre outros reis santos, também José e Daniel (segundo a dignidade de seu ofício), todos eram, sem ofensa à piedade, pródigos em gasto público; e lemos em Ezequiel que uma grande porção da terra foi destinada aos reis (Ezequiel 48.21). Não obstante, ele faz isso de tal maneira que os próprios príncipes, por sua vez, se lembrem de que

suas rendas se destinam não tanto aos seus cofres privados quanto aos tesouros de todo o povo (é assim que Paulo testifica (Romanos 13.6), os quais não podem ser esbanjados ou despojados sem manifesta injustiça. Ou melhor, esses (tesouros) são quase o próprio sangue do povo, e não economizá-los seria uma desumanidade cruel.

Além disso, levem em conta que seus impostos e arrecadações, bem como outros tipos de tributos, nada mais são do que suportes da necessidade pública; mas que impô-los ao humilde povo comum sem causa é uma extorsão tirânica. Essas considerações não devem fomentar, nos ânimos dos príncipes, os luxuosos dispêndios e desperdícios (como seguramente não há necessidade de acrescentar combustível à sua cupidez, por natureza já um tanto inflamada). Mas é necessário que, o que quer que se aventurem a fazer, façam-no com a consciência pura diante de Deus; que sejam ensinados quanto lhes é lícito, para que, com ímpia autoconfiança, não caiam no desprazer de Deus. E essa doutrina não é supérflua para os indivíduos privados, a fim de que não se permitam, temerária e despudoradamente, vituperar quaisquer subsídios dados aos príncipes, mesmo que excedam aos dispêndios comuns dos cidadãos.

LEIS CRISTÃS

47. Em seguida à magistratura no estado civil, vêm as leis, que são como os mais fortes tendões das coisas públicas, ou, como Cícero os chama, as almas, sem as quais a magistratura não pode subsistir, mesmo quando eles mesmos não vivam sem a magistratura. Por conseguinte, não seria possível

dizer nada mais verdadeiro do que isto: a lei é um magistrado silencioso; o magistrado, uma lei viva. Mas, como tenho empreendido dizer com que leis um Estado cristão deve ser governado, isso não é razão para que alguém espere um longo discurso acerca do tipo mais excelente de leis. Isso seria algo interminável e não faria parte do presente propósito. Numas poucas palavras, e como que de passagem, notarei que leis podem ser usadas piamente diante de Deus e ser administradas devidamente entre os homens. Eu teria passado por alto dessa matéria em total silêncio se não fosse a consciência de que aqui muitos se extraviam perigosamente.

48. Pois existem alguns que negam que uma comunidade seja devidamente estruturada, comunidade que, ao negligenciar o sistema político de Moisés, é governada pelas leis comuns das nações. Que outros considerem bem quão perigosa e sediciosa é essa noção; a mim, basta haver provado ser falsa e néscia. Tenhamos em mente aquela divisão comum de toda a lei de Deus, administrada por Moisés, em leis morais, cerimoniais e judiciais. E devemos considerar cada uma dessas partes, a fim de entendermos o que há e o que não há nelas que nos diga respeito. Nesse ínterim, que ninguém se preocupe com o pequeno ponto de que as leis cerimoniais e judiciais são pertinentes à ética. Pois os antigos escritores que ensinaram essa divisão, muito embora não ignorassem que essas últimas duas partes continham alguma ética, porque estas podiam ser mudadas e anuladas, enquanto a ética permanecia intocada, não as denominam de leis morais. Aplicavam esse título especialmente à primeira parte, sem a qual a verdadeira santidade da ética não pode subsistir.

A lei moral (a começar primeiramente com ela) está contida em dois tópicos, um dos quais simplesmente nos manda cultuar a Deus com fé e piedade puras; o outro, a abraçar os homens com afeto sincero. Por conseguinte, essa é a verdadeira e eterna regra da justiça, prescrita aos homens de todas as nações e de todos os tempos, que desejem conformar sua vida à vontade de Deus. Pois sua eterna e imutável vontade é que ele mesmo seja adorado por todos nós, e que nos amemos mutuamente.

A lei cerimonial foi a tutela dos judeus, com que pareceu bem ao Senhor educar esse povo, por assim dizer, em sua infância, até que viesse a plenitude do tempo (Gálatas 4.3–4; cf. 3.23–24), a fim de que ele pudesse manifestar plenamente sua sabedoria às nações e exibir a veracidade daquelas coisas que, então, foram prefiguradas em emblemas.

A lei judicial, dada a eles para o governo civil, transmitia fórmulas definidas da equidade e justiça, por meio das quais pudessem viver juntos inocente e pacificamente. Aquelas práticas cerimoniais pertenciam propriamente à doutrina da piedade (conquanto mantivessem a Igreja judaica no serviço e na reverência a Deus), embora pudessem ser distinguidas da própria piedade. De igual modo, a forma de suas leis judiciais (embora não tivessem outra intenção senão preservar, da melhor maneira possível, aquele mesmo amor que é imposto pela eterna lei de Deus) tinha algo distinto daquele preceito do amor.

49. Portanto, como as leis cerimoniais podiam ser ab-rogadas, enquanto a piedade permanecia a salvo e intacta, assim também, quando essas instituições judiciais foram

removidas, os deveres e preceitos perpétuos do amor ainda podiam permanecer inabaláveis. Mas, se isso é assim, seguramente cada nação é deixada livre para promulgar aquelas leis que ela prevê ser, em si mesmas, proveitosas. Todavia, estas devem estar em conformidade com aquela regra perpétua do amor, de modo que, de fato, embora variem na forma, tenham o mesmo propósito. Pois não creio que aquelas leis bárbaras e selvagens (como, por exemplo, honrando os ladrões, permitiam intercurso promíscuo e outros tão mais imundos e absurdos) devam ser tidas como leis. Pois são não só aversivas a toda a justiça, como também a todo espírito de humanidade e brandura.

O que eu já disse se fará claro se, em todas as leis, examinarmos (como devemos) estas duas coisas: a constituição da lei e a equidade sobre a qual repousa sua própria constituição. Equidade, porque é natural, não pode senão ser a mesma para todos; e, portanto, esse mesmo propósito deve aplicar-se a todas as leis, não importa qual seja seu objeto. As constituições têm circunstâncias que as cercam, das quais, em parte, dependem. Portanto, não importa se são diferentes, contanto que todas se destinem igualmente ao mesmo alvo da equidade.

Deve ser evidente que a lei de Deus, a que chamamos lei moral, nada mais é do que o testemunho da lei natural e daquela consciência que Deus gravou no coração dos homens. Consequentemente, todo o esquema dessa equidade da qual ora falamos foi registrado nela. Essa é a razão para somente essa equidade ser o alvo, a regra e o limite de todas as leis. Sejam quais forem as leis formuladas para essa regra, direcionadas àquele alvo, jungidas àquele limite, não há razão para as desaprovarmos, por mais que difiram da lei judaica, ou entre si mesmas. A lei de Deus proíbe o furto. No Estado judaico, as penas previstas para os ladrões devem ser buscadas em Êxodo (Êxodo 22.1-4). As próprias leis antigas de outras nações puniam o furto com dupla restituição; as leis que se seguiram a estas faziam distinção entre furto, público ou não. Algumas (nações) procediam com o banimento; outras, com flagelação; outras, afinal, com a pena capital. Entre os judeus, o falso testemunho era punido com danos similares e iguais à injúria (Deuteronômio 19.18-21); em outros lugares, somente com a desonra profunda; em algumas nações, com o enforcamento; em outras, com a cruz.

Todos os códigos, igualmente, vingavam o homicídio com sangue, mas com diferentes tipos de morte. Algumas nações puniam o adultério com mais severidade; outras, com penas mais leves. Todavia, vemos como, com tanta diversidade, todas as leis tendiam ao mesmo fim. Pois, a uma só voz, pronunciam punição contra aqueles crimes que a eterna lei de Deus tem condenado, a saber, o homicídio, o furto, o adultério e o falso testemunho. No entanto, não concordam sobre a questão da punição. Tampouco isso é necessário ou importante.

Há nação que, se não tratar cruelmente os homicidas à guisa de exemplos horríveis, será arrasada imediatamente pelos homicídios e latrocínios. Pode haver uma época em que, em virtude das circunstâncias, se requeira o aumento da severidade nos castigos. Pode haver uma nação inclinada a um vício particular, a não ser que este seja reprimido com maior aspereza. Que malicioso e odioso seria para o bem público um homem sentir-se escandalizado por tal diversidade, quando esta é perfeitamente adaptada para manter a observância da lei de Deus! Pois totalmente fútil é a vanglória de alguns de que a lei de Deus dada por Moisés é desonrada quando é ab-rogada, e novas leis são preferidas àquela. Pois não significa que outras lhes sejam preferidas quando são mais aprovadas, não por uma simples comparação, mas no que diz respeito à condição de tempos, lugar e nação; ou não se pode ab-rogar aquela lei que nunca nos foi dada. Pois o Senhor, pela mão de Moisés, não deu aquela lei para ser proclamada entre todas as nações; mas, quando ele falou à nação judaica para sua segurança, defesa e proteção, quis também ser tido especialmente como seu legislador; e, quando ele (Moisés) se tornou um legislador sábio, teve motivos particulares para lhes dar aquelas leis.

MOTIVOS JUSTOS PARA UM LITÍGIO

50. Agora, resta-nos examinar o que foi posto em último lugar; que utilidade as leis, os julgamentos e os magistrados têm para a comum sociedade de cristãos; quanta deferência os indivíduos privados devem render aos seus magistrados e que obediência lhes é devida. Para muitos, o ofício dos magistrados parece supérfluo entre os cristãos, já que não podem piamente evocar o socorro deles, conquanto lhes é proibido tomar vingança, comparecer perante um tribunal ou recorrer à lei. Paulo, porém, ao contrário, testifica claramente que o magistrado é um ministro de Deus para nosso bem (Romanos 13.4). Com isso, entendemos que a vontade do Senhor é que, defendidos por sua mão e sustentados contra os malfeitos e

as injustiças dos homens perversos, possamos viver uma vida tranquila e serena (1 Timóteo 2.2).

51. Mas, se o magistrado nos foi dado pelo Senhor para nosso auxílio, sem nenhum propósito, e se não nos for permitido desfrutar de tal benefício, é bastante claro que o magistrado pode ser, sem impiedade, evocado e também receber nosso apelo. Aqui, porém, temos de tratar com dois tipos de homens. Muitíssimos são aqueles que de tal modo se inflamam com uma fúria por litígio que nunca estão em paz consigo mesmos, a menos que estejam se digladiando com os outros. E efetuam suas demandas com ódio amargo e letal e, com insana paixão, revidam e ferem, perseguindo-os com implacável obstinação, até que vejam a ruína de seus adversários. Entretanto, para evitar que se pense que estão fazendo algo errado, defendem tal perversidade sob o pretexto de procedimento legal. Mas, se é permitido recorrer à lei contra um irmão, nem por isso é permitido odiá-lo, nem deixar-se assenhorear com um demente desejo de prejudicá-lo, tampouco acossá-lo implacavelmente.

Tais homens, portanto, devem entender que os litígios judiciais são permissíveis quando corretamente usados. Há o uso correto, tanto para o querelante como para o acusado em defesa própria, se o defensor se apresenta no dia aprazado e com tamanha isenção que possa defender-se sem amargura, mas somente com este intento: defender o que é seu por direito; e se, em contrapartida, o querelante, imerecidamente oprimido ou em sua pessoa ou em sua propriedade, pondo-se ao cuidado do magistrado, apresenta sua queixa e busca o que é justo e bom. Mas ele deve estar longe de toda paixão que prejudica ou retalia, longe da aspereza e do ódio, longe do desejo ardente de contenda. Ao contrário, ele deve estar preparado mais para ceder o que é seu e sofrer o dano do que deixar-se arrebatar pela inimizade para com seu adversário. Em contrapartida, onde os corações se enchem de malícia, são corrompidos pela inveja, inflamados com ira, respirando vingança, e, finalmente, tão inflamados pelo desejo de contenda que ignoram completamente a lei do amor, todas as formas de proceder, ainda que as causas mais justas do mundo não possam ser senão ímpias.

Pois este deve ser um princípio estabelecido a todos os cristãos: que uma demanda, por mais justa que seja, nunca pode ser corretamente levada a juízo, a menos que o acusado trate seu adversário com o mesmo amor e a mesma boa vontade, como se a questão sob controvérsia já fosse amigavelmente estabelecida e apaziguada. Pode ser que alguém interponha aqui que tal moderação é tão invariavelmente ausente de qualquer demanda judicial que praticamente seria um milagre se algo do gênero fosse achado. Deveras, admito que, como correm os costumes destes tempos, é raro haver exemplo de um litigante íntegro; mas a coisa em si, quando não corrompida pela adição de algo ruim, não deixa de ser boa e pura.

Mas, quando ouvimos que o auxílio do magistrado é um santo dom de Deus, tanto mais diligentemente deveríamos cuidar com todo esmero para que ele não seja poluído com nosso vício. Os que condenam terminantemente todas as contendas judiciais devem compreender que, com isso, repudiam a santa ordenação de Deus, e uma das classes de dons que podem ser puras para os puros (Tito 1.15); a não ser, talvez, que queiram acusar Paulo de um ato vergonhoso por haver repelido as calúnias de seus acusadores, ao mesmo tempo expondo sua astúcia e malícia (Atos 24.12), e no tribunal reivindicou para si o privilégio de cidadania romana (Atos 16.37; 22.1, 25); e, quando havia necessidade, apelava do injusto juiz para o tribunal de César (Atos 25.10–11). Isso não contradiz o fato de que todos os cristãos são proibidos de fomentar a vingança, a qual banimos para longe dos tribunais cristãos (Levítico 19.18; Mateus 5.39; Deuteronômio 32.35; Romanos 12.19).

Pois, caso se trate de uma causa civil, um homem não toma a vereda reta, a menos que confie sua causa, com inocente simplicidade, ao juiz como protetor público, e de modo algum deve pensar em retribuir mal por mal (Romanos 12.17), o que seria paixão por revanche. Entretanto, se a ação for levada por alguma ofensa capital ou mais séria, exigimos que o acusador seja alguém que se dirija ao tribunal sem o ardente desejo por retaliação ou ressentimento por injúria privada, mas tendo em mente apenas prevenir os esforços de um homem destrutivo de fazer dano à sociedade. Pois se, então, você remove uma mente vingativa, não é transgredida aquela ordem que proíbe os cristãos de retaliação (Romanos 12.19). Mas alguns objetarão que não só são proibidos de fomentar vingança, como também são proibidos de esperar pela mão do Senhor, o qual promete que estará presente para vingar os oprimidos e aflitos (Romanos 12.19); enquanto os que buscam o socorro da parte do magistrado, ou para si ou para outrem, antecipam a vingança do Senhor. Absolutamente, não! Pois devemos considerar que a vingança do magistrado não é da parte do homem, e sim de Deus, a qual ele aplica, no dizer de Paulo (Romanos 13.4), pelo ministério do homem, para nosso bem.

Em nada estamos em mais desacordo com as palavras de Cristo, quando ele nos proíbe de resistir ao mal e nos manda voltar a face direita àquele que nos fere a esquerda, e que devemos dar nosso manto àquele que nos tira a túnica (Mateus 5.39-40). Deveras ele quer que os corações dos seus se desviem tão completamente de qualquer desejo de retaliação que, ao contrário, permitam-se sofrer dupla injúria, e não fomentar sua intenção de retribuí-la com a mesma moeda. Tampouco queremos apartá-los dessa paciência. Pois, na verdade, os cristãos devem ser uma espécie de pessoa que nasce para suportar as calúnias e as injúrias, preparadas para a malícia, os engodos e os motejos dos mais perversos dos homens. E não só iss; eles devem suportar pacientemente todos esses males, ou seja, devem cultivar uma disposição espiritual tão completa que, uma vez recebida uma aflição, protifiquem-se para outra, prometendo a si, ao longo de sua vida, nada fazer senão suportar uma cruz perpétua.

Entretanto, que façam o bem àqueles que lhes ferem e abençoem aqueles que os amaldiçoam (Lucas 6.28; cf. Mateus 5.44) e (esta é sua única vitória) se esforcem para vencer o mal com o bem (Romanos 12.21). E, com isso em mente, não buscarão retribuir olho por olho ou dente por dente (como ensinavam os fariseus aos seus discípulos a fomentarem a vingança); mas, como são instruídos por Cristo, de tal modo permitirão que seu corpo seja mutilado e suas posses sejam maliciosamente esbulhadas que perdoarão e, voluntariamente, relevarão tais erros tão logo lhes tenham sido infligidos (Mateus 5.38–42). Todavia, essa equidade e essa moderação de sua mente não os impedirão de se valer do auxílio do magistrado em busca da preservação de suas próprias possessões, enquanto buscam a manutenção da amizade para com seus inimigos; ou se mostram zelosos para com o bem-estar público, enquanto demandam a punição de um homem culpado e pestilento que, bem sabem, só pode ser mudado pela morte.

Mas também é falsa a objeção costumeira – de que Paulo condenou cabalmente as demandas judiciais (1 Coríntios 6.5–8). Prontamente é possível compreender, à luz de suas palavras, que havia, na Igreja de Corinto, uma gana imoderada por litígio, chegando ao ponto de exporem ao escárnio e à maledicência dos ímpios o evangelho de Cristo e toda a sua religião. Antes de tudo, Paulo os criticou por vilipendiarem o evangelho entre os incrédulos pela intemperança de suas disputas. Em segundo lugar, ele os repreendeu também por contenderem da mesma forma entre si, irmãos com irmãos. Pois estavam tão longe de suportar os erros dos outros que, avidamente, um anelava a posse do outro e, sem causa, eles assaltavam e infligiam prejuízo uns aos outros.

Portanto, Paulo se insurge contra esse desejo demente de recorrer à lei, não simplesmente contra toda e qualquer controvérsia; mas estigmatiza expressamente como sendo uma grave ofensa não aceitarem a perda de seus bens, em vez de se empenharem por sua conservação, chegando, inclusive, ao ponto da disputa.

Na verdade, os cristãos devem conduzir-se de tal modo que prefiram sempre ceder seu próprio direito a recorrer ao tribunal, do qual dificilmente poderão escapar sem um coração atiçado e inflamado com ódio contra seu irmão. Mas, quando alguém vê que, sem a perda do amor, pode defender sua propriedade, cuja perda lhe representaria um pesado prejuízo, não ofende essa declaração de Paulo, caso recorra à lei.

Em suma (como dissemos no início), o amor ministrará a cada um o melhor conselho. Todo e qualquer empreendimento à parte do amor, e todas as disputas que o ultrapassam, consideramos, sem controvérsia, injustas e ímpias.

RESPEITO PARA COM O MAGISTRADO

52. O primeiro dever dos súditos para com seus magistrados é pensar com mais nobreza em seu ofício, o qual, sem sombra de dúvida, deve ser tido como uma jurisdição outorgada por Deus, e por essa causa devem ser estimados e reverenciados como ministros e representantes de Deus. É possível encontrar alguns que, respeitosamente, se rendem aos seus magistrados e não se mostram indispostos a lhes obedecer, pela consciência que têm de que isso é conveniente para o bem público; não obstante, apenas consideram os magistrados uma espécie de mal necessário.

Pedro, porém, requer algo mais de nós quando manda que o rei seja honrado (1 Pedro 2.17); como faz Salomão quando ensina que Deus e o rei devem ser temidos (Provérbios 24.21). Pois Pedro, na palavra "honrar", inclui uma opinião sincera e cândida. Salomão, jungindo o rei a Deus, mostra que o rei deve ser considerado com plena veneração e dignidade. Há também aquele famoso dito em Paulo: que devemos obedecer "não só por causa do temor da punição, mas também por dever de consciência" (Romanos 13.5). Com isso, ele tem em mente que os súditos não devem obedecer e estar em sujeição a seus príncipes e governantes movidos pelo medo do castigo (como se costuma render-se a um inimigo armado, quando percebe que, prontamente, se tomará vingança caso resista), mas porque, assim, demonstram a obediência que devem ao próprio Deus, quando a rendem a eles, visto que o poder dos governantes procede de Deus.

Assim, conclui-se ainda algo mais: que, com os corações inclinados à reverência para com seus governantes, os súditos provem com isso sua obediência em relação a eles, seja por obedecerem às suas proclamações, seja por pagarem os impostos, seja ainda exercendo ofícios e cargos públicos que pertencem à defesa comum, seja executando quaisquer outras ordens da parte deles. No dizer de Paulo, "todo homem esteja sujeito às autoridades superiores... e os que resistem trarão sobre si mesmos condenação" (Romanos 13.1–2). "Lembra-lhes que se sujeitem aos que governam, às autoridades; sejam obedientes, estejam prontos para toda boa obra" (Tito 3.1). E Pedro afirma: "Sujeitai-vos a toda instituição humana por causa do Senhor, quer seja ao rei, como soberano, quer às autoridades, como enviadas por ele, tanto para castigo dos malfeitores como para louvor dos que praticam o bem" (1 Pedro 2.13–14).

Ora, a fim de que provem que não estão arguindo sujeição, mas que são, sincera e cordialmente, súditos, Paulo adiciona que devem encomendar a Deus a segurança e a prosperidade daqueles sob os quais vivem. Diz ele: "Antes de tudo, pois, exorto que se use a prática de súplicas, orações, intercessões, ações de graças, em favor de todos os homens, em favor dos reis e de todos os que se acham investidos de autoridade para que vivamos vida tranquila e mansa, com toda piedade e respeito" (1 Timóteo 2.1–2).

Que aqui ninguém se engane! Pois, como não se pode resistir ao magistrado sem que, ao mesmo tempo, se resista a Deus, mesmo quando pareça que um magistrado desarmado possa ser desprezado impunemente, Deus está armado para vingar poderosamente o menosprezo para com ele.

53. Além disso, sob essa obediência, incluo a moderação que os cidadãos privados devem guardar no tocante ao bem público, para que não se intrometam deliberadamente nos negócios públicos, não invadam o ofício do magistrado sem qualquer propósito e não empreendam tudo politicamente. Se numa ordenação pública alguma coisa requer emenda, que não suscitem tumulto; ou, então, lancem-se à tarefa – todos eles devem manter suas mãos atadas nesse aspecto –, de modo a confiar o problema ao juízo do magistrado, cuja mão, aqui, é a única livre. Quero dizer que não se aventurem a nada sem um mandado. Pois, quando um superior emite sua ordem, os cidadãos privados recebem a autoridade pública. Pois, como os conselheiros comumente são chamados os ouvidos e os olhos do príncipe, assim se pode falar com razão daqueles a quem ele designou por seu mando para fazer as coisas, como as mãos do príncipe.

OBEDIÊNCIA AOS MAUS MAGISTRADOS

54. Visto, porém, que estivemos, até então, descrevendo um magistrado que realmente justifica seu título, ou seja, um pai para sua nação, e, como o poeta o expressa, pastor de seu

povo, guardião da paz, protetor da justiça e vingador do inocente, aquele que não aprova tal governo deve ser com razão considerado um insano. Mas, em todas as épocas, temos exemplos de alguns príncipes que se descuidam de todas aquelas coisas para as quais deveriam ter prestado mais atenção e, longe de toda preocupação, indolentemente entregam-se aos seus prazeres. Outros, atentos aos seus próprios negócios, põem à venda leis, privilégios, juízos e cartas de favor. Outros sugam o povo comum de seu dinheiro e, após, esbanjam-no com insana generosidade. Outros ainda exercitam assalto, pilham casas, estupram virgens e matronas e assassinam inocentes. Em consequência, muitos não se deixam persuadir de que devem reconhecer estes como príncipes e obedecer à sua autoridade tanto quanto possível. Pois, em tão grande desdita, e entre tais crimes tão alheios ao ofício não só do magistrado, mas também de um homem, não discernem a aparência da imagem de Deus que deveria ter brilhado no magistrado; enquanto não percebem nenhum vestígio daquele ministro de Deus que foi designado para o louvor dos bons e para a punição dos maus (cf. 1 Pedro 2.14). Assim, igualmente não reconhecem como governante aquele cujas dignidade e autoridade a Escritura nos tem recomendado.

Na verdade, estes sentimentos inatos sempre estiveram na mente de quase todos os homens: odiar e amaldiçoar os tiranos; amar e venerar os reis legítimos. Mas, se examinarmos a Palavra de Deus, ela nos fará ver mais além. Somos não só sujeitos à autoridade dos príncipes que cumprem, integral e fielmente, seu ofício, como também à autoridade de todos os que, seja por qual meio for, mantêm o controle das atividades, mesmo quando não cumprem sequer um mínimo do ofício dos príncipes. Pois, a despeito do testemunho do Senhor de que o ofício dos magistrados é o mais elevado dom de sua beneficência para preservar a segurança dos homens, e a despeito de designar as obrigações para com os magistrados, ao mesmo tempo declara que, não importa o que eles sejam, é unicamente da parte do Senhor que eles possuem autoridade. Aliás, o Senhor diz que os que governam para o benefício público são verdadeiros modelos e evidências dessa sua beneficência; que os que governam injustamente e sem competência foram levantados por ele para punir a perversidade do povo; que todos foram igualmente dotados daquela santa majestade com que ele tem investido o poder legítimo. Não avançarei mais até que haja anexado alguns testemunhos seguros dessa coisa.

Todavia, não carece que continuemos nos esforçando para provar que um rei ímpio é a ira do Senhor sobre a terra (Jó 34.30; Oseias 13.11; Isaías 3.4; 10.5), pois não creio que alguém me contradite; então, nada mais se deve dizer de um rei que se diga de um ladrão que se assenhoreia das possessões alheias (Deuteronômio 28.29), de um adúltero que polui o leito nupcial de outro (Deuteronômio 28.30) ou de um homicida que busca matar seu semelhante. Pois a Escritura computa todas essas calamidades entre as maldições de Deus. Nós, ao contrário, detenhamo-nos aqui para provar o que não é tão fácil de fixar bem na mente dos homens, ou seja, até mesmo em um homem perversíssimo, completamente indigno de toda honra, se ele detém o poder em suas mãos, nele reside aquele nobre e divino poder que o Senhor, mediante a sua Palavra, deu aos ministros de sua justiça e juízo. E ele deve ser tido por seus súditos na mesma estima, no que diz respeito à obediência pública, como se lhes fosse dado o melhor dos reis. Primeiro, gostaria que meus leitores notassem e cuidadosamente observassem qual a providência de Deus, para a qual as Escrituras, com boa razão, frequentemente nos chamam a atenção, e sua especial operação em distribuir reinos e designar aos reis o que lhe apraz.

Em Daniel, o Senhor muda os tempos e as sucessões dos tempos, remove reis e os estabelece (Daniel 2.21, 37). De igual modo, "a fim de que conheçam os viventes que o Altíssimo tem domínio sobre o reino dos homens; e o dá a quem quer e até ao mais humilde dos homens constitui sobre eles" (Daniel 4.17; cf. 4.14). Muito embora as Escrituras, em outros lugares, sejam ricas de tais passagens, particularmente essa profecia as satura. Ora, é sobejamente conhecido quem foi o rei Nabucodonosor, o qual conquistou Jerusalém – um poderoso invasor e destruidor de outros povos. Não obstante, em Ezequiel, o Senhor declara que ele lhe deu a terra do Egito para a obra que fizera ao Senhor na devastação do Egito (Ezequiel 29.19–20). E Daniel lhe disse: "Tu, ó rei, rei de reis, a quem o Deus do céu conferiu o reino, o poder, a força e a glória, em cujas mãos foram entregues os filhos dos homens, onde quer que eles habitem, e os animais do campo e as aves do céu, para que dominasses sobre todos eles" (Daniel 2.37–38). Reiterando, Daniel diz ao filho de Nabucodonosor, Belsazar: "Ó rei! Deus, o Altíssimo, deu a Nabucodonosor, teu pai, o reino e a grandeza, a glória e a majestade. Por causa da grandeza que lhe deu, povos, nações e homens de todas as línguas tremiam e temiam diante dele; matava a quem queria e a quem queria deixava com vida; a quem queria exaltava e a quem queria abatia" (Daniel 5.18–19).

Ao ouvirmos que um rei fora ordenado por Deus, evoquemos imediatamente à nossa mente aqueles éditos celestiais no tocante à honra e ao temor que são devidos a um rei; então, não hesitemos em manter um perversíssimo tirano no lugar onde o Senhor se dignou a colocá-lo. Samuel, ao advertir o povo de Israel que sorte de coisas sofreriam de seus reis, disse: "Este será o direito do rei que houver de reinar sobre vós: ele tomará os vossos filhos e os empregará no serviço de seus carros e como seus cavaleiros, para que corram adiante deles. (...) Tomará vossas filhas para perfumistas, cozinheiras e padeiras. Tomará o melhor das vossas lavouras, e das vossas vinhas, e de vossos olivais e o dará aos seus servidores. As vossas sementeiras e as vossas vinhas dizimará, para dar aos seus oficiais e aos seus servidores. Também tomará os vossos servos, e as vossas servas, e os vossos melhores jovens, e os vossos jumentos e os empregará no seu trabalho. Dizimará o vosso rebanho, e vós lhe sereis por servos" (1 Samuel 8.11–17).

Seguramente, os reis não fariam isso por direito legal, visto que a lei os instruía a se restringirem (Deuteronômio 17.14–20). Mas ele foi denominado de direito em relação ao povo, pois tinham de obedecer e não lhes era permitido resistir. Era como se Samuel dissesse: a obstinação dos reis correrá sem freio, porém não vos cabe restringi-la; esta única alternativa vos é deixada: ouvir suas ordens e atender à sua palavra.

Mas especialmente em Jeremias há uma passagem memorável, a qual (embora um tanto longa) não me é difícil citar, porque define, com muita clareza, toda essa questão. "Eu fiz a terra, o homem e os animais que estão sobre a face da terra, com o meu grande poder e com o meu braço estendido, e os dou àquele a quem for justo. Agora, entregarei todas estas terras ao poder de Nabucodonosor, rei de Babilônia, meu servo; e também lhe dei os animais do campo para que o sirvam. Todas as nações servirão a ele, a seu filho e ao filho de seu filho, até que também chegue a vez de sua própria terra, quando muitas nações e grandes reis o fizerem seu escravo. Se alguma nação e algum reino não servirem ao mesmo Nabucodonosor, rei de Babilônia, e não puserem o pescoço debaixo do jugo do rei de Babilônia, a essa nação castigarei com espada, e com fome, e com peste, diz o SENHOR, até que eu a consuma pela sua mão. Não lhes dês ouvidos, servi ao rei de Babilônia e vivereis; por que se tornaria esta cidade em desolação?" (1 Jeremias 27.5–8, 17).

Vemos quanta obediência o Senhor queria que se rendesse àquele tirano abominável e cruel por nenhuma outra razão senão porque ele possuía o domínio. Mas foi pelo decreto do Senhor que ele fora posto sobre o trono do reino e assumira a majestade régia, a qual seria ilícito violar. Se porventura tivermos continuamente presente em nossas mentes e diante de nossos olhos o fato de que até mesmo os reis muitíssimo indignos são designados pelo mesmo decreto por meio do qual a autoridade de todos os reis é estabelecida, aqueles pensamentos sediciosos jamais penetrarão nossas mentes de que um rei deve ser tratado segundo seus merecimentos, e de que é injusto que nos mostremos sujeitos àquele que, de sua parte, não se mostra um rei para conosco.

Há ainda no mesmo profeta (Jeremias) outra ordem do Senhor pela qual ele manda que seu povo busque a paz de Babilônia, para onde foram enviados como cativos, e a orar ao Senhor em favor dela, pois, na paz dela, teriam a sua paz (1 Jeremias 29.7). Eis os israelitas esbulhados de todas as suas possessões, arrastados de seus lares, levados para o exílio e lançados em deplorável servidão, recebendo a incumbência de orar pela prosperidade de seu conquistador – não como nós mesmos, em outras passagens, somos ordenados a fazer orações por nossos perseguidores (cf. Mateus 5.44), mas a fim de que seu reino fosse preservado a salvo e em paz, para que, sujeitos a ele, também prosperassem.

Assim Davi, já designado rei pela ordenação de Deus e ungido com seu santo óleo, quando era perseguido por Saul sem o merecer, ainda considerava ser inviolável a cabeça de seu perseguidor, porque o Senhor a santificara com a honra do reino. "O SENHOR me guarde de que eu faça tal coisa ao meu senhor, ou seja, que eu estenda a mão contra ele, pois é o ungido do SENHOR" (1 Samuel 24.6). Reiterando: "Davi, porém, respondeu a Abisai: Não o mates, pois quem haverá que estenda a mão contra o ungido do SENHOR e fique inocente? Acrescentou Davi: Tão certo como vive o SENHOR, este o ferirá, ou o seu dia chegará em que morra, ou em que, descendo à batalha, seja morto. O SENHOR me guarde de que eu estenda a mão contra o seu ungido" (1 Samuel 26.9–11).

55. Devemos a todos os nossos superiores essa atitude de reverência e de piedade em grau máximo, não importa o que eles sejam. Portanto, reitero isso tantas vezes quantas forem necessárias: que aprendamos a não examinar os homens

propriamente ditos, mas ter como suficiente que eles portem, pela vontade do Senhor, um caráter no qual ele tenha impressa e gravada uma majestade inviolável. Mas, como se dirá, os governantes devem, por sua vez, as responsabilidades para com seus súditos.

Isso, eu já admiti. Mas, caso se conclua disso que se deve prestar serviço somente aos governantes justos, tal raciocínio é estulto. Pois os esposos também estão obrigados a suas esposas, e os pais a seus filhos, por responsabilidades mútuas. Suponha-se que os pais e os esposos abandonem seu dever. Suponha-se que os pais se mostrem tão duros e intratáveis para com seus filhos, aos quais são proibidos de provocar à ira (Efésios 6.4), que, por seu rigor, os importunem além da medida. Suponha-se que os esposos usem desapiedadamente suas esposas, às quais são ordenados que amem (Efésios 5.25) e poupem como vasos mais frágeis (1 Pedro 3.7).

Acaso os filhos deverão ser menos obedientes a seus pais, ou as esposas a seus esposos? Antes, devem estar sujeitos até mesmo àqueles que são perversos e negligentes. Aliás, todos devem tentar não "olhar para a mochila pendente de suas costas", ou seja, não inquirir sobre os deveres de outros, mas que cada um guarde bem na mente aquele dever que lhe pertence. Isso deve aplicar-se particularmente aos que têm sido postos sob o poder de outros.

Portanto, se formos cruelmente atormentados por um príncipe selvagem; se formos despojados vorazmente por um que é avaro ou perdulário; se formos negligenciados por um indolente; se, finalmente, formos exasperados pela impiedade de um que seja ímpio e sacrílego, antes de tudo estejamos cientes de nossos próprios malfeitos, os quais, sem dúvida, são castigados por esses azorragues do Senhor (cf. Daniel 9.7).

Então, evoquemos o seguinte pensamento: não nos cabe remediar tais males; resta-nos somente isto: implorar o socorro do Senhor, em cuja mão se encontram os corações dos reis e a mudança dos reinos (Provérbios 21.1). "Deus assiste na congregação divina; no meio dos deuses, estabelece seus juízos" (Salmos 82.1). Diante de sua face, todos os reis cairão e serão esmagados, e todos os juízes da terra, que não têm beijado seu ungido (Salmos 2.10–11) e todos os que têm escrito leis injustas para oprimir os pobres em juízo e fazer violência à causa dos humildes, para tomar por presa as viúvas e extorquir os órfãos (Isaías 10.1–2).

Aqui, exibem-se sua maravilhosa bondade, seu poder e sua providência. Pois, algumas vezes, ele levanta abertamente vingadores dentre seus servos, e os arma com sua ordem de punir o governo perverso e libertar seu povo, oprimido de maneira injusta, de mísera calamidade. Algumas vezes, ele dirige a esse fim a fúria dos homens que intentam uma coisa e efetuam outra. E, assim, ele libertou o povo de Israel da tirania de Faraó pela instrumentalidade de Moisés (Êxodo 3.7–10); da violência de Cusã, rei da Síria, pela instrumentalidade de Otniel (Juízes 3.9); e de outras servidões pelas mãos de outros reis ou juízes. E, assim, ele esmagou e afligiu a insolência dos egípcios por meio dos assírios; então, o orgulho de Tiro, por intermédio dos egípcios; a violência de Babilônia, por intermédio dos medos e dos persas; a ingratidão dos reis de Judá e de Israel, através dos babilônios.

Todavia, essas ações não foram executadas todas da mesma maneira. Pois o primeiro tipo de homens, quando foram enviados pela legítima vocação de Deus para executar tais atos, ao empunhar armas contra reis, de modo algum violaram aquela majestade que é implantada nos reis pela divina ordenação; mas subjugaram o poder menor com o maior, precisamente como é lícito aos reis punir seus subordinados. Mas o último tipo de homens, embora fossem dirigidos pela mão de Deus como lhe aprouve, e executou sua obra inconscientemente, muito embora planejassem em sua mente nada fazer senão um ato perverso.

No entanto, por mais que esses feitos dos homens sejam julgados em si mesmos, o Senhor realizou sua obra através deles, como, por exemplo, quando quebrou os cetros sanguinários de reis arrogantes e subverteu governos intoleráveis. Que os príncipes sejam ouvidos e temidos! Nós, porém, nesse ínterim, sejamos precavidos em não desprezar ou violar aquela autoridade dos magistrados, plena de majestade venerável, a qual Deus estabeleceu pelos mais pesados decretos, ainda que ela resida com os mais indignos dos homens, os quais a maculam tanto quanto possível com sua própria perversidade. Pois, se a correção de desabrido despotismo é a vingança do Senhor, não pensemos imediatamente que o mesmo nos é confiado, a quem nenhum mandamento foi dado, exceto obedecer e suportar.

Estou falando de indivíduos privados. Pois se agora existem alguns magistrados do povo, designados para restringir a obstinação dos reis (como, nos tempos antigos, os éforos eram postos contra os reis espartanos, ou os tribunos do povo contra os cônsules romanos, ou os demarcos contra o Senado dos atenienses; e, quem sabe, como os reis são hoje, tamanho o poder que exercem em cada reino que mentem em suas principais assembleias), longe estou de proibi-los de subtrair, em consonância com seu dever, a feroz licenciosidade dos reis, que, se pensam em reis que violentamente vêm e assaltam o povo humilde, declaro que sua dissimulação envolve perfídia nefanda, pois, com isso, traem desonestamente a liberdade do povo, do qual bem sabem que têm sido designados como protetores pela ordenação de Deus.

A DEUS DEVEMOS NOSSA SUPREMA OBEDIÊNCIA

56. Mas, naquela obediência que temos mostrado ser devida à autoridade dos governantes, estamos sempre fazendo a seguinte exceção que deve ser observada como primária: tal obediência nunca significa nos desviarmos da obediência a Deus, a quem os desejos de todos os reis devem estar sujeitos, a cujos decretos suas ordens devem render-se, a cuja majestade seus cetros devem submeter-se. E quão absurdo seria que, ao satisfazer os homens, se incorresse em seu desprazer, por cuja causa se obedece aos próprios homens!

Portanto, o Senhor é o Rei dos reis, o qual, quando abre sua santa boca, deve ser o único a ser ouvido, antes de todos e acima de todos os homens; depois dele, estamos sujeitos àqueles homens que se encontram com autoridade acima de nós, mas exclusivamente nele. Se ordenam algo contra o que ele mandou, que não façamos nenhum caso, seja quem for que o mande. E aqui não estejamos preocupados com toda aquela dignidade que os magistrados possuem; pois nenhum dano se faz a ela quando se é humilhado diante daquele singular e verdadeiramente supremo poder de Deus.

Bem sei com que grande e presente perigo essa constância é ameaçada, porque os reis enfrentam afronta com o máximo desprazer, cuja "ira é um mensageiro de morte" (Provérbios 16.14), diz Salomão. Visto, porém, que esse édito tem sido proclamado pelo arauto celestial, Pedro – "obedeçamos a Deus antes que aos homens" (Atos 5.29) –, confortemo-nos com o pensamento de que estamos prestando aquela obediência que o Senhor requer, quando sofremos algo antes que nos desviemos da piedade. E, para que nossa coragem não se desfaleça, Paulo espicaça com outro aguilhão: fomos redimidos por Cristo por um tão elevado preço que nossa redenção lhe custou que não devemos tornar-nos escravos dos perversos desejos dos homens, muito menos de sua impiedade (1 Coríntios 7.23; cf. 6.20).

Esta obra foi composta em Proforma Book 12.5, e impressa
na Promove Artes Gráficas sobre o papel Pólen Natural 70g/m2,
para Editora Fiel, em junho de 2024.